KLASSE 12 Werkstattschule

ABITUR
Prüfungsaufgaben mit Lösungen **2009**

Mathematik
Gymnasium
Mecklenburg-Vorpommern

STARK

ISBN 978-3-89449-258-8

© 2008 by Stark Verlagsgesellschaft mbH & Co. KG
13. neu bearbeitete und ergänzte Auflage
www.stark-verlag.de

Das Werk und alle seine Bestandteile sind urheberrechtlich geschützt. Jede vollständige oder teilweise Vervielfältigung, Verbreitung und Veröffentlichung bedarf der ausdrücklichen Genehmigung des Verlages.

Inhalt

Vorwort
Stichwortverzeichnis

Hinweise und Tipps zum Zentralabitur

1	Ablauf der Prüfung	I
2	Inhalte und Schwerpunktthemen	II
3	Leistungsanforderungen und Bewertung	II
4	Hinweise zur Dokumentation	III
5	Methodische Hinweise und allgemeine Tipps zur schriftlichen Prüfung	V
6	Hinweise und Tipps zum Lösen von Abituraufgaben mit CAS-Rechnern	XII
7	Weiterführende Informationen	XVI

Beispielarbeit

Prüfungsteil A0	1
Lösungen	3
Prüfungsteil A ohne CAS	8
Lösungen	11
Prüfungsteil B ohne CAS	21
Lösungen	24
Prüfungsteil A mit CAS	32
Lösungen	36
Prüfungsteil B mit CAS	50
Lösungen	53

Übungsaufgaben ohne Rechenhilfsmittel

Funktionen	67
Lösungen	68
Differenzialrechnung	74
Lösungen	75
Integralrechnung	80
Lösungen	81
Analytische Geometrie	85
Lösungen	87
Stochastik	94
Lösungen	95

Übungsaufgaben ohne CAS

Prüfungsteil A ohne CAS	99
Lösungen	103
Prüfungsteil B ohne CAS	112
Lösungen	116

Übungsaufgaben mit bzw. ohne CAS

Prüfungsteil A mit und ohne CAS	129
Lösungen	131
Prüfungsteil B mit CAS	144
Lösungen	148

Abiturprüfung 2008

Prüfungsteil A0	2008-1
Lösungen	2008-3
Prüfungsteil A ohne CAS	2008-7
Lösungen	2008-10
Prüfungsteil B ohne CAS	2008-23
Lösungen	2008-27
Prüfungsteil A mit CAS	2008-38
Lösungen	2008-41
Prüfungsteil B mit CAS	2008-59
Lösungen	2008-63

Jeweils zu Beginn des neuen Schuljahres erscheinen die neuen Ausgaben der Abiturprüfungsaufgaben mit Lösungen.

Autoren:

Wolfgang Lübbe, Rostock (Übungsaufgaben ohne Rechenhilfsmittel und zum Prüfungsteil A ohne CAS)

Holger Lohöfener, Brüel, und Mario Poethke, Schwerin (Übungsaufgaben zu den Prüfungsteilen A mit und ohne CAS und B, Beispielarbeit für das Abitur 2008, Jahrgang 2008)

Vorwort

Liebe Abiturientinnen, liebe Abiturienten,

mit dem vorliegenden Buch geben wir Ihnen Anleitung und Unterstützung bei der **Vorbereitung** auf die für Sie so wichtige Prüfung, das **Abitur**.

Damit diese Vorbereitung optimal verläuft, finden Sie in diesem Buch eine vielfältige Sammlung an **Übungsaufgaben für den Prüfungsteil A0,** eine Auswahl der zentral gestellten Prüfungsaufgaben des Jahres 2007 mit und ohne CAS für die damaligen Grund- und Leistungskurse, zusammengestellt im Stil der neuen Prüfung des Landes Mecklenburg-Vorpommern, die **offizielle Beispielarbeit** für das Abitur und die **Prüfungsaufgaben des Jahrgangs 2008**. Genaue Informationen und wertvolle Hinweise über die neue Struktur der Prüfung erfahren Sie in dem Abschnitt „**Hinweise und Tipps zum Zentralabitur**". Dort erhalten Sie auch ausführlich Ratschläge zum Umgang mit dem CAS-Rechner in der Prüfung.

Alle Aufgaben sind mit ausführlichen und **schülergerechten Lösungen** dargestellt. Außerdem enthält das Buch viele fachliche und methodische Hinweise zum Finden möglichst effektiver Lösungswege und zur Vermeidung von Fehlern. Weiter finden Sie bei allen Prüfungsaufgaben zusätzliche „**Hinweise und Tipps**" zu jeder Teilaufgabe, die zwischen den Aufgaben und Lösungen stehen. Diese „Hinweise und Tipps" liefern Denkanstöße zur Lösung, sie sind durch eine graue Raute markiert und nach zunehmendem Grad der Hilfestellung geordnet.

Durch das Bearbeiten vieler Übungs- und Prüfungsaufgaben gewinnen Sie einerseits einen Eindruck von Inhalt, Struktur, Umfang und Schwierigkeitsgrad der Prüfung und andererseits zunehmende Sicherheit, sodass die Abiturprüfung für Sie keine unangenehmen Überraschungen bereithalten wird. Beginnen Sie allerdings rechtzeitig mit der Vorbereitung auf die Prüfung.

Das **Stichwortverzeichnis** ermöglicht es Ihnen zudem, wichtige Fachbegriffe und die dazugehörenden Aufgabenstellungen schnell zu finden, sodass Sie einzelne Themen gezielt üben und bearbeiten können.

Wir wünschen Ihnen viel Erfolg bei der Arbeit mit diesem Buch und alles Gute für das anstehende Abitur, nicht nur im Fach Mathematik.

Die Autoren

Stichwortverzeichnis

Das Stichwortverzeichnis ist den Aufgabengruppen entsprechend in die Themenbereiche „Analysis", „Analytische Geometrie" und „Stochastik" gegliedert.

Analysis

Ableitungsfunktion	8, 74; 2008-1
Asymptote	8; 2008-23
bestimmtes Integral	siehe Flächenberechnung
Bogenlänge	33
Definitionsbereich	112, 145; 2008-39
Differenzen-/Differenzialquotient	74
Extremalproblem	32, 50, 112; 2008-7, 38
Extrempunkt	1, 8, 9, 32, 33, 50, 112, 144; 2008-7, 2008-23
Extremstelle	32
Flächenberechnung	1, 8, 32, 33, 50, 80, 99, 129; 2008-1, 2, 7, 23, 38, 59
Funktion	
– exponentiell	67, 74, 80, 144
– ganzrational	8, 67, 74, 80, 129; 2008-1, 7, 38
– gebrochenrational	8, 67, 74, 80, 144
– logarithmisch	67
– Wurzelfunktion	67, 74; 2008-59
Funktionenschar	
– exponentiell	50
– ganzrational	8, 9, 32, 33; 2008-7, 38
– gebrochenrational	74; 2008-23
– Wurzelfunktion	22
Geradengleichung	99
Graph	33, 67, 99, 144; 2008-39
Grenzwert	50; 2008-2
Krümmungsverhalten	1, 74, 144; 2008-38
Lücke	67
Monotonie	74
Nebenbedingung	siehe Extremalproblem
Normalengleichung	8
Nullstelle	8, 9, 32, 50, 67, 99, 112, 145; 2008-1, 2, 23, 38
Ortskurve	9, 144
Polstelle	67; 2008-2
Regression	51; 2008-59
Rekonstruktion einer Funktionsgleichung	67, 129, 144

Rotationskörper	112
Rotationsvolumen	22, 50, 145; 2008-59
Schnittpunkt; Schnittstelle	
– mit der x-Achse	siehe Nullstelle
– mit der y-Achse	8, 50, 74, 99, 145
– zweier Graphen	22, 80
Stammfunktion	siehe Flächenberechnung
Symmetrie	67
– axialsymmetrisch	99, 144
– punktsymmetrisch	129; 2008-2
Tangentenanstieg	9, 22, 74, 129; 2008-7
Tangentengleichung	8, 74, 112; 2008-23, 38
Verhalten im Unendlichen	67, 145
Wendepunkt	1, 8, 33, 50, 99, 112; 2008-1
Wendestelle	32
Wertebereich	2008-39
Zielfunktion	siehe Extremalproblem

Analytische Geometrie

Abstand	
– Punkt – Ebene	22, 32, 86
– Punkt – Gerade	113
– Punkt – Punkt	siehe Betrag eines Vektors
Betrag eines Vektors	9, 50, 85, 106 ff., 113; 2008-8
Drachenviereck	2008-38
Dreieck	2008-39, 60
Durchstoßpunkt	9, 85, 113
Ebenengleichung	
– Koordinatendarstellung	22, 32, 50, 85 f., 129
– Parameterdarstellung	1, 9, 85, 106, 113; 2008-7, 38
Flächeninhalt	
– Drachenviereck	2008-38
– Dreieck	85, 108
– Trapez	50
Geradengleichung	9, 22, 32, 51, 85 f., 113, 129, 145; 2008-8
komplanare Vektoren	85
Koordinatensystem – räumlich	32, 85, 99, 112, 145; 2008-7, 8
Kreis	86
Kreuzprodukt	siehe Vektorprodukt
Lagebeziehung	
– Gerade – Ebene	107 f.
– Punkt – Ebene	2008-24
– von Geraden	1, 106, 129; 2008-8
Mittelpunkt einer Strecke	9, 85; 2008-2, 7, 60
Normalenvektor	108 f., 112 f.
Orthogonalität	9, 32, 85, 108 f., 145; 2008-8
Parallelogramm	32; 2008-2
Prisma	112, 145
Punktkoordinaten	85

Punktprobe
- Punkt/Ebene/Fläche   9, 32, 106
- Punkt/Gerade/Strecke   9, 129; 2008-2
Pyramide   112, 129
Quader   85
Quadrat   112; 2008-7
Rechteck   1; 2008-2, 24
Schnitt
- Ebene – Ebene   22
- Gerade – Ebene   51, 85, 113, 145; 2008-23, 39, 60
- Gerade – Gerade   22, 85
Schnittwinkel
- zwischen Ebenen   50, 85, 112
- zwischen Geraden/Vektoren   32, 108; 2008-8
- zwischen Gerade und Ebene   9
Skalarprodukt   106 f., 113
Spurpunkt
 (Gerade/Koordinatenebene)   113
Tangentenviereck   86
Trapez   50
Umfang
- Dreieck   108
Umkreis   2008-60
Vektoraddition   9, 32; 2008-7
Vektorprodukt   9, 21, 32, 50, 110, 129
Volumen
- Prisma   9, 32, 99
- Pyramide   2008-8, 38
Würfel   85

Stochastik

Ablehnungsbereich   23, 146; 2008-24

Baumstruktur (Verzweigungs-,
 Produkt- und Summenregel)   1, 110, 114, 129; 2008-2, 24, 39, 60 f.
Bernoulli-Kette (Binomialverteilung)   2, 9, 22, 33, 51, 111, 114; 2008-8, 39, 60
Erwartungswert   9, 33, 51, 94, 99, 114, 130; 2008-24, 39, 60 f.
Gegenereignis   110, 130
Hypothesentest   23, 146; 2008-24, 61
Irrtumswahrscheinlichkeit   23, 146; 2008-24, 61
Kombination   146
Kostenvergleich   130; 2008-8, 61
Parameter,
 wahrscheinlichkeitstheoretische   110
Pfadregeln   1, 129; 2008-39, 60 f.
Standardabweichung   33, 114; 2008-39
Verteilungsfunktion   33; 2008-39
Wahrscheinlichkeit von Ereignissen   1 f., 9, 22 f., 33, 51, 94, 99, 129; 2008-2, 8, 24, 39, 60 f.
Wahrscheinlichkeitsverteilung   33; 2008-39

Hinweise und Tipps zum Zentralabitur

1 Ablauf der Prüfung

Die zentrale schriftliche Abiturprüfung

Das schriftliche Abitur im Fach Mathematik wird in Mecklenburg-Vorpommern entsprechend den „Einheitlichen Prüfungsanforderungen in der Abiturprüfung" (EPA) durchgeführt. Die inhaltlichen Vorgaben ergeben sich aus dem Kerncurriculum für die Qualifikationsphase der gymnasialen Oberstufe bzw. den derzeit gültigen Rahmenplänen für Gymnasien und Fachgymnasien. Die zentral gestellten Aufgaben werden im Auftrag des Kultusministeriums durch die Mitglieder der Aufgabenkommission erarbeitet.

Der Aufbau der Prüfungsaufgaben

Seit dem Jahr 2008 wird die schriftliche Abiturprüfung in einer neuen Struktur geschrieben. Dabei erhalten Sie als teilnehmende Schüler alle eine gemeinsame Arbeit A. Wenn Sie die Prüfung mit erhöhtem Anforderungsniveau ablegen, erhalten Sie zusätzlich einen weiteren Aufgabenteil B.

Prüfungsteil A
Geprüft werden fachliche Inhalte aus den Stoffgebieten Analysis, Analytische Geometrie und Vektorrechnung sowie Stochastik. In der **Aufgabe A0** sollen grundlegende Kompetenzen und Kenntnisse nachgewiesen werden. Die einzelnen Teilaufgaben sind wenig komplex und weitgehend unabhängig voneinander. Die Aufgabenstellungen befinden sich auf einem gesonderten Arbeitsblatt.
Für die Lösung der Aufgabe A0 sind **keine Hilfsmittel** (Tafelwerk, Taschenrechner bzw. CAS) zugelassen. Anforderungen an das Rechnen ohne Hilfsmittel beschränken sich auf überschaubare Zahlen und Strukturen.
Nach der Abgabe des Arbeitsblatts A0 erhalten Sie die weiteren Prüfungsaufgaben. Die Fragestellungen in den **Aufgaben A1, A2 und A3** sind teilweise komplex. Sie können inhaltlich jeweils einem aber auch mehreren Stoffgebieten zugeordnet werden. Von den Aufgaben A1, A2 und A3 sind **zwei auszuwählen** und zu bearbeiten. Hilfsmittel (Tafelwerk, Taschenrechner bzw. CAS) sind zugelassen.

Prüfungsteil B
Geprüft werden fachliche Inhalte aus den Stoffgebieten Analysis, Analytische Geometrie und Vektorrechnung sowie Stochastik. Die Fragestellungen in den **Aufgaben B1, B2 und B3** sind teilweise komplex. Sie können inhaltlich unabhängige Fortsetzungen oder Ergänzungen der Aufgaben A1, A2 und A3 sein, aber auch vollkommen andere Schwerpunkte erhalten. Von den Aufgaben B1, B2 und B3 ist **eine auszuwählen** und zu lösen. Hilfsmittel (Tafelwerk, Taschenrechner bzw. CAS) sind zugelassen.

Dauer der Prüfung

Für die Bearbeitung der Aufgaben im Teil A0 stehen Ihnen genau 45 Minuten zur Verfügung. Nach dem Erhalt der weiteren Aufgaben A1, A2, A3 und gegebenenfalls der Auf-

gaben B1, B2, B3 wird allen Prüfungsteilnehmern eine Zeit von 30 Minuten für die Aufgabenauswahl gewährt.
Für den Teil A beträgt die Bearbeitungszeit 195 Minuten.
Für den Teil B beträgt die Bearbeitungszeit 60 Minuten.
Insgesamt ergibt sich eine Bearbeitungszeit von 240 Minuten zuzüglich einer Einlesezeit von 30 Minuten, bzw. eine Bearbeitungszeit von 300 Minuten zuzüglich einer Einlesezeit von 30 Minuten, falls Sie die Prüfung mit erhöhtem Anforderungsniveau ablegen.

Zugelassene Hilfsmittel

Die für die schriftliche Abiturprüfung im Fach Mathematik **zugelassenen Hilfsmittel** sind **Wörterbücher der deutschen Rechtschreibung, Taschenrechner** bzw. **Taschenrechner mit CAS**, die im Unterricht verwendete **Formelsammlung** (Tafelwerk) sowie die **Schreib- und Zeichengeräte**, die im Fach Mathematik Anwendung finden. Sämtliche Entwürfe und Aufzeichnungen gehören zur Abiturarbeit und dürfen nur auf Papier, das den Stempel der Schule trägt, angefertigt werden.

2 Inhalte und Schwerpunktthemen

In der folgenden Übersicht sind die für Sie wesentlichen Schwerpunktthemen stichpunktartig für die zentrale schriftliche Abiturprüfung aufgeführt. Gegebenenfalls kann diese Übersicht durch Vorabhinweise für einzelne Prüfungsjahrgänge konkretisiert werden:

Analysis

Folgen und Reihen
- Darstellungsmöglichkeiten für Folgen
- Monotonieuntersuchungen
- arithmetische und geometrische Folgen
- Partialsummenfolgen
- Grenzwertbegriff
- Grenzwertsätze
- Konvergenzuntersuchungen

Grenzwert einer Funktion und Stetigkeit
- Grenzwerte von Funktionen an einer Stelle und im Unendlichen (Asymptoten, Polstellen, Lücken), Grenzwertsätze
- Stetigkeit als kennzeichnende Eigenschaft vieler Funktionen (lokal, global, Untersuchung auf Stetigkeit)

Differenzialrechnung
- Lokale Differenzierbarkeit (Änderungsverhalten von Funktionen, Tangentenproblem, Differenzenquotient, Differenzialquotient)
- globale Differenzierbarkeit und Ableitungsfunktion (Stetigkeit und Differenzierbarkeit)
- Ableitungsregeln
- höhere Ableitungen (geometrische Zusammenhänge zwischen den Graphen von f, f', f'' und f''')
- Anwendungen der Differenzialrechnung bei der Untersuchung von Funktionen und ihrer Graphen (notwendige und hinreichende Kriterien für Monotonie, Krümmung, Extrema und Wendepunkte, Extremwertprobleme)
- Rekonstruktion von Funktionen
- Regression mit CAS
- Modellierung inner- und außermathematischer Sachverhalte (Physik, Technik, Humanwissenschaft, Wachstums- und Zerfallsprozesse)

Integralrechnung
- Integralbegriff (Stammfunktion und unbestimmtes Integral)
- Regeln zur Bestimmung von Stammfunktionen
- Bestimmtes Integral (Approximation von Flächeninhalten durch Ober- und Untersummen, Abgrenzung vom Flächeninhalt, Eigenschaften des bestimmten Integrals, Berechnung bestimmter Integrale, inhaltliches Erfassen des Hauptsatzes der Differenzial- und Integralrechnung)
- Anwendung der Integralrechnung (Flächenberechnung, Volumenberechnung, Bogenlänge eines Kurvenstückes, Volumen und Mantelflächen von Rotationskörpern)

Analytische Geometrie und Vektorrechnung

- Grundlagen der Koordinatengeometrie in der Ebene
- Vektorbegriff; Operationen mit Vektoren (Addition, Multiplikation von Vektoren mit reellen Zahlen, Skalarprodukt, Vektorprodukt)
- Punkte und Geraden im Raum (Parametergleichung, Lagebeziehungen zwischen Punkten und Geraden und zwischen Geraden, Darstellung von Geraden im Koordinatensystem, Schnittwinkel von Geraden, Abstandsprobleme)
- Ebenen (Parametergleichung und parameterfreie Formen der Ebenengleichungen, Lagebeziehungen zwischen Punkten und Ebenen, Geraden und Ebenen sowie zwischen zwei Ebenen, Winkel zwischen Geraden und Ebenen und zwischen Ebenen, Abstandsprobleme, Flächenberechnungen)
- Kreise (Gleichungen, Lagebeziehungen)

Stochastik

- Wahrscheinlichkeitsbegriff und deren Berechnung
- Kombinatorik
- Binomialverteilung
- Grundprobleme der beurteilenden Statistik (Stichproben, Kenngrößen einer statistischen Erhebung, Aufstellen und Testen von Hypothesen bei binomialverteilten Zufallsgrößen, Fehler 1. und 2. Art)

3 Leistungsanforderungen und Bewertung

In die Bewertung geht zunächst einmal die **fachliche Richtigkeit** und **Vollständigkeit** ein. Ebenso gilt, dass die Lösungen, Erläuterungen und Erklärungen, die Bestandteil jeder Abiturarbeit sind, in einer **sprachlich korrekten, mathematisch exakten und äußerlich einwandfreien Form** darzustellen sind. Maximal zwei Bewertungseinheiten können zusätzlich vergeben werden bei
- guter Notation und Darstellung,
- eleganten, kreativen und rationellen Lösungen,
- vollständiger Lösung einer weiteren Wahlaufgabe.

Maximal zwei Bewertungseinheiten können bei mehrfachen Verstößen gegen mathematische Korrektheit und äußere Form abgezogen werden.
Die Lösungswege müssen für die Korrektur stets nachvollziehbar sein. Das bedeutet, speziell bei der Verwendung der CAS-Rechner, dass das Anfertigen grafischer Darstellungen, das Niederschreiben von Gleichungen, Umformungsschritten etc. wichtige Elemente für die Dokumentation von Lösungen bleiben. Ein Lösungsweg kann gegebenenfalls auch mit sprachlichen Mitteln aufgezeigt werden. Die reine Notation der Tastenfolgen, die zu einem bestimmten Ergebnis geführt haben, ist damit nicht gemeint. Der schriftliche Bezug auf bestimmte spezifische Eingabe-Befehle oder angezeigte Ergebnisse kann sinnvoll sein, wenn Sie ein Problem mit dem CAS-Rechner nicht oder nicht eindeutig lösen können.

4 Hinweise zur Dokumentation

Die verwendeten Operatoren bestimmen im Wesentlichen die Art und den Umfang der Dokumentation der Lösung. Die nachfolgende Tabelle gibt Auskunft, welche Arbeitsaufträge/Operatoren verwendet werden und welche Anforderungen damit an die Darstellung der Lösungen verknüpft sind.

Arbeitsaufträge Operatoren	Anforderungen an die Dokumentation der Lösung	Beispielaufgaben
nennen, angeben	Es sollen Sachverhalte formuliert werden, die Ergebnisse werden ohne Lösungswege, Begründungen oder Ergänzungen aufgezählt.	2008 A0 1.2
erklären	Beim Lösen eines Problems werden Zusammenhänge dargestellt und begründet, dabei werden die zugrunde liegenden Gesetzmäßigkeiten, Regeln und Beziehungen genannt, außerdem können entsprechende Modelle oder grafische Darstellungen genutzt werden.	Erklären Sie, warum diese Funktion für eine langfristige Prognose nicht geeignet ist.
begründen	Zusammenhänge sollen dargestellt werden, dabei sollen mathematische Regeln und Beziehungen genutzt und benannt werden.	2008 A0 1.4, 2008 A0 2.1
beschreiben	Sachverhalte, Verfahren oder Lösungswege mit eigenen Worten unter Verwendung der Fachsprache und in der Regel in vollständigen Sätzen systematisch darstellen.	2008 B3.3.1
beurteilen	Ein selbstständiges Urteil formulieren und begründen, dabei ist das Fachwissen einzubeziehen.	2008 B1.1.1 CAS
entscheiden	Durch Begründen auf genau eine von mehreren Möglichkeiten festlegen.	2008 B.2.3 CAS
interpretieren	Das Problem durch mathematische Beziehungen und Ergebnisse mathematischer Überlegungen deuten.	2008 A3.2.3 CAS
erstellen	Die Sachverhalte in übersichtlicher, meist vorgegebener Form darstellen.	2008 B3.3.2 CAS
untersuchen, bewerten, diskutieren	Die Eigenschaften von Objekten oder Beziehungen zwischen Objekten herausfinden und entsprechend darlegen.	2008 A0 2.2
herleiten	Beschreiben, wie gegebene Sachverhalte aus allgemeineren Sachverhalten entstehen oder aus anderen Sachverhalten abgeleitet werden können.	Leiten Sie die zugehörende Wurzelfunktion her.
zeigen, nachweisen, beweisen	Unter Verwendung von mathematischen Sätzen, Äquivalenzumformungen oder logischen Schlussfolgerungen werden Aussagen bestätigt oder mithilfe eines Gegenbeispiels widerlegt.	2008 A2.1

Arbeitsaufträge Operatoren	Anforderungen an die Dokumentation der Lösung	Beispielaufgaben
widerlegen	Den Widerspruch durch Rechnungen, logisches Schließen und/oder durch Angabe eines Gegenbeispiels zeigen.	Widerlegen Sie die Annahme, dass der Winkel stumpf ist.
berechnen	Die Lösung ist durch eine Rechnung aus einem erkennbaren Ansatz zu ermitteln, elektronische Hilfsmittel sind zulässig (falls nicht anders angegeben), eine grafische Lösung ist nicht gestattet.	2008 A0 1.1, 2008 A0 3
lösen, bestimmen, ermitteln	Der nachvollziehbare Lösungsweg wird angegeben und die Ergebnisse werden formuliert, wobei die Wahl des Lösungswegs (z. B. grafische Darstellung oder Rechnung) nicht vorgeschrieben ist. Falls die grafische Lösung gewählt wurde, ist die Lösung durch Angabe der Lösungsschritte näher zu erläutern.	2008 A0 1.3
zeichnen, grafisch darstellen, konstruieren	Die geforderten Sachverhalte sind grafisch exakt darzustellen, eventuell mithilfe bereits berechneter Werte.	2008 A2.2
skizzieren	Bei Darstellung eines Lösungswegs sind die wesentlichen Sachverhalte anzugeben. Bei einer grafischen Darstellung sind die wesentlichen Eigenschaften zu berücksichtigen.	2008 A0 1.5

5 Methodische Hinweise und allgemeine Tipps zur schriftlichen Prüfung

Vorbereitung

- Bereiten Sie sich **langfristig** (spätestens ab Januar) auf die Abiturprüfung vor und fertigen Sie sich eine Übersicht über die von Ihnen bereits bearbeiteten Themen, Inhalte und Verfahren an. Teilen Sie die Inhalte in sinnvolle Teilbereiche ein und legen Sie fest, bis wann Sie welche Teilbereiche bearbeitet haben wollen.
Es ist zweckmäßig, alle schriftlichen Bearbeitungen dieser Aufgaben übersichtlich aufzubewahren, das erleichtert spätere Wiederholungen.
- Benutzen Sie zur Prüfungsvorbereitung neben diesem Übungsbuch Ihre **Unterrichtsaufzeichnungen** und das Lehrbuch.
- Verwenden Sie während der Prüfungsvorbereitung grundsätzlich die **Hilfsmittel**, die auch in der Prüfung zugelassen sind. Prägen Sie sich wichtige Seiten in Ihrer Formelsammlung ein und nutzen Sie Ihren Taschenrechner mit allen Funktionen.
- Oft ist der Zeitfaktor ein großes Problem. Testen Sie, ob Sie eine Aufgabe in der dafür vorgegebenen Zeit allein lösen können. **Simulieren Sie selbst eine Prüfungssituation.**
- Gehen Sie optimistisch in die Prüfung. Wer sich gut vorbereitet hat, braucht sich keine Sorgen zu machen.

Bearbeitung der Prüfung

- Nutzen Sie die Vorbereitungszeit tatsächlich zur Auswahl der Aufgaben.
- Lesen Sie die Aufgabenstellungen genau durch, bevor Sie eine Entscheidung treffen. Sie vermeiden dadurch, dass Sie im Verlauf der Prüfung zu einer anderen Aufgabe

wechseln müssen. Sollten Sie dennoch die Aufgabe wechseln, dann vermerken Sie **eindeutig**, welche Aufgabe als Prüfungsleistung ge- und bewertet werden soll.
- Es ist hilfreich, wenn Sie bei der Analyse der Aufgabenstellungen wichtige Angaben oder Informationen (z. B. gegebene Größen, Lösungshinweise) **farblich markieren**.
- Um den Lösungsansatz zu einer Aufgabe zu finden oder die gegebene Problemstellung zu veranschaulichen, kann das **Anfertigen einer Skizze** nützlich sein.
- Beachten Sie, dass in manchen Teilaufgaben „**Zwischenlösungen**" angegeben sind, die Ihnen als Kontrolle dienen bzw. mit denen Sie weiterarbeiten können.
- Falls Sie mit einer Aufgabe gar nicht weiterkommen, so halten Sie sich nicht zu lange daran auf. Versuchen Sie, mit der nächsten Teilaufgabe oder mit einer Aufgabe aus einem anderen Schwerpunkt weiterzumachen. Wenn Sie die anderen Aufgaben bearbeitet haben, kommen Sie nochmals auf die angefangene Aufgabe zurück und versuchen Sie in Ruhe, eine Lösung zu finden.
- Orientieren Sie sich an der angegebenen **Punktezahl**: Je mehr Punkte eine Aufgabe ergibt, desto mehr Zeit sollte für die Bearbeitung eingeplant werden.
- Achten Sie auf die **sprachliche Richtigkeit** und eine **saubere äußere Form** Ihrer Lösungen.

Lösungsplan

Aufgrund des Umfangs und der Komplexität von Aufgaben auf Abiturniveau empfiehlt es sich, beim Lösen systematisch zu arbeiten. Folgende Vorgehensweise hilft Ihnen dabei:

Schritt 1:
Nehmen Sie sich ausreichend Zeit zum **Analysieren** der Aufgabenstellung. Stellen Sie fest, zu welchem Themenbereich die Aufgabe gehört. Sammeln Sie alle Informationen, welche direkt gegeben sind, und achten Sie darauf, ob evtl. versteckte Informationen enthalten sind.

Schritt 2:
Markieren Sie die **Operatoren** in der Aufgabenstellung. Diese geben an, was in der Aufgabe von Ihnen verlangt wird. Vergegenwärtigen Sie sich die Bedeutung der verwendeten Fachbegriffe.

Schritt 3:
Versuchen Sie, den Sachverhalt zu veranschaulichen. Fertigen Sie gegebenenfalls mithilfe der Angaben und Zwischenergebnisse aus vorherigen Teilaufgaben eine **Skizze** an. Versuchen Sie Vermutungen zum Ergebnis zu formulieren.

Schritt 4:
Erarbeiten Sie nun schrittweise den **Lösungsplan**, um aus den gegebenen Größen die gesuchte Größe zu erhalten. Notieren Sie sich, welche Einzel- bzw. Zwischenschritte auf dem Lösungsweg notwendig sind. Prinzipiell haben Sie zwei Möglichkeiten, oft hilft auch eine Kombination beider Vorgehensweisen:
- Sie gehen von Gegebenen aus und versuchen, das Gesuchte zu erschließen.
- Sie gehen von dem Gesuchten aus und überlegen „rückwärts", wie Sie zur Ausgangssituation kommen.

Bei diesem Schritt wird dann sukzessive die **Lösung dargestellt**.

Schritt 5:
Suchen Sie nach geeigneten Möglichkeiten, das Endergebnis zu **kontrollieren**. Oftmals sind bereits Überschlagsrechnungen, Punktproben oder Grobskizzen ausreichend.

Beispielaufgabe ohne CAS-Rechner

Gegeben ist eine Schar von Funktionen f_k durch die Gleichung $f_k(x) = kx^3 + 4x^2$ mit $k \in \mathbb{R} \setminus \{0\}$. Der Graph von f_k sei G_k.

a) Untersuchen Sie G_k auf Extrempunkte.
b) Zeigen Sie: Eine Stammfunktion der Schar ist $F_k(x) = \frac{k}{4}x^4 + \frac{4}{3}x^3$.
   Berechnen Sie für $k = -1$ die Fläche, die G_k mit der x-Achse einschließt.

Lösungsvorschlag für Teilaufgabe a:

Schritt 1:
- Themenbereich: Kurvendiskussion einer Funktionenschar
- Der Funktionsterm weist einen Parameter k auf. Dieser Parameter bereitet jedoch beim Rechnen keine Probleme, solange er nicht im Nenner, unter einer Wurzel usw. steht. Er wird ganz normal wie eine Zahl behandelt, wobei darauf zu achten ist, dass $k \neq 0$ ist.
- Der Definitionsbereich ist nicht angegeben, daher wird $\mathbb{R}$ als der größtmögliche angenommen.

Schritt 2:
- Der Operator „Untersuchen Sie" bedeutet, mögliche Eigenschaften festzustellen und anzugeben.
- Unter Extrempunkten versteht man Hoch- oder Tiefpunkte.

Schritt 3:
Eine Veranschaulichung ist aufgrund des Parameters k nur schwer möglich. Anzahl, Art und Lage der Extrempunkte können zudem von k abhängen. Eine Skizze ist daher wenig sinnvoll.

Schritt 4:
Ausgehend von der gegebenen Funktionenschar werden mögliche Extremstellen berechnet und damit Art und Lage der Extrempunkte bestimmt:
- f_k ist ein Polynom und lässt sich trotz Parameter leicht ableiten (Summenregel, Faktorregel, Potenzregel):
  $$f_k'(x) = 3kx^2 + 8x$$
  Die Nullstellen der Ableitung sind mögliche Extremstellen:
  $$3kx^2 + 8x = x \cdot (3kx + 8) = 0 \overset{k \neq 0}{\Longleftrightarrow} x = 0 \ \lor \ x = -\frac{8}{3k}$$
- Ob tatsächlich Extremstellen vorliegen, lässt sich durch Einsetzen in die zweite Ableitung überprüfen:
  $$f_k''(x) = 6kx + 8$$
  $$f_k''(0) = 8 > 0 \ \Rightarrow \ \text{Minimum bei } x = 0$$
  $$f_k''\left(-\frac{8}{3k}\right) = 6k\left(-\frac{8}{3k}\right) + 8 = -8 < 0 \ \Rightarrow \ \text{Maximum bei } x = -\frac{8}{3k}$$
- Um die Lage angeben zu können, braucht man noch die y-Koordinate. Dazu werden die Extremstellen in den Funktionsterm f_k eingesetzt:
  $$f_k(0) = 0$$
  $$f_k\left(-\frac{8}{3k}\right) = k\left(-\frac{8}{3k}\right)^3 + 4\left(-\frac{8}{3k}\right)^2 = -\frac{512}{27k^2} + \frac{256 \cdot 3}{3 \cdot 9k^2} = \frac{256}{27k^2}$$
- Ergebnis:
  Tiefpunkt $(0 \,|\, 0)$ und Hochpunkt $\left(-\frac{8}{3k} \,\Big|\, \frac{256}{27k^2}\right)$

Schritt 5:
Um das Ergebnis zu überprüfen, könnte man die Funktion f_k für ein gewähltes k skizzieren. Dazu muss eine Wertetabelle erstellt werden. Ablesen der Extrempunkte aus dem Graphen ermöglicht einen Vergleich mit den berechneten Punkten.

Lösungsvorschlag für Teilaufgabe b:

Schritt 1:
- Themenbereich: Flächenberechnung mithilfe eines Integrals
- Es ist die Funktion, die Stammfunktion und der Parameterwert $k=-1$ gegeben. Weiter ist implizit gegeben, dass die Funktion mindestens zwei verschiedene Nullstellen hat, weil der Graph eine Fläche mit der x-Achse einschließt.

Schritt 2:
- Der erste Operator ist „Zeigen Sie", das bedeutet, dass Sie die Aussage mithilfe von Berechnungen bestätigen sollen. Die Funktion und die zugehörige Stammfunktion sind dabei gegeben.
- Um zu zeigen, dass F(x) eine Stammfunktion von f(x) ist, kann entweder f(x) integriert oder F(x) abgeleitet werden. Es muss dann F'(x) = f(x) gelten. Da das Bilden der Ableitung leichter ist als die Funktion zu integrieren, bietet es sich hier an, die Stammfunktion abzuleiten.

$$F(x) = \frac{k}{4}x^4 + \frac{4}{3}x^3$$

$$F'(x) = kx^3 + 4x^2 \Rightarrow F'(x) = f(x) \quad \text{q. e. d.}$$

- Der zweite Operator in der Aufgabe ist „Berechnen Sie", das bedeutet, dass Sie das Ergebnis durch Berechnungen erzielen sollen.

Schritt 3:
Nutzen Sie die Lage des Hochpunkts und die Vorgabe $k=-1$, um den Graphen zu skizzieren.

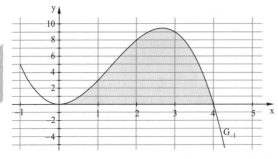

Schritt 4: Vom Gegebenen zum Gesuchten
Wie Sie an der Lösungsskizze erkennen, brauchen Sie für die Bestimmung der Fläche die beiden Nullstellen:

$$-x^3 + 4x^2 = 0 \Leftrightarrow x^2(-x+4) = 0 \Leftrightarrow x_1 = 0 \vee x_2 = 4$$

Für die Berechnung der Fläche benötigen Sie die Stammfunktion der Funktion, die angegeben ist:

$$\int_0^4 f(x)\,dx = [F(x)]_0^4 = \left[-\frac{1}{4}x^4 + \frac{4}{3}x^3\right]_0^4 = -\frac{256}{4} + \frac{256}{3} = \frac{256}{12} = \frac{64}{3}$$

Schritt 4: Vom Gesuchten zum Gegebenen
Um die gesuchte Fläche zu berechnen, benötigen Sie die Stammfunktion der Funktion, die angegeben ist:

$$\int_{x_1}^{x_2} f(x)\,dx = [F(x)]_{x_1}^{x_2} = \left[-\frac{1}{4}x^4 + \frac{4}{3}x^3\right]_{x_1}^{x_2}$$

Für die Berechnung des Integrals benötigen Sie die Integralgrenzen. Diese sind die Nullstellen der Funktion, wie Sie an der Lösungsskizze erkennen können.

$$-x^3 + 4x^2 = 0 \iff x^2(-x+4) = 0 \iff x_{1,2} = 0 \lor x_3 = 4$$

Damit ergibt sich für das Integral:

$$\left[-\frac{1}{4}x^4 + \frac{4}{3}x^3\right]_{x_1}^{x_2} = \left[-\frac{1}{4}x^4 + \frac{4}{3}x^3\right]_0^4 = -\frac{256}{4} + \frac{256}{3} = \frac{256}{12} = \frac{64}{3}$$

Schritt 5:
Um die Fläche abzuschätzen, können Sie in der Skizze die Kästchen abzählen, die von dem Graphen und der x-Achse eingeschlossen werden. Man erhält ca. 21 Kästchen, das passt gut zu dem errechneten Wert.

Beispielaufgabe mit dem CAS-Rechner

Gegeben ist eine Schar von Funktionen f_k durch die Gleichung $f_k(x) = k \cdot x^3 + 4x^2$ mit $k \in \mathbb{R} \setminus \{0\}$. Der Graph von f_k sei G_k.

a) Untersuchen Sie den Einfluss des Parameters k auf die Lage und Art der lokalen Extrempunkte von G_k.

b) Der Graph G_k schließt mit der x-Achse eine Fläche ein. Ermitteln Sie die Werte des Parameters k, für die der Inhalt dieser Fläche $\frac{512}{3}$ FE beträgt.

Lösungsvorschlag für Teilaufgabe a:

Schritt 1:
- Themenbereich: Kurvendiskussion einer Funktionenschar
- Lage und Art lokaler Extrempunkte in Abhängigkeit vom Parameter k ist zu bestimmen.
- Für den reellen Parameter k gilt $k \neq 0$.

Schritt 2:
- Der Operator „Untersuchen Sie" bedeutet, charakteristische Merkmale durch Anwenden theoretischer Kenntnisse herauszufinden und ggf. Fallunterscheidungen vorzunehmen.

Schritt 3:
- Eine Veranschaulichung für positive und negative Werte des Parameters k ergibt folgendes Bild:

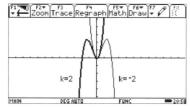

- Eine Veranschaulichung für verschieden große positive bzw. negative Werte von k zeigen die nächsten Bilder:

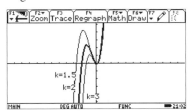
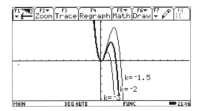

- Vermutungen zur Lage der Extremstellen:
  k > 0: Hochpunkt im II. Quadranten, k < 0: Hochpunkt im I. Quadranten
  Betrag von k zunehmend: Hochpunkt rückt näher an den Ursprung heran
  Unabhängig von k existiert ein lokaler Tiefpunkt im Ursprung.
  Vermutung zur Art der Extremstellen:
  Es gibt einen „fixen" Tiefpunkt im Ursprung.
  Es gibt einen Hochpunkt in Abhängigkeit von k, aber mit stets positiver Ordinate.

Schritt 4 (Lösungsplan und -darstellung):
- 1. und 2. Ableitung von f_k bilden: Geben Sie die Funktionsgleichung ein und bilden Sie die Ableitungsfunktionen, speichern Sie die Funktion und die Ableitungen.

- Notieren Sie die gefundenen Funktionen auf dem Prüfungsbogen:
  Die Ableitungsfunktionen sind
  $$f_k'(x) = 3kx^2 + 8x$$
  $$f_k''(x) = 6kx + 8$$

- Notwendige Bedingung für lokale Extremstellen untersuchen und notieren:
  Die Nullstellen von $f_k'(x)$, also mögliche Extremstellen, sind
  $x_{e1} = \frac{-8}{3k}$ sowie $x_{e2} = 0$.

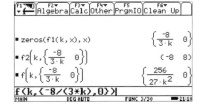

- Hinreichende Bedingung für lokale Extrempunkte untersuchen und notieren:
  $$f_k''\left(\frac{-8}{3k}\right) = -8 < 0$$

  Da der Wert -8 der zweiten Ableitung an der Stelle x_{e1} unabhängig von k ist, liegt hier also stets ein lokaler Hochpunkt vor.
  $$f_k''(0) = 8 > 0$$
  Auch an der Stelle x_{e2} ist die 2. Ableitung unabhängig von k und zwar stets 8, also gibt es an dieser Stelle immer einen lokalen Tiefpunkt.

- Berechnen Sie die Ordinaten $f(x_e)$ und geben Sie die geordneten Paare $(x_e; y_e)$ an

Hochpunkt $H\left(\frac{-8}{3k}; \frac{256}{27k^2}\right)$ Tiefpunkt $T(0; 0)$

Interpretation der Ergebnisse:
Für negative k liegt der Hochpunkt immer im I. Quadranten, weil dann $\frac{-8}{3k} > 0$ ist.
Für positive k ist $\frac{-8}{3k} < 0$, also liegt H im II. Quadranten.

Für alle $k \neq 0$ gilt $\frac{256}{27k^2} > 0$, also liegt H immer oberhalb der x-Achse.

Weil k sowohl bei x_e als auch bei y_e nur im Nenner steht, rückt der Hochpunkt für betragsmäßig größer werdende Werte von k immer näher zum Ursprung.
Der Tiefpunkt hängt nicht von k ab.
Damit sind die Vermutungen aus dem Schritt 3 bestätigt.

Schritt 5 (Probe)
- Berechnen der Extrempunkte für $k = -2$ aus dem Graphikbildschirm und Vergleich mit den berechneten Extrempunkten für $k = -2$ zeigt Übereinstimmung.

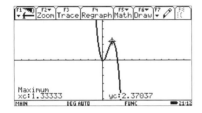 

Lösungsvorschlag für Teilaufgabe b

Schritt 1:
- Themenbereich: Flächenberechnung mithilfe des bestimmten Integrals
- Indirekt gegeben und durch die Beispiele in Teilaufgabe a verdeutlicht:
  Integrationsgrenzen sind die beiden Nullstellen von f_k
  Es muss (mindestens) zwei Werte für k geben.

Schritt 2 (Operatoren):
- „Ermitteln Sie" heißt: Ein nachvollziehbarer Lösungsweg muss angegeben werden.

Schritt 3 (Veranschaulichung, Vermutungen):
- Aus der Lage von Funktionen mit entgegen gesetztem k kann man schließen, dass die zugehörigen Graphen symmetrisch bezüglich der y-Achse sind. In diesem Falle müssen aus Symmetriegründen die von G_k und der x-Achse eingeschlossenen Flächen gleich groß sein. Da eine kubische Funktion nicht mehr als zwei lokale Extrempunkte haben kann, gibt es auch keine weiteren Nullstellen, als die auf dem Bildschirm dargestellten. Es müsste also genau zwei Werten für k geben.

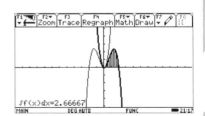

Schritt 4 (Lösungsplan und -darstellung):
- Die Nullstellen von $f_k = k \cdot x^3 + 4x^2 = x^2 \cdot (k \cdot x + 4)$ sind $x_{01} = 0$ und $x_{02} = \frac{-4}{k}$.

- Es gibt also genau zwei Nullstellen für jede Funktion f_k.

- Wenn die Funktionen f_k und f_{-k} achsensymmetrisch bezüglich der x-Achse sind, so muss für alle reellen x gelten: $f_k(-x) = f_{-k}(x)$. Diese Gleichung wird durch den CAS-Rechner als „true" bestätigt.

- Für negative k liegt die von null verschiedene Nullstelle rechts von null. Sie kommt also dann als obere Integrationsgrenze in Frage. Der Ansatz
$$\int_0^{\frac{-4}{k}} f_k(x)\,dx = \frac{512}{3}$$
für die Flächenberechnung liefert $k = \frac{-1}{2}$ als Ergebnis.

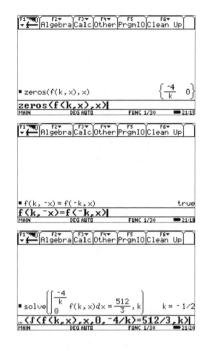

- Wegen der genannten und nachgewiesenen Symmetrie muss auch für $k = \frac{1}{2}$ der Graph von G_k mit der x-Achse eine Fläche von $\frac{512}{3}$ FE einschließen.

Schritt 5 (Probe):
- Mit dem CAS-Rechner werden die beiden Integrale $\int_0^{\frac{-4}{k}} f_k(x)\,dx$ für $k = \frac{1}{2}$ und $k = -\frac{1}{2}$ berechnet.
Im ersten Fall ergibt sich als Flächeninhalt $\frac{512}{3}$ FE. Im zweiten Fall ergibt sich $-\frac{512}{3}$ FE. Das Minuszeichen ist dadurch zu erklären, dass für positive k die Integrationsgrenzen vertauscht werden müssen. Auch eine Flächenberechnung im Graphikbildschirm bestätigt die Ergebnisse.

6 Hinweise und Tipps zum Lösen von Abituraufgaben mit CAS-Rechnern

Schülerinnen und Schüler, die im Unterricht der gymnasialen Oberstufe mit Taschencomputern gearbeitet haben, dürfen diese selbstverständlich auch im schriftlichen Abitur einsetzen. Damit Sie die damit verbundenen Vorteile auch effektiv nutzen können, sind hier einige Hinweise für das Lösen von Abituraufgaben mit CAS-Rechnern[1] aufgelistet.

1. Das Ministerium für Bildung, Wissenschaft und Kultur Mecklenburg-Vorpommern verlangt wegen der Gleichwertigkeit der äußeren Bedingungen, dass bei der Prüfung verwendete Taschencomputer **vor dem Beginn des schriftlichen Mathematikabiturs** in einen für alle Abiturienten einheitlichen Ausgangszustand zurückgesetzt

---

[1] Diese Hinweise haben keinen Anspruch auf Vollständigkeit und können das Handbuch nicht ersetzen, sollen aber auf Sachverhalte hinweisen, die erfahrungsgemäß einigen Schülern Probleme bereiten.

werden. Wichtige Dateien können Sie vorher von Ihrem Taschencomputer auf einen PC übertragen und abspeichern, um sie später wieder zur Verfügung zu haben. Bei der Gelegenheit sollten Sie auch den technischen Zustand Ihres Taschencomputers überprüfen, eventuell neue Batterien einsetzen oder die Akkus aufladen. Schaden kann es auch nicht, wenn Sie Ersatzbatterien für den Prüfungstag bereithalten.

2. Empfehlenswert ist es auch, jede neue größere Aufgabe mit dem im Bildschirmausdruck angezeigten Befehl **NewProb**[2] zu beginnen. Dadurch werden alle aus einem Buchstaben bestehenden Variablen und der Bildschirm gelöscht, sodass es nicht so leicht zu Missverständnissen bei der Verwendung dieser Buchstaben im Zusammenhang mit der neuen Aufgabe kommen kann.

Ebenso ist es möglich, für jede neue Aufgabe einen entsprechenden Unterordner anzulegen[3] und zum Bearbeiten der Aufgabe in diesen Unterordner zu wechseln[4]. Dies hat den Vorteil, dass Sie die einmal gespeicherten Funktionen auch zu einem späteren Zeitpunkt immer zur Verfügung haben, da die Variablen sich nur auf den aktuellen Ordner beziehen.

3. Beim Abspeichern z. B. von Ableitungsfunktionen mit Parametern muss man **„dynamische Definitionen vermeiden"**.

Beispiel:
Für $f(x) = k \cdot x^2$ ist bekanntlich die 1. Ableitungsfunktion $f'(x) = 2k \cdot x$ und damit gilt für die 1. Ableitung von f an der Stelle k: $f'(k) = 2k^2$.
Der Taschencomputer gibt bei folgendem – **falschem!** – Vorgehen aber den Term $f'(k) = 3 \cdot k^2$ an. Woran liegt das? Speichert man wie im Beispiel nur die Vorschrift zum Bilden der 1. Ableitung unter dem Namen $f_1(x)$ ab, so rechnet der Taschencomputer erst den Wert von f(x) an der Stelle x = k aus und bildet davon die 1. Ableitung nach k:
$f(k) = k \cdot k^2 = k^3$ und damit $f'(k) = 3k^2$.

Man vermeidet dynamische Definitionen, indem man immer erst den Term der Ableitungsfunktion ausgeben lässt und den Funktionsterm dann (ggf. unter Verwendung der [ANS]-Taste) unter einem geeigneten Namen abspeichert, wie es für dieses Beispiel gezeigt wird:

4. Es kommt nicht oft vor, aber man kann es nicht völlig ausschließen, dass der Taschencomputer an seine **technischen Grenzen** stößt. Deshalb sollte man **Warnhinweise** des Rechners **ernst nehmen** und versuchen, die **Lösung auf einem anderen Lösungsweg abzusichern**[5].

---

2 [HOME]; [F6]; 2: (deutsch: NeuAufg)
3 [VAR-LINK]; [F1]; 5: Create Folder (deutsch: Verzeichnis anlegen)
4 [MODE] 2: Current Folder (deutsch: akt. Verzeichnis)
5 Nicht jeder Warnhinweis ist berechtigt.

Beispiel:
Die Lösungen der Gleichung $\sin(x) = e^x$ werden mit dem Taschencomputer auf algebraischem Wege ermittelt.

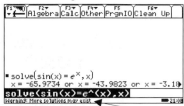 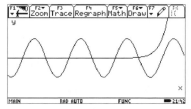

Algebraisch werden nur drei Näherungslösungen ermittelt, aber es wird eine Warnung „More solutions may exist" („weitere Lösungen möglich") angezeigt. In der grafischen Veranschaulichung erkennt man, dass es mehr als drei Lösungen geben muss. Durch inhaltliche Überlegungen (Periodizität der Sinusfunktion und asymptotisches Verhalten der e-Funktion bezüglich der negativen x-Achse) wird klar, dass es sogar unendlich viele Lösungen dieser Gleichung gibt.

5. Auch wenn der Taschencomputer keinen Warnhinweis anzeigt, kann die **Kontrolle auf einem anderen Lösungsweg** helfen, Fehler zu vermeiden, die z. B. durch falsche inhaltliche Überlegungen oder Eingabefehler entstehen können.

   Beispiele:
   a) Es soll die Gleichung der Tangente t an $f_k(x) = k \cdot x^2$ in $P(1; f_k(1))$ ermittelt werden.
   Durch inhaltliche Überlegungen kommt man zu der Tangentengleichung $y = t_k(x) = 2k \cdot x - k$.
   Man sollte es nicht versäumen, dieses algebraisch ermittelte Ergebnis anhand einiger Beispiele grafisch zu verifizieren.

   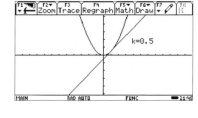

   b) Die Funktion $y = f(x) = \dfrac{(x-5) \cdot (x+3)}{x+4}$ soll auf lokale Extrempunkte untersucht werden.
   Sie besitzt genau zwei lokale Extrempunkte. Die grafische Darstellung[6] zeigt aber nur einen lokalen Tiefpunkt an, obwohl die Funktion auch einen lokalen Hochpunkt besitzt. Der Nachweis über die Existenz und Anzahl aller lokalen Extrempunkte gelingt letztlich nur mithilfe algebraischer Methoden.

   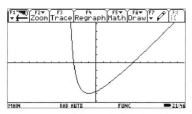

6. Rechnungen lassen sich weitgehend an den CAS-Rechner übertragen. Das spart Zeit und vermeidet Rechenfehler. Sie sollten stets sehr **sorgfältig die Eingabe** in den Rechner **kontrollieren,** um Eingabefehler zu vermeiden. Auch bei der Auswahl der Variablenbezeichnungen muss man aufpassen, dass keine rechnerinternen Überschneidungen entstehen.

---

6 Dies ist natürlich abhängig von den eingestellten Fensterparametern.

Beispiel:
Es führt zu einem Fehler, innerhalb ein und derselben Aufgabe die Variable t gleichzeitig als Parameter für den Ortsvektor eines Punktes D(t) und außerdem als Bezeichnung eines anderen Objektes wie einer Geraden zu verwenden.

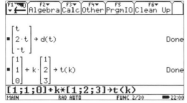 

Die Fehlermeldung kommt dadurch zustande, dass der Rechner bei d(t) für t die Eingabe einer Variablen oder Zahl erwartet, aber t hier als ein Vektor abgespeichert ist.

7. Um Rundungsfehler zu vermeiden, sollte man die **Zwischenergebnisse** direkt **über Kopieren und Einfügen** im weiteren Rechengang **nutzen**.[7]

Beispiel:
Eine Stadt hatte 70 000 Einwohner im Jahr 2000, im Jahre 2006 sind es 85 000. Unter der Annahme, dass exponentielles Wachstum vorliegt, soll das Jahr berechnet werden, in dem sich die Bevölkerungszahl gegenüber dem Jahr 2000 verdoppelt hat.
Aus dem Ansatz ergibt sich ein exakter Wachstumsfaktor oder ein als Dezimalbruch angegebener Faktor mit vielen Nachkommastellen (siehe Bildschirmausdruck). Man ist versucht, mit einem gerundeten Wert weiterzurechnen, beispielsweise hier mit x = 1,03. Mit diesem gerundeten Zwischenergebnis erhält man eine Abweichung von fast zwei Jahren gegenüber dem Ergebnis, das aus dem nicht gerundeten Wert entsteht.

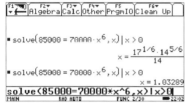 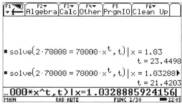

8. Weil der Taschencomputer Ihnen viel Arbeit abnimmt, kann es passieren, dass Ihre Lösungsdarstellung zu knapp ausfällt. Gewöhnen Sie sich beizeiten daran, den Lösungsweg immer so zu notieren, dass er von anderen gut nachvollzogen werden kann. **Kommentieren Sie Ihre Lösungsansätze, notieren Sie Zwischenschritte und nehmen Sie in der Antwort immer Bezug auf die gestellte Aufgabe.** So haben Sie eine nachträgliche Kontrolle, ob Sie wirklich alle gestellten Aufgabenteile bearbeitet haben. Eventuell ist es dann auch möglich, bei der Korrektur Folgefehler anzuerkennen. Selbstverständlich trägt eine saubere und übersichtliche Darstellung des Lösungsweges zu einem positiven Gesamteindruck Ihrer Abiturarbeit bei.

---

[7] [HOME]; [F1]; 5 bzw. [HOME]; [F1]; 6

9. Für TI-Voyage200 und TI-89-Titanium gibt es seit dem Sommer 2005 das **Betriebssystem 3.10**.
Unter anderem bietet dieses Betriebssystem den Vorteil, Gleichungssysteme auch in vektorieller Form zu lösen. Solche kommen beispielsweise in der analytischen Geometrie häufig vor.

Beispiel:

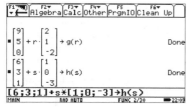

10. Für Berechnungen in der Stochastik kann man sich kostenlos von der Internetseite www.education.ti.com die Flash-Applikation „Statistik mit Listeneditor" herunterladen. Dieses Zusatzprogramm, das beim Reset nicht gelöscht wird, beinhaltet u. a. die Funktionen binompdf (berechnet eine diskrete Einzelwahrscheinlichkeit) und binomcdf (berechnet eine Intervallwahrscheinlichkeit) für die Berechnungen zu Binomialverteilungen.
Diese Funktionen finden Sie dann z. B. im Katalog [CATALOG] unter [F3].

Beispiel:
Berechnen Sie für eine binomialverteilte Zufallsgröße die Einzelwahrscheinlichkeit für $n = 10$, $p = 0{,}8$ und $k = 8$ sowie die Intervallwahrscheinlichkeit für $8 \leq k \leq 10$.

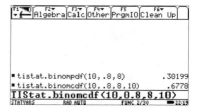

7 Weiterführende Informationen

Sie finden weitere Informationen zur zentralen schriftlichen Abiturprüfung im Internet unter der Adresse **http://www.bildung-mv.de/**, Bereich „Schule", Rubrik „Gymnasien". Außerdem sollten Sie bei konkreten Fragen Ihren Kurslehrer kontaktieren.

Mathematik (Mecklenburg-Vorpommern): Beispielarbeit für das Abitur
Prüfungsteil A0 – Pflichtaufgaben ohne Rechenhilfsmittel

1 Analysis

1.1 In der Abbildung ist der Graph einer ganzrationalen Funktion dargestellt.

1.1.1 Kennzeichnen Sie die Teile des Graphen mit einer Rechtskrümmung farbig.

1.1.2 Wie bezeichnet man die Punkte, in denen sich die Krümmung ändert?

1.1.3 Nennen Sie für die Existenz dieser Punkte
- eine notwendige Bedingung an der zugehörigen Stelle,
- eine hinreichende Bedingung an der zugehörigen Stelle.

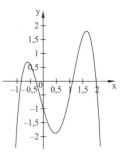

1.2 Eine Funktion f ist gegeben durch die Gleichung $f(x) = x^4 + 4x$; $x \in \mathbb{R}$.
Berechnen Sie die Koordinaten des lokalen Extrempunktes und geben Sie die Art des Extremums an.

1.3 Berechnen Sie den Inhalt der Fläche, den die Graphen der Funktionen $f(x) = 3x - 3$ und $g(x) = x^2 - x$ vollständig einschließen.

2 Analytische Geometrie

2.1 Gegeben sind drei Eckpunkte eines Rechtecks ABCD mit $A(2|1|3)$, $B(-2|2|3)$ und $C(-1|6|8)$.
Bestimmen Sie die Koordinaten des Punktes D.

2.2 Gegeben sind die Punkte $A(3|0|3)$, $B(-1|5|0)$, $C(5|5|-3)$ und $D(11|-10|9)$.

2.2.1 Die drei Punkte A, B und C legen eine Ebene fest. Geben Sie für diese Ebene eine Gleichung an.

2.2.2 Begründen Sie, dass die drei Punkte A, B und D keine Ebene eindeutig festlegen.

2.3 Geben Sie die Gleichungen je zweier Geraden im Raum an:

2.3.1 – die zueinander parallel verlaufen, jedoch nicht identisch sind;

2.3.2 – sich genau in einem Punkt schneiden und senkrecht zueinander verlaufen.

3 Stochastik

3.1 Eine Urne enthält 2 gelbe (g), 3 blaue (b) und 5 weiße (w) Kugeln. Aus dieser Urne werden nacheinander 3 Kugeln ohne Zurücklegen entnommen und jeweils ihre Farbe notiert. Bestimmen Sie die Wahrscheinlichkeiten für folgende Ereignisse:
A: Alle Kugeln sind blau.
B: Die gezogenen Kugeln haben drei verschiedene Farben.

3.2 Eine ideale Münze wird fünfmal geworfen. Berechnen Sie die Wahrscheinlichkeit für das Ereignis:
Genau einmal Wappen.
Begründen Sie, dass es sich um eine Bernoulli-Kette handelt.

Hinweise und Tipps

Teilaufgabe 1.1
/ Bei den Bedingungen werden differenzierbare Funktionen benötigt.

Teilaufgabe 1.2
/ Um die Koordinaten der lokalen Extrempunkte zu bestimmen, wird die notwendige Bedingung für die Existenz von Extremstellen benötigt.
/ Zur Bestimmung der Art des Extremums wird die hinreichende Bedingung für die Existenz von Extremstellen benötigt.

Teilaufgabe 1.3
/ Berechnen Sie die Schnittstellen der Funktionsgraphen.
/ Der gesuchte Flächeninhalt ist ein bestimmtes Integral, das Sie mit dem Hauptsatz der Differenzial- und Integralrechnung bestimmen können.

Teilaufgabe 2.1
/ Addieren Sie zu einem geeigneten Ortsvektor einen passenden Richtungsvektor.

Teilaufgabe 2.2
/ Eine Ebenengleichung für A, B, C finden Sie am einfachsten in Parameterform.
/ Zeigen Sie, dass die Punkte A, B, D auf einer Geraden liegen.

Teilaufgabe 2.3
/ Überlegen Sie, wie viele verschiedene Richtungs- bzw. Ortsvektoren Sie benötigen.
/ Beachten Sie, dass Sie jeweils noch eine zweite Eigenschaft sicherstellen müssen.

Teilaufgabe 3.1
/ Fertigen Sie ein Baumdiagramm an.

Teilaufgabe 3.2
/ Die Wahrscheinlichkeit kann mit der Bernoulli-Formel berechnet werden.
/ Begründen Sie, warum das einmalige Werfen einer Münze ein Bernoulli-Experiment ist.

Lösung

1 Analysis

1.1.1

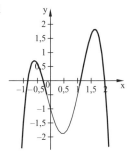

1.1.2 Gemeint sind hier die Punkte, in denen der Funktionsgraph von einer Rechts- in eine Linkskrümmung oder umgekehrt wechselt.
Solche Punkte werden als Wendepunkte bezeichnet.

1.1.3 Die notwendige Bedingung für die Existenz eines Wendepunktes lautet:
Eine Funktion f ist an der Stelle x_W mit $x \in D_f$ zweimal differenzierbar.
So nennt man x_W eine Wendestelle, wenn $f''(x_W) = 0$ ist.

Die hinreichende Bedingung für die Existenz eines Wendepunktes lautet:
Eine Funktion f ist an der Stelle x_W mit $x \in D_f$ dreimal differenzierbar.
So nennt man x_W eine Wendestelle, wenn $f''(x_W) = 0$ und $f'''(x_W) \neq 0$ ist.

1.2 Gegeben ist die Funktion $f(x) = x^4 + 4x$ mit $x \in \mathbb{R}$. Zur Bestimmung der Extremstellen wird die erste Ableitung $f'(x) = 4x^3 + 4$ gebildet und gleich null gesetzt:

$4x_E^3 + 4 = 0 \quad |:4$
$x_E^3 + 1 = 0 \quad |-1$
$x_E^3 = -1 \quad |\sqrt[3]{\ }$
$x_E = -1$

Wird die -1 in die Funktionsgleichung eingesetzt, erhält man: $f(-1) = -3$
Um die Art des Extremums zu bestimmen, wird die zweite Ableitung benötigt:
$f''(x) = 12x^2$
Damit erhält man:
$f''(-1) = 12$
Da dieser Wert größer ist als null, handelt es sich bei dem Extremwert um einen Tiefpunkt.

Als Endergebnis erhält man: $TP(-1 | -3)$.

1.3 Es soll die Fläche berechnet werden, die die Graphen der Funktionen $f(x) = 3x - 3$ und $g(x) = x^2 - x$ vollständig einschließen.
Dazu müssen als erstes die Schnittstellen der Funktionen berechnet werden.
Diese erhält man, in dem man die Funktionsterme gleichsetzt:
$3x - 3 = x^2 - x$
$0 = x^2 - 4x + 3$

Mithilfe der Lösungsformel für quadratische Gleichungen wird die obige Gleichung gelöst:

$$x_{1;2} = -\frac{p}{2} \pm \sqrt{\left(\frac{p}{2}\right)^2 - q}$$

$$x_{1;2} = -\frac{-4}{2} \pm \sqrt{\left(\frac{-4}{2}\right)^2 - 3}$$

$$x_{1;2} = 2 \pm 1$$

$$x_1 = 1$$

$$x_2 = 3$$

Die Funktionen f(x) und g(x) schneiden sich an den Stellen $x_1 = 1$ und $x_2 = 3$, dies sind auch gleichzeitig die Grenzen für die Integration.

Um den Flächeninhalt zu bestimmen, ist das Integral $\int_1^3 (f(x) - g(x))\,dx$ zu lösen.

$$A = \int_1^3 \left(3x - 3 - (x^2 - x)\right) dx$$

Nachdem man die Klammer aufgelöst und den Integranden zusammengefasst hat, erhält man:

$$A = \int_1^3 \left(-x^2 + 4x - 3\right) dx$$

Jetzt muss die Stammfunktion ermittelt werden.

$$A = \left[-\frac{1}{3}x^3 + 2x^2 - 3x\right]_1^3$$

Mithilfe des Hauptsatzes der Differenzial- und Integralrechnung erhält man:

$$A = (-9 + 18 - 9) - \left(-\frac{1}{3} + 2 - 3\right)$$

$$\underline{\underline{A = 1\frac{1}{3} \text{ FE}}}$$

Ergebnis: Die Graphen der Funktionen f und g schließen eine Fläche mit dem Inhalt $A = 1\frac{1}{3}$ FE ein.

2 Analytische Geometrie

2.1 Um die Koordinaten des Punktes D zu bestimmen, kann man einmal zum Ortsvektor $\overrightarrow{OA}$ den Richtungsvektor $\overrightarrow{BC}$ addieren oder zum Ortsvektor $\overrightarrow{OC}$ den Richtungsvektor $\overrightarrow{BA}$ addieren.

1. Variante:

$$\overrightarrow{OD} = \overrightarrow{OA} + \overrightarrow{BC} = \begin{pmatrix} 2 \\ 1 \\ 3 \end{pmatrix} + \begin{pmatrix} 1 \\ 4 \\ 5 \end{pmatrix} = \begin{pmatrix} 3 \\ 5 \\ 8 \end{pmatrix}$$

2. Variante:

$$\overrightarrow{OD} = \overrightarrow{OC} + \overrightarrow{BA} = \begin{pmatrix} -1 \\ 6 \\ 8 \end{pmatrix} + \begin{pmatrix} 4 \\ -1 \\ 0 \end{pmatrix} = \begin{pmatrix} 3 \\ 5 \\ 8 \end{pmatrix}$$

Damit ergibt sich für den Punkt D(3|5|8).

2.2.1 Eine mögliche Ebenengleichung lautet:
$\vec{x} = \overrightarrow{OA} + \lambda \cdot \overrightarrow{AB} + \mu \cdot \overrightarrow{AC}$

$$\vec{x} = \begin{pmatrix} 3 \\ 0 \\ 3 \end{pmatrix} + \lambda \cdot \begin{pmatrix} -4 \\ 5 \\ -3 \end{pmatrix} + \mu \cdot \begin{pmatrix} 2 \\ 5 \\ -6 \end{pmatrix}$$

2.2.2 Wenn die Punkte A, B, D keine Ebene eindeutig festlegen, heißt das, sie liegen auf einer Geraden.
1. Variante:
Es wird eine Gleichung für die Gerade g durch die Punkte A und B aufgestellt. Anschließend wird überprüft, ob der Punkt D auf der Geraden liegt.
Die Geradengleichung lautet:

$$g: \vec{x} = \begin{pmatrix} 3 \\ 0 \\ 3 \end{pmatrix} + \lambda \cdot \begin{pmatrix} -4 \\ 5 \\ -3 \end{pmatrix}$$

Durch Einsetzen des Ortsvektors zum Punkt D erhält man:

$$\begin{pmatrix} 11 \\ -10 \\ 9 \end{pmatrix} = \begin{pmatrix} 3 \\ 0 \\ 3 \end{pmatrix} + \lambda \cdot \begin{pmatrix} -4 \\ 5 \\ -3 \end{pmatrix} \Rightarrow \begin{matrix} \lambda = -2 \\ \lambda = -2 \\ \lambda = -2 \end{matrix}$$

Damit ist erwiesen, dass der Punkt D auf der Geraden liegt.
2. Variante:
Es werden die Richtungsvektoren $\overrightarrow{AB}$ und $\overrightarrow{AD}$ aufgestellt und diese werden auf lineare Abhängigkeit überprüft.

$$\overrightarrow{AB} = \begin{pmatrix} -4 \\ 5 \\ -3 \end{pmatrix} \qquad \overrightarrow{AD} = \begin{pmatrix} 8 \\ -10 \\ 6 \end{pmatrix}$$

$$\begin{pmatrix} -4 \\ 5 \\ -3 \end{pmatrix} = r \cdot \begin{pmatrix} 8 \\ -10 \\ 6 \end{pmatrix} \qquad \begin{matrix} r = -\frac{1}{2} \\ r = -\frac{1}{2} \\ r = -\frac{1}{2} \end{matrix}$$

Damit ist gezeigt, dass die Vektoren linear abhängig sind. Die Punkte A, B und D bilden eine Gerade und keine Ebene.

2.3.1 Man braucht einen Richtungsvektor, der bei beiden Geradengleichungen identisch ist, und es werden zwei verschiedene Ortsvektoren benötigt. Dabei muss man aber beachten, dass der Ortsvektor der zweiten Geraden nicht auf einen Punkt der ersten Geraden zeigt.

Beispielsweise könnten die beiden Geradengleichungen folgendermaßen lauten:

$$g: \vec{x} = \begin{pmatrix}1\\1\\1\end{pmatrix} + \lambda \cdot \begin{pmatrix}1\\0\\1\end{pmatrix} \quad \text{und} \quad h: \vec{x} = \begin{pmatrix}-1\\-1\\-1\end{pmatrix} + \lambda \cdot \begin{pmatrix}1\\0\\1\end{pmatrix}$$

2.3.2 Man braucht einen Ortsvektor für beide Geraden und zwei Richtungsvektoren, die senkrecht aufeinander stehen.
Für den Ortsvektor und die Richtungsvektoren könnte man folgende Vektoren verwenden:

$$\overrightarrow{OA} = \begin{pmatrix}1\\1\\1\end{pmatrix} \quad \text{sowie} \quad \vec{r}_1 = \begin{pmatrix}1\\0\\1\end{pmatrix} \quad \text{und} \quad \vec{r}_2 = \begin{pmatrix}-1\\0\\1\end{pmatrix}$$

Die beiden Richtungsvektoren sollen senkrecht aufeinander stehen, also muss das Skalarprodukt der Richtungsvektoren null ergeben. Das Skalarprodukt der Richtungsvektoren lautet: $1 \cdot (-1) + 0 \cdot 0 + 1 \cdot 1 = 0$

Damit lauten die beiden Geradengleichungen:

$$g: \vec{x} = \begin{pmatrix}1\\1\\1\end{pmatrix} + \lambda \cdot \begin{pmatrix}1\\0\\1\end{pmatrix} \quad \text{und} \quad h: \vec{x} = \begin{pmatrix}1\\1\\1\end{pmatrix} + \lambda \cdot \begin{pmatrix}-1\\0\\1\end{pmatrix}$$

3 Stochastik

3.1 Hierfür eignet sich ein Baumdiagramm, es ist aber laut Aufgabenstellung nicht gefordert.

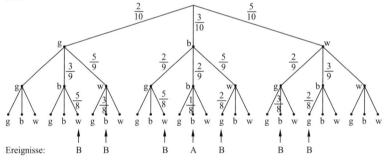

Auf die Angabe der anderen Wahrscheinlichkeiten längs der Pfade wurde aus Platzgründen verzichtet. Lediglich die Wahrscheinlichkeiten wurden angegeben, die für die Ereignisse A und B wichtig sind.

$$P(A) = P(bbb) = \frac{3}{10} \cdot \frac{2}{9} \cdot \frac{1}{8} = \frac{1}{120}$$

$$P(B) = P(gbw) + P(gwb) + P(bgw) + P(bwg) + P(wgb) + P(wbg)$$

$$= \frac{2}{10} \cdot \frac{3}{9} \cdot \frac{5}{8} + \frac{2}{10} \cdot \frac{5}{9} \cdot \frac{3}{8} + \frac{3}{10} \cdot \frac{2}{9} \cdot \frac{5}{8} + \frac{3}{10} \cdot \frac{5}{9} \cdot \frac{2}{8} + \frac{5}{10} \cdot \frac{2}{9} \cdot \frac{3}{8} + \frac{5}{10} \cdot \frac{3}{9} \cdot \frac{2}{8} = 6 \cdot \left(\frac{2}{10} \cdot \frac{3}{9} \cdot \frac{5}{8}\right)$$

$$= \frac{1}{4}$$

3.2 Bei diesem Experiment handelt sich um ein Bernoulli-Experiment mit $n=5$, $k=1$ und $p=\frac{1}{2}$.

$$B_{n;p}(k) = \binom{n}{k} \cdot p^k \cdot (1-p)^{n-k}$$

$$B_{5;\frac{1}{2}}(1) = \binom{5}{1} \cdot \left(\frac{1}{2}\right)^1 \cdot \left(\frac{1}{2}\right)^4 = \frac{5}{32}$$

Es ist eine Bernoulli-Kette, da hier ein Bernoulli-Experiment 5-mal unter gleichen Bedingungen wiederholt wird.

Das Experiment hat nur zwei mögliche Ausgänge (Wappen, Zahl), deshalb ist es ein Bernoulli-Experiment.

Alle Ausgänge der Bernoulli-Kette sind unabhängig voneinander, da die Münze immer wieder neu geworfen wird.

Mathematik (Mecklenburg-Vorpommern): Beispielarbeit für das Abitur
Prüfungsteil A – Pflichtaufgaben ohne CAS

A 1 Analysis (25 BE)

1.1 Gegeben ist eine Funktion f durch die Gleichung
$f(x) = x^3 - 3x^2 + 4$ mit $x \in \mathbb{R}$.
Der Graph der Funktion ist K.
Bestimmen Sie rechnerisch die Gleichungen der Tangenten t und der Normalen n an K im Punkt P(1|2).
Die Tangente t schneidet die x-Achse im Punkt Q, die Normale n schneidet die x-Achse im Punkt R. Die Punkte P, Q und R sind Eckpunkte eines Dreiecks.
Berechnen Sie den Inhalt dieser Dreiecksfläche.

1.2 Gegeben ist eine Funktion g durch die Gleichung
$$g(x) = \frac{4x - 4}{x^2 - 2x + 2} \quad \text{mit } x \in \mathbb{R}.$$
Der Graph von g ist G (siehe Skizze).

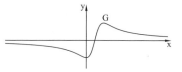

1.2.1 Berechnen Sie die Koordinaten der Schnittpunkte von G mit den Koordinatenachsen.
Geben Sie die Gleichung der Asymptote von G an.

1.2.2 Zeigen Sie rechnerisch, dass die Bestimmung der Extrempunkte auf die Gleichung $-4x^2 + 8x = 0$ führt.

1.3 Eine Schar von Funktionen h_t ist durch die Gleichung
$h_t(x) = \frac{2}{3}x^3 - t \cdot x^2$ mit $t \in \mathbb{R}, t > 0$ gegeben.
Die Graphen von h_t sind H_t.

1.3.1 Berechnen Sie die Koordinaten der Schnittpunkte von H_t mit der x-Achse und die Koordinaten der Extrem- und Wendepunkte in Abhängigkeit von t.

1.3.2 Jeder Graph H_t schließt im vierten Quadranten mit der x-Achse eine Fläche vollständig ein.
Für genau einen Wert von t beträgt der Inhalt dieser Fläche 72 FE.
Berechnen Sie diesen Wert von t.

A 2 Analytische Geometrie und Vektorrechnung (25 BE)

2 Gegeben ist ein dreiseitiges Prisma ABCDEF (siehe Abbildung) durch die Punkte A(5|1|2), B(7|7|5), C(3|7|5) und den Vektor $\overrightarrow{AD} = \begin{pmatrix} 0 \\ -3 \\ 6 \end{pmatrix}$.

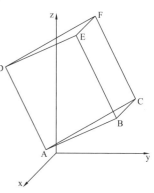

2.1 Ermitteln Sie die Koordinaten der Punkte D, E und F.

2.2 Weisen Sie nach, dass das Dreieck ABC gleichschenklig ist.
Zeigen Sie, dass das Prisma ABCDEF gerade ist.
Berechnen Sie das Volumen des Prismas ABCDEF.

2.3 Bestimmen Sie eine Gleichung für die Gerade g durch den Punkt A und den Mittelpunkt M_{BC} der Seite BC.
Berechnen Sie den Durchstoßpunkt der Geraden g durch die x-y-Ebene und den Schnittwinkel der Geraden g mit der x-y-Ebene.
Bestimmen Sie z so, dass der Punkt (5|13|z) auf der Geraden g liegt.

2.4 Eine Ebene ε durch die Punkte A, B und F schneidet das Prisma.
Geben Sie eine Gleichung für die Ebene ε an.
Untersuchen Sie, ob der Punkt Q(11|10|−1) in der Ebene ε liegt.

A 3 Stochastik und Analysis (25 BE)

3.1 Dem Physiklehrer Herrn Fall gelingt jedes Experiment nur mit einer Wahrscheinlichkeit von 0,80. An einem Schultag mit sechs Physikstunden sollen in jeder Stunde genau zwei Experimente vorgeführt werden.
Berechnen Sie die Wahrscheinlichkeit für folgende Ereignisse:
A: Herrn Fall gelingen an diesem Tag alle Experimente.
B: Es gelingt keines seiner Experimente.
C: Herrn Fall misslingen genau fünf Experimente.
D: Es misslingt mindestens die Hälfte der Experimente.

3.2.1 Spieler Lars zahlt bei einem Würfelspiel 1 € Einsatz und wirft drei (ideale) Würfel.
Erscheint dabei die „6" genau einmal, erhält er den Einsatz zurück und außerdem einen Gewinn von 1 €.
Erscheint dabei die „6" genau zweimal, erhält er den Einsatz zurück und außerdem einen Gewinn von 2 €.
Erscheint dabei die „6" genau dreimal, erhält er den Einsatz zurück und außerdem einen Gewinn von 3 €.
Erscheint keine „6", so ist der Einsatz verloren.
Weisen Sie nach, dass das Spiel nicht fair ist.
Ändern Sie den Einsatz so, dass das Spiel unter sonst gleichen Bedingungen fair wird.

3.3 Eine Schar von Funktionen f_a ist durch die Gleichung
$f_a(x) = ax^2 + 6x$ mit $a \in \mathbb{R}$, $a \neq 0$ und $x \in \mathbb{R}$ gegeben.

3.3.1 Weisen Sie nach, dass alle Graphen die x-Achse in der von Null verschiedenen Nullstelle unter dem gleichen Winkel schneiden.

3.3.2 Berechnen Sie die Koordinaten der lokalen Extrempunkte der Graphen.
Zeigen Sie, dass die lokalen Extrempunkte der Graphen auf einer Geraden liegen.

Hinweise und Tipps

Teilaufgabe 1.1
- Bestimmen Sie zuerst den Anstieg der Tangente.
- Die Normale steht senkrecht auf der Tangente.
- Begründen Sie, dass das Dreieck bei P einen rechten Winkel hat.

Teilaufgabe 1.2.1
- Berechnen Sie die Nullstellen von g bzw. den Funktionswert g(0).
- Der Grenzwert $\lim_{x \to \pm\infty} g(x)$ gibt Auskunft über die Asymptote.

Teilaufgabe 1.2.2
- Die Extremstellen sind Nullstellen der ersten Ableitung.
- Wenden Sie beim Differenzieren die Quotientenregel an.

Teilaufgabe 1.3.1
- Durch Ausklammern finden Sie eine doppelte und eine einfache Nullstelle.
- Benutzen Sie die notwendige und die hinreichende Bedingung für die Existenz von Extrem- bzw. Wendestellen.

Teilaufgabe 1.3.2
- Der Flächeninhalt berechnet sich als bestimmtes Integral.
- Die Integrationsgrenzen sind die Nullstellen aus Teilaufgabe 1.3.1.
- Beachten Sie, dass Flächen im 3. und 4. Quadranten negativ sind.

Teilaufgabe 2.1
- Addieren Sie den gegebenen Vektor zu den jeweiligen Ortsvektoren.

Teilaufgabe 2.2
- Zeigen Sie, dass zwei der drei Vektoren $\overrightarrow{AB}$, $\overrightarrow{BC}$ und $\overrightarrow{AC}$ gleich lang sind.
- Ein Prisma ist gerade, wenn die Seitenkanten senkrecht auf der Grundfläche stehen.
- Das Volumen berechnen Sie mit der Formel $V = A_G \cdot h$.

Teilaufgabe 2.3
- Der gesuchte Durchstoßpunkt hat die z-Koordinate null.
- Wenn Sie den Schnittwinkel mittels des Normalenvektors der x-y-Ebene bestimmen, müssen Sie das Ergebnis von 90° subtrahieren.

Teilaufgabe 2.4
- Zur Aufstellung der Ebenengleichung brauchen Sie einen Orts- und zwei Spannvektoren.
- Ob der Punkt Q in der Ebene liegt, entscheiden Sie durch das Lösen eines Gleichungssystems.

Teilaufgabe 3.1
- Begründen Sie, warum Sie das Modell einer Bernoulli-Kette verwenden dürfen.

Teilaufgabe 3.2.1
- Stellen Sie die Wahrscheinlichkeitsverteilung auf, und bestimmen Sie den Erwartungswert.
- Das Spiel ist genau dann fair, wenn der Erwartungswert null ist.

Teilaufgabe 3.3.1
Berechnen Sie die Nullstellen der Schar und die zugehörigen Funktionswerte der Ableitungsfunktionen.

Teilaufgabe 3.3.2
Die Koordinaten der lokalen Extrempunkte finden Sie mithilfe der notwendigen und der hinreichenden Bedingung.

Wenn Sie erkennen, dass zwischen den y-Koordinaten und den x-Koordinaten der Extrempunkte der Schar ein direkt proportionaler Zusammenhang besteht, können Sie direkt zeigen, dass der Quotient $\frac{x}{y}$ unabhängig von a ist.

Andernfalls ermitteln Sie die Ortskurve der Extrempunkte, indem Sie die Gleichung für die x-Koordinate nach a auflösen und in die Funktion einsetzen.

Lösung

A 1 Analysis

1.1 Tangenten an f(x)
Um die Gleichung der Tangente zu bestimmen, benötigt man den Anstieg an der Stelle x = 1. Diesen bestimmt man mithilfe der 1. Ableitung.
Die 1. Ableitung lautet: $f'(x) = 3x^2 - 6x$
Damit ist der Anstieg der Tangente $m = f'(1) = -3$.
Werden die Koordinaten des Punktes P in die Gleichung der Tangente $y_t = -3x + n$ eingesetzt, so erhält man den Wert für n.
Damit ergibt sich die Tangentengleichung: $y_t = -3x + 5$

Normale an f(x)
Um die Gleichung der Normalen zu bestimmen, braucht man den Anstieg der Tangente an der Stelle x = 1.
Die Normale und die Tangente stehen senkrecht aufeinander.
Zwei Geraden t und n stehen senkrecht aufeinander, wenn für die Anstiege der Geraden gilt:
$m_n = -\frac{1}{m_t}$

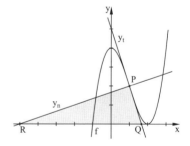

Damit besitzt die Normale den Anstieg $m = \frac{1}{3}$.
Werden die Koordinaten des Punktes P in die Gleichung der Normalen $y_n = \frac{1}{3}x + n$ eingesetzt, so erhält man den Wert für n.
Damit ergibt sich die Normalengleichung:
$y_n = \frac{1}{3}x + 1\frac{2}{3}$

Flächeninhalt des Dreiecks PQR
Schnittpunkt der Tangente mit der x-Achse ist Q mit $Q\left(\frac{5}{3}\,\middle|\,0\right)$.

Schnittpunkt der Normalen mit der x-Achse ist R mit R(–5|0).

Der Flächeninhalt berechnet sich nach $A = \frac{g \cdot h}{2}$.

Die Länge der Grundseite ist der Abstand der Punkte Q und R voneinander: $g = 6\frac{2}{3}$

Die Höhe ist der Abstand des Punktes P von der x-Achse: h = 2
Damit ist der Flächeninhalt $A = 6\frac{2}{3}$ FE.

1.2.1 Schnittpunkt mit der x-Achse
Es muss die Nullstelle der Funktion g(x) berechnet werden.
Der Nenner der Funktion g(x) ist für alle $x \in \mathbb{R}$ ungleich null (er besitzt keine Nullstellen).

$g(x) = 0$

$$0 = \frac{4x-4}{x^2 - 2x + 2}$$

$0 = 4x - 4 \qquad |+4 \quad |:4$

$x = 1$

Der Schnittpunkt hat somit folgende Koordinaten $S_x(1|0)$.

Schnittpunkt mit der y-Achse
Die x-Koordinate des Schnittpunktes ist bekannt mit x = 0. Die y-Koordinate erhält man, indem man g(0) bildet.

$$g(0) = \frac{4 \cdot 0 - 4}{0^2 - 2 \cdot 0 + 2}$$

$g(0) = -2$

Der Schnittpunkt hat somit folgende Koordinaten $S_y(0|-2)$.

Asymptote
Die Asymptote wird mithilfe des Grenzwertes $\lim\limits_{x \to \pm\infty} g(x)$ bestimmt.

$$\lim_{x \to \pm\infty} g(x) = \lim_{x \to \pm\infty} \frac{4x-4}{x^2 - 2x + 2} \qquad | \text{ höchste Potenz im Zähler und Nenner ausklammern}$$

$$= \lim_{x \to \pm\infty} \frac{x^2 \cdot \left(\frac{4}{x} - \frac{4}{x^2}\right)}{x^2 \cdot \left(1 - \frac{2}{x} + \frac{2}{x^2}\right)} \qquad | \text{ kürzen}$$

$$= \lim_{x \to \pm\infty} \frac{\frac{4}{x} - \frac{4}{x^2}}{1 - \frac{2}{x} + \frac{2}{x^2}} \qquad | \text{ anwenden der Grenzwertsätze}$$

$$= \frac{\lim\limits_{x \to \pm\infty} \left(\frac{4}{x} - \frac{4}{x^2}\right)}{\lim\limits_{x \to \pm\infty} \left(1 - \frac{2}{x} + \frac{2}{x^2}\right)} \qquad | \text{ Grenzwert bilden}$$

$$= \frac{0}{1}$$

$\lim\limits_{x \to \pm\infty} g(x) = 0$

Die Gleichung der Asymptote lautet: y = 0

1.2.2
Um die Extrempunkte zu bestimmen, muss die erste Ableitung ermittelt und gleich null gesetzt werden.
Die erste Ableitung von g(x) wird mit der Quotientenregel bestimmt.

$$g'(x) = \frac{(4x-4)' \cdot (x^2 - 2x + 2) - (4x-4) \cdot (x^2 - 2x + 2)'}{(x^2 - 2x + 2)^2}$$

$$= \frac{4 \cdot (x^2 - 2x + 2) - (4x-4) \cdot (2x-2)}{(x^2 - 2x + 2)^2} = \frac{4x^2 - 8x + 8 - (8x^2 - 16x + 8)}{(x^2 - 2x + 2)^2}$$

$$= \frac{-4x^2 + 8x}{(x^2 - 2x + 2)^2}$$

Damit ergibt sich die Gleichung $0 = -4x^2 + 8x$ zur Bestimmung der Extrempunkte.

1.3.1 Schnittpunkte mit der x-Achse
Es müssen die Nullstellen der Funktionenschar $h_t(x)$ berechnet werden.
$h_t(x) = 0$

$$0 = x^2 \cdot \left(\frac{2}{3}x - t\right)$$

Damit ergeben sich die folgenden Nullstellen: $x_1 = 0$ und $x_2 = \frac{3}{2}t$

Die Schnittpunkte haben somit folgende Koordinaten $S_{x_1}(0 \mid 0)$ und $S_{x_2}\left(\frac{3}{2}t \mid 0\right)$.

Um die Extrem- und Wendepunkte zu bestimmen, werden zuerst die Ableitungen der Funktion $h_t(x)$ gebildet.

$$h_t(x) = \frac{2}{3}x^3 - t \cdot x^2$$

$$h'_t(x) = 2x^2 - 2 \cdot t \cdot x$$

$$h''_t(x) = 4x - 2 \cdot t$$

$$h'''_t(x) = 4$$

Extrempunkte
Um die Koordinaten der lokalen Extrempunkte zu bestimmen, wird die notwendige Bedingung für die Existenz von Extremstellen benötigt.
Die erste Ableitung $h'_t(x) = 2x^2 - 2 \cdot t \cdot x$ wird gleich null gesetzt.

$0 = 2x_E^2 - 2x_E \cdot t \quad | \, 2x_E \text{ ausklammern}$

$0 = 2x_E \cdot (x_E - t)$

Ein Produkt ist null, wenn mindestens einer der beiden Faktoren null ist. Dies führt zu $0 = 2x_E$ und/oder $0 = x_E - t$.
Nur bei $x_{E_1} = 0$ und $x_{E_2} = t$ können Extremstellen liegen.
Werden diese Ergebnisse in die Funktionsgleichung von $h_t(x)$ eingesetzt, so folgt

$$h_t(0) = \frac{2}{3} \cdot 0^3 - t \cdot 0^2 = 0$$

und

$$h_t(t) = \frac{2}{3}t^3 - t \cdot t^2 = -\frac{1}{3}t^3.$$

Zur Bestimmung der Art des Extremums wird die hinreichende Bedingung für die Existenz von Extremstellen benötigt.
Da laut Definition t größer als null ist, erhält man damit $h''_t(0) = 4 \cdot 0 - 2t = -2t < 0$ und $h''_t(t) = 4t - 2t = 2t > 0$.
Somit gibt es einen Hochpunkt bei $HP(0 \mid 0)$ und einen Tiefpunkt bei $TP\left(t \mid -\frac{1}{3}t^3\right)$.

Wendepunkte
Um die Koordinaten der Wendepunkte zu bestimmen, wird die notwendige Bedingung für die Existenz von Wendestellen benötigt.
Die zweite Ableitung $h_t''(x) = 4x - 2 \cdot t$ wird gleich null gesetzt.

$$0 = 4x_W - 2t \quad |-4x_W$$
$$-4x_W = -2t \quad |:(-4)$$
$$x_W = \frac{t}{2}$$

Nur bei $x_W = \frac{t}{2}$ kann eine Wendestelle liegen.
Wird dieses Ergebnis in die Funktionsgleichung von $h_t(x)$ eingesetzt, so ergibt sich:

$$h_t\left(\frac{t}{2}\right) = \frac{2}{3} \cdot \left(\frac{t}{2}\right)^3 - t \cdot \left(\frac{t}{2}\right)^2 = \frac{2}{3} \cdot \frac{t^3}{8} - t \cdot \frac{t^2}{4} = \frac{t^3}{12} - \frac{t^3}{4} = -\frac{t^3}{6}$$

Zum Nachweis der Existenz der Wendestelle wird die hinreichende Bedingung für deren Existenz benötigt.
Die dritte Ableitung lautet $h_t'''(x) = 4$. Diese ist für alle $x \in D_f$ immer ungleich null.
Der Punkt $WP\left(\frac{t}{2} \mid -\frac{t^3}{6}\right)$ ist damit ein Wendepunkt.

1.3.2 Zur Bestimmung des Flächeninhalts werden die Nullstellen der Funktion aus Teilaufgabe 1.3.1 gebraucht. Sie sind die Grenzen der Integration.
Da die Fläche im 4. Quadranten liegt, ist sie negativ. Dies muss bei der Berechnung berücksichtigt werden.

$$A = -\int_0^{\frac{3}{2}t} \left(\frac{2}{3}x^3 - tx^2\right) dx$$

$$A = -\left[\frac{2}{12}x^4 - \frac{t}{3}x^3\right]_0^{\frac{3}{2}t}$$

$$A = -\left(\frac{27}{32}t^4 - \frac{9}{8}t^4 - 0\right)$$

$$A = \frac{9}{32}t^4$$

Nun wird der Parameter t bestimmt, sodass der Flächeninhalt 72 FE beträgt.

$$\frac{9}{32}t^4 = 72 \quad |\cdot\frac{32}{9}$$
$$t^4 = 256 \quad |\sqrt[4]{\ } \text{ ziehen}$$
$$t = \pm 4$$

$t = -4$ entfällt, da laut Definition $t > 0$ sein soll.
Die Fläche im 4. Quadranten ist 72 FE groß, wenn $t = 4$ ist.

A 2 Analytische Geometrie

2.1 Koordinaten der Punkte D, E und F

Um die Koordinaten des Punktes D anzugeben, braucht man den Ortsvektor zum Punkt A und den Richtungsvektor $\overrightarrow{AD}$.

Man muss folgende Gleichung bearbeiten: $\vec{OD} = \vec{OA} + \vec{AD}$

$$\begin{pmatrix} x \\ y \\ z \end{pmatrix} = \begin{pmatrix} 5 \\ 1 \\ 2 \end{pmatrix} + \begin{pmatrix} 0 \\ -3 \\ 6 \end{pmatrix} = \begin{pmatrix} 5 \\ -2 \\ 8 \end{pmatrix}$$

Die Koordinaten des Punktes D sind D(5|−2|8).
Analog werden die Punkte E und F bestimmt.
Für den Punkt E muss die Gleichung $\vec{OE} = \vec{OB} + \vec{AD}$ bearbeitet werden.

$$\begin{pmatrix} x \\ y \\ z \end{pmatrix} = \begin{pmatrix} 7 \\ 7 \\ 5 \end{pmatrix} + \begin{pmatrix} 0 \\ -3 \\ 6 \end{pmatrix} = \begin{pmatrix} 7 \\ 4 \\ 11 \end{pmatrix}$$

Die Koordinaten des Punktes E sind E(7|4|11).
Für den Punkt F muss die Gleichung $\vec{OF} = \vec{OC} + \vec{AD}$ bearbeitet werden.

$$\begin{pmatrix} x \\ y \\ z \end{pmatrix} = \begin{pmatrix} 3 \\ 7 \\ 5 \end{pmatrix} + \begin{pmatrix} 0 \\ -3 \\ 6 \end{pmatrix} = \begin{pmatrix} 3 \\ 4 \\ 11 \end{pmatrix}$$

Die Koordinaten des Punktes F sind F(3|4|11).

2.2 Dreieck ABC gleichschenklig

Ein Dreieck ist gleichschenklig, wenn zwei der Seiten gleich lang sind.
Das heißt, zwei der Vektoren $\vec{AB}$, $\vec{BC}$ und $\vec{AC}$ sind gleich lang.

Die Vektoren sind $\vec{AB} = \vec{OB} - \vec{OA} = \begin{pmatrix} 7 \\ 7 \\ 5 \end{pmatrix} - \begin{pmatrix} 5 \\ 1 \\ 2 \end{pmatrix} = \begin{pmatrix} 2 \\ 6 \\ 3 \end{pmatrix}$, $\vec{BC} = \begin{pmatrix} -4 \\ 0 \\ 0 \end{pmatrix}$ und $\vec{AC} = \begin{pmatrix} -2 \\ 6 \\ 3 \end{pmatrix}$.

Die Beträge der Vektoren sind
$|\vec{AB}| = \sqrt{2^2 + 6^2 + 3^2}$ LE = 7 LE, $|\vec{BC}| = 4$ LE und $|\vec{AC}| = 7$ LE.
Damit sind die Seiten $\vec{AB}$ und $\vec{AC}$ gleich lang. Das Dreieck ist somit gleichschenklig.

Prisma gerade

Alle Seitenkanten sind parallel zur Kante $\vec{AD}$, da die Koordinaten der Punkte E und F mithilfe des Vektors $\vec{AD}$ aufgestellt wurden.
Ist das Skalarprodukt der Vektoren $\vec{AB}$ und $\vec{AD}$ sowie $\vec{AC}$ und $\vec{AD}$ jeweils gleich null, dann stehen die entsprechenden Vektoren senkrecht aufeinander.

$$\vec{AB} \circ \vec{AD} = \begin{pmatrix} 2 \\ 6 \\ 3 \end{pmatrix} \circ \begin{pmatrix} 0 \\ -3 \\ 6 \end{pmatrix} = 2 \cdot 0 + 6 \cdot (-3) + 3 \cdot 6 = 0$$

$$\vec{AC} \circ \vec{AD} = \begin{pmatrix} -2 \\ 6 \\ 3 \end{pmatrix} \circ \begin{pmatrix} 0 \\ -3 \\ 6 \end{pmatrix} = -2 \cdot 0 + 6 \cdot (-3) + 3 \cdot 6 = 0$$

Da zwei linear unabhängige Vektoren der Grundfläche senkrecht zum Vektor $\vec{AD}$ sind, muss das Prisma gerade sein.

Volumen des Prismas

Das Volumen wird berechnet mit $V = A_G \cdot h$.
Die Grundfläche ist ein Dreieck. Der Flächeninhalt eines Dreiecks ist gleich der Hälfte des Betrages des Kreuzproduktes zweier Vektoren, die das Dreieck aufspannen.

$$A_G = \frac{1}{2} \cdot |\vec{AB} \times \vec{AC}|$$

$$\vec{AB} \times \vec{AC} = \begin{pmatrix} 2 \\ 6 \\ 3 \end{pmatrix} \times \begin{pmatrix} -2 \\ 6 \\ 3 \end{pmatrix} = \begin{pmatrix} 6 \cdot 3 - 6 \cdot 3 \\ -2 \cdot 3 - 2 \cdot 3 \\ 2 \cdot 6 - (-2) \cdot 6 \end{pmatrix} = \begin{pmatrix} 0 \\ -12 \\ 24 \end{pmatrix}$$

$$A_G = \frac{1}{2} \cdot \left| \begin{pmatrix} 0 \\ -12 \\ 24 \end{pmatrix} \right| = \frac{1}{2} \cdot \sqrt{0^2 + (-12)^2 + 24^2} \text{ FE} \approx 13,42 \text{ FE}$$

Da das Prisma gerade ist, ist die Höhe gleich der Länge des Vektors $\vec{AD}$.

$$|\vec{AD}| = \left| \begin{pmatrix} 0 \\ -3 \\ 6 \end{pmatrix} \right| \approx 6,71 \text{ LE}$$

$V = A_G \cdot h \approx 13,42 \cdot 6,71 \approx 90$ VE

Das Prisma hat ein Volumen von 90 VE.

2.3 Gleichung der Geraden g
Der Mittelpunkt M_{BC} wird bestimmt durch $M_{BC}\left(\frac{x_B + x_C}{2} \mid \frac{y_B + y_C}{2} \mid \frac{z_B + z_C}{2}\right)$. Damit ergibt sich für den Mittelpunkt $M_{BC}(5 \mid 7 \mid 5)$.
Für die Gleichung der Geraden g erhält man:

g: $\vec{x} = \vec{OA} + \lambda \cdot \vec{AM_{BC}}$

$$g: \vec{x} = \begin{pmatrix} 5 \\ 1 \\ 2 \end{pmatrix} + \lambda \cdot \begin{pmatrix} 0 \\ 6 \\ 3 \end{pmatrix}$$

Durchstoßpunkt der Geraden g durch die x-y-Ebene
Ein Punkt der x-y-Ebene hat die Koordinaten $D_{xy}(x \mid y \mid 0)$.
Der Ortsvektor zum Punkt D_{xy} wird in die Gleichung der Geraden g eingesetzt:

$$\begin{pmatrix} x \\ y \\ 0 \end{pmatrix} = \begin{pmatrix} 5 \\ 1 \\ 2 \end{pmatrix} + \lambda \cdot \begin{pmatrix} 0 \\ 6 \\ 3 \end{pmatrix} \Rightarrow \begin{matrix} x = 5 \\ y = 1 + 6\lambda \\ 0 = 2 + 3\lambda \end{matrix} \Rightarrow -2 = 3\lambda \Rightarrow \lambda = -\frac{2}{3}$$

Aus der letzten Zeile der Gleichungen erhält man die Lösung $\lambda = -\frac{2}{3}$.
Diese Lösung wird in die zweite Zeile eingesetzt und man erhält:

$y = 1 + 6 \cdot \left(-\frac{2}{3}\right) = 1 + (-4)$
$y = -3$

Der Durchstoßpunkt hat die Koordinaten $D_{xy}(5 \mid -3 \mid 0)$.

Schnittwinkel der Geraden g mit der x-y-Ebene
Um den Schnittwinkel zu bestimmen, werden der Normalenvektor $\vec{n}_{xy} = \begin{pmatrix} 0 \\ 0 \\ 1 \end{pmatrix}$ der x-y-Ebene und der Richtungsvektor der Geraden g benötigt.
Der Winkel zwischen diesen Vektoren wird mithilfe des Skalarproduktes bestimmt:

$\vec{r}_g \circ \vec{n}_{xy} = |\vec{r}_g| \cdot |\vec{n}_{xy}| \cdot \cos \sphericalangle(\vec{r}_g; \vec{n}_{xy})$

Durch Einsetzen und Umstellen erhält man:

$$\cos \sphericalangle(\vec{r}_g; \vec{n}_{xy}) = \frac{\begin{pmatrix} 0 \\ 6 \\ 3 \end{pmatrix} \circ \begin{pmatrix} 0 \\ 0 \\ 1 \end{pmatrix}}{\left|\begin{pmatrix} 0 \\ 6 \\ 3 \end{pmatrix}\right| \cdot \left|\begin{pmatrix} 0 \\ 0 \\ 1 \end{pmatrix}\right|} = \frac{0 \cdot 0 + 6 \cdot 0 + 3 \cdot 1}{3 \cdot \sqrt{5} \cdot 1} = \frac{1}{\sqrt{5}} \approx 0,447$$

$\sphericalangle(\vec{r}_g; \vec{n}_{xy}) \approx 63,43°$

Dies ist der Winkel zwischen der Geraden g und dem Normalenvektor der x-y-Ebene. Da jedoch der Winkel zwischen der x-y-Ebene und der Geraden g gesucht ist, muss der berechnete Winkel von 90° abgezogen werden. Damit ergibt sich zwischen der x-y-Ebene und der Geraden g ein Winkel von 26,57°.

Bestimmung von z
Der Ortsvektor zum Punkt P(5|13|z) wird in die Gleichung der Geraden g eingesetzt. Es ergibt sich:

$$\begin{pmatrix} 5 \\ 13 \\ z \end{pmatrix} = \begin{pmatrix} 5 \\ 1 \\ 2 \end{pmatrix} + \lambda \cdot \begin{pmatrix} 0 \\ 6 \\ 3 \end{pmatrix} \Rightarrow \begin{matrix} 5 = 5 \\ 13 = 1 + 6\lambda \\ z = 2 + 3\lambda \end{matrix} \Rightarrow 12 = 6\lambda \Rightarrow \lambda = 2$$

Aus der mittleren Zeile erhält man die Lösung $\lambda = 2$. Diese Lösung wird in die letzte Zeile eingesetzt und man erhält:
$z = 2 + 3 \cdot 2$
$z = 8$
Der Punkt hat die Koordinaten P(5|13|8).

2.4 Ebenengleichung

Eine Gleichung der Ebene ε könnte folgendermaßen lauten:

$\varepsilon: \vec{x} = \overrightarrow{OA} + \lambda \cdot \overrightarrow{AB} + \mu \cdot \overrightarrow{AF}$

$\varepsilon: \vec{x} = \begin{pmatrix} 5 \\ 1 \\ 2 \end{pmatrix} + \lambda \cdot \begin{pmatrix} 2 \\ 6 \\ 3 \end{pmatrix} + \mu \cdot \begin{pmatrix} -2 \\ 3 \\ 9 \end{pmatrix}$

Punkt Q in der Ebene
Der Ortsvektor zum Punkt Q(11|10|−1) wird in die Ebenengleichung eingesetzt:

$\begin{pmatrix} 11 \\ 10 \\ -1 \end{pmatrix} = \begin{pmatrix} 5 \\ 1 \\ 2 \end{pmatrix} + \lambda \cdot \begin{pmatrix} 2 \\ 6 \\ 3 \end{pmatrix} + \mu \cdot \begin{pmatrix} -2 \\ 3 \\ 9 \end{pmatrix}$

Daraus kann folgendes Gleichungssystem entwickelt werden:

I	$6 = 2\lambda - 2\mu$	$\mid :2$
II	$9 = 6\lambda + 3\mu$	$\mid :3$
III	$-3 = 3\lambda + 9\mu$	$\mid :3$

I	$3 = \lambda - \mu$
II	$3 = 2\lambda + \mu$
III	$-1 = \lambda + 3\mu$

I + II	$6 = 3\lambda$	$\Rightarrow \lambda = 2$	Werden die ersten beiden Gleichungen addiert, so erhält man $6 = 3\lambda$ und damit $\lambda = 2$.
II	$3 = 2\lambda + \mu$		
III	$-1 = \lambda + 3\mu$		

I	$6 = 3\lambda$		
λ in II	$3 = 2 \cdot 2 + \mu$	$\Rightarrow \mu = -1$	Der Wert für λ wird in die zweite Gleichung eingesetzt und man erhält $\mu = -1$.
III	$-1 = \lambda + 3\mu$		

Zur Kontrolle werden die so ermittelten Werte in die letzte Gleichung eingesetzt und man erhält die wahre Aussage $-1 = -1$.
Damit liegt der Punkt Q in der Ebene ε.

A3 Stochastik und Analysis

3.1 Berechnung der Wahrscheinlichkeiten
Die Angaben der Aufgabenstellung erlauben es, die Durchführung der 12 Experimente an einem Schultag als eine Bernoulli-Kette ($\to n = 12$) zu interpretieren, da es genau zwei mögliche Versuchsausgänge gibt und insbesondere die Wahrscheinlichkeit für das Gelingen eines Experimentes ($\to p = 80\,\%$) konstant bleibt. Gezählt wird die Anzahl der gelungenen Experimente ($\to k$).

A: Herrn Fall gelingen an diesem Tag alle Experimente. $\quad \to k = 12$

$$P(A) = B_{12;\,0,8}(12) = \binom{12}{12} \cdot 0,8^{12} \cdot 0,2^{0} \approx 0,687 \approx \underline{\underline{6,9\,\%}}$$

Für die Berechnung der Wahrscheinlichkeit des Ereignisses A genügt auch die Rechnung $P(A) = 0,8^{12} \approx 0,687 \approx 6,9\,\%$.

B: Es gelingt keines seiner Experimente. $\quad \to k = 0$

$$P(B) = B_{12;\,0,8}(0) = \binom{12}{0} \cdot 0,8^{0} \cdot 0,2^{12} \approx 4,1 \cdot 10^{-9} = \underline{\underline{4,1 \cdot 10^{-7}\,\%}}$$

Für die Berechnung der Wahrscheinlichkeit des Ereignisses B genügt auch die Rechnung $P(B) = 0,2^{12} = 4,096 \cdot 10^{-9} \approx 4,1 \cdot 10^{-7}\,\%$.

C: Es misslingen genau fünf der Experimente. $\quad \to k = 7$

$$P(C) = B_{12;\,0,8}(7) = \binom{12}{7} \cdot 0,8^{7} \cdot 0,2^{5} \approx 0,0532 \approx \underline{\underline{5,3\,\%}}$$

D: Es misslingt mindestens die Hälfte der Experimente. $\quad \to k \in \{0;\,1;\,2;\,3;\,4;\,5\}$

$P(D) = B_{12;\,0,8}(0) + B_{12;\,0,8}(1) + B_{12;\,0,8}(2) + B_{12;\,0,8}(3) + B_{12;\,0,8}(4) + B_{12;\,0,8}(5)$

$$P(D) = \binom{12}{0} \cdot 0,8^{0} \cdot 0,2^{12} + \binom{12}{1} \cdot 0,8^{1} \cdot 0,2^{11} + \binom{12}{2} \cdot 0,8^{2} \cdot 0,2^{10}$$
$$+ \binom{10}{3} \cdot 0,8^{3} \cdot 0,2^{9} + \binom{12}{4} \cdot 0,8^{4} \cdot 0,2^{8} + \binom{12}{5} \cdot 0,8^{5} \cdot 0,2^{7}$$

$P(D) \approx 4,10 \cdot 10^{-9} + 1,97 \cdot 10^{-7} + 4,33 \cdot 10^{-6} + 5,77 \cdot 10^{-5} + 5,19 \cdot 10^{-4} + 3,32 \cdot 10^{-3}$

$P(D) \approx 0,00390 = \underline{\underline{0,39\,\%}}$

3.2.1 Beurteilung und Änderung der Spielregel
Das Spiel ist genau dann fair, wenn der Erwartungswert gleich null ist. Sollte der Erwartungswert größer als 0 € sein, wird der Spieler Lars bevorzugt, im Falle eines Erwartungswertes von weniger als 0 € wird Lars benachteiligt.
Sinnvoll ist es, zunächst die Wahrscheinlichkeitsverteilung aufzustellen. Für die Berechnung der Wahrscheinlichkeiten der vier Ereignisse kann man das Spiel als 3-maliges Würfeln, also als Bernoulli-Kette ($\to n = 3$) interpretieren. Es gibt mit den Ergebnissen $\Omega = \{6;\,\text{keine 6}\}$ genau zwei mögliche Versuchsausgänge. Die Wahrscheinlichkeit für das Würfeln einer 6 beträgt $\frac{1}{6}$ und ist konstant $\left(\to p = \frac{1}{6}\right)$.
Gezählt wird die Anzahl der gewürfelten Sechsen ($\to k$).

$$P(\text{genau eine 6}) = B_{3;\,\frac{1}{6}}(1) = \binom{3}{1} \cdot \left(\frac{1}{6}\right)^{1} \cdot \left(\frac{5}{6}\right)^{2} = \frac{25}{72} \approx 0,3472$$

$$P(\text{genau zweimal 6}) = B_{3;\,\frac{1}{6}}(2) = \binom{3}{2} \cdot \left(\frac{1}{6}\right)^{2} \cdot \left(\frac{5}{6}\right)^{1} = \frac{5}{72} \approx 0,0694$$

$$P(\text{genau dreimal 6}) = B_{3;\frac{1}{6}}(3) = \binom{3}{3} \cdot \left(\frac{1}{6}\right)^3 \cdot \left(\frac{5}{6}\right)^0 = \frac{1}{216} \approx 0,0046$$

$$P(\text{keine 6}) = B_{3;\frac{1}{6}}(0) = \binom{3}{0} \cdot \left(\frac{1}{6}\right)^0 \cdot \left(\frac{5}{6}\right)^3 = \frac{125}{216} \approx 0,5787$$

Wahrscheinlichkeitsverteilung

Ereignis	genau eine 6	genau zweimal 6	genau dreimal 6	keine 6
Gewinne X_i	1 €	2 €	3 €	–1 €
$P(X_i)$	0,3472	0,0694	0,0046	0,5787

Erwartungswert

$$E = \sum_{i=1}^{4} (X_i \cdot P(X_i)) = 1 \cdot 0,3472 + 2 \cdot 0,0694 + 3 \cdot 0,0046 - 1 \cdot 0,5787 \approx \underline{\underline{-0,079}}$$

Ergebnis: Der Erwartungswert beträgt –0,08 €, Lars wird langfristig um 8 Cent je Spiel benachteiligt. Das Spiel ist also nicht fair.

Berechnung des fairen Einsatzes
Der Erwartungswert muss 0 € betragen, damit es sich um ein faires Spiel handelt. Der Einsatz und somit der mögliche Verlust ist x.

$$1 \cdot 0,3472 + 2 \cdot 0,0694 + 3 \cdot 0,0046 - x \cdot 0,5787 = 0$$

$$0,4998 - 0,5787 \cdot x = 0 \qquad |-0,4998$$

$$-0,5787 \cdot x = -0,4998 \qquad |:(-0,5787)$$

$$\underline{\underline{x \approx 0,864}}$$

Ergebnis: Der faire Einsatz beträgt 0,86 €.

3.3.1 Nachweis der gleichen Anstiegswinkel
Es muss nachgewiesen werden, dass alle Ableitungsfunktionen $f_a'(x)$ der Schar jeweils an den von null verschiedenen Nullstellen der Funktionen $f_a(x)$ den gleichen Funktionswert haben.

Berechnung der Nullstellen

$f_a(x) = ax^2 + 6x$

$0 = ax^2 + 6x$

$0 = x \cdot (ax + 6) \qquad \Rightarrow \quad x_{01} = 0$

$0 = ax + 6 \qquad |-6$

$-6 = ax \qquad |:a$

$x = -\dfrac{6}{a} \qquad \Rightarrow \quad x_{02} = -\dfrac{6}{a}$

Berechnung der Funktionswerte der Ableitungsfunktionen

$f_a(x) = ax^2 + 6x$

$f_a'(x) = 2ax + 6$

$f_a'\left(-\dfrac{6}{a}\right) = 2 \cdot a \cdot \left(-\dfrac{6}{a}\right) + 6 = -6$

Ergebnis: Die Funktionswerte aller Ableitungsfunktionen an den gesuchten Stellen sind identisch, somit schneiden alle Graphen der Schar die x-Achse unter dem gleichen Winkel.

3.3.2 Koordinaten der lokalen Extrempunkte

Notwendige Bedingung:

$$0 = f_a'(x)$$
$$0 = 2ax + 6 \quad |-6$$
$$-6 = 2ax \quad |:2a$$
$$x_E = -\frac{3}{a}$$

Eine Extremstelle kann nur bei $x_E = -\frac{3}{a}$ sein.

Hinreichende Bedingung:

$$f_a''(x) = 2a$$
$$f_a''\left(-\frac{3}{a}\right) = 2a \neq 0 \quad \text{(wegen } a \neq 0\text{)} \quad \Rightarrow \quad \text{Extremstelle liegt vor}$$

Berechnung der Funktionswerte:

$$f_a\left(-\frac{3}{a}\right) = a \cdot \left(-\frac{3}{a}\right)^2 + 6 \cdot \left(-\frac{3}{a}\right)$$

$$f_a\left(-\frac{3}{a}\right) = \frac{9}{a} - \frac{18}{a} = -\frac{9}{a} \quad \Rightarrow \quad \underline{\underline{P_E\left(-\frac{3}{a} \,\middle|\, -\frac{9}{a}\right)}}$$

Nachweis, dass alle Extrempunkte auf einer Geraden liegen

1. Variante:
Zwischen den y-Koordinaten und den x-Koordinaten der Extrempunkte der Schar besteht offensichtlich ein direkt proportionaler Zusammenhang. Für den Nachweis muss gezeigt werden, dass der Quotient $\frac{x}{y}$ für alle a konstant ist:

$$\frac{x}{y} = \frac{\left(-\frac{9}{a}\right)}{\left(-\frac{3}{a}\right)} = \frac{9 \cdot a}{3 \cdot a} = 3$$

Alle Extrempunkte liegen auf einer Geraden, die durch den Koordinatenursprung läuft.

2. Variante:
Es wird die Ortskurve der Extrempunkte dieser Funktionenschar ermittelt. Dazu wird die Beziehung $x_E = -\frac{3}{a}$ nach a umgestellt und in die Funktion $f_a(x)$ eingesetzt:

$$x_E = -\frac{3}{a} \qquad |\cdot a \quad |: x_E$$
$$a = -\frac{3}{x_E}$$
$$f_a(x) = ax^2 + 6x \qquad \left|a = -\frac{3}{x_E}\right.$$
$$f_E(x) = -\frac{3}{x} \cdot x^2 + 6x = -3x + 6x = 3x$$

Die Extrempunkte dieser Funktionenschar liegen alle auf dem Graphen der Funktion $f_E(x) = 3x$. Der Graph dieser Funktion ist eine Gerade durch den Koordinatenursprung.

Mathematik (Mecklenburg-Vorpommern): Beispielarbeit für das Abitur
Prüfungsteil B – Wahlaufgaben ohne CAS

B 1 Analysis (20 BE)

Ein stromlinienförmiger Auftriebskörper wird durch Rotation eines Graphen der Funktionenschar
$f_k(x) = \dfrac{x}{4k}\sqrt{k^2 - x}$ mit $x \in \mathbb{R}$, $0 \leq x \leq k^2$, $k \in \mathbb{R}$, $k > 0$
um die x-Achse beschrieben.

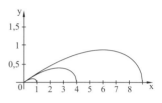

1.1 Für welchen Wert von k beträgt das Volumen des Rotationskörpers $\dfrac{64\pi}{192}$ Volumeneinheiten?

1.2 Bei Annäherung an $x = 0$ läuft der Rotationskörper spitz zu. Berechnen Sie die Größe des Winkels, den die Tangente an den Graphen von f_k mit der x-Achse für $x \to 0$ bildet.

1.3 In den Rotationskörper, der von f_k für $k = 3$ erzeugt wurde, soll ein Zylinder mit dem Radius 0,5 und der Höhe 6 untergebracht werden. Prüfen Sie, ob dieser Zylinder in den Rotationskörper hineinpasst. Begründen Sie Ihre Entscheidung rechnerisch.

B 2 Analytische Geometrie (20 BE)

2.1 Gegeben sind in einem kartesischen Koordinatensystem die Ebene $\varepsilon: 4x + 5y + 3z = 12$ und der Punkt $P(5\,|\,6\,|\,4)$.

2.1.1 Bestimmen Sie den Abstand des Punktes P von der Ebene ε.

2.1.2 Der Punkt P wird an der Ebene ε gespiegelt, berechnen Sie die Koordinaten von P'.

2.2 Die Geraden g: $\begin{pmatrix} x \\ y \\ z \end{pmatrix} = \begin{pmatrix} 4 \\ 5 \\ 3 \end{pmatrix} + r \cdot \begin{pmatrix} 1 \\ 2 \\ 1 \end{pmatrix}$ und h: $\begin{pmatrix} x \\ y \\ z \end{pmatrix} = \begin{pmatrix} 1 \\ -2 \\ 2 \end{pmatrix} + s \cdot \begin{pmatrix} -1 \\ 2 \\ 0 \end{pmatrix}$ sind windschief zueinander.

2.2.1 Ermitteln Sie eine Gleichung für die Gerade durch den Punkt $P(-4\,|\,3\,|\,3)$, welche die Geraden g und h schneidet.

2.2.2 Berechnen Sie die Koordinaten der beiden Schnittpunkte.

B 3 Stochastik (20 BE)

3. Von einem Glücksspielautomaten erhält man nach Einwurf des Einsatzes ein Los, auf das eine siebenstellige Zahl gedruckt ist, die nur aus den Ziffern 1 und 6 besteht (z. B. 1166116). Der Automat erzeugt die Ziffer 1 mit der Wahrscheinlichkeit 0,7 und die Ziffer 6 mit der Wahrscheinlichkeit 0,3.

3.1 Bestimmen Sie die Wahrscheinlichkeit für folgende Ereignisse:
A: Die aufgedruckte Zahl endet mit 111.
B: Die aufgedruckte Zahl ist größer als 6661666.

3.2 Ein Los gewinnt, wenn die aufgedruckte Zahl mehr als dreimal die Ziffer 6 enthält, es heißt dann Gewinnlos.
Berechnen Sie die Wahrscheinlichkeiten dafür, ein solches Gewinnlos zu erhalten.
(Zur Kontrolle: P(Gewinnlos) = 0,126)

3.3 Es wird vermutet, dass der Glücksspielautomat zu viele Gewinnlose ausgibt.
Für einen Test sollen wiederum 200 Lose überprüft werden.
Beschreiben Sie einen geeigneten Test und bestimmen Sie den Ablehnungsbereich bei einer Irrtumswahrscheinlichkeit von höchstens 10 %.

3.4 Ermitteln Sie die Wahrscheinlichkeit dafür, dass bei Verwendung der in Aufgabe 3.3 aufgestellten Entscheidungsregel die Ausgabe von zu vielen Gewinnlosen mit einer Wahrscheinlichkeit von 15 % nicht erkannt wird.
Beurteilen Sie diesen Test.

3.5 Ein Los mit genau zwei Einsen auf den vorderen vier Stellen heißt Sonderlos.
Berechnen Sie die Wahrscheinlichkeit für den Erhalt eines Sonderloses.

3.6 Ermitteln Sie die Wahrscheinlichkeiten dafür, dass ein Los zugleich Gewinnlos und Sonderlos ist.

Aufsummierte Wahrscheinlichkeiten für p = 0,126, n = 200

k	28	29	30	31	32	33	34
$P(X \leq k)$	0,7632	0,8215	0,8694	0,9073	0,9362	0,9573	0,9723

Aufsummierte Wahrscheinlichkeiten für p = 0,15, n = 200

k	28	29	30	31	32	33	34
$P(X \leq k)$	0,3914	0,4697	0,5485	0,6247	0,6958	0,7596	0,8150

Hinweise und Tipps

Teilaufgabe 1.1
- Benutzen Sie die Formel für das Volumen eines um die x-Achse rotierenden Körpers.
- Die Integrationsgrenzen sind die Nullstellen der Funktionenschar. Diese können auch von k abhängen.

Teilaufgabe 1.2
- Berechnen Sie mithilfe der Produktregel die Schar der Ableitungsfunktionen.
- Der Tangens des Anstiegswinkels entspricht der Ableitung an der Stelle x = 0.
- Gemäß der Aufgabenstellung hängt dieser Wert nicht vom Scharparameter k ab.

Teilaufgabe 1.3
- Legen Sie den Zylinder so, dass Sie die Axialsymmetrie ausnutzen können.
- Bestimmen Sie zwei Stellen, deren Abstand 6 LE beträgt und deren Funktionswerte übereinstimmen. Wie groß müssen diese Werte sein?
- Wenn Sie andersherum vorgehen und zwei Stellen suchen, deren Funktionswerte gleich 0,5 sind, stoßen Sie auf eine kubische Gleichung, die mit elementaren Mitteln nicht lösbar ist.

Teilaufgabe 2.1.1
- Sie können die Koordinaten von P und ε direkt in die Abstandsformel einsetzen.

Teilaufgabe 2.1.2
- Stellen Sie die Gleichung einer Geraden auf, die durch P und in Richtung des Normalenvektors von ε verläuft.
- Bestimmen und verdoppeln Sie den Parameter, der sich beim Schnitt von Gerade und Ebene ergibt.

Teilaufgabe 2.2.1
- Stellen Sie die Gleichungen der Ebenen auf, die den Punkt P und die Gerade g bzw. den Punkt P und die Gerade h enthalten.
- Schneiden Sie die beiden Ebenen.

Teilaufgabe 2.2.2
- Gleichsetzen der Geradengleichungen liefert jeweils ein Gleichungssystem, das gelöst werden muss.
- Den gefundenen Parameter setzen Sie in die entsprechende Geradengleichung ein.

Teilaufgabe 3.1
- Überlegen Sie, wie viele Ziffern jeweils keine Rolle spielen und welchen Wert die anderen Ziffern haben müssen.

Teilaufgabe 3.2
- Das Spiel kann als eine Bernoulli-Kette interpretiert werden.

Teilaufgabe 3.3
- Auch die Überprüfung kann durch eine Bernoulli-Kette modelliert werden, jedoch mit anderen Parametern.
- Zur Bestimmung des Ablehnungsbereichs berechnen Sie zuerst den Erwartungswert und ziehen dann die erste Tabelle zu Rate.

Teilaufgabe 3.4
- Orientieren Sie sich am Erwartungswert zur veränderten Wahrscheinlichkeit und benutzen Sie die zweite Tabelle.
- Wie kann die Qualität des Tests verbessert werden?

Teilaufgabe 3.5
- Gehen Sie wie bei Teilaufgabe 3.2 vor.

Teilaufgabe 3.6
- Zerlegen Sie die Ziehung der sieben Ziffern so in zwei getrennte Ziehungen, dass die erste darüber entscheidet, ob ein Sonderlos vorliegt. Die Wahrscheinlichkeit hierfür wurde in Teilaufgabe 3.5 berechnet.
- Wie oft muss die Ziffer 6 dann noch gezogen werden, damit das Sonderlos auch ein Gewinnlos ist?

Lösung

B 1 Analysis

1.1 Berechnung des Parameters k

Die Berechnung des Volumens eines um die x-Achse rotierenden Körpers erfolgt mit der Formel $V_{rot} = \pi \cdot \int_a^b (f(x))^2 \, dx$.

Dabei sind die Integrationsgrenzen die Nullstellen der Funktionen der Schar f_k.
Diese Nullstellen kann man sehr leicht ermitteln, denn ein Produkt ist gleich null, wenn mindestens einer der Faktoren gleich null ist:

$f_k(x) = \dfrac{x}{4k} \cdot \sqrt{k^2 - x}$

$0 = \dfrac{x}{4k} \cdot \sqrt{k^2 - x} \quad \Rightarrow \quad x_{01} = 0 \quad \Rightarrow x_{02} = k^2$

Berechnung des Volumens

$V_{rot} = \pi \cdot \int_0^{k^2} \left(\dfrac{x}{4k} \sqrt{k^2 - x} \right)^2 dx = \pi \cdot \int_0^{k^2} \left(\dfrac{x^2}{16k^2} \cdot (k^2 - x) \right) dx$

$= \dfrac{\pi}{16k^2} \cdot \int_0^{k^2} (k^2 \cdot x^2 - x^3) \, dx = \dfrac{\pi}{16k^2} \cdot \left[\dfrac{k^2}{3} \cdot x^3 - \dfrac{1}{4} x^4 \right]_0^{k^2}$

$= \dfrac{\pi}{16k^2} \cdot \left(\dfrac{k^8}{3} - \dfrac{k^8}{4} - 0 \right) = \dfrac{\pi}{48} k^6 - \dfrac{\pi}{64} k^6 = \dfrac{4\pi k^6 - 3\pi k^6}{192}$

$V_{rot} = \dfrac{\pi}{192} k^6$

Nun wird der Parameter k bestimmt, sodass das Volumen des Rotationskörpers $\dfrac{64\pi}{192}$ VE beträgt:

$V_{rot} = \dfrac{\pi}{192} k^6 = \dfrac{64\pi}{192} \quad | \cdot \dfrac{192}{\pi}$

$\qquad k^6 = 64 \quad | \sqrt[6]{}$

$\underline{\underline{k_1 = 2}} \quad k_2 = -2$ (entfällt wegen k > 0)

Für k = 2 beträgt das Volumen des Rotationskörpers $\dfrac{64\pi}{192}$ VE.

1.2 Anstiegswinkel

Zur Lösung dieser Aufgabe benötigt man die Schar der Ableitungsfunktionen $f_k'(x)$. Die Ableitungen an der Stelle $x = 0$ entsprechen dann dem Anstieg der Tangenten, die in diesem Punkt an den Graphen anliegen. Die Aufgabenstellung gibt vor, dass der Anstieg – unabhängig von k – an der Stelle $x = 0$ für alle Tangenten immer gleich ist. Über die Beziehung $\tan(\alpha) = m$ ermittelt man anschließend den Anstiegswinkel.

Die Ableitungsfunktion berechnet man mithilfe der Produkt- und der Kettenregel:

$$f_k(x) = \frac{x}{4k} \cdot \sqrt{k^2 - x}$$

$$f_k'(x) = \left(\frac{x}{4k}\right)' \cdot \sqrt{k^2 - x} + \frac{x}{4k} \cdot \left(\sqrt{k^2 - x}\right)' = \frac{1}{4k} \cdot \sqrt{k^2 - x} + \frac{x}{4k} \cdot \left(-\frac{1}{2 \cdot \sqrt{k^2 - x}}\right)$$

$$f_k'(x) = \frac{1}{4k} \cdot \left(\sqrt{k^2 - x} - \frac{x}{2 \cdot \sqrt{k^2 - x}}\right)$$

Ableitung an der Stelle $x = 0$:

$$f_k'(0) = \frac{1}{4k} \cdot \left(\sqrt{k^2 - 0} - \frac{0}{2 \cdot \sqrt{k^2 - 0}}\right) = \frac{\sqrt{k^2}}{4k} = \frac{1}{4}$$

Ermitteln des Anstiegswinkels:

$$\tan(\alpha) = \frac{1}{4} = 0{,}25$$
$$\underline{\underline{\alpha \approx 14{,}0°}}$$

Der Anstiegswinkel der Tangente, die an der Stelle $x = 0$ an allen Graphen der Schar anliegt, beträgt 14,0°.

1.3 Einpassen des Zylinders

Die optimale Position erreicht man, wenn der Zylinder, der ja schließlich auch ein Rotationskörper ist, axialsymmetrisch zum stromlinienförmigen Auftriebskörper angeordnet wird (siehe Abbildung).
Die Höhe h entspricht dabei dem Abstand $x_2 - x_1$ auf der x-Achse und der Radius r des Zylinders ist gleich den zugehörigen Funktionswerten $f_3(x_1) = f_3(x_2)$. Zwei Lösungsansätze sind denkbar.

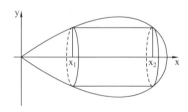

1. Variante:
Es gibt zwei Stellen x_1 und x_2, die 6 LE voneinander entfernt sind und deren Funktionswerte gleich sind. Diese Stellen gilt es zu berechnen. Sofern der Funktionswert an diesen Stellen mindestens 0,5 beträgt, also dem Radius des Zylinders entspricht, passt der Zylinder in den stromlinienförmigen Auftriebskörper.

$$f_k(x) = \frac{x}{4k} \cdot \sqrt{k^2 - x}$$

$$f_3(x) = \frac{x}{12} \cdot \sqrt{9 - x}$$

$$f_3(x) = f_3(x+6)$$

$$\frac{x}{12} \cdot \sqrt{9-x} = \frac{x+6}{12} \cdot \sqrt{9-(x+6)} \quad \Big| \cdot 12$$

$$x \cdot \sqrt{9-x} = (x+6) \cdot \sqrt{3-x} \quad \Big| (\,)^2$$

$$x^2 \cdot (9-x) = (x^2 + 12x + 36) \cdot (3-x)$$

$$9x^2 - x^3 = -x^3 - 9x^2 + 108 \quad \Big| +x^3 + 9x^2$$

$$18x^2 = 108 \quad \Big| :18$$

$$x^2 = 6 \quad \Big| \sqrt{\ }$$

$$x_1 = \sqrt{6} \approx 2{,}45 \qquad \text{(negative Lösung entfällt)}$$

Funktionswert an den Stellen x_1 und x_2 berechnen:

$$f_3(\sqrt{6}) = \frac{\sqrt{6}}{12} \cdot \sqrt{9 - \sqrt{6}} \approx \underline{\underline{0{,}52}}$$

$$f_3(\sqrt{6} + 6) = \frac{\sqrt{6}+6}{12} \cdot \sqrt{9 - (\sqrt{6}+6)} \approx \underline{\underline{0{,}52}}$$

Der Funktionswert an den gesuchten Stellen ist mit 0,52 knapp größer als 0,5. Somit passt der Zylinder in den stromlinienförmigen Rotationskörper.

2. *Variante:*
Es gibt zwei Stellen x_1 und x_2, deren Funktionswerte gleich 0,5 sind. Diese Stellen gilt es zu berechnen. Sofern der Abstand dieser Stellen mindestens 6 LE beträgt, also der Höhe des Zylinders entspricht, passt der Zylinder in den stromlinienförmigen Auftriebskörper.

$$f_k(x) = \frac{x}{4k} \cdot \sqrt{k^2 - x}$$

$$f_3(x) = \frac{x}{12} \cdot \sqrt{9 - x}$$

$$0{,}5 = \frac{x}{12} \cdot \sqrt{9-x} \quad \Big| (\,)^2$$

$$\frac{1}{4} = \frac{x^2}{144} \cdot (9-x) \quad \Big| \cdot 144$$

$$36 = x^2 \cdot (9-x) \quad \Big| -36 \quad \Big| \cdot (-1)$$

$$0 = x^3 - 9x^2 + 36$$

Leider ist diese Gleichung mit elementaren Mitteln nicht lösbar. Möglich wäre eine näherungsweise Bestimmung der Lösung beispielsweise mit dem Newton-Verfahren, aus Platzgründen wird an dieser Stelle auf eine ausführliche Darstellung der Rechnung verzichtet.

Mit einem CAS hingegen könnte man schnell und unkompliziert die Lösung berechnen.
$x_1 \approx -1{,}82$ (entfällt)

$\underline{\underline{x_2 \approx 2{,}32}}$

$\underline{\underline{x_3 \approx 8{,}5}}$

Der Abstand der gesuchten Stellen ist mit 6,18 LE größer als 6 LE, der Zylinder passt in den stromlinienförmigen Auftriebskörper.

B 2   Analytische Geometrie

2.1.1 Der Abstand eines Punktes P von der Ebene ε kann auf zwei verschiedenen Wegen ermittelt werden.

1. Variante:
Für die Berechnung des Abstandes werden die Koordinaten des Punktes P(5|6|4) und die Koordinatenform der Ebene ε: $4x + 5y + 3z = 12$ benötigt.
Um den Abstand zu ermitteln, wird die folgende Formel verwendet:

$$\text{Abstand} = \left| \frac{A \cdot x_P + B \cdot y_P + C \cdot z_P - D}{\sqrt{A^2 + B^2 + C^2}} \right|$$

$$= \left| \frac{4 \cdot 5 + 5 \cdot 6 + 3 \cdot 4 - 12}{\sqrt{4^2 + 5^2 + 3^2}} \right|$$

$$= 5 \cdot \sqrt{2} \text{ LE}$$

Der Abstand des Punktes P von der Ebene ε beträgt rund 7,07 LE.

2. Variante:
Für die Berechnung des Abstandes wird ein Punkt der Ebene gebraucht, z. B. Q(3|0|0).
Es werden weiterhin der Vektor $\overrightarrow{QP} = \begin{pmatrix} 2 \\ 6 \\ 4 \end{pmatrix}$ und der Normalenvektor $\vec{n} = \begin{pmatrix} 4 \\ 5 \\ 3 \end{pmatrix}$ der Ebene ε benötigt.

Um den Abstand zu ermitteln, wird die folgende Formel verwendet:

$$\text{Abstand} = \left| \frac{\overrightarrow{QP} \circ \vec{n}}{|\vec{n}|} \right|$$

$$= \left| \frac{2 \cdot 4 + 6 \cdot 5 + 4 \cdot 3}{\sqrt{4^2 + 5^2 + 3^2}} \right|$$

$$= 5 \cdot \sqrt{2} \text{ LE}$$

Der Abstand des Punktes P von der Ebene ε beträgt rund 7,07 LE.

2.1.2 Zum Spiegeln an der Ebene ε wird der Normalenvektor der Ebene ε benötigt. Es wird eine Gerade g aufgestellt, die durch P verläuft und in Richtung des Normalenvektors zeigt.
Die Geradengleichung lautet:

$$g: \vec{x} = \begin{pmatrix} x \\ y \\ z \end{pmatrix} = \begin{pmatrix} 5 \\ 6 \\ 4 \end{pmatrix} + \lambda \cdot \begin{pmatrix} 4 \\ 5 \\ 3 \end{pmatrix}$$

Der Parameter λ wird bestimmt, den man beim Schnitt der Gerade g und der Ebene ε erhält. Dazu setzt man die Geradengleichung in die Ebenengleichung ein:

$$4(5+4\lambda)+5(6+5\lambda)+3(4+3\lambda)=12$$
$$50\lambda+62=12 \quad |-62 \quad |:50$$
$$\lambda=-1$$

Wird der Parameter λ verdoppelt und in die Geradengleichung von g eingesetzt, so erhält man die Koordinaten des Punktes P':

$$\vec{x}=\begin{pmatrix}5\\6\\4\end{pmatrix}-2\cdot\begin{pmatrix}4\\5\\3\end{pmatrix}=\begin{pmatrix}-3\\-4\\-2\end{pmatrix}$$

Die Koordinaten des Spiegelpunktes sind P'(–3 | –4 | –2).

2.2 Um die nachfolgenden Aufgaben zu lösen, werden zwei Ebenen gebraucht. In der Ebene E_1 liegt die Gerade g und der Punkt P. In der Ebene E_2 liegen die Gerade h und ebenfalls der Punkt P. Wenn man die Schnittgerade k der Ebenen E_1 und E_2 bestimmt, so liegt der Punkt P auf dieser Geraden k, und sie schneidet die Geraden g und h.

2.2.1 **Aufstellen der Ebenengleichungen**

$$E_1: \vec{x}=\begin{pmatrix}4\\5\\3\end{pmatrix}+v\cdot\begin{pmatrix}1\\2\\1\end{pmatrix}+w\cdot\begin{pmatrix}-4-4\\3-5\\3-3\end{pmatrix} \Rightarrow E_1: \vec{x}=\begin{pmatrix}4\\5\\3\end{pmatrix}+v\cdot\begin{pmatrix}1\\2\\1\end{pmatrix}+w\cdot\begin{pmatrix}-8\\-2\\0\end{pmatrix}$$

$$E_2: \vec{x}=\begin{pmatrix}1\\-2\\2\end{pmatrix}+t\cdot\begin{pmatrix}-1\\2\\0\end{pmatrix}+u\cdot\begin{pmatrix}-4-1\\3-(-2)\\3-2\end{pmatrix} \Rightarrow E_2: \vec{x}=\begin{pmatrix}1\\-2\\2\end{pmatrix}+t\cdot\begin{pmatrix}-1\\2\\0\end{pmatrix}+u\cdot\begin{pmatrix}-5\\5\\1\end{pmatrix}$$

Die Ebene E_1 wird in die Koordinatenform überführt. Dafür wird der Normalenvektor der Ebene E_1 benötigt.

$$\vec{n}_{E_1}=\begin{pmatrix}1\\2\\1\end{pmatrix}\times\begin{pmatrix}-8\\-2\\0\end{pmatrix}=\begin{pmatrix}2\cdot 0-(-2)\cdot 1\\-8\cdot 1-1\cdot 0\\1\cdot(-2)-(-8)\cdot 2\end{pmatrix}=\begin{pmatrix}2\\-8\\14\end{pmatrix}$$

Mit dem Einsetzen der Koordinaten z. B. des Punktes P in die Koordinatenform $2x-8y+14z=D$ erhält man den Wert von D.

$$2\cdot(-4)-8\cdot 3+14\cdot 3=D$$
$$10=D$$

Damit ergibt sich als Lösung für die Koordinatenform E_1: $2x-8y+14z=10$. Diese Gleichung kann noch durch 2 dividiert werden, man erhält E_1: $x-4y+7z=5$.

Bestimmung der Schnittgeraden

In die Gleichung der Ebene E_1: $x-4y+7z=5$ wird die Gleichung der Ebene

E_2: $\vec{x}=\begin{pmatrix}x\\y\\z\end{pmatrix}=\begin{pmatrix}1\\-2\\2\end{pmatrix}+t\cdot\begin{pmatrix}-1\\2\\0\end{pmatrix}+u\cdot\begin{pmatrix}-5\\5\\1\end{pmatrix}$ eingesetzt.

Man erhält die Gleichung $(1-t-5u)-4\cdot(-2+2t+5u)+7\cdot(2+u)=5$.
Diese Gleichung wird nach einem Parameter, z. B. t, umgestellt und man erhält $t=2-2u$.

Dieser Wert für den Parameter t wird in die Ebenengleichung von E_2 eingesetzt und man erhält die Gleichung der Geraden k.

$$k: \vec{x}=\begin{pmatrix}1\\-2\\2\end{pmatrix}+(2-2u)\cdot\begin{pmatrix}-1\\2\\0\end{pmatrix}+u\cdot\begin{pmatrix}-5\\5\\1\end{pmatrix} \Rightarrow k: \vec{x}=\begin{pmatrix}-1\\2\\2\end{pmatrix}+u\cdot\begin{pmatrix}-3\\1\\1\end{pmatrix}$$

Zur Kontrolle: Der Punkt P(–4 | 3 | 3) liegt auf der Geraden k, wenn man für u den Wert eins einsetzt.

2.2.2 Schnitt der Geraden g mit der Geraden k

Die Gleichungen der Geraden g: $\vec{x} = \begin{pmatrix} 4 \\ 5 \\ 3 \end{pmatrix} + r \cdot \begin{pmatrix} 1 \\ 2 \\ 1 \end{pmatrix}$ und k: $\vec{x} = \begin{pmatrix} -1 \\ 2 \\ 2 \end{pmatrix} + u \cdot \begin{pmatrix} -3 \\ 1 \\ 1 \end{pmatrix}$ werden gleichgesetzt:

$$\begin{pmatrix} 4 \\ 5 \\ 3 \end{pmatrix} + r \cdot \begin{pmatrix} 1 \\ 2 \\ 1 \end{pmatrix} = \begin{pmatrix} -1 \\ 2 \\ 2 \end{pmatrix} + u \cdot \begin{pmatrix} -3 \\ 1 \\ 1 \end{pmatrix}$$

Daraus kann folgendes Gleichungssystem entwickelt werden:

I $5 = -r - 3u$
II $3 = -2r + u$
III $1 = -r + u$

I	$5 = -r - 3u$	
II − III	$2 = -r$	$\Rightarrow r = -2$
III	$1 = -r + u$	

Werden die zweite und dritte Gleichung voneinander subtrahiert, so erhält man $2 = -r$ und damit $r = -2$.

I	$5 = -r - 3u$	
II	$2 = -r$	
r in III	$1 = -(-2) + u$	$\Rightarrow u = -1$

Der Wert für r wird in die dritte Gleichung eingesetzt und man erhält $u = -1$.

Zur Kontrolle werden die so ermittelten Werte in die erste Gleichung eingesetzt und man erhält die wahre Aussage $5 = 5$.

Der Wert für r wird in die Gleichung der Geraden g eingesetzt und man erhält:

$$\vec{x} = \begin{pmatrix} 4 \\ 5 \\ 3 \end{pmatrix} + (-2) \cdot \begin{pmatrix} 1 \\ 2 \\ 1 \end{pmatrix} = \begin{pmatrix} 2 \\ 1 \\ 1 \end{pmatrix}$$

Zur Kontrolle wird der Wert von u in die Gleichung der Geraden k eingesetzt:

$$\vec{x} = \begin{pmatrix} -1 \\ 2 \\ 2 \end{pmatrix} + (-1) \cdot \begin{pmatrix} -3 \\ 1 \\ 1 \end{pmatrix} = \begin{pmatrix} 2 \\ 1 \\ 1 \end{pmatrix}$$

Damit ergibt sich als Schnittpunkt $R(2 \mid 1 \mid 1)$.

Schnitt der Geraden h mit der Geraden k

Die Gleichungen der Geraden h: $\vec{x} = \begin{pmatrix} 1 \\ -2 \\ 2 \end{pmatrix} + s \cdot \begin{pmatrix} -1 \\ 2 \\ 0 \end{pmatrix}$ und k: $\vec{x} = \begin{pmatrix} -1 \\ 2 \\ 2 \end{pmatrix} + u \cdot \begin{pmatrix} -3 \\ 1 \\ 1 \end{pmatrix}$ werden gleichgesetzt:

$$\begin{pmatrix} 1 \\ -2 \\ 2 \end{pmatrix} + s \cdot \begin{pmatrix} -1 \\ 2 \\ 0 \end{pmatrix} = \begin{pmatrix} -1 \\ 2 \\ 2 \end{pmatrix} + u \cdot \begin{pmatrix} -3 \\ 1 \\ 1 \end{pmatrix}$$

Daraus kann folgendes Gleichungssystem entwickelt werden:

I $2 = s - 3u$
II $-4 = -2s + u$
III $0 = u$ $\Rightarrow u = 0$

Aus der letzten Gleichung erhält man $u = 0$.

u in I	$2 = s$	$\Rightarrow s = 2$
II	$-4 = -2s + u$	
III	$0 = u$	

Der Wert für u wird in die erste Gleichung eingesetzt und man erhält $s = 2$.

Zur Kontrolle werden die so ermittelten Werte in die zweite Gleichung eingesetzt und man erhält die wahre Aussage $-4 = -4$.

Der Wert für s wird in die Gleichung der Geraden h eingesetzt und man erhält:

$$\vec{x} = \begin{pmatrix} 1 \\ -2 \\ 2 \end{pmatrix} + 2 \cdot \begin{pmatrix} -1 \\ 2 \\ 0 \end{pmatrix} = \begin{pmatrix} -1 \\ 2 \\ 2 \end{pmatrix}$$

Zur Kontrolle wird der Wert von u in die Gleichung der Geraden k eingesetzt:

$$\vec{x} = \begin{pmatrix} -1 \\ 2 \\ 2 \end{pmatrix} + 0 \cdot \begin{pmatrix} -3 \\ 1 \\ 1 \end{pmatrix} = \begin{pmatrix} -1 \\ 2 \\ 2 \end{pmatrix}$$

Damit ergibt sich als Schnittpunkt S(–1|2|2).

B 3 Stochastik

3.1 Bestimmung der Wahrscheinlichkeiten
A: Die aufgedruckte Zahl endet mit 111.
Es handelt sich um ein 3-stufiges Zufallsexperiment, bei dem das Ergebnis „1" mit der Wahrscheinlichkeit p = 0,7 genau 3-mal auftreten soll. Die ersten 4 Ziffern spielen keine Rolle.
$P(A) = 0,7^3 = 0,343 = \underline{\underline{34,3\,\%}}$

B: Die aufgedruckte Zahl ist größer als 6661666
Alle Zahlen, bei denen die ersten 4 Ziffern eine 6 sind, erfüllen diese Bedingung. Es handelt sich um ein 4-stufiges Zufallsexperiment, bei dem das Ergebnis „6" mit der Wahrscheinlichkeit p = 0,3 genau 4-mal auftreten soll. Die letzten 3 Ziffern spielen keine Rolle.
$P(B) = 0,3^4 = 0,0081 = \underline{\underline{0,81\,\%}}$

3.2 Wahrscheinlichkeit für das Ereignis „Gewinnlos"
Das Spiel, bei dem zufällig 7 Ziffern ermittelt werden, kann als eine Bernoulli-Kette ($\to$ n = 7) interpretiert werden, da es mit den Ergebnissen $\Omega = \{6; 1\}$ genau zwei mögliche Versuchsausgänge gibt. Die Wahrscheinlichkeit für das Ergebnis „6" ist konstant ($\to$ p = 0,3). Gezählt wird die Anzahl der Sechsen ($\to$ k). Gewinnlose erfüllen die Bedingung k $\in \{4; 5; 6; 7\}$.

$P(\text{Gewinnlos}) = B_{7;\,0,3}(4) + B_{7;\,0,3}(5) + B_{7;\,0,3}(6) + B_{7;\,0,3}(7)$

$P(\text{Gewinnlos}) = \binom{7}{4} \cdot 0,3^4 \cdot 0,7^3 + \binom{7}{5} \cdot 0,3^5 \cdot 0,7^2 + \binom{7}{6} \cdot 0,3^6 \cdot 0,7^1 + \binom{7}{7} \cdot 0,3^7 \cdot 0,7^0$

$P(\text{Gewinnlos}) = 0,097241 + 0,025005 + 0,003572 + 0,000219$

$P(\text{Gewinnlos}) \approx 0,126 = \underline{\underline{12,6\,\%}}$

3.3 Test zur Überprüfung des korrekten Anteils der Gewinnlose
Die Überprüfung von 200 Losen ist ein Zufallsexperiment und kann als eine weitere Bernoulli-Kette ($\to$ n = 200) interpretiert werden. Als Wahrscheinlichkeit muss nun die des Ereignisses „Gewinnlos" ($\to$ p = 0,126) gewählt werden. Gezählt wird die Anzahl der Gewinnlose ($\to$ k).
Weiterhin ist die aufsummierte Wahrscheinlichkeit von „0 bis k" Treffern von Bedeutung. Der Annahmebereich, der zur Entscheidung „Anteil der Gewinnlose ist in Ordnung" führt, muss so gewählt werden, dass die aufsummierte Wahrscheinlichkeit für „0 bis k" Treffer gerade so 90 % überschreitet. Entsprechend wird dann die Irrtumswahrscheinlichkeit knapp 10 % betragen.

Als Orientierung kann man den Erwartungswert berechnen:
$E = n \cdot p = 200 \cdot 0{,}126 = 25{,}2$

Es ist vernünftig, dass auch 26, 27 oder 28 Gewinnlose bei der Überprüfung von 200 Losen als normale Abweichung angesehen werden, vielleicht auch noch 29 oder 30 Lose. Für eine mathematisch gesicherte Entscheidungsregel benutzt man die Angaben der ersten Tabelle. Man kann ablesen, dass die Wahrscheinlichkeit des Auftretens von bis zu 30 Gewinnlosen 86,94 % beträgt. Erst für einschließlich 31 Gewinnlose umfasst der Annahmebereich über 90 %, entsprechend ist der Ablehnungsbereich dann erstmals kleiner als 10 %.

Entscheidungsregel:
Treten mehr als 31 Gewinnlose bei der Überprüfung von 200 Losen auf, wird die Vermutung bestätigt, dass der Glücksspielautomat zu viele Gewinnlose ausgibt.

3.4 Beurteilung der Chance, eine fehlerhafte Ausgabe von Gewinnlosen zu erkennen

Angenommen, der Glücksspielautomat gibt die Gewinnlose mit einer Wahrscheinlichkeit von 0,15 aus. Man kann wiederum als Orientierung den Erwartungswert berechnen: $E = n \cdot p = 200 \cdot 0{,}15 = 30$

Es ist sofort erkennbar, dass beispielsweise 29, 30 oder 31 ermittelte Gewinnlose bei der Überprüfung von 200 Losen recht wahrscheinlich sind. Diese Anzahlen liegen aber noch alle im Annahmebereich. Anhand der Daten der zweiten Tabelle stellt man fest, dass bei gleicher Entscheidungsregel mit einer Wahrscheinlichkeit von 62,47 % die fehlerhaften Lose als Lose mit korrekter Wahrscheinlichkeit identifiziert werden. Lediglich mit einer Wahrscheinlichkeit von etwa 37,5 % wird die fehlerhafte Losausgabe erkannt.

Die Entscheidungsregel ist kaum geeignet, um eine fehlerhafte Ausgabe von Gewinnlosen, deren Wahrscheinlichkeit sich nur geringfügig von der angestrebten Wahrscheinlichkeit unterscheidet, zu erkennen.

Eine Verbesserung wäre in diesem Fall durch eine Erhöhung der Anzahl der geprüften Lose möglich.

3.5 Wahrscheinlichkeit für das Ereignis „Sonderlos"

Wiederum kann das Modell Bernoulli-Kette angewendet werden. Die Parameter sind $n = 4$, $p = 0{,}7$ und $k = 2$.

$P(\text{Sonderlos}) = B_{4;\,0{,}7}(2) = \binom{4}{2} \cdot 0{,}7^2 \cdot 0{,}3^2 = 0{,}2646 \approx \underline{\underline{26{,}5\,\%}}$

3.6 Wahrscheinlichkeit für das Ereignis „Gewinnlos und zugleich Sonderlos"

Aus der Bedingung für ein Sonderlos ergibt sich, dass genau 2-mal die Ziffer 6 in den ersten 4 Ziffern auftritt. Damit nun auch die Bedingung für ein Gewinnlos erfüllt wird, muss unter den letzten drei Ziffern die 6 genau 2-mal oder 3-mal enthalten sein. Dafür kann man erneut das Modell Bernoulli-Kette anwenden. Die Parameter sind $n = 3$, $p = 0{,}3$ und $k \in \{2;\,3\}$.

$P(\text{2-mal die 6}) = B_{3;\,0{,}3}(2) = \binom{3}{2} \cdot 0{,}3^2 \cdot 0{,}7^1 = 0{,}189 = 18{,}9\,\%$

$P(\text{3-mal die 6}) = B_{3;\,0{,}3}(3) = \binom{3}{3} \cdot 0{,}3^3 \cdot 0{,}7^0 = 0{,}027 = 2{,}7\,\%$

Die Summe der beiden Wahrscheinlichkeiten beträgt 21,6 %.
Zerlegt man nun die Ziehung der insgesamt 7 Ziffern gedanklich in 2 unabhängige Ziehungen von einmal 4 und einmal 3 Ziffern, so berechnet sich die Wahrscheinlichkeit für das Ereignis „Gewinnlos und zugleich Sonderlos" nach dem Multiplikationssatz.

$P(\text{Gewinnlos und zugleich Sonderlos}) = 0{,}265 \cdot 0{,}216 = 0{,}05724 \approx \underline{\underline{5{,}7\,\%}}$

Mathematik (Mecklenburg-Vorpommern): Beispielarbeit für das Abitur
Prüfungsteil A – Pflichtaufgaben mit CAS

A 1 Analysis (25 BE)

1.1 Gegeben ist eine Funktionenschar f_k mit
$$f_k(x) = \frac{1}{3} \cdot x^3 - k \cdot x^2 - (1-k^2) \cdot x, \quad x \in \mathbb{R}, k \in \mathbb{R}.$$
Die zugehörige Kurvenschar in einem kartesischen Koordinatensystem ist G_k.

1.1.1 Ein Graph der Schar hat in $A(3|0)$ einen Tiefpunkt.
Ermitteln Sie den zugehörenden Wert des Parameters k.

1.1.2 Berechnen Sie die lokalen Extremstellen und die Wendestelle der Graphen von f_k in Abhängigkeit von k.

1.1.3 Geben Sie an, wie viele Nullstellen eine Funktion dieser Schar höchstens besitzen kann.
Ermitteln Sie rechnerisch die Anzahl der Nullstellen der Funktionen der Schar in Abhängigkeit von k.

1.2 Im Folgenden wird die Funktion f_2 untersucht.

1.2.1 Die Punkte $A(0|0)$, $B_u(u|0)$ und $C_u(u|f_2(u))$ bilden für jedes u mit $0 < u < 3$ ($u \in \mathbb{R}$) ein Dreieck.
Bestimmen Sie dasjenige u, sodass der Flächeninhalt dieses Dreiecks maximal wird.

1.2.2 Der Graph G_2 und die x-Achse begrenzen eine Fläche vollständig.
Berechnen Sie den Inhalt dieser Fläche.
Bestimmen Sie diejenige Ursprungsgerade, welche diese Fläche halbiert.

A 2 Analytische Geometrie (25 BE)

In einem kartesischen Koordinatensystem sind die Punkte $A(2|3|1)$, $B(2|11|5)$, $C(-2|9|-1)$ und $D(-2|1|-5)$ gegeben.

2.1 Erstellen Sie eine Koordinatengleichung der Ebene ε, die von den Punkten A, B, und C gebildet wird.
Weisen Sie nach, dass der Punkt D zur Ebene ε gehört.
Zeigen Sie, dass die Punkte A, B, C und D ein Parallelogramm bilden.
Berechnen Sie den Flächeninhalt des Parallelogramms.

2.2 Gegeben ist ein weiterer Punkt $E(4|2|4)$. Er bildet zusammen mit dem Punkt A die Kante $\overline{AE}$ des Prismas ABCDEFGH.
Geben Sie die Koordinaten der Punkte F, G und H an.
Zeichnen Sie das Prisma in ein kartesisches Koordinatensystem.
Zeigen Sie, dass die Kante $\overline{AE}$ nicht senkrecht auf der Grundfläche ABCD des Prismas steht.
Berechnen Sie den Abstand des Punktes E von der Ebene ε.
Berechnen Sie das Volumen des Prismas.

2.3 Ein Lichtstrahl L_1 verläuft durch die Punkte E und C.
Ein zweiter Lichtstahl L_2 geht durch den Punkt A in Richtung des Vektors $\begin{pmatrix} -1 \\ 1 \\ -1 \end{pmatrix}$.

Die Lichtstrahlen L_1 und L_2 werden von einer gemeinsamen Lichtquelle Q ausgestrahlt.
Berechnen Sie die Koordinaten von Q.
Berechnen Sie den Winkel, den die beiden Lichtstrahlen einschließen.

A 3 Analysis und Stochastik (25 BE)

3.1 Gegeben ist die Funktionenschar f_a mit
$$f_a(x) = \frac{1}{a-1} \cdot x^3 - \frac{a+1}{a-1} \cdot x^2 + \frac{a}{a-1} \cdot x, \quad x \in \mathbb{R}, a \in \mathbb{R}, a > 1.$$
Der zu f_a gehörige Graph ist G_a.

3.1.1 Geben Sie die Koordinaten der Extrempunkte und des Wendepunktes von G_3 an.
Stellen Sie den Graphen G_3 in einem geeigneten Intervall dar.
Ermitteln Sie die Bogenlänge des Graphen G_3 in dem Intervall, das von der kleinsten bis zur größten Nullstelle bestimmt wird.

3.1.2 Jeder Graph G_a und die x-Achse schließen zwei Teilflächen vollständig ein.
Geben Sie den Flächeninhalt der oberhalb der x-Achse liegenden Teilfläche in Abhängigkeit von a an.
Es gibt genau einen Wert von a, für den der Inhalt der unterhalb der x-Achse liegenden Teilfläche genau 4-mal so groß ist wie der Inhalt der oberhalb der x-Achse liegenden Teilfläche.
Berechnen Sie diesen Wert von a.
Untersuchen Sie, wie sich der Flächeninhalt der oberhalb der x-Achse liegenden Teilfläche in Abhängigkeit vom Parameter a verändert.

3.2 Gegeben ist die binomialverteilte Zufallsvariable X.
Die Zufallsvariable X besitzt die Parameter $p = 0{,}2$ und $n = 6$.

3.2.1 Berechnen Sie die Wahrscheinlichkeit $B_{6;\,0{,}2}(3)$.
Formulieren Sie einen praktischen Sachverhalt, für den die Berechnung der Wahrscheinlichkeit $B_{6;\,0{,}2}(3)$ zutreffen könnte.

3.2.2 Berechnen Sie den Erwartungswert und die Standardabweichung für die Zufallsvariable X.

3.2.3 Berechnen Sie nun alle noch fehlenden Wahrscheinlichkeiten $B_{6;\,0{,}2}(k)$ für $0 \le k \le 6$ ($k \in \mathbb{N}$) und stellen Sie die Wahrscheinlichkeitsverteilung grafisch dar.

Hinweise und Tipps

Teilaufgabe 1.1.1
- Bestimmen Sie zuerst die beiden Parameterwerte, für die die Schar an der Stelle $x = 3$ einen Extrempunkt besitzt.
- Mit der hinreichenden Bedingung können Sie entscheiden, in welchem Fall ein Minimum vorliegt.

Teilaufgabe 1.1.2
- Benutzen Sie jeweils die notwendige und die hinreichende Bedingung.
- Die Art der Extremstellen müssen Sie nicht ermitteln.

Teilaufgabe 1.1.3
- Der Grad einer ganzrationalen Funktion gibt an, wie viele Nullstellen die Funktion höchstens besitzen kann.
- Ein CAS liefert drei Nullstellen. Führen Sie eine Fallunterscheidung für k durch, um herauszufinden, welche gültig sind bzw. übereinstimmen.

Teilaufgabe 1.2.1
- Stellen Sie die Zielfunktion auf und setzen Sie die Nebenbedingung ein.
- Die notwendige Bedingung liefert zwar drei Stellen, von denen jedoch zwei entfallen. Trotzdem müssen Sie überprüfen, dass ein Maximum vorliegt.

Teilaufgabe 1.2.2
- Der Flächeninhalt ist ein bestimmtes Integral, wobei die Integrationsgrenzen die Nullstellen des Integranden sind.
- Machen Sie den Ansatz $g(x) = mx$ für die Ursprungsgerade und bestimmen Sie den zweiten Schnittpunkt der Geraden mit G_2, um den Flächeninhalt zwischen der Gerade und G_2 ausrechnen zu können. Die Bedingung, dass dieser nur halb so groß ist wie der zuvor ermittelte, liefert eine Bestimmungsgleichung für m.

Teilaufgabe 2.1
- Für die Koordinatengleichung der Ebene benötigen Sie einen Orts- und zwei Richtungsvektoren.
- Führen Sie den Nachweis, dass D zur Ebene ε gehört, indem Sie die Koordinaten des Punktes in die Koordinatengleichung einsetzen.
- Damit die Punkte A, B, C und D ein Parallelogramm bilden, müssen sie in einer Ebene liegen. Ferner müssen gegenüberliegende Seiten gleich lang und parallel sein.
- Den Flächeninhalt des Parallelogramms können Sie mit dem Kreuzprodukt bestimmen.

Teilaufgabe 2.2
- Die Koordinaten der fehlenden Punkte finden Sie, indem Sie den Richtungsvektor $\overrightarrow{AE}$ jeweils zu den Ortsvektoren addieren.
- Für den Nachweis, dass das Prisma nicht gerade ist, benötigen Sie einen Vektor der senkrecht auf der Grundfläche steht.
- Den Abstand können Sie direkt mit der Abstandsformel ermitteln.
- Für das Volumen berechnen Sie entweder Grundfläche und Höhe des Prismas oder ein geeignetes Spatprodukt.

Teilaufgabe 2.3
- Die Koordinaten von Q ergeben sich als Schnitt zweier Geraden.
- Den Winkel zwischen den Lichtstrahlen bestimmen Sie mithilfe des Skalarprodukts.

Teilaufgabe 3.1.1
- Die Extrem- und Wendepunkte finden Sie jeweils mit der notwendigen und hinreichenden Bedingung. Vergessen Sie nicht, die Funktionswerte auszurechnen.
- Für die grafische Darstellung wählen Sie einen geeigneten Ausschnitt aus dem Koordinatensystem.
- Für die Bogenlänge benötigen Sie die Nullstellen, die Sie der grafischen Darstellung entnehmen oder berechnen können. Den Wert ermitteln Sie entweder numerisch im Graph-Modus oder mithilfe der Formel.

Teilaufgabe 3.1.2
- Berechnen Sie die Nullstellen und überlegen Sie, welche Fläche oberhalb der x-Achse liegt.
- Entfernen Sie bei der Untersuchung des Verhältnisses das negative Vorzeichen.
- Begründen Sie, warum sich der Inhalt der oberen Teilfläche monoton entwickelt. Danach müssen Sie zwei Grenzwerte berechnen.

Teilaufgabe 3.2
- Die Zahlenwerte können Sie direkt mit dem CAS berechnen.
- Beim Aufstellen der Wahrscheinlichkeitsverteilung bietet sich die Nutzung des Data/Matrix-Editors an.

Lösung

A 1 Analysis mit CAS

1.1 Gegeben ist die Funktionenschar f_k mit
$$f_k(x) = \frac{1}{3}x^3 - k \cdot x^2 - (1-k^2) \cdot x, \quad x \in \mathbb{R}, k \in \mathbb{R}.$$

Nachfolgend werden verschiedene Aufgaben zu dieser Funktionenschar bearbeitet. Daher ist es sinnvoll, gleich zu Beginn die Gleichungen der Schar und ihrer Ableitungsfunktionen zu ermitteln und abzuspeichern. Für die Ableitungsfunktionen werden die Bezeichnungen fk1(x), fk2(x) und fk3(x) verwendet.

Es ist wichtig, dass die tatsächlichen Ableitungsfunktionen abgespeichert werden, nicht nur bloße Zuordnungen wie z. B.
$$\frac{d}{dx}(f(x)) \to fk1(x).$$

$f_k'(x) = x^2 - 2kx + k^2 - 1$
$f_k''(x) = 2x - 2k$
$f_k'''(x) = 2$

1.1.1 Ermitteln des Parameters k

Aus der Information „an der Stelle $x = 3$ befindet sich ein Extrempunkt" ergeben sich ein erster Ansatz und zwei mögliche Lösungen für k:
$f_k'(3) = 0 \quad \Rightarrow \quad k \in \{2, 4\}$

Die Information „Tiefpunkt" erfordert die vollständige Überprüfung der hinreichenden Bedingung:
$f_2''(3) = 2 \quad \Rightarrow \quad$ Minimum
$f_4''(3) = -2 \quad \Rightarrow \quad$ Maximum

Ergebnis: Für $k = 2$ hat der Graph an der Stelle 3 einen Tiefpunkt.

1.1.2 Berechnen der Extremstellen

Notwendige Bedingung:

$f_k'(x) = 0 \Rightarrow x_{E1} = k+1$

$\qquad x_{E2} = k-1$

Hinreichende Bedingung:

$f_k''(k+1) = 2 \neq 0 \Rightarrow$ Extremstelle

$f_k''(k-1) = -2 \neq 0 \Rightarrow$ Extremstelle

Ergebnis: Die lokalen Extremstellen sind $x_{E1} = k+1$ und $x_{E2} = k-1$.

Berechnen der Wendestelle

Notwendige Bedingung:

$f_k''(x) = 0 \Rightarrow x_W = k$

Hinreichende Bedingung:

$f_k'''(k) = 2 \neq 0 \Rightarrow$ Wendestelle

Ergebnis: Die Wendestelle ist $x_W = k$.

1.1.3 Berechnung der Nullstellen der Funktionenschar

Eine Funktion dieser Schar kann bis zu 3 Nullstellen besitzen, da es sich um eine ganzrationale Funktion dritten Grades handelt. (Begründung wird nicht gefordert.)

$f_k(x) = 0$

$\Rightarrow x_{01} = 0$

$\qquad x_{02} = \dfrac{-(\sqrt{-3 \cdot (k^2 - 4)} - 3k)}{2}$

$\qquad x_{03} = \dfrac{\sqrt{-3 \cdot (k^2 - 4)} + 3k}{2}$

Man erhält drei Lösungen, zwei davon enthalten einen Wurzelausdruck und sind nicht für alle k gültig. Eine genauere Betrachtung des Radikanden führt zu der Einschränkung:

$k^2 - 4 \leq 0 \quad |+4$

$\qquad k^2 \leq 4 \quad \Rightarrow \quad -2 \leq k \leq 2$

Ergebnis:
Für k < −2 und k > 2 hat eine Funktion dieser Schar genau eine Nullstelle.
Für k = −2 und k = 2 hat eine Funktion dieser Schar genau zwei Nullstellen.
Für −2 < k < 2 hat eine Funktion dieser Schar genau drei Nullstellen.
Achtung: Für k = −1 und k = 1 wird je ein Wurzelausdruck zu null, sodass es wiederum nur zwei Nullstellen gibt.

Die grafische Darstellung für einige ausgewählte k verdeutlicht die Problematik der unterschiedlichen Anzahl von Nullstellen.

 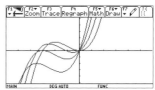

1.2.1 Bestimmung des maximalen Flächeninhaltes des Dreiecks

Aufstellen der Zielfunktion:

$$A_D(u) = \frac{1}{2} \cdot u \cdot f_2(u)$$

Einsetzen der Nebenbedingung:

$$A_D(u) = \frac{u^2 \cdot (u^2 - 6u + 9)}{6}$$

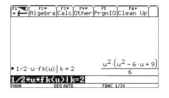

Die grafische Darstellung dient der Veranschaulichung der Aufgabe.

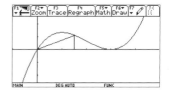

Notwendige Bedingung:
$A_D'(u) = 0$

$\Rightarrow\ u_{E1} = 0$ (entfällt)

$u_{E2} = \dfrac{3}{2}$

$u_{E3} = 3$ (entfällt)

Hinreichende Bedingung:

$A_D''\left(\dfrac{3}{2}\right) = -\dfrac{3}{2} < 0 \Rightarrow$ Maximum

Ergebnis: Für $u = \dfrac{3}{2}$ wird der Flächeninhalt dieses Dreiecks maximal.

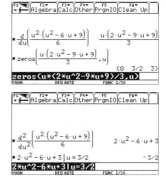

1.2.2 Berechnung des Flächeninhaltes

$$f_2(x) = \frac{x^3}{3} - 2x^2 + 3x$$

Berechnung der Integrationsgrenzen:
$0 = f_2(x) \Rightarrow a = 0 \quad b = 3$

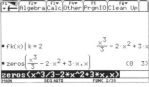

Berechnung des Flächeninhaltes:

$$A = \int_0^3 f_2(x)\,dx = \frac{9}{4}$$

Ergebnis: Der Flächeninhalt beträgt $\frac{9}{4}$ FE.

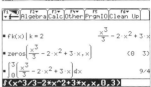

Die grafische Darstellung dient der Veranschaulichung der Aufgabe.

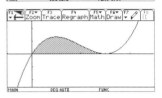

Bestimmung der Ursprungsgerade

Die zu teilende Fläche A befindet sich im 1. Quadranten, entsprechend hat die Ursprungsgerade $g(x) = m \cdot x$ einen positiven Anstieg m. Die Gerade schneidet den Graphen der Funktion $f_2(x)$ an der Stelle $x_1 = 0$ und an einer weiteren Stelle x_2 mit $x_2 < 3$. Zunächst wird x_2 berechnet:

$f_2(x) = m \cdot x$

$\Rightarrow x_1 = 0$

$\quad x_2 = -(\sqrt{3 \cdot m} - 3) = 3 - \sqrt{3 \cdot m}$

$\quad x_3 = \sqrt{3 \cdot m} + 3 > 3 \quad$ (entfällt)

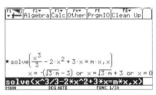

Nun kann der Inhalt der Fläche A_T berechnet werden, die von den Graphen der Funktionen $f_2(x)$ und $g(x)$ eingeschlossen wird.

$$A_T = \int_0^{-(\sqrt{3m}-3)} (f_2(x) - g(x))\,dx$$

Der Inhalt der Fläche A_T soll genau halb so groß sein wie der Inhalt der Fläche A, die von G_2 und der x-Achse begrenzt wird.

$$A_T = \frac{1}{2}A = \frac{1}{2} \cdot \frac{9}{4} = \frac{9}{8} = \int_0^{-(\sqrt{3m}-3)} (f_2(x) - g(x))\,dx$$

$\Rightarrow m \approx 0{,}446$

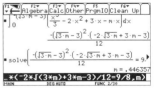

Ergebnis: Der Graph der Funktion $g(x) = 0{,}446 \cdot x$ halbiert die Fläche A.

Die grafische Darstellung dient der Veranschaulichung der Aufgabe.

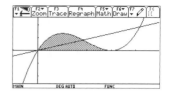

A 2 Analytische Geometrie mit CAS

2.1 Aufstellen der Ebenengleichung

Dazu werden z. B. der Ortsvektor $\vec{OA}$ und die Richtungsvektoren $\vec{AB}$ bzw. $\vec{AC}$ benötigt. Die Richtungsvektoren erhält man, indem man die Ortsvektoren voneinander subtrahiert, z. B. $\vec{AB} = \vec{OB} - \vec{OA}$.

Der Ortsvektor lautet: $\vec{OA} = \begin{pmatrix} 2 \\ 3 \\ 1 \end{pmatrix}$

Die Richtungsvektoren sind:

$\vec{AB} = \vec{OB} - \vec{OA} = \begin{pmatrix} 2 \\ 11 \\ 5 \end{pmatrix} - \begin{pmatrix} 2 \\ 3 \\ 1 \end{pmatrix} = \begin{pmatrix} 0 \\ 8 \\ 4 \end{pmatrix}$

$\vec{AC} = \vec{OC} - \vec{OA} = \begin{pmatrix} -2 \\ 9 \\ -1 \end{pmatrix} - \begin{pmatrix} 2 \\ 3 \\ 1 \end{pmatrix} = \begin{pmatrix} -4 \\ 6 \\ -2 \end{pmatrix}$

Mithilfe des Kreuzproduktes wird ein Vektor erzeugt, der senkrecht auf den beiden Richtungsvektoren der Ebene steht und damit auch senkrecht auf der Ebene selbst:

$\begin{pmatrix} 0 \\ 8 \\ 4 \end{pmatrix} \times \begin{pmatrix} -4 \\ 6 \\ -2 \end{pmatrix} = \begin{pmatrix} -40 \\ -16 \\ 32 \end{pmatrix}$

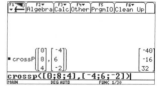

Die Elemente des Vektors sind die Koeffizienten der Koordinatengleichung der Ebene $A \cdot x + B \cdot y + C \cdot z = D$.

Die Koordinatengleichung lautet:
$-40 \cdot x - 16 \cdot y + 32 \cdot z = D$
Durch Einsetzen der Koordinaten z. B. des Punktes A erhält man den Wert für D.
Damit lautet die Koordinatengleichung:
$-40 \cdot x - 16 \cdot y + 32 \cdot z = -96$
Diese Gleichung wird durch -8 dividiert und es entsteht die gesuchte Gleichung:
$5x + 2y - 4z = 12$

Nachweis D gehört zur Ebene ε

Die Koordinaten des Punktes D werden in die Koordinatengleichung der Ebene eingesetzt:
$5 \cdot (-2) + 2 \cdot 1 - 4 \cdot (-5) = 12$
$12 = 12$
Hierbei entsteht eine wahre Aussage, damit gehört der Punkt D zur Ebene ε.

Viereck ABCD ist ein Parallelogramm

Bei einem Parallelogramm liegen die Eckpunkte alle in einer Ebene und die gegenüberliegenden Seiten sind gleich lang und parallel.

Der Nachweis, dass die Punkte alle in einer Ebene liegen, wurde durch das Lösen der obigen Aufgaben bereits geführt.

Um zu zeigen, dass die gegenüberliegenden Seiten gleich lang und parallel sind, werden die vier Richtungsvektoren $\overrightarrow{AB}$, $\overrightarrow{BC}$, $\overrightarrow{DC}$ und $\overrightarrow{AD}$ benötigt.

Die Richtungsvektoren lauten:

$$\overrightarrow{AB} = \begin{pmatrix} 0 \\ 8 \\ 4 \end{pmatrix}, \quad \overrightarrow{BC} = \begin{pmatrix} -4 \\ -2 \\ -6 \end{pmatrix}, \quad \overrightarrow{DC} = \begin{pmatrix} 0 \\ 8 \\ 4 \end{pmatrix} \text{ und } \overrightarrow{AD} = \begin{pmatrix} -4 \\ -2 \\ -6 \end{pmatrix}$$

Wie zu erkennen ist, sind die Vektoren $\overrightarrow{AB}$ und $\overrightarrow{DC}$ sowie die Vektoren $\overrightarrow{BC}$ und $\overrightarrow{AD}$ identisch. Damit sind die Seiten $\overline{AB}$ und $\overline{DC}$ sowie die Seiten $\overline{BC}$ und $\overline{AD}$ gleich lang und parallel zueinander.

Somit handelt es sich bei dem Viereck ABCD um ein Parallelogramm.

Flächeninhalt des Parallelogramms

Der Flächeninhalt eines Parallelogramms wird mithilfe des Kreuzproduktes berechnet. Der Betrag des Kreuzproduktes ist gleich dem Flächeninhalt des durch die Vektoren aufgespannten Parallelogramms.

Zur Berechnung des Flächeninhaltes werden die Vektoren $\overrightarrow{AB}$ und $\overrightarrow{AD}$ benötigt.

Das Kreuzprodukt der Vektoren lautet:

$$\vec{\eta} = \begin{pmatrix} 0 \\ 8 \\ 4 \end{pmatrix} \times \begin{pmatrix} -4 \\ -2 \\ -6 \end{pmatrix} = \begin{pmatrix} -40 \\ -16 \\ 32 \end{pmatrix}$$

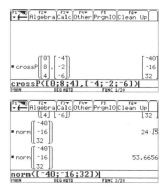

Der Betrag des Kreuzproduktes lautet:

$$|\vec{\eta}| = \left| \begin{pmatrix} -40 \\ -16 \\ 32 \end{pmatrix} \right| = 24 \cdot \sqrt{5} \approx 53{,}67$$

Damit beträgt der Flächeninhalt des Parallelogramms rund 53,67 FE.

2.2 Koordinaten der Punkte F, G und H

Um die Koordinaten des Punktes F anzugeben, braucht man den Ortsvektor zum Punkt B und den Richtungsvektor $\overrightarrow{AE} = \begin{pmatrix} 2 \\ -1 \\ 3 \end{pmatrix}$.

Man muss folgende Gleichung bearbeiten: $\overrightarrow{OF} = \overrightarrow{OB} + \overrightarrow{AE}$

$$\begin{pmatrix} x \\ y \\ z \end{pmatrix} = \begin{pmatrix} 2 \\ 11 \\ 5 \end{pmatrix} + \begin{pmatrix} 2 \\ -1 \\ 3 \end{pmatrix} = \begin{pmatrix} 4 \\ 10 \\ 8 \end{pmatrix}$$

Die Koordinaten des Punktes F sind F(4|10|8).

Für die Koordinaten des Punktes G muss die Gleichung $\overrightarrow{OG} = \overrightarrow{OC} + \overrightarrow{AE}$ benutzt werden. Damit ergibt sich
$$\begin{pmatrix} x \\ y \\ z \end{pmatrix} = \begin{pmatrix} -2 \\ 9 \\ -1 \end{pmatrix} + \begin{pmatrix} 2 \\ -1 \\ 3 \end{pmatrix} = \begin{pmatrix} 0 \\ 8 \\ 2 \end{pmatrix}.$$
Die Koordinaten des Punktes G sind G(0 | 8 | 2).
Für die Koordinaten des Punktes H braucht man die Gleichung $\overrightarrow{OH} = \overrightarrow{OD} + \overrightarrow{AE}$.
Daraus folgt:
$$\begin{pmatrix} x \\ y \\ z \end{pmatrix} = \begin{pmatrix} -2 \\ 1 \\ -5 \end{pmatrix} + \begin{pmatrix} 2 \\ -1 \\ 3 \end{pmatrix} = \begin{pmatrix} 0 \\ 0 \\ -2 \end{pmatrix}$$
Die Koordinaten des Punktes H sind H(0 | 0 | −2).

Grafische Darstellung

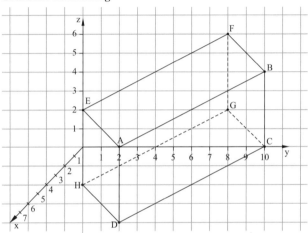

Kante $\overline{AE}$ nicht senkrecht zur Grundfläche ABCD

Hierzu braucht man den Vektor $\overrightarrow{AE}$ und einen Vektor $\vec{n}$, der senkrecht auf der Grundfläche steht. Der Vektor $\vec{n}$ wurde bereits in der Aufgabe 2.1 bestimmt. Er lautet:
$$\vec{n} = \begin{pmatrix} 0 \\ 8 \\ 4 \end{pmatrix} \times \begin{pmatrix} -4 \\ -2 \\ -6 \end{pmatrix} = \begin{pmatrix} -40 \\ -16 \\ 32 \end{pmatrix}$$
Um zu zeigen, dass die Kante $\overline{AE}$ nicht senkrecht auf der Grundfläche ABCD steht, muss gezeigt werden, dass die Vektoren $\overrightarrow{AE}$ und $\vec{n}$ nicht parallel zueinander sind, d. h., der Vektor $\overrightarrow{AE}$ ist kein Vielfaches des Vektors $\vec{n}$:

$\begin{pmatrix} 2 \\ -1 \\ 3 \end{pmatrix} = r \cdot \begin{pmatrix} -40 \\ -16 \\ 32 \end{pmatrix}$ $\quad r = -\frac{1}{20}$
$\quad r = \frac{1}{16}$
$\quad r = \frac{3}{32}$

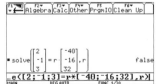

Der Voyage200 liefert als Ergebnis der obigen Gleichung nur false.
Damit ist gezeigt, dass die Kante $\overline{AE}$ nicht senkrecht auf der Grundfläche ABCD steht.

Abstand des Punktes E von der Ebene ε

Der Abstand eines Punktes E von der Ebene ε kann auf zwei verschiedenen Wegen ermittelt werden.

1. Variante:
Für die Berechnung des Abstandes werden die Koordinaten des Punktes E(4|2|4) und die Koordinatenform der Ebene ε: $5x + 2y - 4z = 12$ benötigt. Um den Abstand zu ermitteln, wird die folgende Formel verwendet:

$$\text{Abstand} = \left| \frac{A \cdot x_E + B \cdot y_E + C \cdot z_E - D}{\sqrt{A^2 + B^2 + C^2}} \right|$$

$$= \left| \frac{5 \cdot 4 + 2 \cdot 2 - 4 \cdot 4 - 12}{\sqrt{5^2 + 2^2 + (-4)^2}} \right|$$

$$= \frac{4}{15}\sqrt{5} \text{ LE}$$

Der Abstand des Punktes E von der Ebene ε beträgt rund 0,60 LE.

2. Variante:
Für die Berechnung des Abstandes werden der Vektor $\overrightarrow{AE}$ und Normalenvektor $\vec{n}$ der Ebene ε benötigt. Um den Abstand zu ermitteln, wird die folgende Formel verwendet:

$$\text{Abstand} = \left| \frac{\overrightarrow{AE} \circ \vec{n}}{|\vec{n}|} \right|$$

$$= \left| \frac{(-40) \cdot 2 + (-16) \cdot (-1) + 32 \cdot 3}{\sqrt{(-40)^2 + (-16)^2 + 32^2}} \right|$$

$$= \frac{4}{15}\sqrt{5} \text{ LE}$$

Der Abstand des Punktes E von der Ebene ε beträgt rund 0,60 LE.

Volumen des Prismas

Das Volumen des Prismas kann auf zwei verschiedene Arten bestimmt werden.

1. Variante:
Das Volumen wird mithilfe des Flächeninhalts der Grundfläche und dem Abstand der Deckfläche von der Grundfläche berechnet. Der Flächeninhalt der Grundfläche wurde in Teilaufgabe 2.1 ermittelt. Der Abstand der Deckfläche von der Grundfläche wurde als Abstand des Punktes E von der Ebene ε berechnet.
Damit ergibt sich:

$$V = A_G \cdot h$$

$$= 24\sqrt{5} \cdot \frac{4}{15}\sqrt{5}$$

$$V = 32 \text{ VE}$$

Das Volumen beträgt 32 VE.

2. Variante:
Das Volumen wird mithilfe des Spatproduktes berechnet. Dafür werden die Vektoren $\overrightarrow{AB}$, $\overrightarrow{AD}$ und $\overrightarrow{AE}$ benötigt.

Es wird die folgende Formel verwendet:

$$V = \overrightarrow{AE} \circ (\overrightarrow{AB} \times \overrightarrow{AD})$$
$$= \begin{pmatrix} 2 \\ -1 \\ 3 \end{pmatrix} \circ \left(\begin{pmatrix} 0 \\ 8 \\ 4 \end{pmatrix} \times \begin{pmatrix} -4 \\ -2 \\ -6 \end{pmatrix} \right)$$

V = 32 VE

Das Volumen beträgt 32 VE.

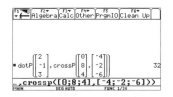

2.3 Koordinaten der Lichtquelle Q

Zuerst werden für die Lichtstrahlen L_1 und L_2 die Geradengleichungen aufgestellt:

$$L_1: \vec{x} = \begin{pmatrix} 4 \\ 2 \\ 4 \end{pmatrix} + \lambda \cdot \begin{pmatrix} -6 \\ 7 \\ -5 \end{pmatrix} \quad \text{und} \quad L_2: \vec{x} = \begin{pmatrix} 2 \\ 3 \\ 1 \end{pmatrix} + \mu \cdot \begin{pmatrix} -1 \\ 1 \\ -1 \end{pmatrix}$$

Jetzt wird der Schnittpunkt der beiden Geradengleichungen bestimmt. Dazu werden die Terme gleichgesetzt und die Parameter λ und μ ermittelt:

$$\begin{pmatrix} 4 \\ 2 \\ 4 \end{pmatrix} + \lambda \cdot \begin{pmatrix} -6 \\ 7 \\ -5 \end{pmatrix} = \begin{pmatrix} 2 \\ 3 \\ 1 \end{pmatrix} + \mu \cdot \begin{pmatrix} -1 \\ 1 \\ -1 \end{pmatrix}$$

Man erhält als Lösung $\lambda = -1$ und $\mu = -8$.

Diese Werte werden in die Geradengleichungen für die Lichtstrahlen eingesetzt und man erhält den Ortsvektor zur Lichtquelle.

Der Punkt Q hat die Koordinaten Q(10|−5|9).

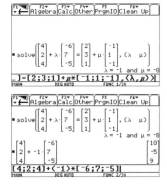

Winkel zwischen den Lichtstrahlen

Um den Winkel zwischen den Lichtstrahlen zu berechnen, werden nur die beiden Richtungsvektoren der Lichtstrahlen L_1 und L_2 benötigt. Der Winkel wird mithilfe des Skalarproduktes berechnet:

$$\vec{r}_1 \circ \vec{r}_2 = |\vec{r}_1| \cdot |\vec{r}_2| \cdot \cos \sphericalangle (\vec{r}_1, \vec{r}_2)$$

Durch Einsetzen und Umstellen erhält man:

$$\cos \sphericalangle (\vec{r}_1, \vec{r}_2) = \frac{\begin{pmatrix} -6 \\ 7 \\ -5 \end{pmatrix} \circ \begin{pmatrix} -1 \\ 1 \\ -1 \end{pmatrix}}{\left| \begin{pmatrix} -6 \\ 7 \\ -5 \end{pmatrix} \right| \cdot \left| \begin{pmatrix} -1 \\ 1 \\ -1 \end{pmatrix} \right|}$$

$$= \frac{-6 \cdot (-1) + 7 \cdot 1 + (-5) \cdot (-1)}{\sqrt{110} \cdot \sqrt{3}}$$

$$\cos \sphericalangle (\vec{r}_1, \vec{r}_2) = \frac{3 \cdot \sqrt{330}}{55}$$

$$\sphericalangle (\vec{r}_1, \vec{r}_2) \approx 7{,}75°$$

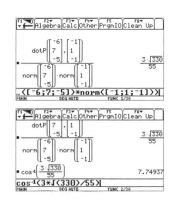

Der Winkel zwischen den beiden Lichtstrahlen beträgt rund 7,75°.

A 3 Analysis und Stochastik mit CAS

3.1 Gegeben ist die Funktionenschar f_a mit
$$f_a(x) = \frac{1}{a-1} \cdot x^3 - \frac{a+1}{a-1} \cdot x^2 + \frac{a}{a-1} \cdot x,$$
$x \in \mathbb{R}$, $a \in \mathbb{R}$, $a > 1$.

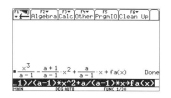

Nachfolgend werden verschiedene Aufgaben zu dieser Funktionenschar bearbeitet. Daher ist es sinnvoll, gleich zu Beginn die Gleichung der Schar als fa(x) zu speichern.

3.1.1 Zunächst werden durch Einsetzen der Bedingung „$a = 3$" die Funktion $f_3(x)$ bestimmt und deren Ableitungsfunktionen ermittelt:

$$f_3(x) = \frac{x^3}{2} - 2x^2 + \frac{3x}{2}$$

$$f_3'(x) = \frac{3x^2}{2} - 4x + \frac{3}{2}$$

$$f_3''(x) = 3x - 4$$

$$f_3'''(x) = 3$$

Berechnung der Extrempunkte
Notwendige Bedingung:
$$f_3'(x) = \frac{3x^2}{2} - 4x + \frac{3}{2} = 0$$

$$\Rightarrow \quad x_{E_1} = \frac{-(\sqrt{7}-4)}{3} \approx 0{,}45$$

$$x_{E_2} = \frac{\sqrt{7}+4}{3} \approx 2{,}22$$

Hinreichende Bedingung:
$$f_3''(x_{E_1}) = -\sqrt{7} < 0 \quad \Rightarrow \quad \text{Maximum}$$
$$f_3''(x_{E_2}) = \sqrt{7} > 0 \quad \Rightarrow \quad \text{Minimum}$$

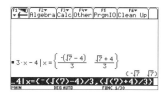

Berechnung der Funktionswerte:
$$f_3(x_{E_1}) = \frac{7 \cdot \sqrt{7}}{27} - \frac{10}{27} \approx 0{,}32$$

$$f_3(x_{E_2}) = \frac{-7 \cdot \sqrt{7}}{27} - \frac{10}{27} \approx -1{,}06$$

Die Koordinaten der Extrempunkte lauten:
$\underline{\underline{P_{max}(0{,}45 \mid 0{,}32)}}$ und $\underline{\underline{P_{min}(2{,}22 \mid -1{,}06)}}$

Berechnung des Wendepunktes
Notwendige Bedingung:

$f_3''(x) = 3x - 4 = 0 \implies x_W = \dfrac{4}{3} \approx 1{,}33$

Hinreichende Bedingung:

$f_3'''(k) = -3 \neq 0 \implies$ Wendestelle

Berechnung des Funktionswertes:

$f_3(x_W) = -\dfrac{10}{27} \approx -0{,}37$

Die Koordinaten des Wendepunktes lauten: $\underline{\underline{P_W(1{,}33 \mid -0{,}37)}}$

Grafische Darstellung von G_3
Für die grafische Darstellung muss ein geeigneter Ausschnitt aus dem Koordinatensystem gewählt werden. Die Achsen müssen bezeichnet und skaliert sein. Alle wichtigen Punkte müssen markiert werden, das sind die Schnittpunkte mit den Koordinatenachsen, die Extrempunkte und der Wendepunkt. Weitere Punkte insbesondere im 1. und 3. Quadranten sollten für die Zeichnung des Graphen genutzt werden.

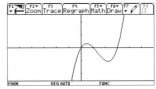

Bogenlänge von G_3
Die Nullstellen der Funktion $f_3(x)$ kann man entweder der grafischen Darstellung entnehmen
oder berechnen:
$f_3(x) = 0$
$\implies x_{01} = 0, \quad x_{02} = 1, \quad x_{03} = 3$

1. Variante:
Für die Ermittlung der Bogenlänge bietet sich die numerische Bestimmung im Graph-Modus an, zumal eine grafische Darstellung bereits vorhanden ist.

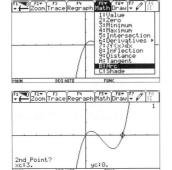
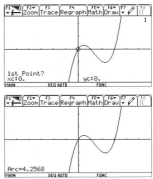

Die Bogenlänge des Graphen G_3 im Intervall [0; 3] beträgt $\underline{\underline{4{,}26 \text{ LE}}}$.

2. Variante:
Alternativ kann die Bogenlänge auch berechnet werden, dies erfolgt mittels der Formel:

$$s = \int_0^3 \sqrt{1+(f'(x))^2}\, dx$$

Damit ergibt sich die Bogenlänge:

$$s = \int_0^3 \sqrt{1+\left(\frac{3x^2}{2}-4x+\frac{3}{2}\right)^2}\, dx = \underline{4,26\text{ LE}}$$

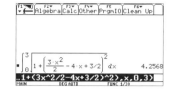

3.1.2 Flächeninhalt der oberen Teilfläche
Berechnung der Nullstellen:
$f_a(x) = 0$
$\Rightarrow x_{01} = 0,\ x_{02} = 1,\ x_{03} = a$

Wegen $a > 1$ ist die Stelle $x = a$ die am weitesten rechts liegende Nullstelle. Auch ohne eine ausführliche Kurvendiskussion kann man durch eine Betrachtung der Funktionsgleichung von $f_a(x)$ (Faktor vor x^3 ist stets positiv – damit ist das Verhalten im Unendlichen bekannt) feststellen, dass die Fläche A_1 im Intervall $[0;1]$ stets oberhalb der x-Achse liegt und sich die Fläche A_2 im Intervall $[1;a]$ stets unterhalb dieser Achse befindet.

Berechnung der Flächeninhalte:

$$A_1 = \int_0^1 f_a(x)\, dx = \frac{2\cdot a - 1}{12\cdot(a-1)}\text{ FE}$$

Der Flächeninhalt der oberhalb der x-Achse liegenden Teilfläche beträgt $\underline{\underline{\frac{2\cdot a - 1}{12\cdot(a-1)}\text{ FE}}}$.

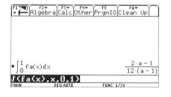

Verhältnis der Flächeninhalte
Für die Berechnung des Inhaltes der unterhalb der x-Achse liegenden Teilfläche muss das negative Vorzeichen, das bei der Berechnung des bestimmten Integrals entsteht, entfernt werden. Die Berechnung des Wertes von a erfolgt sodann:

$$A_2 = -\int_1^a f_a(x)\, dx = \frac{a^3}{12} - \frac{a^2}{12} - \frac{a}{12} + \frac{1}{12}$$

$4 \cdot A_1 = A_2$
$\Rightarrow a_1 \approx 0,47$ (entfällt)
$a_2 \approx \underline{\underline{2,68}}$

Für $a = 2,68$ ist der Flächeninhalt der unterhalb der x-Achse liegenden Teilfläche genau 4-mal so groß wie der Inhalt der oberhalb dieser Achse liegenden Teilfläche.

Veränderung des Inhalts der oberen Teilfläche

Die Berechnung des Inhalts der oberen Teilfläche $A_1 = \frac{2 \cdot a - 1}{12 \cdot (a-1)}$ hat gezeigt, dass dieser Wert von a abhängt. Der Parameter a muss laut Aufgabenstellung größer als 1 sein. Nach oben besteht keine Begrenzung, a kann unendlich groß werden. Extremstellen kann der Term von A_1 nicht haben, denn bei der Bildung der Ableitungsfunktion bleibt im Zähler nur noch eine Konstante ungleich 0 übrig.

Der Flächeninhalt entwickelt sich folglich monoton. Entsprechend dieser Überlegungen muss das Verhalten des Terms von A_1 für die „Ränder von a" untersucht werden.

$$\lim_{a \to 1 \text{ v.r.}} \left(\frac{2 \cdot a - 1}{12 \cdot (a-1)} \right) = \infty$$

$$\lim_{a \to \infty} \left(\frac{2 \cdot a - 1}{12 \cdot (a-1)} \right) = \frac{1}{6}$$

Nähert sich a dem Wert 1, so wird der betrachtete Flächeninhalt unendlich groß. Für a gegen unendlich konvergiert der Inhalt dieser Fläche gegen $\frac{1}{6}$ FE.

3.2.1 Berechnung der Wahrscheinlichkeit

$B_{6;\,0,2}(3) = \binom{6}{3} \cdot 0,2^3 \cdot 0,8^3 = 0,08192 \approx \underline{\underline{8,2\,\%}}$

Beispiel für einen praktischen Sachverhalt

Eine statistische Erhebung in einem großen Stadtteil über die Anzahl der in einem Haushalt lebenden Kinder hat ergeben, dass in jedem fünften Haushalt ($\to p = 20\,\%$) genau ein Kind wohnt. Eine Frage könnte nun lauten: Mit welcher Wahrscheinlichkeit würde man bei einer Befragung von 6 ($\to n = 6$) zufällig ausgewählten Haushalten hinsichtlich der Anzahl der Kinder genau 3-mal ($\to k = 3$) die Antwort „Genau 1 Kind" bekommen?

3.2.2 Erwartungswert

$E = n \cdot p = 6 \cdot 0,2 = \underline{\underline{1,2}}$

Standardabweichung

$\sigma = \sqrt{n \cdot p \cdot q} = \sqrt{6 \cdot 0,2 \cdot 0,8} \approx \underline{\underline{0,98}}$

3.2.3 Wahrscheinlichkeitsverteilung

Für die Berechnung mehrer Wahrscheinlichkeiten bietet sich die Nutzung des Data/Matrix-Editors an. Dazu wird dieser geöffnet und eine neue Datei beispielsweise mit dem Namen „Kinder" angelegt.

In den Spalten c1 und c2 werden die Werte für k und $B_{6;\,0,2}(k)$ abgelegt.

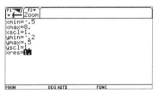

Über die Tastenfolge [F2] (Plot Setup) und [F1] (Define) gelangt man in das Fenster zur Bearbeitung eines freien Plots. Als Plot-Typ wird das Histogramm ausgewählt, die x-Werte finden sich in der Spalte c1 und die y-Werte in der Spalte c2. Für die grafische Darstellung muss ein geeigneter Ausschnitt aus dem Koordinatensystem gewählt werden. Damit das Histogramm eine Darstellung der Wahrscheinlichkeitsverteilung liefert, bei der die „Balken" genau mittig auf den Werten von k stehen, muss für x_{min} ein Wert eingegeben wird, der genau zwischen zwei ganzen Zahlen liegt. Mit der Trace-Funktion [F3] können die einzelnen Wahrscheinlichkeiten abgelesen werden.

Bei der Zeichnung der Wahrscheinlichkeitsverteilung muss darauf geachtet werden, dass die Achsen bezeichnet und skaliert sind.

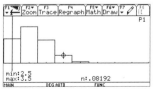

Mathematik (Mecklenburg-Vorpommern): Beispielarbeit für das Abitur
Prüfungsteil B – Wahlaufgaben mit CAS

B 1 Analysis (20 BE)

1.1 Gegeben ist die Funktionenschar f_t mit
$f_t(x) = t \cdot e^x - e^{2x}$, $x \in \mathbb{R}$, $t \in \mathbb{R}$, $t > 0$.
Die zugehörige Kurvenschar in einem kartesischen Koordinatensystem ist G_t.

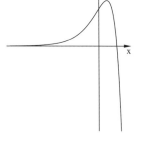

1.1.1 Berechnen Sie die Koordinaten der Schnittpunkte mit den Koordinatenachsen, der lokalen Extrempunkte und der Wendepunkte von G_t.

1.1.2 Die x-Achse, die Gerade $x = k$ mit $k < \ln t$ und die Graphen G_t begrenzen eine Fläche vollständig.
Berechnen Sie den Inhalt dieser Fläche.

Untersuchen Sie, wie sich die Fläche verhält, wenn die Gerade immer weiter nach links geschoben wird.

Es gibt eine Funktion der Schar mit $t > 1$, bei der die y-Achse diese Fläche halbiert. Geben Sie ihren Scharparameter an.

1.2 Im Folgenden wird die Funktion f_4 untersucht.

1.2.1 Die Punkte $A_u(u\,|\,0)$, $B_u(u\,|\,f_4(u))$, $C(0\,|\,f_4(0))$ und $D(0\,|\,0)$ bilden für jedes u mit $0 < u < \ln 4$ ein Trapez.
Bestimmen Sie dasjenige u, sodass das Trapez zu einem Rechteck wird.

1.2.2 Diese Trapeze rotieren um die x-Achse. Dabei entsteht im Allgemeinen ein Kegelstumpf.
Geben Sie eine Formel zur Berechnung des Volumens dieser Kegelstümpfe an.
Bestimmen Sie dasjenige u, sodass der Kegelstumpf ein maximales Volumen hat. Auf den Nachweis des Maximums wird verzichtet.

B 2 Analytische Geometrie (20 BE)

In einem kartesischen Koordinatensystem ist das ebene Viereck ABCD gegeben.
Die Punkte haben folgende Koordinaten: $A(8\,|\,2\,|\,0)$, $B(2\,|\,6\,|\,0)$, $C(1\,|\,1\,|\,3)$, $D(4\,|\,-1\,|\,3)$.

2.1 Die Ebene ε verläuft durch die Punkte A, B, C und D.
Bestimmen Sie eine Koordinatengleichung für die Ebene ε.
Berechnen Sie den Neigungswinkel der Ebene ε gegenüber der x-y-Ebene.

2.2 Überprüfen Sie, ob die vier Punkte A, B, C und D Eckpunkte eines Trapezes sind.
Berechnen Sie den Flächeninhalt des Vierecks ABCD.

2.3 Die Punkte A, B, C und D markieren die Ecken einer spiegelnden Fläche.
Im Punkt Q(10|3|12) befindet sich eine Lichtquelle, die einen Strahl λ mit der Richtung $\vec{p} = \begin{pmatrix} -5 \\ 0{,}5 \\ -11 \end{pmatrix}$ aussendet.
Dieser Strahl λ trifft auf die Spiegelfläche und wird dort reflektiert. Der reflektierte Strahl heißt r.

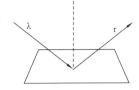

Dabei gilt das Reflexionsgesetz: „Der Winkel zwischen dem einfallenden Strahl und dem Lot ist stets genau so groß, wie der Winkel zwischen reflektiertem Strahl und Lot. Die beiden Lichtstrahlen und das Lot liegen in einer gemeinsamen Ebene."

2.3.1 Der Lichtstrahl trifft im Punkt S auf die Spiegelfläche.
Ermitteln Sie die Koordinaten des Punktes S.

2.3.2 Der reflektierte Strahl r liegt auf einer Geraden g.
Erläutern Sie die Arbeitsschritte zur Ermittlung einer Geradengleichung von g.
Ermitteln Sie eine Gleichung von g.

B 3 Analysis / Stochastik (20 BE)

3.1 Um die Güte eines Balles zu testen, wird dieser aus einer Höhe von 3 m senkrecht fallen gelassen. Sein Sprungverhalten wird beobachtet, indem man nach jedem Aufprall die erreichte Höhe misst. Die Messwerte sind in folgender Tabelle gegeben.

Nr. x	1	2	3	4	5	6	7	8	9
Höhe y in m	3,00	2,25	1,65	1,28	0,90	0,75	0,52	0,37	0,30

3.1.1 Bestimmen Sie die Gleichungen der Regressionsfunktionen h_1 bis h_4.
h_1: Exponentielle Regressionsfunktion
h_2: Quadratische Regressionsfunktion
h_3: Lineare Regressionsfunktion
h_4: Regressionsfunktion der Form $y = a \cdot x^b$ (Powerregression)

3.1.2 Beurteilen Sie die Brauchbarkeit der Regressionsfunktionen hinsichtlich ihrer Widerspiegelung der tatsächlich gemessenen Werte und des zu erwartenden weiteren Sprungverhalten des Balles.

3.2 Ein Hersteller von Bällen gibt an, dass die Bälle mit einem Ausschussanteil von 5 % produziert werden. Die Bälle werden in Großpackungen zu je 80 Stück verpackt. Bei einer Qualitätskontrolle wird eine Großpackung geöffnet und alle darin befindlichen Bälle werden überprüft. Es wird die Anzahl der fehlerhaften Bälle ermittelt.

3.2.1 Begründen Sie, dass dieser Vorgang als eine Bernoulli-Kette mit den Parametern n und p interpretiert werden kann.

3.2.2 Geben Sie die Anzahl der fehlerhaften Bälle an, die man bei der Prüfung erwarten kann.

3.2.3 Berechnen Sie die Wahrscheinlichkeit folgender Ereignisse:
A: eine Großpackung enthält genau 5 fehlerhafte Bälle,
B: eine Großpackung enthält mindestens 5 fehlerhafte Bälle

3.2.4 Bei einer Tagesproduktion tritt durch einen Maschinenfehler ein erhöhter Ausschussanteil von 20 % auf. Ein Großauftrag, der betroffen sein könnte, wird daher kurz vor der Auslieferung überprüft. Dazu werden wiederum alle in einer Großpackung befindlichen Bälle getestet. Ziel ist es, den Großauftrag nur dann zur Auslieferung freizugeben, wenn mit mindestens 99 %iger Gewissheit der Großauftrag die Bälle mit dem erhöhten Fehleranteil von 20 % nicht enthält.

Formulieren Sie eine Entscheidungsregel und begründen Sie diese rechnerisch.

Hinweise und Tipps

Teilaufgabe 1.1.1
- Benutzen Sie bei der Bestimmung der Extrem- und Wendepunkte jeweils die notwendige und die hinreichende Bedingung.

Teilaufgabe 1.1.2
- Der Flächeninhalt berechnet sich als ein bestimmtes Integral. Eine Integrationsgrenze ist gegeben, die andere haben Sie in Teilaufgabe 1.1.1 ermittelt.
- Die Untersuchung des Veränderungsverhaltens führt zu einem Grenzwert.
- Um den Scharparameter zu finden, müssen Sie t so bestimmen, dass die beiden Flächen links und rechts der y-Achse gleichgroß sind.

Teilaufgabe 1.2.1
- Das Trapez wird zu einem Rechteck, wenn die y-Koordinaten von C und B_u übereinstimmen.

Teilaufgabe 1.2.2
- Das Volumen können Sie mit der Formel für den Kegelstumpf oder für einen Rotationskörper bestimmen.
- Das maximale Volumen finden Sie, indem Sie die erste Ableitung bilden und null setzen.

Teilaufgabe 2.1
- Berechnen Sie einen Normalenvektor der Ebene. Den letzten Wert der Koordinatengleichung finden Sie durch Einsetzen eines Punktes.
- Der Neigungswinkel berechnet sich über das Skalarprodukt zweier Normalenvektoren.

Teilaufgabe 2.2
- Untersuchen Sie, ob zwei gegenüberliegende Seiten parallel sind.
- Für den Flächeninhalt eines Trapezes brauchen Sie die Längen der parallelen Seiten sowie deren Abstand. Sie können auch das Trapez in zwei Dreiecke zerlegen und deren Flächeninhalte mithilfe des Kreuzproduktes bestimmen.

Teilaufgabe 2.3.1
- Setzen Sie die Geradengleichung des Lichtstrahls in die Koordinatengleichung der Ebene ein.

Teilaufgabe 2.3.2
- Überlegen Sie, wie Sie neben S einen weiteren Punkt auf dem reflektierten Strahl berechnen können.

Teilaufgabe 3.1.1
Geben Sie die Werte aus der Tabelle in den Data/Matrix-Editor ein, um die Regressionsfunktionen vom CAS ausrechnen zu lassen.

Teilaufgabe 3.1.2
Untersuchen Sie jeweils, wie dicht die Punkte am Graphen liegen und ob der Funktionswert zum Versuchsbeginn nahe des gemessenen liegt sowie das zu erwartende weitere Sprungverhalten korrekt dargestellt wird.

Teilaufgabe 3.2.1
Überprüfen Sie, dass alle für eine Bernoulli-Kette notwendigen Eigenschaften erfüllt sind.

Teilaufgabe 3.2.2
Berechnen Sie den Erwartungswert.

Teilaufgabe 3.2.3
Die Wahrscheinlichkeit für B berechnet sich leichter über das Gegenereignis.

Teilaufgabe 3.2.4
Schätzen Sie zunächst ab, wie viele fehlerhafte Bälle zu erwarten sind.
Berechnen Sie dann die benötigten Wahrscheinlichkeiten mithilfe des Data/Matrix-Editors.
Für die Entscheidungsregel müssen Sie probeweise einige Berechnungen durchführen.

Lösung

B1 Analysis

Um alle Berechnungen einfacher und leichter durchführen zu können, wird als erstes die Funktion
$$f_t(x) = t \cdot e^x - e^{2x}$$
als ft(x) abgespeichert.

1.1.1 Schnittpunkt mit der x-Achse
Es muss die Nullstelle der Funktion $f_t(x)$ berechnet werden:
$f_t(x) = 0$
$0 = t \cdot e^x - e^{2x}$
$x = \ln(t)$
Der Schnittpunkt hat somit die Koordinaten:
$S_x(\ln(t) \mid 0)$

Schnittpunkt mit der y-Achse
Die x-Koordinate des Schnittpunktes ist bekannt mit $x = 0$. Die y-Koordinate erhält man, indem man $f_t(0)$ bildet:
$f_t(0) = t - 1$
Der Schnittpunkt hat somit die Koordinaten:
$S_y(0 \mid t-1)$

Extrempunkte
Um die Koordinaten der lokalen Extrempunkte zu bestimmen, wird die notwendige Bedingung für die Existenz von Extremstellen benötigt.
Erste Ableitung $f_t'(x) = t \cdot e^x - 2 \cdot e^{2x}$ bilden und diese gleich null setzen:
$$0 = t \cdot e^{x_E} - 2 \cdot e^{2x_E}$$
Nach x_E umgestellt erhält man:
$$x_E = \ln\left(\frac{t}{2}\right)$$

Wird dieses Ergebnis in die Funktionsgleichung von $f_t(x)$ eingesetzt, so ergibt sich:
$$f_t\left(\ln\left(\frac{t}{2}\right)\right) = \frac{t^2}{4}$$
Zur Bestimmung der Art des Extremums wird die hinreichende Bedingung für die Existenz von Extremstellen benötigt.
Die zweite Ableitung lautet:
$$f_t''(x) = t \cdot e^x - 4 \cdot e^{2x}$$
Damit erhält man:
$$f_t''\left(\ln\left(\frac{t}{2}\right)\right) = -\frac{t^2}{2}$$

Da t^2 immer größer als null ist, ist somit der gesamte Term $-\frac{t^2}{2}$ kleiner als null.

Also handelt es sich bei dem Extrempunkt um einen Hochpunkt mit den Koordinaten:
$$HP\left(\ln\left(\frac{t}{2}\right) \mid \frac{t^2}{4}\right)$$

Wendepunkte
Um die Koordinaten der Wendepunkte zu bestimmen, wird die notwendige Bedingung für die Existenz von Wendestellen benötigt.
Zweite Ableitung $f_t''(x) = t \cdot e^x - 4 \cdot e^{2x}$ bilden und diese gleich null setzen:
$$0 = t \cdot e^{x_W} - 4 \cdot e^{2x_W}$$
Das Ergebnis lautet:
$$x_W = \ln\left(\frac{t}{4}\right)$$

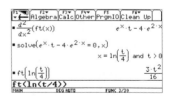

Wird dieses Ergebnis in die Funktionsgleichung von $f_t(x)$ eingesetzt, so ergibt sich:
$$f_t\left(\ln\left(\frac{t}{4}\right)\right) = \frac{3t^2}{16}$$

Zum Nachweis der Existenz des Wendepunktes wird die hinreichende Bedingung für die Existenz von Wendestellen benötigt.
Die dritte Ableitung lautet:
$f_t'''(x) = t \cdot e^x - 8 \cdot e^{2x}$
Damit erhält man:
$f_t'''\left(\ln\left(\dfrac{t}{4}\right)\right) = -\dfrac{t^2}{4}$

Da $t > 0$ ist, ist der gesamte Term $-\dfrac{t^2}{4}$ ungleich null. Der Punkt $WP\left(\ln\left(\dfrac{t}{4}\right) \mid \dfrac{3t^2}{16}\right)$ ist somit ein Wendepunkt.

1.1.2 Flächeninhalt
Für den Flächeninhalt ist das Integral zu bestimmen. Die Grenzen sind die Gerade $x = k$ und die Nullstelle $x = \ln(t)$:

$$\int_k^{\ln(t)} f_t(x)\, dx = \dfrac{t^2}{2} - t \cdot e^k + \dfrac{e^{2 \cdot k}}{2}$$

Flächeninhalt für $k \to -\infty$
Die Gerade $x = k$ wird weiter nach links verschoben. Das Ergebnis aus der Bestimmung des Flächeninhalts wird benutzt und der Grenzwert für $k \to -\infty$ bestimmt:

$$\lim_{k \to -\infty} \left(\dfrac{t^2}{2} - t \cdot e^k + \dfrac{e^{2 \cdot k}}{2}\right) = \dfrac{t^2}{2}$$

Bestimmung des Scharparameters
Die y-Achse soll die Fläche in zwei gleichgroße Flächenstücke teilen. Das bedeutet, der Flächeninhalt der Fläche links von der y-Achse ist genauso groß wie der Flächeninhalt rechts von der y-Achse:

$$\int_{-\infty}^{0} f_t(x)\, dx = \int_0^{\ln(t)} f_t(x)\, dx$$

$$t - \dfrac{1}{2} = \dfrac{t^2}{2} - t + \dfrac{1}{2}$$

Als Lösung dieser Gleichung erhält man die Scharparameter $t_1 = 2 - \sqrt{2}$ und $t_2 = 2 + \sqrt{2}$.

Da t_1 kleiner als eins und t_2 größer als eins ist, kann die Lösung nur $t_2 = 2 + \sqrt{2}$ sein.

1.2.1 Trapez wird zu einem Rechteck

Die grafische Darstellung dient zur Veranschaulichung der Aufgabenstellung.

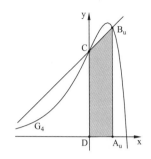

Das Trapez wird zu einem Rechteck, wenn die y-Koordinate des Punktes B_u genauso groß ist wie die y-Koordinate von Punkt C. Das heißt:

$f_4(u) = f_4(0)$

$4e^u - e^{2u} = 3$

Die Lösung dieser Gleichung lautet $u = 0$ oder $u = \ln(3)$.
$u = 0$ ist keine Lösung, denn dann würden die Punkte B und C identisch sein.
Also kann nur $u = \ln(3)$ die Lösung sein.

1.2.2 Volumenformel

Die Volumenformel kann man auf zwei verschiedenen Wegen gewinnen.

1. Variante:
Die Volumenformel für einen geraden Kegelstumpf lautet:

$V = \dfrac{\pi}{3} h \cdot (r_2^2 + r_2 r_1 + r_1^2)$

Wird diese Formel auf die Aufgabe übertragen, lautet sie:

$V = \dfrac{\pi}{3} u \cdot ((f_4(u))^2 + 3 f_4(u) + 3^2)$

$V = \dfrac{\pi}{3} u \cdot ((4e^u - e^{2u})^2 + 3(4e^u - e^{2u}) + 3^2)$

$V = \dfrac{\pi}{3} u \cdot (e^{4u} - 8e^{3u} + 13e^{2u} + 12e^u + 9)$

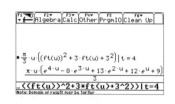

2. Variante:
Die Volumenformel wird mithilfe der Rotation der Fläche um die x-Achse bestimmt. Die Funktion g(x), die rotiert, ist die Gerade durch die Punkte B_u und C. Die Integrationsgrenzen sind 0 und u.
Die Funktionsgleichung lautet:

$g(x) = \dfrac{f_4(u) - f_4(0)}{u - 0} x + f_4(0)$

$g(x) = \dfrac{4e^u - e^{2u} - 3}{u} x + 3$

Das Rotationsvolumen berechnet sich mit:

$$V = \pi \cdot \int_0^u (g(x))^2 \, dx$$

$$V = \pi \cdot \int_0^u \left(\frac{4e^u - e^{2u} - 3}{u} x + 3 \right)^2 dx$$

$$V = \frac{\pi}{3} u(e^{4u} - 8e^{3u} + 13e^{2u} + 12e^u + 9)$$

Maximales Volumen

Das Volumen soll maximal werden. Also muss die erste Ableitung der Volumenformel gebildet werden, diese ist gleich null zu setzen und nach u aufzulösen.
Die erste Ableitung der Volumenformel nach u lautet:

$$V' = \frac{\pi}{3}((4u+1)e^{4u} - 8(3u+1)e^{3u} + 13(2u+1)e^{2u}$$
$$+ 12(u+1)e^u + 9)$$

Diese wird gleich null gesetzt und nach u aufgelöst:

$$0 = \frac{\pi}{3}((4u+1)e^{4u} - 8(3u+1)e^{3u} + 13(2u+1)e^{2u}$$
$$+ 12(u+1)e^u + 9)$$

Das Ergebnis lautet u = 0,967687 oder u = 1,46337. Als Lösung kommt aber nur u = 0,967687 in Betracht, da für u als Voraussetzung $0 < u < \ln 4$ festgelegt wurde und 1,46337 größer ist als ln 4.

B 2 Analytische Geometrie

2.1 Koordinatengleichung der Ebene

Es wird der Normalenvektor als Kreuzprodukt z. B. der Richtungsvektoren $\vec{AB}$ und $\vec{AC}$ bestimmt:

$$\vec{n} = \begin{pmatrix} -6 \\ 4 \\ 0 \end{pmatrix} \times \begin{pmatrix} -7 \\ -1 \\ 3 \end{pmatrix} = \begin{pmatrix} 12 \\ 18 \\ 34 \end{pmatrix}$$

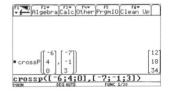

Mit dem Einsetzen der Koordinaten z. B. des Punktes A in die Koordinatenform $12x + 18y + 34z = D$ erhält man den Wert von D:
$12 \cdot 8 + 18 \cdot 2 + 34 \cdot 0 = D$
$132 = D$
Damit ergibt sich als Lösung für die Koordinatenform $12x + 18y + 34z = 132$. Diese Gleichung kann noch durch 2 dividiert werden, man erhält:
$\underline{\underline{6x + 9y + 17z = 66}}$

Neigungswinkel
Um den Winkel zwischen den Ebenen zu bestimmen, braucht man die Normalenvektoren der x-y-Ebene

$$\vec{n}_{xy} = \begin{pmatrix} 0 \\ 0 \\ 1 \end{pmatrix}$$

und der Ebene ε:

$$\vec{n}_{\varepsilon} = \begin{pmatrix} 12 \\ 18 \\ 34 \end{pmatrix}$$

Der Winkel zwischen den Vektoren wird mithilfe des Skalarproduktes ermittelt:

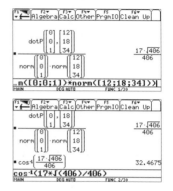

$$\cos \sphericalangle(\vec{n}_{xy}, \vec{n}_{\varepsilon}) = \frac{\begin{pmatrix} 0 \\ 0 \\ 1 \end{pmatrix} \circ \begin{pmatrix} 12 \\ 18 \\ 34 \end{pmatrix}}{\left| \begin{pmatrix} 0 \\ 0 \\ 1 \end{pmatrix} \right| \cdot \left| \begin{pmatrix} 12 \\ 18 \\ 34 \end{pmatrix} \right|}$$

$$= \frac{0 \cdot 12 + 0 \cdot 18 + 1 \cdot 34}{1 \cdot 2 \cdot \sqrt{406}}$$

$$\cos \sphericalangle(\vec{n}_{xy}, \vec{n}_{\varepsilon}) = \frac{17 \cdot \sqrt{406}}{406}$$

$$\sphericalangle(\vec{n}_{xy}, \vec{n}_{\varepsilon}) \approx 32{,}47°$$

Der Neigungswinkel der Ebene ε gegenüber der x-y-Ebene beträgt 32,47°.

2.2 Viereck ABCD ist ein Trapez
Bei einem Trapez liegen die Eckpunkte alle in einer Ebene und zwei der gegenüberliegenden Seiten sind parallel.
Der Nachweis, dass die Punkte alle in einer Ebene liegen, braucht nicht geführt werden, da in der Aufgabenstellung ein ebenes Viereck ABCD gegeben ist.
Um zu zeigen, dass zwei der gegenüberliegenden Seiten parallel sind, werden die vier Richtungsvektoren $\vec{AB}$, $\vec{BC}$, $\vec{DC}$ und $\vec{AD}$ benötigt.
Die Richtungsvektoren lauten:

$$\vec{AB} = \begin{pmatrix} -6 \\ 4 \\ 0 \end{pmatrix}, \vec{BC} = \begin{pmatrix} -1 \\ -5 \\ 3 \end{pmatrix}, \vec{DC} = \begin{pmatrix} -3 \\ 2 \\ 0 \end{pmatrix} \text{ und } \vec{AD} = \begin{pmatrix} -4 \\ -3 \\ 3 \end{pmatrix}$$

Wie man erkennt, ist der Vektor $\vec{AB}$ ein Vielfaches des Vektors $\vec{DC}$:
$\vec{AB} = 2 \cdot \vec{DC}$

Die Vektoren $\vec{BC}$ und $\vec{AD}$ sind nicht parallel zueinander, da $\vec{BC}$ kein Vielfaches von $\vec{AD}$ ist.
Somit handelt es sich bei dem Viereck ABCD um ein Trapez.

Flächeninhalt Trapez

1. Variante:
Um den Flächeninhalt des Trapezes zu bestimmen, braucht man die Länge der Seiten $\overrightarrow{AB}$ und $\overrightarrow{DC}$ sowie deren Abstand voneinander.

Länge der Seiten:
Die Seite $\overrightarrow{AB}$ hat die Länge $2 \cdot \sqrt{13}$ LE und die Seite $\overrightarrow{DC}$ die Länge $\sqrt{13}$ LE.

Abstand des Punktes D von der Geraden g durch die Punkte A und B:
Mithilfe der Vektoren $\overrightarrow{AB}$ und $\overrightarrow{AD}$ wird der Flächeninhalt des Parallelogramms berechnet, welches durch diese Vektoren aufgespannt wird. Teilt man diesen Flächeninhalt durch die Länge der Grundseite, so erhält man die Höhe des Parallelogramms bzw. den Abstand des Punktes D von der Geraden g durch die Punkte A und B.

Damit ergibt sich die Formel

$$\text{Abstand} = \frac{|\overrightarrow{AB} \times \overrightarrow{AD}|}{|\overrightarrow{AB}|}.$$

$$\text{Abstand} = \frac{\left|\begin{pmatrix}-6\\4\\0\end{pmatrix} \times \begin{pmatrix}-4\\-3\\3\end{pmatrix}\right|}{\left|\begin{pmatrix}-6\\4\\0\end{pmatrix}\right|} = \frac{\sqrt{5278}}{13} \text{ LE}$$

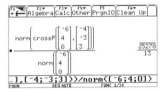

Flächeninhalt:
Der Flächeninhalt des Trapezes wird mit

$$A = \frac{|\overrightarrow{AB}| + |\overrightarrow{DC}|}{2} \cdot \text{Abstand}$$

ermittelt. Damit ergibt sich ein Flächeninhalt von:

$$\frac{3 \cdot \sqrt{406}}{2} \text{ FE} \approx 30{,}22 \text{ FE}$$

2. Variante:
Man teilt das Trapez ABCD mit einer Diagonale in zwei Dreiecke. Der Flächeninhalt eines Dreiecks ist gleich der Hälfte des Betrages des Kreuzproduktes zweier Vektoren, die das Dreieck aufspannen.

$$A_1 = \frac{1}{2} \cdot |\overrightarrow{AD} \times \overrightarrow{DC}| = \frac{\sqrt{406}}{2}$$

$$A_2 = \frac{1}{2} \cdot |\overrightarrow{AB} \times \overrightarrow{BC}| = \sqrt{406}$$

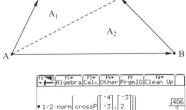

Der Flächeninhalt des Trapezes setzt sich aus den einzelnen Teilflächen zusammen. Damit ergibt sich für den Flächeninhalt:

$$A = A_1 + A_2 = \frac{3 \cdot \sqrt{406}}{2} \text{ FE} \approx 30{,}22 \text{ FE}$$

2.3.1 Koordinaten von S

Um den Punkt S zu bestimmen, braucht man die Koordinatengleichung der Ebene ε: $6x + 9y + 17z = 66$ und die Geradengleichung für den Lichtstrahl:

$$\lambda: \vec{x} = \begin{pmatrix} x \\ y \\ z \end{pmatrix} = \begin{pmatrix} 10 \\ 3 \\ 12 \end{pmatrix} + \mu \cdot \begin{pmatrix} -5 \\ 0{,}5 \\ -11 \end{pmatrix}$$

Durch Einsetzen der Geradengleichung in die Ebenengleichung und der Lösung der dabei entstehenden Gleichung erhält man den Parameter $\mu \approx 1{,}06$.

Wird der Parameter μ in die Geradengleichung eingesetzt, so erhält man die Koordinaten des Punktes: S(4,71|3,53|0,35)

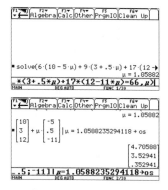

Das exakte Ergebnis der Berechnung sollte als Ortsvektor $\overline{OS}$ für die Lösung der Teilaufgabe 2.3.2 gespeichert werden.

2.3.2 Arbeitsschritte zur Ermittlung der Geradengleichung

Es wird ein Punkt Q' bestimmt, der auf der Geraden λ liegt und den gleichen Abstand hat wie Q. Dieser Punkt Q' wird an der Ebene ε, in der das Trapez ABCD liegt, gespiegelt. Man erhält die Koordinaten des Punktes Q". Durch diesen Punkt Q" und S verläuft die Gerade g, auf der der reflektierte Strahl r liegt.

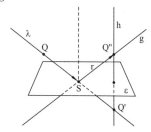

Ermitteln der Geradengleichung g

Der Parameter μ aus Teilaufgabe 2.3.1 wird verdoppelt und in die Geradengleichung von λ eingesetzt. Man erhält den Punkt:
Q'(−0,588|4,059|−11,294)
Dieser Punkt Q' wird als Vektor $\overline{OQS}$ gespeichert. Dieser Punkt wird an der Ebene gespiegelt. Dazu wird der Normalenvektor der Ebene ε benötigt. Es wird eine Gerade h aufgestellt, die durch Q' verläuft und in Richtung des Normalenvektors zeigt.

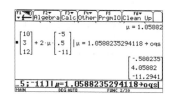

Die Geradengleichung lautet:

h: $\vec{x} = \begin{pmatrix} x \\ y \\ z \end{pmatrix} = \begin{pmatrix} -0{,}588 \\ 4{,}059 \\ -11{,}294 \end{pmatrix} + \tau \cdot \begin{pmatrix} 6 \\ 9 \\ 17 \end{pmatrix}$

Der Parameter τ wird bestimmt, den man beim
Schnitt der Gerade h und der Ebene ε erhält.
Damit ergibt sich $\tau = 0{,}5542$.
Wird der Parameter τ verdoppelt und in die Geradengleichung von h eingesetzt, so erhält man die
Koordinaten des Punktes Q"(6,06 | 14,03 | 7,55).
Dieser Punkt Q" wird als Vektor $\overrightarrow{OQSS}$ gespeichert.

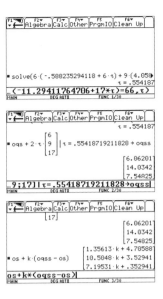

Durch die Punkte Q" und S verläuft die Gerade g,
auf der der reflektierte Strahl r liegt.
Die Gleichung der Geraden g lautet:

g: $\vec{x} = \begin{pmatrix} 4{,}71 \\ 3{,}53 \\ 0{,}35 \end{pmatrix} + k \cdot \begin{pmatrix} 1{,}36 \\ 10{,}50 \\ 7{,}20 \end{pmatrix}$

B3 Analysis und Stochastik

Die Messwerte zum Sprungverhalten eines Balles sind in folgender Tabelle gegeben:

Nr. x	1	2	3	4	5	6	7	8	9
Höhe y in m	3,00	2,25	1,65	1,28	0,90	0,75	0,52	0,37	0,30

Zunächst wird der Data/Matrix-Editor geöffnet und eine neue Datei beispielsweise mit dem Namen „Ball" angelegt.

In der Spalte **c1** werden für x die Werte von 1 bis 9 erzeugt. Die Kopfzeile wird mit „x" bezeichnet. In die Spalte **c2** trägt man die erreichten Höhen y ein. Die Kopfzeile erhält die Bezeichnung „y".

Zur Veranschaulichung werden die Daten grafisch dargestellt. Über die Tastenfolge [F2] (Plot Setup) und [F1] (Define) gelangt man in das Fenster zur Bearbeitung eines freien Plots. Als Plot-Typ wird „Scatter" ausgewählt, die x-Werte finden sich in der Spalte **c1** und die y-Werte in der Spalte **c2**. Für die grafische Darstellung muss ein geeigneter Ausschnitt aus dem Koordinatensystem gewählt werden. Mit der Trace-Funktion [F3] können die einzelnen Wertepaare abgelesen werden.

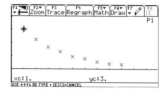

3.1.1 Exponentielle Regressionsfunktion

Aus der grafischen Darstellung gelangt man über die Tastenfolgen [APPS], [6], [1] zurück zur aktuellen Wertetabelle im Data/Matrix-Editor. Mit [F5] und [4] wählt man die Berechnung der exponentiellen Regressionsfunktion aus. Die x-Werte finden sich in der Spalte **c1** und die y-Werte in der Spalte **c2**. Die berechnete Regressionsfunktion sollte zugleich im y-Editor als y1(x) abgespeichert werden. Die grafische Darstellung ist dann gleich anschließend möglich. Im Graph-Modus sind jetzt der Plot 1 mit den Daten aus der Wertetabelle und die exponentielle Regressionsfunktion y1(x) aktiv.

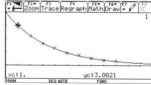

Exponentielle Regressionsfunktion
$h_1(x) = 4{,}017 \cdot 0{,}747^x$

Quadratische Regressionsfunktion

Für die Berechnung der quadratischen Regressionsfunktion kehrt man in den Data/Matrix-Editor zurück und wiederholt den Vorgang, jedoch wird nun die quadratische Regression ausgewählt und die berechnete Funktion als y2(x) abgespeichert. Vor der grafischen Darstellung sollte man im y-Editor die Funktion y1(x) mit [F4] deaktivieren, damit die zuvor berechnete Regressionsfunktion nicht mitgezeichnet wird.

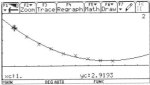

Quadratische Regressionsfunktion

$h_2(x) = 0{,}0442 \cdot x^2 - 0{,}763 \cdot x + 3{,}64$

Lineare Regressionsfunktion

Entsprechend wiederholt man den Vorgang für die Berechnung der linearen Regressionsfunktion und speichert diese als y3(x). Vor der grafischen Darstellung sollte man wiederum im y-Editor die Funktion y2(x) mit [F4] deaktivieren.

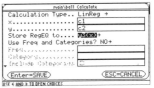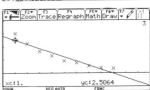

Lineare Regressionsfunktion

$h_3(x) = -0{,}32 \cdot x + 2{,}83$

Powerregression

Abschließend wiederholt man den Vorgang für die Berechnung der entsprechenden Potenzfunktion und speichert diese als y4(x). Wiederum wird vor der grafischen Darstellung im y-Editor die Funktion y3(x) mit [F4] deaktiviert.

 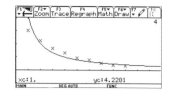

Regressions-Potenzfunktion

$h_4(x) = 4{,}22 \cdot x^{-1{,}058}$

3.1.2 Beurteilung der Brauchbarkeit

Die exponentielle Regressionsfunktion $h_1(x)$ spiegelt den Sachverhalt am besten wider. Die Punkte liegen ausnahmslos dicht am Graphen. Der Funktionswert zum Versuchsbeginn ist gerundet 3,00. Weiterhin wird das zu erwartende weitere Sprungverhalten des Balles durch die asymptotische Annäherung des Graphen an die x-Achse richtig dargestellt.

Die quadratische Regressionsfunktion $h_2(x)$ spiegelt den Sachverhalt mit Einschränkung beim Definitionsbereich gut wider. Die Punkte liegen ausnahmslos dicht am Graphen, der Korrelationskoeffizient $R^2 \approx 0{,}995$ verdeutlicht das. Der Funktionswert zum Versuchsbeginn ist gerundet 2,92 – also noch nahe des tatsächlichen Wertes 3,00. Allerdings wird das zu erwartende weitere Sprungverhalten des Balles durch den absehbaren Monotoniewechsel völlig falsch dargestellt.

Die lineare Regressionsfunktion $h_3(x)$ spiegelt den Sachverhalt schlecht wider. Die Punkte liegen teilweise deutlich neben dem Graphen, der Korrelationskoeffizient $R^2 \approx 0{,}906$ verdeutlicht das. Der Funktionswert zum Versuchsbeginn ist gerundet 2,51, er unterscheidet sich also deutlich vom tatsächlichen Wert 3,00. Auch zur Beschreibung des zu erwartenden weiteren Sprungverhaltens des Balles taugt diese Funktion wegen der negativen Funktionswerte überhaupt nicht.

Die Potenz-Regressionsfunktion $h_4(x)$ spiegelt den Sachverhalt nur ungefähr wider. Die Punkte liegen unterschiedlich dicht am Graphen. Der Funktionswert zum Versuchsbeginn ist gerundet 4,22, also deutlich höher als der tatsächliche Wert 3,00. Lediglich das zu erwartende weitere Sprungverhalten des Balles durch die asymptotische Annäherung des Graphen an die x-Achse wird richtig dargestellt.

3.2.1 Interpretation als Bernoulli-Kette

Es handelt sich hierbei um eine 80-malige ($\rightarrow n = 80$) Wiederholung eines Zufallsexperimentes mit genau zwei möglichen Ausgängen ($\rightarrow$ Bernoulli-Experiment; $\Omega = \{$Ball ist fehlerhaft; Ball ist in Ordnung$\}$). Dabei wird die Anzahl gezählt, wie oft ein Ball fehlerhaft ist ($\rightarrow k$). Weiterhin muss die Wahrscheinlichkeit des Auftretens dieses Ergebnisses bei jeder Versuchsdurchführung konstant sein. Obwohl es sich bei der Entnahme von 80 Bällen um ein „Ziehen ohne Zurücklegen" handelt, kann man aber begründet davon ausgehen, dass bei einer „gewöhnlichen" Ballproduktion die Anzahl der hergestellten Bälle wesentlich größer als 80 ist. Eine Entnahme von 80 Bällen kann demnach den Ausschussanteil p nicht (entscheidend) verändern.
Somit kann dieser Vorgang als Bernoulli-Kette interpretiert werden.

3.2.2 Erwartungswert

$E = n \cdot p = 80 \cdot 0{,}05 = \underline{\underline{4}}$

3.2.3 Berechnung der Wahrscheinlichkeiten

A: Großpackung enthält genau 5 fehlerhafte Bälle.

$$P(A) = B_{80;\,0{,}05}(5) = \binom{80}{5} \cdot 0{,}05^5 \cdot 0{,}95^{75}$$
$$\approx 0{,}160 = \underline{\underline{16\,\%}}$$

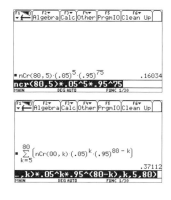

B: Großpackung enthält mindestens 5 fehlerhafte Bälle.

$$P(B) = 1 - F_{80;\,0{,}05}(4)$$
$$= 1 - \sum_{k=0}^{4} \left(\binom{80}{k} \cdot 0{,}05^k \cdot 0{,}95^{80-k} \right)$$
$$\approx 0{,}371 = \underline{\underline{37{,}1\,\%}}$$

3.2.4 Entscheidungsregel

Empfehlenswert ist eine grafische Darstellung zur Verdeutlichung des Problems. Vorab lohnt eine grobe Abschätzung über die beiden Wahrscheinlichkeitsverteilungen.

Normaler Ausschussanteil: Der Erwartungswert bei 80 getesteten Bällen wurde bereits mit $E = 4$ berechnet. Entsprechend wird man vernünftigerweise eine Anzahl von weniger als 10 fehlerhaften Bällen bei diesem Test erhalten. Eine Anzahl von mehr als 20 fehlerhaften Bällen ist extrem unwahrscheinlich.

Erhöhter Ausschussanteil: Der Erwartungswert bei 80 getesteten Bällen kann mit $E = 80 \cdot 0{,}2 = 16$ leicht berechnet werden. Entsprechend wird man vernünftigerweise eine Anzahl von vielleicht 10 bis 25 fehlerhaften Bällen bei diesem Test erhalten. Eine Anzahl von mehr als 30 fehlerhaften Bällen ist extrem unwahrscheinlich.

Für die Berechnung der Wahrscheinlichkeiten nutzt man den Data/Matrix-Editor. Mit der Tastenfolge [APPS], [6], [1] gelangt man zurück zur aktuellen Wertetabelle. In der Spalte **c3** werden für k die Werte von 0 bis 25 erzeugt – entsprechend der Vorüberlegungen sind die Wahrscheinlichkeiten für noch größere k bedeutungslos. Die Kopfzeile wird mit „k" bezeichnet. In der Spalte **c4** berechnet man die Wahrscheinlichkeiten für $p = 0{,}05$, in der Spalte **c5** die Wahrscheinlichkeiten für $p = 0{,}2$. Die Kopfzeilen erhalten die Bezeichnungen „B 0,05" und „B 0,2".

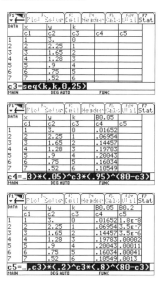

Für die grafische Darstellung gelangt man über die Tastenfolge [F2] (Plot Setup) und [F1] (Define) in das Fenster zur Bearbeitung eines nächsten freien Plots. Als Plot-Typ wird „Histogram" ausgewählt. Die x-Werte finden sich in der Spalte **c3**, als „Balkenbreite" wählt man 1 und die $B_{80;\,0{,}05}(k)$-Werte finden sich in der Spalte **c4**. Für die grafische Darstellung muss ein geeigneter Ausschnitt aus dem Koordinatensystem gewählt werden. Damit das Histogramm eine Darstellung der Wahrscheinlichkeitsverteilung liefert, bei der die „Balken" genau mittig auf den Werten von k stehen, muss für x_{min} ein Wert eingegeben wird, der genau zwischen zwei ganzen Zahlen liegt. Vor der grafischen Darstellung sollten alle nicht mehr benötigten Plots und Funktionen im y-Editor mit) deaktiviert werden. Mit der Trace-Funktion [F3] können die einzelnen Wertepaare abgelesen werden. In der grafischen Darstellung erkennt man sehr gut, dass mit ca. 1 bis 7 fehlerhaften Bällen vernünftigerweise bei p = 0,05 gerechnet werden kann.

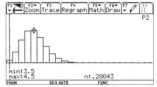

Für die grafische Darstellung der Wahrscheinlichkeiten mit p = 0,2 wiederholt man die Vorgehensweise. Im nächsten freien Plot wählt man wiederum „Histogram" als Plot-Typ aus. Die x-Werte finden sich in der Spalte **c3**, die „Balkenbreite" bleibt 1 und die $B_{80;\,0{,}02}(k)$-Werte finden sich in der Spalte **c5**.

In der grafischen Darstellung erkennt man sehr gut, dass mit ca. 12 bis 20 fehlerhaften Bällen vernünftigerweise bei p = 0,2 gerechnet werden kann.

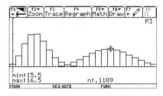

Die Entscheidungsregel muss nun so gewählt werden, dass die Summe aller Wahrscheinlichkeiten im Ablehnungsbereich (in der grafischen Darstellung wäre das der kleine linke Anteil der $B_{80;\,0{,}02}(k)$-Verteilung) kleiner als 0,01 ist. Dazu führt man probeweise einige Berechnungen so aus, dass diese Grenze gerade unterschritten wird:
$F_{80;\,0{,}2}(8) \approx 0{,}0131 > 0{,}01$
$F_{80;\,0{,}2}(7) \approx 0{,}0053 < 0{,}01$

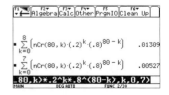

Ergebnis: Der Großauftrag darf nur dann zur Auslieferung freigegeben werden, wenn höchstens 7 der getesteten Bälle fehlerhaft sind.

Übungsaufgaben zum Prüfungsteil A0
Pflichtaufgaben ohne Rechenhilfsmittel – Funktionen

1. Berechnen Sie die Nullstellen der folgenden Funktionen.
   a) $f(x) = (x-2) \cdot (x+3)$
   b) $f(x) = x^3 - x^2 - 0{,}75x$
   c) $f(x) = x^4 + 16x^2 - 225$
   d) $f(x) = \dfrac{x^2 + 3x - 10}{x - 2}$
   e) $f(x) = \sqrt{2x} - x \cdot \sqrt{x+1}$
   f) $f(x) = x \cdot \ln x; \quad x > 0$
   g) $f(x) = \dfrac{x}{\ln x}; \quad x > 0$
   h) $f(x) = e^x(x^2 - 2x)$

2. Die Funktion $f(x)$ hat eine Nullstelle bei x_N. Bestimmen Sie weitere Nullstellen der Funktion.
   a) $f(x) = x^2 + 6x + q; \quad x_N = -2$
   b) $f(x) = x^2 + ax + 36; \quad x_N = 4$

3. Bestimmen Sie jeweils die Funktionsgleichung.
   a) Punkte des Graphen der linearen Funktion $A(3|0); B(-2|10)$
   b) Punkte des Graphen der quadratischen Funktion (Normalform) $A(1|3); B(-3|23)$
   c) Nullstellen einer ganzrationalen Funktion 3. Grades $x_{N_1} = -2; \; x_{N_2} = 0; \; x_{N_3} = 2$

4. Untersuchen Sie den Graphen der angegebenen Funktion auf Symmetrie. (Axial- bzw. Zentralsymmetrie)
   a) $f(x) = \dfrac{x}{x^2 + 1}$
   b) $f(x) = \dfrac{3(x^2 - 3)}{x^4}$

5. Untersuchen Sie das Verhalten des Graphen der Funktion $f(x)$ für $x \to \pm\infty$.
   a) $f(x) = x^3 + 2$
   b) $f(x) = \dfrac{x^2 + 5}{2x^2 - 2}$

6. Untersuchen Sie den Graphen der angegebenen Funktion auf Polstellen und gegebenenfalls das Verhalten des Graphen in der Nähe der Polstelle(n).
   a) $f(x) = \dfrac{2}{x - 2}$
   b) $f(x) = \dfrac{x^2 + 3x + 12}{x^2 - 4}$

7. Untersuchen Sie den Graphen der angegebenen Funktion auf Lücken und weisen Sie gegebenenfalls nach, dass die Unstetigkeit hebbar ist.
   a) $f(x) = \dfrac{x^2 - 9}{x + 3}$
   b) $f(x) = \dfrac{x^2 - 2x + 1}{x - 1}$

Lösung

1. a) Ein Produkt wird genau dann null, wenn mindestens ein Faktor null ist.
$$f(x) = (x-2) \cdot (x+3)$$
$(x-2) \cdot (x+3) = 0 \Rightarrow x-2 = 0 \Rightarrow x_1 = 2$
$\Rightarrow x+3 = 0 \Rightarrow x_2 = -3$

b) $f(x) = x^3 - x^2 - 0{,}75x = x(x^2 - x - 0{,}75)$
$x(x^2 - x - 0{,}75) = 0$
$x_1 = 0;\quad x^2 - x - 0{,}75 = 0 \Rightarrow x_2 = 1{,}5;\quad x_3 = -0{,}5$

c) $f(x) = x^4 + 16x^2 - 225$
Substitution $x^2 = z$
$f(z) = z^2 + 16z - 225$
$z^2 + 16z - 225 = 0$
$z_1 = 9 \Rightarrow x_1 = 3;\quad x_2 = -3$
$z_2 = -25 \Rightarrow$ keine weiteren Lösungen

d) $f(x) = \dfrac{u(x)}{v(x)}$

Bedingungen für Nullstellen: $u(x) = 0;\quad v(x) \neq 0$

$f(x) = \dfrac{x^2 + 3x - 10}{x - 2};\quad \dfrac{x^2 + 3x - 10}{x - 2} = 0$

$u(x) = 0 \Rightarrow x^2 + 3x - 10 = 0 \Rightarrow x_1 = 2;\quad x_2 = -5$
$v(x_1) = 0 \Rightarrow x_1$ ist keine Nullstelle
$v(x_2) = -7 \neq 0 \Rightarrow x_2$ ist Nullstelle

e) Wurzelterme isolieren
Gleichung quadrieren
Lösung(en) kontrollieren
$f(x) = \sqrt{2x} - x \cdot \sqrt{x+1} \Rightarrow \sqrt{2x} - x \cdot \sqrt{x+1} = 0$
$\sqrt{2x} = x \cdot \sqrt{x+1}$
$2x = x^2(x+1)$
$0 = x^3 + x^2 - 2x$
$0 = x(x^2 + x - 2)$

$\left.\begin{array}{l} x_1 = 0 \\ x_2 = 1 \end{array}\right\}$ Nullstellen, Probe – wahre Aussage

$x_3 = -2$ keine Nullstelle, $x_3 = -2$ gehört **nicht** zum Definitionsbereich der Funktion $f(x)$; $D_f: x \in \mathbb{R};\ x \geq 0$

f) $f(x) = x \cdot \ln x;\quad x > 0$
$x \cdot \ln x = 0$
$\ln x = 0$
$x = 1$

g) $f(x) = \dfrac{x}{\ln x}$; $x > 0$ $\Rightarrow$ keine Nullstelle; Zählerfunktion $u(x) = x \neq 0$

h) $e^x \neq 0$
$f(x) = e^x(x^2 - 2x)$
$e^x(x^2 - 2x) = 0$
$\quad x^2 - 2x = 0$
$\quad x(x - 2) = 0$
$x_1 = 0;\ x - 2 = 0$
$\qquad\quad x_2 = 2$

2. a) $x^2 + 6x + q = 0$
$x_N = -2 \Rightarrow (-2)^2 + 6 \cdot (-2) + q = 0$
$\qquad\qquad\qquad\qquad\qquad q = 8$
$x^2 + 6x + 8 = 0$
$x_1 = -2;\ x_2 = -4$

b) $x^2 + ax + 36 = 0$
$x_N = 4 \Rightarrow 4^2 + 4a + 36 = 0$
$\qquad\qquad\qquad\qquad a = -13$
$x^2 - 13x + 36 = 0$
$x_1 = 9;\ x_2 = 4$

3. a) $A(3|0);\ B(-2|10);\ y = mx + n$
$m = \dfrac{y_2 - y_1}{x_2 - x_1} \Rightarrow m = \dfrac{10 - 0}{-2 - 3} = -2$
$A(3|0) \Rightarrow 0 = -2 \cdot 3 + n \Rightarrow n = 6$
$\qquad\qquad y = -2x + 6$

b) $A(1|3);\ B(-3|23);\ f(x) = x^2 + px + q$
$A(1|3) \quad\Rightarrow\quad 3 = 1 + p + q$
$B(-3|23) \Rightarrow \underline{-(23 = 9 - 3p + q)}$
$\qquad\qquad\qquad -20 = -8 + 4p \qquad 3 = 1 + (-3) + q$
$\qquad\qquad\qquad\ \ -3 = \quad\ \ p \qquad\qquad 5 = \qquad\quad q$
$f(x) = x^2 - 3x + 5$

c) $x_{N_1} = -2;\ x_{N_2} = 0;\ x_{N_3} = 2$
$f(x) = (x + 2) \cdot (x - 0) \cdot (x - 2)$
$\quad\ \ = (x + 2) \cdot (x - 2) \cdot x$
$\quad\ \ = (x^2 - 4) \cdot x$
$f(x) = x^3 - 4x$

4. Axialsymmetrie (Symmetrie zur y-Achse) $f(x) = f(-x)$
   Zentralsymmetrie (Symmetrie zu O(0|0)) $f(-x) = -f(x)$

   a) $f(x) = \dfrac{x}{x^2 + 1}$

   $f(-x) = \dfrac{-x}{(-x)^2 + 1} = -\dfrac{x}{x^2 + 1}$

   $-f(x) = -\dfrac{x}{x^2 + 1}$

   $f(-x) = -f(x) \;\Rightarrow\;$ Zentralsymmetrie

   b) $f(x) = \dfrac{3(x^2 - 3)}{x^4}$

   $f(-x) = \dfrac{3((-x)^2 - 3)}{(-x)^4} = \dfrac{3(x^2 - 3)}{x^4}$

   $f(x) = f(-x) \;\Rightarrow\;$ Axialsymmetrie

5. Ausklammern der höchsten Potenz der Variablen (bei gebrochen-rationalen Funktionen im Zähler und im Nenner, danach kürzen)
   Umwandeln in Summe, Differenz, Produkt bzw. Quotient von Grenzwerten, die gleich null, konstant oder $\pm\infty$ sind
   Berechnen des Grenzwertes der Funktion
   Für ganzrationale Funktionen gilt: der Grenzwert ist immer $-\infty$ bzw. $+\infty$
   Für den Grenzwert gebrochen-rationaler Funktionen gilt:
   – höchste Potenz der Variablen im Zähler und Nenner gleich $\;\Rightarrow\;$ Grenzwert ist gleich dem Quotienten der dazugehörigen Koeffizienten
   – höchste Potenz der Variablen im Zähler größer als im Nenner und Differenz dieser höchsten Potenzen geradzahlig $\;\Rightarrow\;$ Grenzwert $+\infty$
   – höchste Potenz der Variablen im Zähler größer als im Nenner und Differenz dieser höchsten Potenzen ungeradzahlig $\;\Rightarrow\;$ Grenzwert $\pm\infty$
   – höchste Potenz der Variablen im Zähler kleiner als im Nenner $\;\Rightarrow\;$ Grenzwert null

   a) $f(x) = x^3 + 2 = x^3 \cdot \left(1 + \dfrac{2}{x^3}\right)$

   $\lim\limits_{x \to \pm\infty}\left(x^3 \cdot \left(1 + \dfrac{2}{x^3}\right)\right) = \lim\limits_{x \to \pm\infty} x^3 \cdot \left(\lim\limits_{x \to \pm\infty} 1 + \lim\limits_{x \to \pm\infty}\dfrac{2}{x^3}\right) = \pm\infty$

   b) $f(x) = \dfrac{x^2 + 5}{2x^2 - 2} = \dfrac{x^2\left(1 + \frac{5}{x^2}\right)}{x^2\left(2 - \frac{2}{x^2}\right)} = \dfrac{1 + \frac{5}{x^2}}{2 - \frac{2}{x^2}} \;\Rightarrow\; \lim\limits_{x \to \pm\infty} \dfrac{1 + \frac{5}{x^2}}{2 - \frac{2}{x^2}} = \dfrac{1}{2}$

6. $f(x) = \dfrac{u(x)}{v(x)}$

Bedingungen für Polstellen: $u(x) \neq 0$; $v(x) = 0$
Polstellen sind nur bei gebrochen-rationalen Funktionen möglich. Die Annäherung an die Polstelle von links bzw. rechts erfolgt immer entsprechend: $\lim\limits_{\substack{x \to x_p \\ x \gtrless x_p}} f(x) = \pm\infty$

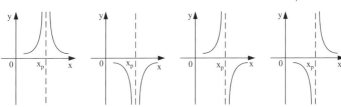

Es wird ein Wert x nahe x_p ($x < x_p$ bzw. $x > x_p$) gewählt. Für diesen Wert x wird der Funktionswert ermittelt und festgestellt, ob $y < 0$ oder $y > 0$ gilt.

$y < 0 \Rightarrow \lim\limits_{\substack{x \to x_p \\ x \gtrless x_p}} f(x) = -\infty$; $\qquad y > 0 \Rightarrow \lim\limits_{\substack{x \to x_p \\ x \gtrless x_p}} f(x) = +\infty$

a) $f(x) = \dfrac{2}{x-2}$

$u(x) = 2 \neq 0$
$v(x) = x - 2 \Rightarrow x - 2 = 0$
$\qquad\qquad\qquad x = 2 \quad$ Polstelle

Verhalten des Graphen von f(x) in der Nähe von x = 2:
Mathematisch exakte Untersuchung mithilfe von Zahlenfolgen
– Annäherung von links mit Zahlenfolge (a_n), für die gilt:
$\lim\limits_{n \to \infty} (a_n) = 2$; $a_n \neq 2$; $a_n < 2$; monoton wachsend

z. B. $(a_n) = \left(2 - \dfrac{1}{10^n}\right)$

$f(x) = \dfrac{2}{x-2} \Rightarrow f(a_n) = \dfrac{2}{2 - \frac{1}{10^n} - 2} = \dfrac{2}{-\frac{1}{10^n}} = -2 \cdot 10^n$

$\lim\limits_{n \to \infty} f(a_n) = -\infty \Rightarrow \lim\limits_{\substack{x \to 2 \\ x < 2}} f(x) = -\infty$

– Annäherung von rechts mit Zahlenfolge (b_n), für die gilt:
$\lim\limits_{n \to \infty} (b_n) = 2$; $b_n \neq 2$; $b_n > 2$; monoton fallend

z. B. $(b_n) = \left(2 + \dfrac{1}{10^n}\right)$

$f(x) = \dfrac{2}{x-2} \Rightarrow f(b_n) = \dfrac{2}{2 + \frac{1}{10^n} - 2} = \dfrac{2}{\frac{1}{10^n}} = 2 \cdot 10^n$

$\lim\limits_{n \to \infty} f(b_n) = \infty \Rightarrow \lim\limits_{\substack{x \to 2 \\ x > 2}} f(x) = \infty$

b) $f(x) = \dfrac{x^2 + 3x + 12}{x^2 - 4} \Rightarrow x^2 - 4 = 0 \Rightarrow x^2 = 4 \Rightarrow x_1 = -2;\ x_2 = 2$

$u(-2) = (-2)^2 + 3 \cdot (-2) + 12 = 10 \neq 0$
$u(2) = 2^2 + 3 \cdot 2 + 12 = 22 \neq 0$
$x_1 = -2$ und $x_2 = 2$ sind Polstellen

$\lim\limits_{\substack{x \to -2 \\ x < -2}} f(x) = \infty$; $\lim\limits_{\substack{x \to -2 \\ x > -2}} f(x) = -\infty$; $\lim\limits_{\substack{x \to 2 \\ x < 2}} f(x) = -\infty$; $\lim\limits_{\substack{x \to 2 \\ x > 2}} f(x) = \infty$

7. Definitionslücken können bei gebrochen-rationalen Funktionen auftreten.

$f(x) = \dfrac{u(x)}{v(x)}$

Bedingungen für Lücken: $u(x) = 0$; $v(x) = 0$

a) $f(x) = \dfrac{x^2 - 9}{x + 3} \Rightarrow x + 3 = 0 \Rightarrow x = -3$ mögliche Polstelle
$u(-3) = (-3)^2 - 9 = 0 \Rightarrow$ keine Polstelle
$u(-3) = v(-3) = 0 \Rightarrow$ Lücke bei $x = -3$

Unstetigkeit hebbar oder nicht hebbar:
− Annäherung von links:
 Zahlenfolge (a_n), für die gilt:
 $\lim\limits_{n \to \infty} (a_n) = -3$; $a_n \neq -3$; $a_n < -3$; monoton wachsend

 z. B. $(a_n) = \left(-3 - \dfrac{1}{n}\right)$

$f(x) = \dfrac{x^2 - 9}{x + 3} \Rightarrow f(a_n) = \dfrac{\left(-3 - \frac{1}{n}\right)^2 - 9}{\left(-3 - \frac{1}{n}\right) + 3} = \dfrac{9 + \frac{6}{n} + \frac{1}{n^2} - 9}{-\frac{1}{n}}$

$= \dfrac{\frac{6}{n} + \frac{1}{n^2}}{-\frac{1}{n}} = \dfrac{\left(\frac{6}{n} + \frac{1}{n^2}\right) \cdot n}{-\frac{1}{n} \cdot n} = \dfrac{6 + \frac{1}{n}}{-1}$

$f(a_n) = -6 - \dfrac{1}{n}$

$\lim\limits_{n \to \infty} f(a_n) = -6 \Rightarrow \lim\limits_{\substack{x \to -3 \\ x < -3}} f(x) = -6$

- Annäherung von rechts:
  Zahlenfolge (b_n), für die gilt:
  $$\lim_{n \to \infty} (b_n) = -3; \quad b_n \neq -3; \quad b_n > -3; \quad \text{monoton fallend}$$

  z. B. $(b_n) = \left(-3 + \dfrac{1}{n}\right)$

  $$f(x) = \frac{x^2 - 9}{x + 3} \Rightarrow f(b_n) = \frac{\left(-3 + \frac{1}{n}\right)^2 - 9}{\left(-3 + \frac{1}{n}\right) + 3} = \frac{9 - \frac{6}{n} + \frac{1}{n^2} - 9}{\frac{1}{n}}$$

  $$= \frac{-\frac{6}{n} + \frac{1}{n^2}}{\frac{1}{n}} = \frac{\left(-\frac{6}{n} + \frac{1}{n^2}\right) \cdot n}{\frac{1}{n} \cdot n} = \frac{-6 + \frac{1}{n}}{1}$$

  $$f(b_n) = -6 + \frac{1}{n}$$

  $$\lim_{n \to \infty} f(b_n) = -6 \quad \Rightarrow \quad \lim_{\substack{x \to -3 \\ x > -3}} f(x) = -6$$

  $$\lim_{\substack{x \to -3 \\ x < -3}} f(x) = \lim_{\substack{x \to -3 \\ x > -3}} f(x) \quad \Rightarrow \quad \text{Unstetigkeit hebbar}$$

- anderer Lösungsweg:
  $$f(x) = \frac{x^2 - 9}{x + 3} = \frac{(x + 3)(x - 3)}{x + 3}$$
  $g(x) = x - 3 \qquad \text{Ersatzfunktion}$
  $g(-3) = -6$

b) $f(x) = \dfrac{x^2 - 2x + 1}{x - 1} = \dfrac{(x - 1)^2}{x - 1}$

  $g(x) = x - 1 \qquad \text{Ersatzfunktion}$
  $g(1) = 0$

  $$\lim_{x \to 1} f(x) = \lim_{x \to 1} \frac{x^2 - 2x + 1}{x - 1} = 0$$

Übungsaufgaben zum Prüfungsteil A0
Pflichtaufgaben ohne Rechenhilfsmittel – Differenzialrechnung

1. Bestimmen Sie mithilfe des Differenzen- und des Differenzialquotienten die Ableitungsfunktion der Funktion f(x).
   a) $f(x) = x^3 - x^2 + x - 1$
   b) $f(x) = \dfrac{1}{x}$

2. Ermitteln Sie mithilfe der Ableitungsregeln für folgende Funktionen f(x) die dazugehörigen Ableitungsfunktionen f'(x).
   a) $f(x) = (x^2 - 7x)(x^3 + 5)$
   b) $f(x) = (x - \sqrt{x})^2$
   c) $f(x) = \dfrac{x^2 + 1}{(x^2 + 1)^3}$
   d) $f(x) = e^x \cdot \sin x$

3. Bestimmen Sie die Gleichung der Tangente(n) an den Graph von f(x).
   a) $f(x) = -x^2 + 4x + 5$; Tangenten in den Schnittpunkten mit den Koordinatenachsen
   b) $f(x) = 3x^2 - 2$; Tangente parallel zu $y = 12x - 5$
   c) $f(x) = e^{ax}$; Tangente im Schnittpunkt mit der y-Achse

4. a) $f(x) = x^3 + 1$; $g(x) = x^2 + x$
      Bestimmen Sie die **gemeinsame** Tangente beider Graphen.
   b) Gegeben ist die Funktionenschar $f_{a;b}(x) = \dfrac{a}{x^2 + b}$.
      Bestimmen Sie a und b so, dass die Tangente an den Graph der Funktion $f_{a;b}(x)$ in $P(2|2)$ den Anstieg $m = -1$ hat.

5. Untersuchen Sie das Monotonieverhalten folgender Funktionen.
   a) $f(x) = \dfrac{1}{3}x^3 - \dfrac{3}{2}x^2 - 10x$
   b) $f(x) = x^3 - 3x^2 - 9x + 10$
   c) $f(x) = \dfrac{x^2 + 1}{x^2 - 1}$
   d) $f(x) = \sqrt{x} - x$; $x \geq 0$

6. Untersuchen Sie das Krümmungsverhalten folgender Funktionen.
   a) $f(x) = \dfrac{1}{3}x^3 - x^2 - 3x + \dfrac{11}{3}$
   b) $f(x) = \dfrac{1}{4}x^4 - \dfrac{1}{3}x^3$

Lösung

1. $D(h) = \dfrac{f(x_0 + h) - f(x_0)}{h}$

   a) $f(x_0) = x_0^3 - x_0^2 + x_0 - 1$
   $f(x_0 + h) = (x_0 + h)^3 - (x_0 + h)^2 + (x_0 + h) - 1$
   $\qquad = x_0^3 + 3x_0^2 h + 3x_0 h^2 + h^3 - (x_0^2 + 2x_0 h + h^2) + x_0 + h - 1$

   $D(h) = \dfrac{x_0^3 + 3x_0^2 h + 3x_0 h^2 + h^3 - x_0^2 - 2x_0 h - h^2 + x_0 + h - 1 - x_0^3 + x_0^2 - x_0 + 1}{h}$

   $\qquad = \dfrac{3x_0^2 h + 3x_0 h^2 + h^3 - 2x_0 h - h^2 + h}{h}$

   $\qquad = \dfrac{h(3x_0^2 + 3x_0 h + h^2 - 2x_0 - h + 1)}{h}$

   $D(h) = 3x_0^2 + 3x_0 h + h^2 - 2x_0 - h + 1$

   $\lim\limits_{h \to 0} D(h) = \lim\limits_{h \to 0} (3x_0^2 + 3x_0 h + h^2 - 2x_0 - h + 1) = 3x_0^2 - 2x_0 + 1$

   $f'(x) = 3x^2 - 2x + 1$

   b) $f(x_0) = \dfrac{1}{x_0}$ und $f(x_0 + h) = \dfrac{1}{x_0 + h}$

   $D(h) = \dfrac{\frac{1}{x_0 + h} - \frac{1}{x_0}}{h} = \dfrac{\frac{x_0 - (x_0 + h)}{(x_0 + h) \cdot x_0}}{h} = \dfrac{\frac{-h}{(x_0 + h) \cdot x_0}}{h} = \dfrac{-h}{h \cdot (x_0 + h) \cdot x_0}$

   $D(h) = \dfrac{-1}{(x_0 + h) \cdot x_0}$

   $\lim\limits_{h \to 0} D(h) = \lim\limits_{h \to 0} \dfrac{-1}{(x_0 + h) \cdot x_0} = -\dfrac{1}{x_0^2} \;\Rightarrow\; f'(x) = -\dfrac{1}{x^2}$

2. a) $f(x) = (x^2 - 7x)(x^3 + 5) = x^5 - 7x^4 + 5x^2 - 35x$
   $f'(x) = 5x^4 - 28x^3 + 10x - 35$

   b) $f(x) = (x - \sqrt{x})^2 = x^2 - 2 \cdot x\sqrt{x} + x$
   $\qquad = x^2 - 2\sqrt{x^3} + x = x^2 - 2x^{\frac{3}{2}} + x$
   $f'(x) = 2x - 2 \cdot \dfrac{3}{2} x^{\frac{1}{2}} + 1 = 2x - 3x^{\frac{1}{2}} + 1 = 2x - 3\sqrt{x} + 1$

c) $f(x) = \dfrac{x^2+1}{(x^2+1)^3} \Rightarrow$ $u(x) = x^2+1$ $\qquad v(x) = (x^2+1)^3$
$\phantom{f(x) = \dfrac{x^2+1}{(x^2+1)^3} \Rightarrow\ } u'(x) = 2x \qquad\ \ v'(x) = 3(x^2+1)^2 \cdot 2x$
$\phantom{f(x) = \dfrac{x^2+1}{(x^2+1)^3} \Rightarrow u(x)=x^2+1\ \ \ \ v(x)} = 6x \cdot (x^2+1)^2$

$f'(x) = \dfrac{2x \cdot (x^2+1)^3 - (x^2+1) \cdot 6x \cdot (x^2+1)^2}{(x^2+1)^6}$

$ = \dfrac{2x - 6x}{(x^2+1)^3} = \dfrac{-4x}{(x^2+1)^3}$

oder

$f(x) = \dfrac{x^2+1}{(x^2+1)^3}$

$ = \dfrac{1}{(x^2+1)^2} \Rightarrow$ $u(x) = 1 \qquad\ v(x) = (x^2+1)^2$
$\phantom{f(x) = \dfrac{1}{(x^2+1)^2} \Rightarrow\ } u'(x) = 0 \qquad v'(x) = 4x(x^2+1)$

$f'(x) = \dfrac{-4x(x^2+1)}{(x^2+1)^4} = \dfrac{-4x}{(x^2+1)^3}$

d) $f(x) = e^x \cdot \sin x$
$f'(x) = e^x \cdot \sin x + e^x \cdot \cos x = e^x(\sin x + \cos x)$

3. a) Schnittpunkte mit der x-Achse: $f(x) = y = 0$
$-x^2 + 4x + 5 = 0$
$x^2 - 4x - 5 = 0$

Auflösen nach x: $x_{1;\,2} = \dfrac{4 \pm \sqrt{16 - 4 \cdot 1 \cdot (-5)}}{2} = 2 \pm 3 \Rightarrow x_1 = -1;\ x_2 = 5$

$S_{x_1}(-1\,|\,0)$ und $S_{x_2}(5\,|\,0)$

Schnittpunkt mit der y-Achse: $x = 0 \Rightarrow S_y(0\,|\,5)$

Steigung der Tangenten: $f'(x) = -2x + 4 = m$

Für S_{x_1} gilt:

$f'(-1) = 6$

Geradengleichung: $y = mx + n$

Punktprobe für $(-1\,|\,0)$: $0 = 6 \cdot (-1) + n \Rightarrow n = 6 \Rightarrow y = 6x + 6$

Für S_{x_2} gilt:

$f'(5) = -6$

Punktprobe für $(5\,|\,0)$: $0 = -6 \cdot 5 + n \Rightarrow n = 30 \Rightarrow y = -6x + 30$

Für S_y gilt:

$f'(0) = 4$

Punktprobe für $(0\,|\,5)$: $5 = 4 \cdot 0 + n \Rightarrow n = 5 \Rightarrow y = 4x + 5$

b) $y = 12x - 5 \Rightarrow m = 12$
$f(x) = 3x^2 - 2 \Rightarrow f'(x) = 6x$
$f'(x) = m \Rightarrow 6x = 12 \Rightarrow x = 2$
$f(2) = 3 \cdot 2^2 - 2 = 10 \Rightarrow P(2|10)$
Punktprobe für $P(2|10)$:
$10 = 12 \cdot 2 + n$
$-14 = n \Rightarrow y = 12x - 14$

c) Schnittpunkt mit der y-Achse:
$x = 0 \Rightarrow f(0) = e^{a \cdot 0} = e^0 = 1 \Rightarrow S_y(0|1)$
$f(x) = e^{ax} \Rightarrow f'(x) = a \cdot e^{ax}$
$\quad\quad\quad\quad f'(0) = a \cdot e^{a \cdot 0} = a \cdot e^0 = a = m$
Punktprobe für $S_y(0|1)$:
$1 = a \cdot 0 + n \Rightarrow n = 1 \Rightarrow y = ax + 1$

4. a) Berührungspunkt:
$$f(x) = g(x)$$
$$x^3 + 1 = x^2 + x$$
$x^3 - x^2 - x + 1 = 0 \Rightarrow x_1 = 1$
$(x^3 - x^2 - x + 1) : (x - 1) = x^2 - 1$
$\Rightarrow x^2 - 1 = 0$
$\quad x_{2;3} = \pm 1$
$f'(x) = 3x^2 \quad\quad g'(x) = 2x + 1$
$f'(1) = 3 \quad\quad\quad g'(1) = 3$
$f'(-1) = 3 \quad\quad g'(-1) = -1$
Nur an der Stelle $x = 1$ ist die Steigung der beiden Graphen identisch.
$f(1) = 2 \Rightarrow P(1|2)$
Punktprobe: $2 = 3 \cdot 1 + n \Rightarrow n = -1 \Rightarrow y = 3x - 1$

b) $f_{a;b}(x) = \dfrac{a}{x^2 + b} \Rightarrow f'_{a;b}(x) = \dfrac{-a \cdot 2x}{(x^2 + b)^2} = m$

m in $P(2|2) \Rightarrow f'_{a;b}(2) = \dfrac{-4a}{(4+b)^2}; \quad m = -1$

$\dfrac{-4a}{(4+b)^2} = -1 \Rightarrow -4a = -1(4+b)^2 \Rightarrow -4a = -1(16 + 8b + b^2)$
$\quad\quad\quad\quad\quad\quad\quad\quad\quad\quad\quad\quad\quad\quad 4a = b^2 + 8b + 16$
$\quad\quad\quad\quad\quad\quad\quad\quad\quad\quad\quad\quad\quad\quad\; a = \dfrac{1}{4}b^2 + 2b + 4$

$f_{a;b}(x) = \dfrac{a}{x^2+b}$; $P(2|2)$ $\Rightarrow$ $2 = \dfrac{a}{4+b}$

$2(4+b) = a$

$8 + 2b = \dfrac{1}{4}b^2 + 2b + 4$

$8 = \dfrac{1}{4}b^2 + 4$

$4 = \dfrac{1}{4}b^2$

$16 = b^2$ $\Rightarrow$ $b_{1;2} = \pm 4$

$b_1 = +4$ $\Rightarrow$ $a_1 = 8 + 2 \cdot 4 = 16$ $\Rightarrow$ $f(x) = \dfrac{16}{x^2+4}$

$b_2 = -4$ $\Rightarrow$ $a_2 = 8 + 2 \cdot (-4) = 0$ $\Rightarrow$ $f(x) = \dfrac{0}{x^2-4} = 0$ nicht sinnvoll

$\Rightarrow$ $a = 16$; $b = 4$ $\Rightarrow$ $f(x) = \dfrac{16}{x^2+4}$

5. Wenn $f'(x) > 0$, ist $f(x)$ streng monoton wachsend.
    Wenn $f'(x) < 0$, ist $f(x)$ streng monoton fallend.
    $f'(x) = 0$ ist die notwendige Bedingung für lokale Extrema.
    lokales Maximum:
    monoton wachsend $\to$ monoton fallend
    lokales Minimum:
    monoton fallend $\to$ monoton wachsend

a) $f'(x) = x^2 - 3x - 10$
   $x^2 - 3x - 10 = 0$ $\Rightarrow$ $x_1 = 5$; $x_2 = -2$
   $x^2 - 3x - 10 = (x-5) \cdot (x+2)$

Ein Produkt ist > 0, wenn beide Faktoren > 0 oder beide Faktoren < 0 sind.
Ein Produkt ist < 0, wenn ein Faktor > 0, der andere Faktor < 0 ist.

$f'(x) > 0$ $\Rightarrow$ $(x-5) \cdot (x+2) > 0$

genau dann, wenn $x - 5 > 0$ $\Rightarrow$ $x > 5$ $\Big\}$ $\Rightarrow$ $x > 5$
        und $x + 2 > 0$ $\Rightarrow$ $x > -2$

oder $x - 5 < 0$ $\Rightarrow$ $x < 5$ $\Big\}$ $\Rightarrow$ $x < -2$
und $x + 2 < 0$ $\Rightarrow$ $x < -2$

$\Rightarrow$ $f'(x) > 0$ für $-2 > x > 5$
$\Rightarrow$ $f(x)$ streng monoton wachsend für $x < -2$ und $x > 5$

$f'(x) < 0$ $\Rightarrow$ $(x-5) \cdot (x+2) < 0$

genau dann, wenn $x - 5 > 0$ $\Rightarrow$ $x > 5$ $\Big\}$ $\Rightarrow$ $x = \{\}$
        und $x + 2 < 0$ $\Rightarrow$ $x < -2$

oder $x - 5 < 0$ $\Rightarrow$ $x < 5$ $\Big\}$ $\Rightarrow$ $-2 < x < 5$
und $x + 2 > 0$ $\Rightarrow$ $x > -2$

$\Rightarrow$ $f'(x) < 0$ für $-2 < x < 5$
$\Rightarrow$ $f(x)$ streng monoton fallend für $-2 < x < 5$

b) $f'(x) = 3x^2 - 6x - 9$
$\qquad 3x^2 - 6x - 9 = 0 \Rightarrow x_1 = -1; \; x_2 = 3$
$\quad$ f(x) streng monoton wachsend für $x < -1$ und $x > 3$
$\quad$ f(x) streng monoton fallend für $-1 < x < 3$

c) Ein Quotient ist > 0, wenn Dividend und Divisor > 0 oder beide < 0 sind.
$\quad$ Ein Quotient ist < 0, wenn Dividend und Divisor unterschiedliche Vorzeichen haben.
$\quad$ In diesem Beispiel ist das Vorzeichen des Quotienten vom Vorzeichen des Dividenden abhängig; der Divisor ist durch das Quadrieren immer > 0.

$$f'(x) = \frac{-4x}{(x^2-1)^2}$$

$\quad x < 0 \Rightarrow f'(x) > 0 \Rightarrow$ f(x) streng monoton wachsend
$\quad x > 0 \Rightarrow f'(x) < 0 \Rightarrow$ f(x) streng monoton fallend

d) $f'(x) = \dfrac{1}{2\sqrt{x}} - 1 \Rightarrow \dfrac{1}{2\sqrt{x}} - 1 = 0 \Rightarrow x = \dfrac{1}{4}$

$\quad 0 \leq x < \dfrac{1}{4} \Rightarrow f'(x) > 0 \Rightarrow$ f(x) streng monoton wachsend

$\quad x > \dfrac{1}{4} \Rightarrow f'(x) < 0 \Rightarrow$ f(x) streng monoton fallend

6. Wenn $f''(x) < 0$, ist f(x) rechtsgekrümmt (von unten konkav).
Wenn $f''(x) > 0$, ist f(x) linksgekrümmt (von unten konvex).
$f''(x) = 0$ ist die notwendige Bedingung für einen Wendepunkt
(Rechtskrümmung $\leftrightarrow$ Linkskrümmung).

a) $f'(x) = x^2 - 2x - 3$ und $f''(x) = 2x - 2$
$\qquad 2x - 2 = 0$
$\qquad\quad x = 1$
$\quad x < 1 \Rightarrow f''(x) < 0 \Rightarrow$ f(x) rechtsgekrümmt
$\quad x > 1 \Rightarrow f''(x) > 0 \Rightarrow$ f(x) linksgekrümmt

b) $f'(x) = x^3 - x^2$ und $f''(x) = 3x^2 - 2x$
$\qquad 3x^2 - 2x = 0$
$\qquad x(3x - 2) = 0$
$\quad x_1 = 0; \; 3x - 2 = 0 \Rightarrow x_2 = \dfrac{2}{3}$

$\quad 0 < x < \dfrac{2}{3} \Rightarrow f''(x) < 0 \Rightarrow$ f(x) rechtsgekrümmt
$\quad x < 0$ und $x > \dfrac{2}{3} \Rightarrow f''(x) > 0 \Rightarrow$ f(x) linksgekrümmt

Übungsaufgaben zum Prüfungsteil A0
Pflichtaufgaben ohne Rechenhilfsmittel – Integralrechnung

1. Bestimmen Sie die Menge der Stammfunktionen und berechnen Sie den Wert des bestimmten Integrals in dem angegebenen Intervall.
   a) $f(x) = (2x+3) \cdot 0{,}5x$; $[1; 2]$
   b) $f(x) = (x-2)(x+5)$; $[-2; 1]$
   c) $f(x) = \dfrac{2x^3 - 1}{x^2}$; $[1; 2]$

2. Bestimmen Sie jeweils die Menge der Stammfunktionen.
   a) $f(x) = \dfrac{12}{3x+1}$
   b) $f(x) = e^x + e + \dfrac{e}{x}$

3. Für welchen Wert von k gilt jeweils die folgende Gleichung?
   a) $\displaystyle\int_{k}^{k+1} (k^2 + 2x)\,dx = 9$
   b) $\displaystyle\int_{k}^{2k} x\,dx = 6a^2$

4. Berechnen Sie folgende Flächen:
   a) Fläche zwischen dem Graphen der Funktion $f(x) = (x-3)(x^2-4)$ und der x-Achse
   b) Fläche zwischen den Graphen der Funktionen $f(x) = x^3 - 3x + 5$ und $g(x) = -2x + 5$
   c) Fläche zwischen den Graphen der Funktionen $f(x) = \dfrac{1}{x^2}$ und $g(x) = \dfrac{1}{x^3}$; $x > 0$
   d) Fläche, die vom Graphen der Funktion $f(x) = e^x(2 - e^x)$ und den Koordinatenachsen allseitig begrenzt wird

5. Die Fläche zwischen dem Graphen der Funktion $f(x) = x^3 - 2x$ und der x-Achse im Intervall $[a; 4]$; $a > 0$ beträgt 48 FE. Berechnen Sie den Wert a.

6. Die Fläche, die von den Graphen der Funktionen $f(x) = x^2$; $g(x) = ax$ und der x-Achse eingeschlossen wird, beträgt 4,5 FE. Berechnen Sie den Wert a.

7. Gegeben sind $f(x) = x^3$ und $g(x) = ax$; $a > 0$.
   a) Die Graphen von $f(x)$ und $g(x)$ schneiden einander im I. Quadranten im Punkt P. Berechnen Sie die Koordinaten des Punktes P.
   b) Der Graph von $g(x)$; die x-Achse und eine Parallele zur y-Achse durch den Punkt P begrenzen eine Fläche. Diese Fläche wird durch den Graphen von $f(x)$ in zwei Teilflächen zerlegt. Berechnen Sie das Verhältnis dieser Teilflächen.

8. Ein Fußgängertunnel hat einen parabelförmigen Querschnitt. Seine Höhe beträgt 3 m, die Gehwegbreite 12 m. Berechnen Sie die Querschnittsfläche des Tunnels.

Lösung

1. a) $f(x) = (2x+3) \cdot 0,5x = x^2 + 1,5x$

   $F(x) = \dfrac{1}{3}x^3 + \dfrac{3}{4}x^2 + c$

   $\left[\dfrac{1}{3}x^3 + \dfrac{3}{4}x^2 + c\right]_1^2 = \dfrac{1}{3} \cdot 8 + \dfrac{3}{4} \cdot 4 + c - \left(\dfrac{1}{3} \cdot 1 + \dfrac{3}{4} \cdot 1 + c\right) = 4\dfrac{7}{12}$

   b) $f(x) = (x-2)(x+5) = x^2 + 3x - 10$

   $F(x) = \dfrac{1}{3}x^3 + \dfrac{3}{2}x^2 - 10x + c$

   $\left[\dfrac{1}{3}x^3 + \dfrac{3}{2}x^2 - 10x + c\right]_{-2}^1 = \dfrac{1}{3} \cdot 1 + \dfrac{3}{2} \cdot 1 - 10 \cdot 1 + c - \left(\dfrac{1}{3} \cdot (-8) + \dfrac{3}{2} \cdot 4 - 10 \cdot (-2) + c\right)$

   $\qquad\qquad\qquad\qquad\qquad = -31\dfrac{1}{2}$

   c) $f(x) = \dfrac{2x^3 - 1}{x^2} = 2x - \dfrac{1}{x^2} = 2x - x^{-2}$

   $F(x) = x^2 + x^{-1} + c = x^2 + \dfrac{1}{x} + c$

   $\left[x^2 + \dfrac{1}{x} + c\right]_1^2 = 2^2 + \dfrac{1}{2} + c - \left(1^2 + \dfrac{1}{1} + c\right) = 2\dfrac{1}{2}$

2. a) $f(x) = \dfrac{12}{3x+1} = 12 \cdot \dfrac{1}{3x+1}$

   $F(x) = 12 \cdot \ln|3x+1| \cdot \dfrac{1}{3} + c = 4 \cdot \ln|3x+1| + c$

   b) $f(x) = e^x + e + \dfrac{e}{x} = e^x + e + e \cdot \dfrac{1}{x}$

   $F(x) = e^x + e \cdot x + e \cdot \ln|x| + c$

3. a) $\qquad\qquad \left[k^2 x + x^2\right]_k^{k+1} = 9$

   $k^2(k+1) + (k+1)^2 - k^3 - k^2 = 9$

   $k^3 + k^2 + k^2 + 2k + 1 - k^3 - k^2 = 9$

   $\qquad\qquad k^2 + 2k - 8 = 0 \Rightarrow k_1 = 2; \; k_2 = -4$

b) $\left[\dfrac{1}{2}x^2\right]_k^{2k} = 6a^2$

$\dfrac{1}{2}(2k)^2 - \dfrac{1}{2}k^2 = 6a^2$

$2k^2 - \dfrac{1}{2}k^2 = 6a^2$

$\dfrac{3}{2}k^2 = 6a^2 \quad \Rightarrow \quad k_1 = 2a;\ k_2 = -2a$

4. a) **Nullstellen:**
$(x-3)(x^2-4) = 0$
$x - 3 = 0; \quad x^2 - 4 = 0$
$x_1 = 3 \qquad x^2 = 4 \ \Rightarrow\ x_2 = 2;\ x_3 = -2$
$f(x) = x^3 - 3x^2 - 4x + 12$
$F(x) = \dfrac{1}{4}x^4 - x^3 - 2x^2 + 12x + c$

$\left[\dfrac{1}{4}x^4 - x^3 - 2x^2 + 12x\right]_{-2}^{2} + \left[\dfrac{1}{4}x^4 - x^3 - 2x^2 + 12x\right]_{3}^{2} = 32\dfrac{3}{4} \ \Rightarrow\ A = 32\dfrac{3}{4}\ \text{FE}$

b) **Schnittstellen:**
$x^3 - 3x + 5 = -2x + 5$
$x^3 - x = 0$
$x(x^2 - 1) = 0$
$x_1 = 0$
$x^2 - 1 = 0 \quad \Rightarrow\ x_2 = 1;\ x_3 = -1$

$f(x) - g(x) = x^3 - 3x + 5 - (-2x + 5)$
$\qquad\qquad = x^3 - x = h(x)$

$H(x) = \dfrac{1}{4}x^4 - \dfrac{1}{2}x^2$

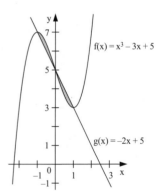

$\left[\dfrac{1}{4}x^4 - \dfrac{1}{2}x^2\right]_{-1}^{0} + \left|\left[\dfrac{1}{4}x^4 - \dfrac{1}{2}x^2\right]_{0}^{1}\right| = \dfrac{1}{2} \ \Rightarrow\ A = \dfrac{1}{2}\ \text{FE}$

c) **Schnittstelle(n):**
$\dfrac{1}{x^2} = \dfrac{1}{x^3} \ \Rightarrow\ x^2 = x^3 \ \Rightarrow\ 0 = x^3 - x^2$
$\qquad\qquad\qquad\qquad\qquad 0 = x^2(x-1)$
$\qquad\qquad\qquad\qquad\qquad x_1 = 0$ (nicht im Definitionsbereich)
$\qquad\qquad\qquad\qquad\qquad x - 1 = 0$
$\qquad\qquad\qquad\qquad\qquad x_2 = 1$

$\displaystyle\int_1^{\infty}[f(x)-g(x)]\,dx = \int_1^{\infty}\left[\dfrac{1}{x^2} - \dfrac{1}{x^3}\right]dx = \left[-\dfrac{1}{x} + \dfrac{1}{2x^2}\right]_1^{\infty} = \dfrac{1}{2} \ \Rightarrow\ A = \dfrac{1}{2}\ \text{FE}$

d) **Nullstelle:**
$$e^x(2-e^x)=0$$
$$e^x \neq 0$$
$$2-e^x=0$$
$$e^x=2 \;\Rightarrow\; x=\ln 2$$

$$\int_0^{\ln 2}(e^x(2-e^x))dx = \int_0^{\ln 2}(2e^x - e^{2x})dx$$

$$= \left[2e^x - \frac{1}{2}e^{2x}\right]_0^{\ln 2} = 2\cdot e^{\ln 2} - \frac{1}{2}\cdot e^{2\cdot\ln 2} - 2\cdot e^0 + \frac{1}{2}\cdot e^{2\cdot 0}$$

$$= 4-2-2+\frac{1}{2} = \frac{1}{2} \;\Rightarrow\; A=\frac{1}{2}\,\text{FE}$$

5. $A = 48\,\text{FE} \;\Rightarrow\; \int_a^4 (x^3 - 2x)dx = 48$

$$\left[\frac{1}{4}x^4 - x^2\right]_a^4 = 48$$

$$64 - 16 - \frac{1}{4}a^4 + a^2 = 48$$

$$-\frac{1}{4}a^4 + a^2 = 0$$

$$a^4 - 4a^2 = 0$$

$$a^2(a^2 - 4) = 0$$

$$a^2 = 0 \;\Rightarrow\; a_{1;2} = 0$$

$$a^2 - 4 = 0$$

$$a^2 = 4 \;\Rightarrow\; a_3 = 2;\; a_4 = -2;\quad \text{Bedingung: } a > 0 \;\Rightarrow\; a=2$$

6. **Schnittstellen:**
$$x^2 = ax$$
$$x^2 - ax = 0$$
$$x(x-a) = 0$$
$$x_1 = 0$$
$$x - a = 0 \;\Rightarrow\; x_2 = a$$

$$A = 4{,}5\,\text{FE};\; \int_0^a (ax - x^2)dx = \left[\frac{a}{2}x^2 - \frac{1}{3}x^3\right]_0^a = \frac{a^3}{2} - \frac{a^3}{3} = \frac{1}{6}a^3$$

$$\frac{1}{6}a^3 = 4{,}5 \;\Rightarrow\; a^3 = 27 \;\Rightarrow\; a=3$$

7. a) $$x^3 = ax$$
$$x^3 - ax = 0$$
$$x(x^2 - a) = 0$$
$$x_1 = 0$$
$$x^2 - a = 0$$
$$x^2 = a$$
$$x = \sqrt{a}$$
$$y = a \cdot \sqrt{a}$$
$$P(\sqrt{a} \mid \sqrt{a^3})$$

b) $\dfrac{\sqrt{a} \cdot a \cdot \sqrt{a}}{2} = \dfrac{1}{2}a^2 \;\Rightarrow\; A_1 = \dfrac{1}{2}a^2$ FE

$\displaystyle\int_0^{\sqrt{a}} x^3 dx = \left[\dfrac{1}{4}x^4\right]_0^{\sqrt{a}} = \dfrac{1}{4}(\sqrt{a})^4 = \dfrac{1}{4}a^2 \;\Rightarrow\; A_2 = \dfrac{1}{4}a^2$ FE

$A_3 = A_1 - A_2;\; \dfrac{1}{2}a^2 - \dfrac{1}{4}a^2 = \dfrac{1}{4}a^2 \;\Rightarrow\; A_3 = \dfrac{1}{4}a^2$ FE

$A_2 : A_3 = 1 : 1$

8. $f(x) = ax^2 + c$
Höhe 3m: $\quad f(x) = ax^2 + 3$
Gehwegbreite 12 m: $\dfrac{12}{2} = 6 \;\Rightarrow\; P(6 \mid 0)$
$$a \cdot 36 + 3 = 0$$
$$36a = -3$$
$$a = -\dfrac{1}{12}$$

$f(x) = -\dfrac{1}{12}x^2 + 3$

$\displaystyle\int_{-6}^{6}\left(-\dfrac{1}{12}x^2 + 3\right)dx = \left[-\dfrac{1}{36}x^3 + 3x\right]_{-6}^{6}$

$\qquad = -\dfrac{1}{36}\cdot 6^3 + 3\cdot 6 + \dfrac{1}{36}\cdot(-6)^3 - 3\cdot(-6) = 24 \;\Rightarrow\; A = 24$ FE

Übungsaufgaben zum Prüfungsteil A0
Pflichtaufgaben ohne Rechenhilfsmittel – Analytische Geometrie

1. Die Punkte A(2|−3|−1); B(4|−1|−2); C(3|1|0); F(6|−2|0) sind Eckpunkte eines Quaders.
   a) Berechnen Sie die Koordinaten der restlichen Eckpunkte.
   b) Stellen Sie den Quader im räumlichen Koordinatensystem dar.
   c) Weisen Sie nach, dass der Quader ein Würfel ist.
   d) M ist der Mittelpunkt der Strecke $\overline{EH}$. Weisen Sie nach, dass das Dreieck BMC gleichschenklig ist. Berechnen Sie Seitenlängen und Fläche dieses Dreiecks. Ist der Punkt N(3,4|1,4|−2) Punkt dieses Dreiecks?
   e) Geben Sie eine Gleichung für die Gerade an, auf der die Punkte F und H liegen.
   f) Geben Sie den Schnittpunkt der Raumdiagonalen dieses Quaders an.
   Ist der Punkt P(4,5|−6,5|1,5) ein Punkt der Raumdiagonalen $\overline{CE}$? Berechnen Sie den Spurpunkt der Geraden CE in der y-z-Ebene.
   g) Eine Ebene ε_{IJKL} (in der Mitte zwischen ε_{ABCD} und ε_{EFGH} und parallel zu diesen) wird von der Geraden BM (M – Mittelpunkt der Strecke $\overline{EH}$) durchstoßen. Berechnen Sie den Durchstoßpunkt Q.
   h) Geben Sie für die Ebene ε_{ABC} eine Ebenengleichung in Parameterform und in Koordinatenform an.
   i) Weisen Sie rechnerisch nach, dass der Winkel zwischen den Ebenen ε_{ABC} und ε_{BMC} (M – Mittelpunkt der Strecke $\overline{EH}$) 45° beträgt.
   Hinweis: $\cos 45° = \frac{1}{2}\sqrt{2}$
   j) Weisen Sie nach, dass die Geraden AC und DH senkrecht aufeinander stehen.
   k) Bestimmen Sie die Gleichung der Geraden, die senkrecht zur Ebene ε_{ADHE} durch den Mittelpunkt dieser Seitenfläche des Quaders verläuft.

2. Berechnen Sie für die Punkte A(−5|a²|4) und B(−a²|5|−3) den Wert a so, dass der Abstand der Punkte 9 LE beträgt.

3. Sind die jeweils folgenden drei Vektoren komplanar?
   a) $\overrightarrow{AF}; \overrightarrow{AH}; \overrightarrow{HE}$ b) $\overrightarrow{AF}; \overrightarrow{CH}; \overrightarrow{AE}$
   c) $\overrightarrow{DE}; \overrightarrow{BG}; \overrightarrow{BH}$ d) $\overrightarrow{CF}; \overrightarrow{BH}; \overrightarrow{DA}$
   e) $\overrightarrow{AF}; \overrightarrow{DF}; \overrightarrow{FG}$ f) $\overrightarrow{BH}; \overrightarrow{AG}; \overrightarrow{EF}$

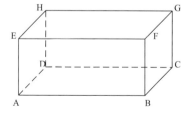

4. Gegeben ist die Gleichung der Ebene ε:
$$\vec{x} = \begin{pmatrix} 3 \\ 0 \\ 0 \end{pmatrix} + r \cdot \begin{pmatrix} 0 \\ 1 \\ 0 \end{pmatrix} + s \cdot \begin{pmatrix} 3 \\ 0 \\ 4 \end{pmatrix}$$

   a) Geben Sie die Koordinatenform der Ebenengleichung für ε an.
   b) Bestimmen Sie die Gleichung einer zu ε senkrechten Geraden.
   c) Berechnen Sie den Abstand der Ebene ε zum Koordinatenursprung.

5. Sind die folgenden Gleichungen Kreisgleichungen? Wenn ja, bestimmen Sie Mittelpunkt und Radius.
   a) $x^2 + 8 + y^2 - 2y = -3x + 4$
   b) $x^2 - 3y + 4 = 4x - y^2$

6. ABCD ist ein Tangentenviereck.
   Beweisen Sie :
   $\overline{AB} + \overline{CD} = \overline{AD} + \overline{BC}$

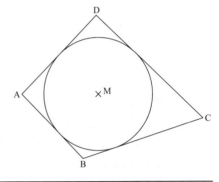

Lösung

1. a) $\overrightarrow{OA} + \overrightarrow{BC} = \begin{pmatrix} 2 \\ -3 \\ -1 \end{pmatrix} + \begin{pmatrix} -1 \\ 2 \\ 2 \end{pmatrix} = \begin{pmatrix} 1 \\ -1 \\ 1 \end{pmatrix} \Rightarrow D(1|-1|1)$

$\overrightarrow{OA} + \overrightarrow{BF} = \begin{pmatrix} 2 \\ -3 \\ -1 \end{pmatrix} + \begin{pmatrix} 2 \\ -1 \\ 2 \end{pmatrix} = \begin{pmatrix} 4 \\ -4 \\ 1 \end{pmatrix} \Rightarrow E(4|-4|1)$

$\overrightarrow{OC} + \overrightarrow{BF} = \begin{pmatrix} 3 \\ 1 \\ 0 \end{pmatrix} + \begin{pmatrix} 2 \\ -1 \\ 2 \end{pmatrix} = \begin{pmatrix} 5 \\ 0 \\ 2 \end{pmatrix} \Rightarrow G(5|0|2)$

$\overrightarrow{OG} + \overrightarrow{BA} = \begin{pmatrix} 5 \\ 0 \\ 2 \end{pmatrix} + \begin{pmatrix} -2 \\ -2 \\ 1 \end{pmatrix} = \begin{pmatrix} 3 \\ -2 \\ 3 \end{pmatrix} \Rightarrow H(3|-2|3)$

b)

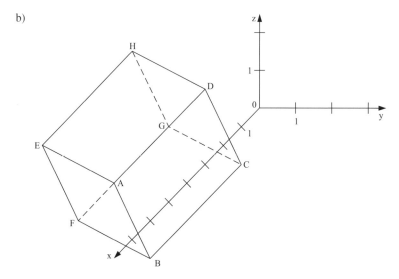

c) $\overrightarrow{BA} = \begin{pmatrix} -2 \\ -2 \\ 1 \end{pmatrix} \Rightarrow |\overrightarrow{BA}| = \sqrt{(-2)^2 + (-2)^2 + 1^2} = 3 \Rightarrow |\overrightarrow{BA}| = 3 \text{ LE}$

$|\overrightarrow{BC}| = 3 \text{ LE}; \quad |\overrightarrow{BF}| = 3 \text{ LE} \Rightarrow \text{Länge} = \text{Breite} = \text{Höhe} \Rightarrow \text{Würfel}$

d) $E(4|-4|1); \quad H(3|-2|3)$
$M\left(\dfrac{4+3}{2} \,\bigg|\, \dfrac{(-4)+(-2)}{2} \,\bigg|\, \dfrac{1+3}{2}\right) \Rightarrow M(3{,}5|-3|2)$

$$\overrightarrow{BM} = \begin{pmatrix} -0,5 \\ -2 \\ 4 \end{pmatrix} \Rightarrow |\overrightarrow{BM}| = \sqrt{(-0,5)^2 + (-2)^2 + 4^2} = 4,5 \Rightarrow |\overrightarrow{BM}| = 4,5 \text{ LE}$$

$|\overrightarrow{CM}| = 4,5 \text{ LE}; \quad |\overrightarrow{BC}| = 3 \text{ LE} \Rightarrow |\overrightarrow{BM}| = |\overrightarrow{CM}| \neq |\overrightarrow{BC}|$

$\Rightarrow$ Dreieck BMC gleichschenklig

$$\overrightarrow{MB} \times \overrightarrow{MC} = \begin{pmatrix} 0,5 \\ 2 \\ -4 \end{pmatrix} \times \begin{pmatrix} -0,5 \\ 4 \\ -2 \end{pmatrix} = \begin{pmatrix} 12 \\ 3 \\ 3 \end{pmatrix}$$

$|\overrightarrow{MB} \times \overrightarrow{MC}| = \sqrt{162} \Rightarrow A_{BMC} = \frac{1}{2} \cdot \sqrt{162}$ FE

ε_{BMC}:

$$\vec{x} = \begin{pmatrix} 3,5 \\ -3 \\ 2 \end{pmatrix} + r \cdot \begin{pmatrix} 0,5 \\ 2 \\ -4 \end{pmatrix} + s \cdot \begin{pmatrix} -0,5 \\ 4 \\ -2 \end{pmatrix}; \quad N(3,4 \mid 1,4 \mid -2)$$

```
I       3,4 =  3,5 + 0,5r − 0,5s
II      1,4 = −3   + 2  r + 4 s
III    −2  =  2   − 4  r − 2 s
```

```
II        4,4 =       2 r + 4 s
+2·III   −8   =      −8 r − 4 s
```

$\begin{array}{llll} & -3,6 = & -6 \, r & \Rightarrow r = 0,6 \\ \text{II} & 4,4 = 1,2 + & 4 \, s & \Rightarrow s = 0,8 \end{array}$

Kontrolle:

I $3,4 = 3,5 + 0,5 \cdot 0,6 − 0,5 \cdot 0,8$
    $3,4 = 3,5 + 0,3 − 0,4$
    $3,4 = 3,4$ wahre Aussage

II $1,4 = −3 + 2 \cdot 0,6 + 4 \cdot 0,8$
    $1,4 = −3 + 1,2 + 3,2$
    $1,4 = 1,4$ wahre Aussage

III $−2 = 2 − 4 \cdot 0,6 − 2 \cdot 0,8$
    $−2 = 2 − 2,4 − 1,6$
    $−2 = −2$ wahre Aussage

Gleichungssystem eindeutig lösbar und $0 \leq r \leq 1; \quad 0 \leq s \leq 1 \Rightarrow N \in \Delta_{BMC}$

e) **Die Gerade FH hat die Gleichung:**

$$\vec{x} = \begin{pmatrix} 6 \\ -2 \\ 0 \end{pmatrix} + t \cdot \begin{pmatrix} -3 \\ 0 \\ 3 \end{pmatrix}$$

f) **Die Gerade BH hat die Gleichung:**

$$\vec{x} = \begin{pmatrix} 4 \\ -1 \\ -2 \end{pmatrix} + r \cdot \begin{pmatrix} -1 \\ -1 \\ 5 \end{pmatrix}$$

Die Gerade CE hat die Gleichung:
$$\vec{x} = \begin{pmatrix} 3 \\ 1 \\ 0 \end{pmatrix} + s \cdot \begin{pmatrix} 1 \\ -5 \\ 1 \end{pmatrix}$$

Berechnung des Schnittpunktes der Geraden BH und CE:

I $\quad 4 - r = 3 + s$
II $\quad -1 - r = 1 - 5s$
III $\quad -2 + 5r = s$

I − II $\quad 5 = 2 + 6s \quad \Rightarrow \quad s = \dfrac{1}{2}$

III $\quad -2 + 5r = \dfrac{1}{2} \quad \Rightarrow \quad r = \dfrac{1}{2}$

Parameter $r = \frac{1}{2}$ in die Gleichung der Geraden BH einsetzen:

$$\vec{x} = \begin{pmatrix} 4 \\ -1 \\ -2 \end{pmatrix} + \frac{1}{2} \cdot \begin{pmatrix} -1 \\ -1 \\ 5 \end{pmatrix} = \begin{pmatrix} 3{,}5 \\ -1{,}5 \\ 0{,}5 \end{pmatrix} \Rightarrow S(3{,}5\,|\,-1{,}5\,|\,0{,}5) \text{ ist der Schnittpunkt der Raumdiagonalen BH und CE}$$

Gerade CE:

$$\vec{x} = \begin{pmatrix} 3 \\ 1 \\ 0 \end{pmatrix} + s \cdot \begin{pmatrix} 1 \\ -5 \\ 1 \end{pmatrix}; \quad P(4{,}5\,|\,-6{,}5\,|\,1{,}5)$$

Ist P Punkt der Strecke $\overline{CE}$?

$4{,}5 = 3 + s \quad \Rightarrow \quad 1{,}5 = s$
$-6{,}5 = 1 - 5s \quad \Rightarrow \quad 1{,}5 = s$
$1{,}5 = s$

Gleichungssystem eindeutig lösbar $\Rightarrow$ P $\in$ CE, aber wegen $s > 1$ ist P $\notin \overline{CE}$

Gerade CE:

$$\vec{x} = \begin{pmatrix} 3 \\ 1 \\ 0 \end{pmatrix} + s \cdot \begin{pmatrix} 1 \\ -5 \\ 1 \end{pmatrix}; \quad \text{y-z-Ebene: } \vec{x} = \begin{pmatrix} 0 \\ y \\ z \end{pmatrix}$$

Berechnung des Spurpunktes:

$0 = 3 + s \quad \Rightarrow \quad s = -3$
$y = 1 - 5s \quad \Rightarrow \quad y = 16$
$z = s \quad \Rightarrow \quad z = -3$
$\Rightarrow S_{yz}(0\,|\,16\,|\,-3)$ Spurpunkt der Geraden CE in der y-z-Ebene

g) **Ebene ε_{IJKL}:**

$\begin{pmatrix} 3{,}5 \\ -1{,}5 \\ 0{,}5 \end{pmatrix}$ Schnittpunkt der Raumdiagonalen

$\begin{pmatrix} -2 \\ -2 \\ 1 \end{pmatrix} = \overrightarrow{CD}$ Richtungsvektoren

$\begin{pmatrix} 1 \\ -2 \\ -2 \end{pmatrix} = \overrightarrow{CB}$ der Ebene ε_{ABCD}

$$\vec{x} = \begin{pmatrix} 3{,}5 \\ -1{,}5 \\ 0{,}5 \end{pmatrix} + u \cdot \begin{pmatrix} -2 \\ -2 \\ 1 \end{pmatrix} + v \cdot \begin{pmatrix} 1 \\ -2 \\ -2 \end{pmatrix}$$

Gerade BM:

$$\vec{x} = \begin{pmatrix} 4 \\ -1 \\ -2 \end{pmatrix} + w \cdot \begin{pmatrix} -0{,}5 \\ -2 \\ 4 \end{pmatrix}$$

Gleichsetzen der Ebene mit der Geraden:

I	$3{,}5 - 2u + v =$	$4 - 0{,}5w$
II	$-1{,}5 - 2u - 2v =$	$-1 - 2w$
III	$0{,}5 + u - 2v =$	$-2 + 4w$

I − II	$5 + 3v = 5 + 1{,}5w$	$\Rightarrow\ 2v = w$
II + 2 · III	$-0{,}5 - 6v = -5 + 6w$	
	$-6v = -4{,}5 + 6w$	
	$2v = 1{,}5 - 2w$	

$w = 1{,}5 - 2w$
$w = 0{,}5$
$v = 0{,}25$
$u = 0$

Parameter w = 0,5 in die Gleichung der Geraden BM einsetzen:

$$\vec{x} = \begin{pmatrix} 4 \\ -1 \\ -2 \end{pmatrix} + 0{,}5 \begin{pmatrix} -0{,}5 \\ -2 \\ 4 \end{pmatrix} = \begin{pmatrix} 3{,}75 \\ -2 \\ 0 \end{pmatrix} \Rightarrow\ Q(3{,}75\,|\,-2\,|\,0)\ \text{Durchstoßpunkt der Geraden BM durch die Ebene}\ \varepsilon_{IJKL}$$

h) **Gleichung der Ebene ε_{ABC}:**

Parametergleichung: $\vec{x} = \begin{pmatrix} 4 \\ -1 \\ -2 \end{pmatrix} + u \cdot \begin{pmatrix} -2 \\ -2 \\ 1 \end{pmatrix} + v \cdot \begin{pmatrix} -1 \\ 2 \\ 2 \end{pmatrix}$

Berechnung des Normalenvektors $\vec{n}$ der Ebene ε_{ABC}:

$$\vec{n} = \begin{pmatrix} -2 \\ -2 \\ 1 \end{pmatrix} \times \begin{pmatrix} -1 \\ 2 \\ 2 \end{pmatrix} = \begin{pmatrix} -6 \\ 3 \\ -6 \end{pmatrix} \triangleq \begin{pmatrix} -2 \\ 1 \\ -2 \end{pmatrix}$$

$$d = \begin{pmatrix} 4 \\ -1 \\ -2 \end{pmatrix} \circ \begin{pmatrix} -2 \\ 1 \\ -2 \end{pmatrix} = -5$$

$\Rightarrow$ Koordinatengleichung: $-2x + y - 2z = -5$
$\phantom{\Rightarrow\ \text{Koordinatengleichung: }}2x - y + 2z = 5$

i) **Gleichung der Ebene ε_{BMC}:**

Parametergleichung: $\vec{x} = \begin{pmatrix} 3{,}5 \\ -3 \\ 2 \end{pmatrix} + a \cdot \begin{pmatrix} 0{,}5 \\ 2 \\ -4 \end{pmatrix} + b \cdot \begin{pmatrix} -0{,}5 \\ 4 \\ -2 \end{pmatrix}$

Berechnung des Normalenvektors $\vec{n}$ der Ebene ε_{BMC}:

$$\vec{n} = \begin{pmatrix} 0{,}5 \\ 2 \\ -4 \end{pmatrix} \times \begin{pmatrix} -0{,}5 \\ 4 \\ -2 \end{pmatrix} = \begin{pmatrix} 12 \\ 3 \\ 3 \end{pmatrix} \triangleq \begin{pmatrix} 4 \\ 1 \\ 1 \end{pmatrix}$$

$$\cos \sphericalangle(E_1; E_2) = \left| \frac{\vec{n}_1 \circ \vec{n}_2}{|\vec{n}_1| \cdot |\vec{n}_2|} \right| \quad \Rightarrow \quad \cos \sphericalangle(\varepsilon_{ABC}; \varepsilon_{BMC}) = \left| \frac{\begin{pmatrix} -2 \\ 1 \\ -2 \end{pmatrix} \circ \begin{pmatrix} 4 \\ 1 \\ 1 \end{pmatrix}}{\sqrt{9} \cdot \sqrt{18}} \right|$$

$$\cos \sphericalangle(\varepsilon_{ABC}; \varepsilon_{BMC}) = \left| \frac{-9}{3 \cdot \sqrt{18}} \right| = \frac{3}{\sqrt{18}} = \frac{3}{3\sqrt{2}} = \frac{1}{\sqrt{2}} = \frac{1}{2}\sqrt{2}$$

$$\Rightarrow \quad \sphericalangle(\varepsilon_{ABC}; \varepsilon_{BMC}) = 45°$$

j) **Richtungsvektoren der Geraden AC und DH:**

AC: $\vec{a} = \begin{pmatrix} 1 \\ 4 \\ 1 \end{pmatrix}$

DH: $\vec{b} = \begin{pmatrix} 2 \\ -1 \\ 2 \end{pmatrix}$

$\vec{a} \circ \vec{b} = \begin{pmatrix} 1 \\ 4 \\ 1 \end{pmatrix} \circ \begin{pmatrix} 2 \\ -1 \\ 2 \end{pmatrix} = 0 \quad \Rightarrow \quad AC \perp DH$

k) **Ebene ε_{ADHE}:**

$$\vec{x} = \begin{pmatrix} 2 \\ -3 \\ -1 \end{pmatrix} + e \cdot \begin{pmatrix} -1 \\ 2 \\ 2 \end{pmatrix} + f \cdot \begin{pmatrix} 2 \\ -1 \\ 2 \end{pmatrix}$$

$\vec{n} = \begin{pmatrix} 6 \\ 6 \\ -3 \end{pmatrix} \triangleq \begin{pmatrix} 2 \\ 2 \\ -1 \end{pmatrix}$ Normalenvektor $\vec{n}$ der Ebene ε_{ADHE}

Mittelpunkt der Fläche ADHE:

Gerade AH: $\vec{x} = \begin{pmatrix} 2 \\ -3 \\ -1 \end{pmatrix} + k \cdot \begin{pmatrix} 1 \\ 1 \\ 4 \end{pmatrix}$ ⎫

Gerade DE: $\vec{x} = \begin{pmatrix} 1 \\ -1 \\ 1 \end{pmatrix} + \ell \cdot \begin{pmatrix} 3 \\ -3 \\ 0 \end{pmatrix}$ ⎬ Diagonalen der Fläche ADHE

I $2 + k = 1 + 3\ell \quad \Rightarrow \quad 2 + 0,5 = 1 + 3\ell \quad \Rightarrow \quad \ell = 0,5$
II $-3 + k = -1 - 3\ell$
III $-1 + 4k = 1 \quad \Rightarrow \quad 4k = 2 \quad \Rightarrow \quad k = 0,5$

Gerade AH: $\vec{x} = \begin{pmatrix} 2 \\ -3 \\ -1 \end{pmatrix} + 0,5 \cdot \begin{pmatrix} 1 \\ 1 \\ 4 \end{pmatrix} = \begin{pmatrix} 2,5 \\ -2,5 \\ 1 \end{pmatrix}$

$\Rightarrow \quad M(2,5 \mid -2,5 \mid 1)$ Mittelpunkt der Fläche ADHE
(Schnittpunkt der Diagonalen AH und DE)

Gerade g: $\vec{x} = \begin{pmatrix} 2,5 \\ -2,5 \\ 1 \end{pmatrix} + m \cdot \begin{pmatrix} 2 \\ 2 \\ -1 \end{pmatrix}$ Gerade g senkrecht zu ε_{ADHE} durch den Mittelpunkt der Fläche ADHE

2. $\overrightarrow{AB} = \begin{pmatrix} -a^2+5 \\ 5-a^2 \\ -3-4 \end{pmatrix}$; $|\overrightarrow{AB}| = 9$ LE

$$\sqrt{(-a^2+5)^2 + (5-a^2)^2 + (-7)^2} = 9$$
$$\sqrt{a^4 - 10a^2 + 25 + 25 - 10a^2 + a^4 + 49} = 9$$
$$\sqrt{2a^4 - 20a^2 + 99} = 9$$
$$2a^4 - 20a^2 + 99 = 81$$
$$2a^4 - 20a^2 + 18 = 0$$
$$a^4 - 10a^2 + 9 = 0$$

Substitution:
$a^2 = z$
$z^2 - 10z + 9 = 0$
$z_1 = 9$; $z_2 = 1$
$a_1 = +3$; $a_2 = -3$; $a_3 = 1$; $a_4 = -1$

3. Drei oder mehr Vektoren heißen komplanar, wenn es Repräsentanten dieser Vektoren gibt, die in **einer** Ebene liegen. Ist das nicht der Fall, heißen die Vektoren nicht komplanar.

   a) nicht komplanar

   b) komplanar

   c) nicht komplanar

   d) nicht komplanar

   e) komplanar

   f) komplanar

4. a) $\vec{n} = \begin{pmatrix} 0 \\ 1 \\ 0 \end{pmatrix} \times \begin{pmatrix} 3 \\ 0 \\ 4 \end{pmatrix} = \begin{pmatrix} 4 \\ 0 \\ -3 \end{pmatrix}$

   $d = \begin{pmatrix} 4 \\ 0 \\ -3 \end{pmatrix} \circ \begin{pmatrix} 3 \\ 0 \\ 0 \end{pmatrix} = 12$

   $\Rightarrow$ Koordinatenform der Ebenengleichung: $4x - 3z = 12$

   b) $g: \vec{x} = \begin{pmatrix} 3 \\ 0 \\ 0 \end{pmatrix} + t \cdot \begin{pmatrix} 4 \\ 0 \\ -3 \end{pmatrix}$; mit $\begin{pmatrix} 3 \\ 0 \\ 0 \end{pmatrix}$ Ortsvektor der Ebene ε und

   $\begin{pmatrix} 4 \\ 0 \\ -3 \end{pmatrix}$ Normalenvektor der Ebene ε

   c) Abstand $\varepsilon - O = \dfrac{|d|}{|\vec{n}|} = \dfrac{12}{\sqrt{16+9}} = \dfrac{12}{5} = 2{,}4$ LE

5. a) $$x^2 + 8 + y^2 - 2y = -3x + 4$$
$$x^2 + 3x + y^2 - 2y = 4 - 8$$
$$x^2 + 3x + \frac{9}{4} + y^2 - 2y + 1 = 4 - 8 + \frac{9}{4} + 1 \quad \text{quadratische Ergänzung}$$
$$\left(x + \frac{3}{2}\right)^2 + (y-1)^2 = -\frac{3}{4}$$

keine Kreisgleichung, da $(x-a)^2 + (y-b)^2 = r^2$

$r^2 = -\frac{3}{4}$; d. h. $r^2 < 0$ nicht möglich

b) $$x^2 - 3y + 4 = 4x - y^2$$
$$x^2 - 4x + y^2 - 3y = -4$$
$$x^2 - 4x + 4 + y^2 - 3y + \frac{9}{4} = -4 + 4 + \frac{9}{4} \quad \text{quadratische Ergänzung}$$
$$(x-2)^2 + \left(y - \frac{3}{2}\right)^2 = \frac{9}{4}$$

Kreis $M\left(2 \,\middle|\, \frac{3}{2}\right)$; $r = \frac{3}{2}$ LE

6. Tangenten von **einem** Punkt an einen Kreis sind gleich lang.

Voraussetzung:
$\overline{AP_1} = \overline{AP_4} = a$
$\overline{BP_1} = \overline{BP_2} = b$
$\overline{CP_2} = \overline{CP_3} = c$
$\overline{DP_3} = \overline{DP_4} = d$

Behauptung:
$\overline{AB} + \overline{CD} = \overline{AD} + \overline{BC}$

Beweis:
$a + b + c + d = a + d + b + c$

Tangentenviereck:
Viereck mit Inkreis; d. h. Seiten des Vierecks sind Tangenten des Inkreises.
In einem Tangentenviereck ist die Summe gegenüberliegender Seiten gleich groß.

Übungsaufgaben zum Prüfungsteil A0
Pflichtaufgaben ohne Rechenhilfsmittel – Stochastik

1. In einer Runde mit 4 Frauen und 6 Männern werden drei Reisen verlost. Der Gewinner einer Reise scheidet für die weitere Verlosung aus. Wie groß ist die Wahrscheinlichkeit dafür
   a) dass ein Mann und zwei Frauen,
   b) dass zwei Männer und eine Frau die Reisen gewinnen?

2. Zum Bestehen eines Examens ist es erforderlich, von drei Teilprüfungen A; B; C mindestens zwei zu bestehen. Für die Teilprüfungen bestehen folgende Wahrscheinlichkeiten fürs Bestehen:
   $P(A) = \frac{4}{5}$; $P(B) = \frac{2}{3}$; $P(C) = \frac{9}{10}$
   Mit welcher Wahrscheinlichkeit kommt ein Prüfling erfolgreich durchs Examen?

3. Ein Prüfling erhält von drei Prüfern je eine Frage. Der erste Prüfer hat zwei leichte und drei schwere Fragen, der zweite eine schwere und zwei leichte, der dritte vier leichte und drei schwere Fragen. Die Fragen werden gelost. Mit welcher Wahrscheinlichkeit erhält der Prüfling
   a) nur leichte Fragen,
   b) nur schwere Fragen?

4. Aus einem Schülerrat (4 Jungen, 2 Mädchen) werden nacheinander der Vorsitzende und ein Stellvertreter ausgelost. Mit welcher Wahrscheinlichkeit wird
   a) ein Mädchen Vorsitzende und ein Junge Stellvertreter,
   b) ein Junge Vorsitzender und ein Mädchen Stellvertreterin?

5. Ein Glücksrad hat 5 verschieden große Sektoren mit unterschiedlichen Werten:

Winkel	120°	90°	72°	60°	18°
Wert	15	20	25	30	40

   Berechnen Sie den Erwartungswert.

6. Drei unterscheidbare Münzen werden gleichzeitig geworfen. Als Zufallsgröße gilt das Quadrat der Anzahl der gezeigten Wappen. Berechnen Sie den Erwartungswert der Zufallsgröße.

7. Ein Glücksspielautomat hat zwei Räder, die durch Hebeldruck in Bewegung gesetzt werden („einarmiger Bandit"). Auf dem Umfang jeden Rades sind 10 Bilder (6 Birnen; 3 Kirschen; 1 Apfel). Bei Stillstand wird auf jedem Rad ein Bild sichtbar. Gewonnen wird bei zwei gleichen Bildern:
   2 Birnen   Gewinn: 0,10 €
   2 Kirschen Gewinn: 0,50 €
   2 Äpfel   Gewinn: 1,00 €
   Der Einsatz pro Spiel beträgt 0,20 €. Berechnen Sie den Erwartungswert. Ist das Spiel empfehlenswert?

8. In einem Ostseebad leben während der Hauptsaison dreimal so viele Urlauber wie Einheimische. 80 % der Einheimischen, aber nur 30 % der Urlauber können schwimmen. Mit welcher Wahrscheinlichkeit handelt es sich bei einem Schwimmer um einen Einheimischen?

9. In einer Urne sind 4 rote und 6 blaue gleichartige Kugeln. Es werden 3 Kugeln gezogen.
   (1) mit Zurücklegen   (2) ohne Zurücklegen
   Berechnen Sie die Wahrscheinlichkeiten folgender Ereignisse:
   a) eine Kugel ist blau, zwei Kugeln sind rot
   b) alle Kugeln sind rot
   c) höchstens eine Kugel ist blau

Lösung

1.

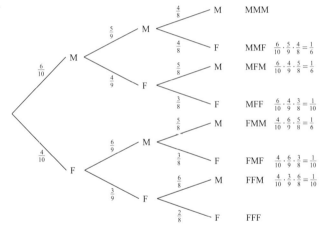

a) $P(E_1) = P(\{(MFF); (FMF); (FFM)\}) = \dfrac{1}{10} + \dfrac{1}{10} + \dfrac{1}{10} = \dfrac{3}{10} = 0,3 \mathrel{\hat{=}} 30\,\%$

b) $P(E_2) = P(\{(MMF); (MFM); (FMM)\}) = \dfrac{1}{6} + \dfrac{1}{6} + \dfrac{1}{6} = \dfrac{1}{2} = 0,5 \mathrel{\hat{=}} 50\,\%$

2.

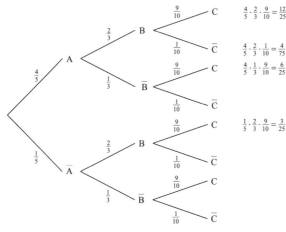

$$P(E) = \frac{12}{25} + \frac{4}{75} + \frac{6}{25} + \frac{3}{25} = \frac{67}{75}$$

3. a) $\dfrac{2 \cdot 2 \cdot 4}{5 \cdot 3 \cdot 7} = \dfrac{16}{105}$

   b) $\dfrac{3 \cdot 1 \cdot 3}{5 \cdot 3 \cdot 7} = \dfrac{9}{105}$

4.

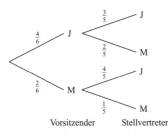

Vorsitzender   Stellvertreter

a) $P(E_1) = P(\{(\text{Mädchen Vorsitzende; Junge Stellvertreter})\})$
   $= \dfrac{2}{6} \cdot \dfrac{4}{5} = \dfrac{4}{15}$

b) $P(E_2) = P(\{(\text{Junge Vorsitzender; Mädchen Stellvertreterin})\})$
   $= \dfrac{4}{6} \cdot \dfrac{2}{5} = \dfrac{4}{15}$

5. $E(X) = \dfrac{1}{3} \cdot 15 + \dfrac{1}{4} \cdot 20 + \dfrac{1}{5} \cdot 25 + \dfrac{1}{6} \cdot 30 + \dfrac{1}{20} \cdot 40 = 22$

6.

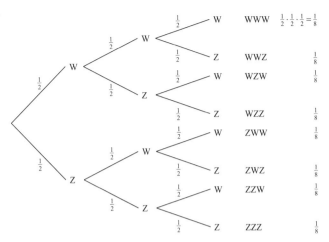

Anzahl der Wappen	0	1	2	3
Quadrat der Wappenanzahl	0	1	4	9
Wahrscheinlichkeit	$\frac{1}{8}$	$\frac{3}{8}$	$\frac{3}{8}$	$\frac{1}{8}$

$$E(X) = 0 \cdot \frac{1}{8} + 1 \cdot \frac{3}{8} + 4 \cdot \frac{3}{8} + 9 \cdot \frac{1}{8} = 3$$

7.

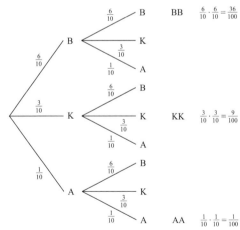

$$E(X) = \frac{36}{100} \cdot 0{,}10 + \frac{9}{100} \cdot 0{,}50 + \frac{1}{100} \cdot 1 = 0{,}091$$
$$0{,}091 - 0{,}20 = -0{,}109$$

Das Spiel ist **nicht** empfehlenswert, da auf lange Sicht ein Verlust von etwa 0,11 €/Spiel zu erwarten ist.

8. Legende:
   E – Einheimischer   U – Urlauber   S – Schwimmer   NS – Nichtschwimmer

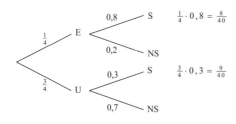

$$P_S(E) = \frac{P(E \cap S)}{P(S)} \;\Rightarrow\; P_S(E) = \frac{\frac{8}{40}}{\frac{8}{40} + \frac{9}{40}} = \frac{8}{17}$$

9. $P(\text{rot}) = \frac{4}{10} = \frac{2}{5}$ $\quad P(\text{blau}) = \frac{6}{10} = \frac{3}{5}$

   a) $P(E) = P(rrb) + P(rbr) + P(brr)$
      (1) $P(E) = \frac{2}{5} \cdot \frac{2}{5} \cdot \frac{3}{5} + \frac{2}{5} \cdot \frac{3}{5} \cdot \frac{2}{5} + \frac{3}{5} \cdot \frac{2}{5} \cdot \frac{2}{5} = 3 \cdot \frac{12}{125} = \frac{36}{125}$
      (2) $P(E) = \frac{2}{5} \cdot \frac{3}{9} \cdot \frac{6}{8} + \frac{2}{5} \cdot \frac{6}{9} \cdot \frac{3}{8} + \frac{3}{5} \cdot \frac{4}{9} \cdot \frac{3}{8} = 3 \cdot \frac{36}{360} = \frac{3}{10}$

   b) $P(E) = P(rrr)$
      (1) $P(E) = \frac{2}{5} \cdot \frac{2}{5} \cdot \frac{2}{5} = \frac{8}{125}$
      (2) $P(E) = \frac{2}{5} \cdot \frac{3}{9} \cdot \frac{2}{8} = \frac{1}{30}$

   c) $P(E) = P(rrr) + P(rrb) + P(rbr) + P(brr)$
      Mit den Ergebnissen aus a und b ergibt sich:
      (1) $P(E) = \frac{2}{5} \cdot \frac{2}{5} \cdot \frac{2}{5} + \frac{2}{5} \cdot \frac{2}{5} \cdot \frac{3}{5} + \frac{2}{5} \cdot \frac{3}{5} \cdot \frac{2}{5} + \frac{3}{5} \cdot \frac{2}{5} \cdot \frac{2}{5} = \frac{8}{125} + \frac{36}{125} = \frac{44}{125}$
      (2) $P(E) = \frac{2}{5} \cdot \frac{3}{9} \cdot \frac{2}{8} + \frac{2}{5} \cdot \frac{3}{9} \cdot \frac{6}{8} + \frac{2}{5} \cdot \frac{6}{9} \cdot \frac{3}{8} + \frac{3}{5} \cdot \frac{4}{9} \cdot \frac{3}{8} = \frac{1}{30} + \frac{3}{10} = \frac{10}{30} = \frac{1}{3}$

Übungsaufgaben zum Prüfungsteil A
Pflichtaufgaben ohne CAS

A 1 Analysis

1 Gegeben ist eine Funktion f durch die Gleichung

$$f(x) = (x-2) \cdot \left(-\frac{1}{8}x^2 - \frac{5}{8}x - \frac{5}{4}\right) \text{ mit } x \in \mathbb{R}.$$

Der Graph der Funktion f ist K (siehe Abbildung).

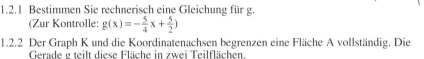

1.1 Begründen Sie, dass K nicht symmetrisch zur y-Achse ist. Berechnen Sie die Koordinaten des Wendepunktes.

1.2 Eine Gerade g verläuft durch die Schnittpunkte von K mit den Koordinatenachsen.

1.2.1 Bestimmen Sie rechnerisch eine Gleichung für g.
(Zur Kontrolle: $g(x) = -\frac{5}{4}x + \frac{5}{2}$)

1.2.2 Der Graph K und die Koordinatenachsen begrenzen eine Fläche A vollständig. Die Gerade g teilt diese Fläche in zwei Teilflächen.
Ermitteln Sie das Verhältnis der Inhalte beider Teilflächen zueinander.

A 2 Analytische Geometrie

2 Durch die Punkte A(2|–1|0), B(8|5|0), C(5|2|5), D(–2|3|0), E(4|9|0) und F(1|6|5) ist ein Prisma gegeben.

2.1 Zeichnen Sie das Prisma in ein kartesisches Koordinatensystem.

2.2 Weisen Sie die Gültigkeit folgender Aussagen nach.
• Die Fläche BEFC ist ein Rechteck.
• Das Prisma ist gerade.

2.3 Berechnen Sie das Volumen des Prismas.

A 3 Stochastik

3 In einer Stadt sind erfahrungsgemäß 4 % der Fahrgäste in der Straßenbahn Schwarzfahrer. Im Durchschnitt werden dort 8 % aller Fahrgäste kontrolliert.

3.1 Ermitteln Sie die Wahrscheinlichkeit dafür, dass von zwei beliebigen Fahrgästen mindestens einer kontrolliert wird.

3.2 Ein beliebiger Fahrgast wird kontrolliert und ist Schwarzfahrer.
Ermitteln Sie die Wahrscheinlichkeit dieses Ereignisses.

3.3 Berechnen Sie die Wahrscheinlichkeiten der Ereignisse.
A: Unter 50 Fahrgästen befindet sich kein Schwarzfahrer.
B: Unter 50 Fahrgästen befindet sich mindestens ein Schwarzfahrer.
C: Unter 50 Fahrgästen befindet sich genau ein Schwarzfahrer.

3.4 Wie viele Schwarzfahrer sind unter 50 Fahrgästen auf lange Sicht durchschnittlich zu erwarten?
Bestimmen Sie die Wahrscheinlichkeit für diesen Fall.

Quelle: Abiturprüfung 2007 Grundkurs Mathematik (Mecklenburg-Vorpommern) Pflichtteil

Hinweise und Tipps

Teilaufgabe 1.1
Symmetrie
- Für die Symmetrie des Graphen K einer Funktion f(x) zur y-Achse (Axialsymmetrie) gilt:
Funktion f(x) ist gerade, d. h. alle Exponenten der Variablen x sind geradzahlig: $f(x) = f(-x)$
- Für die Symmetrie des Graphen K einer Funktion f(x) zum Koordinatenursprung (Punktsymmetrie) gilt:
Funktion f(x) ist ungerade, d. h. alle Exponenten der Variablen x sind ungeradzahlig: $f(-x) = -f(x)$

Wendepunkt
- Jeder Punkt P im Koordinatensystem der Ebene hat eine x- und eine y-Koordinate: $P(x|y)$
$\Rightarrow W(x_W | f(x_W))$
- Für einen Wendepunkt W des Graphen K einer Funktion f mit f(x) gilt:
$f''(x_W) = 0$ notwendige Bedingung
$f''(x_W) = 0$ und $f'''(x_W) \neq 0$ hinreichende Bedingung

Teilaufgabe 1.2.1
Schnittpunkte
- Die Anzahl der Schnittpunkte des Graphen K einer Funktion f mit der x-Achse entspricht maximal dem Grad der Funktion (Grad der Funktion $\triangleq$ höchste Potenz der Variablen im Funktionsterm).
- Für die Schnittpunkte des Graphen K der Funktion f mit der x-Achse gilt:
$f(x) = y = 0 \Rightarrow S_x(x|0)$
- Der Graph K einer Funktion f hat mit der y-Achse maximal einen Schnittpunkt.
- Für den Schnittpunkt des Graphen K der Funktion f mit der y-Achse gilt:
$x = 0 \Rightarrow S_y(0|y)$
- Die y-Koordinate des Schnittpunktes S_y entspricht dem absoluten Glied des Funktionsterms der Funktion f.

Geradengleichung
- Für die Gerade durch die Punkte $P_1(x_1|y_1)$ und $P_2(x_2|y_2)$ gilt die Zweipunktegleichung:
$y - y_1 = \dfrac{y_2 - y_1}{x_2 - x_1} \cdot (x - x_1)$ mit $x_1 \neq x_2$

- Die Gleichung einer Geraden g kann auch mithilfe der kartesischen Normalform der Geradengleichung ermittelt werden:
$y = mx + n$
Anstieg: $m = \dfrac{y_2 - y_1}{x_2 - x_1}$ mit $x_1 \neq x_2$
Absolutglied: $n = $ y-Koordinate des Schnittpunktes der Geraden mit der y-Achse

Teilaufgabe 1.2.2
Flächeninhaltsberechnung
Flächeninhalte zwischen dem Graphen einer Funktion und der x-Achse, die geradlinig begrenzt werden, können elementargeometrisch berechnet werden. Flächeninhalte zwischen dem Graphen einer Funktion und der x-Achse bzw. zwischen den Graphen zweier oder mehrerer Funktionen, die nicht geradlinig begrenzt werden, können mithilfe der Integralrechnung ermittelt werden.

Fläche oberhalb der x-Achse: $A = \int_a^b f(x)\,dx$, Fläche unterhalb der x-Achse: $A = \left| \int_a^b f(x)\,dx \right|$,

Fläche zwischen den Graphen der Funktionen f mit f(x) und g mit g(x):

$$A = \left| \int_a^b [f(x) - g(x)]\,dx \right|$$

Die Integrationsgrenzen a und b ergeben sich aus der Aufgabenstellung – Schnittpunkte des Graphen K mit den Koordinatenachsen $\hat{=}$ Schnittpunkte des Graphen K mit der Geraden g.

Bestimmtes Integral
Der Wert des bestimmten Integrals ist eine Maßzahl für den Flächeninhalt und kann nach dem Hauptsatz der Differenzial- und Integralrechung berechnet werden.

$$\int_a^b f(x)\,dx = F(b) - F(a)$$

Stammfunktion
Regel zum Bilden der Stammfunktion:

$$f(x) = x^n \;\Rightarrow\; F(x) = \int x^n\,dx = \frac{1}{n+1} x^{n+1} + c;\; n \in \mathbb{R};\, n \neq -1$$

Teilaufgabe 2.1
Räumliches kartesisches Koordinatensystem
Für die Punkte A bis F sind jeweils x-, y- und z-Koordinate angegeben, d. h. es sind Punkte im Raum – ein Prisma ist ein dreidimensionaler Körper.

In einem räumlichen kartesischen Koordinatensystem sind die x-, die y- und die z-Achse paarweise senkrecht zueinander und haben gleiche Einheiten.

Die Darstellung im räumlichen kartesischen Koordinatensystem erfolgt unter Beachtung des Verzerrungswinkels $\alpha = 45°$ und des Verkürzungsfaktors $q = \frac{1}{2}\sqrt{2}$ oder $q = \frac{1}{2}$. Sichtbare und unsichtbare Kanten des Körpers werden unterschiedlich (durchgezogene bzw. gestrichelte Linie) dargestellt.

Teilaufgabe 2.2
Rechteck
Ein Rechteck ist ein Parallelogramm mit einem rechten Winkel.
Merkmale:
a) Die Eckpunkte liegen in einer Ebene.
b) Alle Winkel sind rechte Winkel.
c) Die Gegenseiten sind gleich lang und zueinander parallel.
d) Die Diagonalen halbieren einander.
e) Benachbarte Seiten sind nicht gleich lang.

Gerades Prisma
- Ein Prisma wird durch folgende Flächen begrenzt:
  - von zwei kongruenten n-Ecken, die in parallelen Ebenen liegen (Grund- und Deckfläche), z. B. zwei kongruente Dreiecke
  - von n Parallelogrammen (Seitenflächen), z. B. drei Rechtecke
- Ein Prisma heißt gerade, wenn alle Seitenkanten senkrecht auf der Grundfläche stehen.

Teilaufgabe 2.3

Volumen eines Prismas
- Allgemein gilt: Volumen = Grundfläche · Höhe
$$V = A_G \cdot h$$

Teilaufgabe 3.1

Baumdiagramm
- Ein Bernoulli-Experiment ist ein Zufallsexperiment mit genau zwei möglichen Ergebnissen.
- Die Aufgabenstellung stellt ein zweistufiges Bernoulli-Experiment dar:
1. Stufe – erster Fahrgast
2. Stufe – zweiter Fahrgast
Ergebnis 1 – Fahrgast wird kontrolliert
Ergebnis 2 – Fahrgast wird nicht kontrolliert
- Für die Darstellung dieses Zusammenhangs bietet sich ein zweistufiges Baumdiagramm an.

Wahrscheinlichkeit
- An den Zweigen des Baumdiagramms werden die dazugehörigen Wahrscheinlichkeiten entsprechend der Verzweigungsregel notiert.
- Die Berechnung der Wahrscheinlichkeitsverteilung erfolgt entsprechend der Produktregel (erste Pfadregel), die Berechnung der Wahrscheinlichkeit des angegebenen Ereignisses entsprechend der Summenregel (zweite Pfadregel) bzw. mithilfe der Wahrscheinlichkeit des Gegenereignisses.
- Kontrollmöglichkeit: Summe aller Pfadwahrscheinlichkeiten ist immer 1.

Teilaufgabe 3.2

Baumdiagramm
- Auch diese Teilaufgabe stellt ein zweistufiges Bernoulli-Experiment dar:
1. Stufe – Ergebnis 1 – Fahrgast wird kontrolliert
         Ergebnis 2 – Fahrgast wird nicht kontrolliert
2. Stufe – Ergebnis 1 – Schwarzfahrer
         Ergebnis 2 – kein Schwarzfahrer

Teilaufgabe 3.3

Bernoulli-Kette
- Eine n-fache Realisierung eines Bernoulli-Experiments mit der Erfolgswahrscheinlichkeit p heißt Bernoulli-Kette der Länge n und mit der Erfolgswahrscheinlichkeit p ($B_{n;\,p}$).
- Bei einer solchen Bernoulli-Kette beträgt die Wahrscheinlichkeit für genau k-mal Erfolg:
$$B_{n;\,p}(\{k\}) = \binom{n}{k} \cdot p^k \cdot (1-p)^{n-k}$$

Teilaufgabe 3.4

Erwartungswert
- Eine binomialverteilte Zufallsgröße $X \sim B_{n;\,p}$ besitzt den Erwartungswert $E(X) = n \cdot p$.

Lösung

A 1 Analysis

$$f(x) = (x-2) \cdot \left(-\frac{1}{8}x^2 - \frac{5}{8}x - \frac{5}{4}\right) \quad \text{mit} \quad x \in \mathbb{R}$$

1.1 Symmetrie

$$f(x) = -\frac{1}{8}x^3 - \frac{5}{8}x^2 - \frac{5}{4}x + \frac{1}{4}x^2 + \frac{5}{4}x + \frac{5}{2}$$

$$f(x) = -\frac{1}{8}x^3 - \frac{3}{8}x^2 + \frac{5}{2}$$

Nur die Graphen gerader Funktionen sind symmetrisch zur y-Achse, d. h. **alle** Exponenten der Variablen im Funktionsterm müssen geradzahlig sein.
Daher ist der Graph der Funktion f **nicht** axialsymmetrisch.

Oder:

$f(x) = f(-x)$?

$$f(-x) = -\frac{1}{8}(-x)^3 - \frac{3}{8}(-x)^2 + \frac{5}{2}$$

$$f(-x) = \frac{1}{8}x^3 - \frac{3}{8}x^2 + \frac{5}{2}$$

$\Rightarrow f(x) \neq f(-x) \quad \Rightarrow$ Graph der Funktion f ist nicht symmetrisch zur y-Achse

Wendepunkt

$$f(x) = -\frac{1}{8}x^3 - \frac{3}{8}x^2 + \frac{5}{2}$$

Potenzregel: $\quad f(x) = x^n \Rightarrow f'(x) = n \cdot x^{n-1}$
Summenregel: $\quad s(x) = u(x) + v(x) \Rightarrow s'(x) = u'(x) + v'(x)$

$$f'(x) = -\frac{3}{8}x^2 - \frac{3}{4}x$$

$$f''(x) = -\frac{3}{4}x - \frac{3}{4}$$

$f''(x) = 0 \quad \Rightarrow \quad -\frac{3}{4}x - \frac{3}{4} = 0$

$$-\frac{3}{4}x = \frac{3}{4}$$

$$x = -1$$

$f'''(x) = -\frac{3}{4} \quad \Rightarrow \quad f'''(x) \neq 0 \quad \Rightarrow \quad x = -1$ Wendestelle

$$f(-1) = (-1-2) \cdot \left[-\frac{1}{8} \cdot (-1)^2 - \frac{5}{8} \cdot (-1) - \frac{5}{4}\right] = \frac{9}{4}$$

Oder:

$$f(-1) = -\frac{1}{8} \cdot (-1)^3 - \frac{3}{8} \cdot (-1)^2 + \frac{5}{2} = \frac{9}{4}$$

Wendepunkt $W\left(-1 \mid \frac{9}{4}\right)$

1.2.1 Schnittpunkt von K mit der x-Achse: S_x
Bedingung: $f(x)=0$

$$(x-2)\cdot\left(-\frac{1}{8}x^2-\frac{5}{8}x-\frac{5}{4}\right)=0$$

Ein Produkt ist genau dann gleich null, wenn mindestens ein Faktor gleich null ist.

$x-2=0 \Rightarrow x_1=2$

$-\frac{1}{8}x^2-\frac{5}{8}x-\frac{5}{4}=0 \quad |\cdot(-8)$

$x^2+5x+10=0$

$x^2+px+q=0 \Rightarrow x_{1;2}=-\frac{p}{2}\pm\sqrt{\left(\frac{p}{2}\right)^2-q}$

$x_{2;3}=-\frac{5}{2}\pm\sqrt{\frac{25}{4}-10}$

$x_{2;3}=-\frac{5}{2}\pm\sqrt{-\frac{15}{4}}$ Radikand negativ $\Rightarrow$ keine Lösungen in $\mathbb{R}$

K hat nur einen Schnittpunkt mit der x-Achse: $S_x(2|0)$

Schnittpunkt von K mit der y-Achse: S_y
Bedingung: $x=0$

$f(0)=(-2)\cdot\left(-\frac{5}{4}\right)=\frac{5}{2} \Rightarrow S_y\left(0\left|\frac{5}{2}\right.\right)$

Geradengleichung: g
Zweipunktegleichung: $(y-y_1)\cdot(x_2-x_1)=(x-x_1)\cdot(y_2-y_1)$

$P_1 \triangleq S_x; P_2 \triangleq S_y$

$(y-0)(0-2)=(x-2)\left(\frac{5}{2}-0\right)$

$-2y=\frac{5}{2}x-5 \quad |:(-2)$

$g(x)=-\frac{5}{4}x+\frac{5}{2}$

Oder:

Kartesische Normalform: $y=mx+n$

$m=\frac{y_2-y_1}{x_2-x_1} \Rightarrow m=\frac{\frac{5}{2}-0}{0-2}=-\frac{5}{4}$

$n=$ y-Koordiante von S_y

$\Rightarrow n=\frac{5}{2}$

$g(x)=-\frac{5}{4}x+\frac{5}{2}$

1.2.2

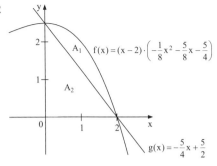

A_1 – Fläche zwischen den Graphen der Funktionen f und g

$$A_1 = \int_0^2 [f(x) - g(x)]\,dx = \int_0^2 \left[-\frac{1}{8}x^3 - \frac{3}{8}x^2 + \frac{5}{2} - \left(-\frac{5}{4}x + \frac{5}{2}\right)\right] dx$$

$$= \int_0^2 \left[-\frac{1}{8}x^3 - \frac{3}{8}x^2 + \frac{5}{4}x\right] dx = \left[-\frac{1}{32}x^4 - \frac{1}{8}x^3 + \frac{5}{8}x^2\right]_0^2 = -\frac{1}{2} - 1 + 2\frac{1}{2}$$

$A_1 = 1\,\text{FE}$

A_2 – rechtwinkliges Dreieck, Fläche zwischen dem Graphen der Funktion g und den Koordinatenachsen

$$A_2 = \frac{1}{2} \cdot g \cdot h \;\Rightarrow\; A_2 = \frac{1}{2} \cdot 2 \cdot \frac{5}{2} = \frac{5}{2}\,\text{FE}$$

Verhältnis der Inhalte beider Teilflächen

$$\frac{A_1}{A_2} = \frac{1}{\frac{5}{2}} = \frac{2}{5} = 2 : 5$$

A 2 Analytische Geometrie

A(2|–1|0); B(8|5|0); C(5|2|5); D(–2|3|0); E(4|9|0); F(1|6|5)

2.1 **Darstellung des Prismas im räumlichen kartesischen Koordinatensystem**

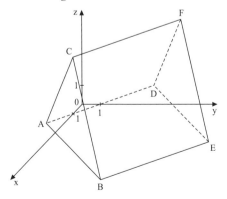

2.2 Die Fläche BEFC ist ein Rechteck
Die Eckpunkte liegen in einer Ebene

$$\varepsilon_{BEF}: \vec{x} = \begin{pmatrix} 4 \\ 9 \\ 0 \end{pmatrix} + s \cdot \begin{pmatrix} 4 \\ -4 \\ 0 \end{pmatrix} + t \cdot \begin{pmatrix} -3 \\ -3 \\ 5 \end{pmatrix}$$
$$\quad\quad\quad\;\, \overrightarrow{OE} \quad\quad \overrightarrow{EB} \quad\quad \overrightarrow{EF}$$

Punktprobe für Punkt C:

$$\begin{pmatrix} 5 \\ 2 \\ 5 \end{pmatrix} = \begin{pmatrix} 4 \\ 9 \\ 0 \end{pmatrix} + s \cdot \begin{pmatrix} 4 \\ -4 \\ 0 \end{pmatrix} + t \cdot \begin{pmatrix} -3 \\ -3 \\ 5 \end{pmatrix}$$

I $\quad 5 = 4 + 4s - 3t$
II $\quad 2 = 9 - 4s - 3t$
III $\quad \underline{5 = \quad\quad\quad 5t} \quad \Rightarrow \quad t = 1$
I $\quad 5 = 4 + 4s - 3 \quad \Rightarrow \quad 4 = 4s \quad \Rightarrow \quad s = 1$

I $\quad 5 = 4 + 4 - 3 \quad \Rightarrow \quad 5 = 5$ **w.A.**
II $\quad 2 = 9 - 4 - 3 \quad \Rightarrow \quad 2 = 2$ **w.A.**
III $\quad 5 = 5$ **w.A.**

$\Rightarrow \; C \in \varepsilon_{BEF} \; \Rightarrow \;$ Die Eckpunkte liegen in einer Ebene.

Alle Winkel sind rechte Winkel
z. B. $BC \perp BE$

$$\overrightarrow{BC} = \begin{pmatrix} -3 \\ -3 \\ 5 \end{pmatrix}; \overrightarrow{BE} = \begin{pmatrix} -4 \\ 4 \\ 0 \end{pmatrix}$$

Das Skalarprodukt zueinander rechtwinkliger Vektoren ist null.

$$\begin{pmatrix} -3 \\ -3 \\ 5 \end{pmatrix} \circ \begin{pmatrix} -4 \\ 4 \\ 0 \end{pmatrix} = 12 - 12 + 0 = 0 \quad \Rightarrow \quad \overrightarrow{BC} \perp \overrightarrow{BE} \quad \Rightarrow \quad BC \perp BE$$

Entsprechend können auch die anderen rechten Winkel nachgewiesen werden.

Die Gegenseiten sind gleich lang
$\overline{BE} = \overline{CF}$

$$\overrightarrow{BE} = \begin{pmatrix} -4 \\ 4 \\ 0 \end{pmatrix}; \overrightarrow{CF} = \begin{pmatrix} -4 \\ 4 \\ 0 \end{pmatrix}$$

$\overrightarrow{BE} = \overrightarrow{CF} \; \Rightarrow \; |\overrightarrow{BE}| = |\overrightarrow{CF}| \; \Rightarrow \; \overline{BE} = \overline{CF}$

$\overline{BC} = \overline{EF}$

$$\overrightarrow{BC} = \begin{pmatrix} -3 \\ -3 \\ 5 \end{pmatrix}; \overrightarrow{EF} = \begin{pmatrix} -3 \\ -3 \\ 5 \end{pmatrix}$$

$\overrightarrow{BC} = \overrightarrow{EF} \; \Rightarrow \; |\overrightarrow{BC}| = |\overrightarrow{EF}| \; \Rightarrow \; \overline{BC} = \overline{EF}$

Die Gegenseiten sind parallel

siehe oben: $\overrightarrow{BE} = \overrightarrow{CF} \Rightarrow BE \parallel CF$

$\overrightarrow{BC} = \overrightarrow{EF} \Rightarrow BC \parallel EF$

Die Diagonalen halbieren einander

Mittelpunkt des Rechtecks BEFC: M(4,5 | 5,5 | 2,5)

$\overrightarrow{BM} = \begin{pmatrix} -3,5 \\ 0,5 \\ 2,5 \end{pmatrix}; \overrightarrow{MF} = \begin{pmatrix} -3,5 \\ 0,5 \\ 2,5 \end{pmatrix}; \overrightarrow{EM} = \begin{pmatrix} 0,5 \\ -3,5 \\ 2,5 \end{pmatrix}; \overrightarrow{MC} = \begin{pmatrix} 0,5 \\ -3,5 \\ 2,5 \end{pmatrix}$

$|\overrightarrow{BM}| = |\overrightarrow{MF}| = |\overrightarrow{EM}| = |\overrightarrow{MC}|$

$\Rightarrow$ Diagonalen $\overrightarrow{BF}$ und $\overrightarrow{EC}$ halbieren einander.

Benachbarte Seiten sind nicht gleich lang

$\overrightarrow{BC} = \begin{pmatrix} -3 \\ -3 \\ 5 \end{pmatrix} \Rightarrow |\overrightarrow{BC}| = \sqrt{9+9+25} = \sqrt{43}$ LE

$\overrightarrow{BE} = \begin{pmatrix} -4 \\ 4 \\ 0 \end{pmatrix} \Rightarrow |\overrightarrow{BE}| = \sqrt{16+16+0} = \sqrt{32}$ LE

$\Rightarrow |\overrightarrow{BC}| \neq |\overrightarrow{BE}| \Rightarrow \overrightarrow{BC} \neq \overrightarrow{BE}$

Entsprechend gilt $|\overrightarrow{CF}| \neq |\overrightarrow{FE}| \Rightarrow \overrightarrow{CF} \neq \overrightarrow{FE}$

$\Rightarrow$ Benachbarte Seiten sind nicht gleich lang.

Das Prisma ist gerade

$\overrightarrow{AB} = \begin{pmatrix} 6 \\ 6 \\ 0 \end{pmatrix}; \overrightarrow{BE} = \begin{pmatrix} -4 \\ 4 \\ 0 \end{pmatrix} \Rightarrow \overrightarrow{AB} \circ \overrightarrow{BE} = \begin{pmatrix} 6 \\ 6 \\ 0 \end{pmatrix} \circ \begin{pmatrix} -4 \\ 4 \\ 0 \end{pmatrix} = -24 + 24 + 0 = 0$

$\Rightarrow \overrightarrow{AB} \perp \overrightarrow{BE} \Rightarrow AB \perp BE$

$\overrightarrow{BC} = \begin{pmatrix} -3 \\ -3 \\ 5 \end{pmatrix}; \overrightarrow{CF} = \begin{pmatrix} -4 \\ 4 \\ 0 \end{pmatrix} \Rightarrow \overrightarrow{BC} \circ \overrightarrow{CF} = \begin{pmatrix} -3 \\ -3 \\ 5 \end{pmatrix} \circ \begin{pmatrix} -4 \\ 4 \\ 0 \end{pmatrix} = 12 - 12 + 0 = 0$

$\Rightarrow \overrightarrow{BC} \perp \overrightarrow{CF} \Rightarrow BC \perp CF$

$\overrightarrow{AC} = \begin{pmatrix} 3 \\ 3 \\ 5 \end{pmatrix}; \overrightarrow{AD} = \begin{pmatrix} -4 \\ 4 \\ 0 \end{pmatrix} \Rightarrow \overrightarrow{AC} \circ \overrightarrow{AD} = \begin{pmatrix} 3 \\ 3 \\ 5 \end{pmatrix} \circ \begin{pmatrix} -4 \\ 4 \\ 0 \end{pmatrix} = -12 + 12 + 0 = 0$

$\Rightarrow \overrightarrow{AC} \perp \overrightarrow{AD} \Rightarrow AC \perp AD$

Oder:

Grundfläche ABC

$\varepsilon_{ABC}: \vec{x} = \underbrace{\begin{pmatrix} 2 \\ -1 \\ 0 \end{pmatrix}}_{\overrightarrow{OA}} + u \cdot \underbrace{\begin{pmatrix} 6 \\ 6 \\ 0 \end{pmatrix}}_{\overrightarrow{AB}} + v \cdot \underbrace{\begin{pmatrix} 3 \\ 3 \\ 5 \end{pmatrix}}_{\overrightarrow{AC}}$

Normalenvektor $\vec{n}$ der Ebene ε_{ABC}:

$$\vec{n} = \begin{vmatrix} 6 & 6 & 0 \\ 3 & 3 & 5 \end{vmatrix} \begin{vmatrix} 6 & 6 \\ 3 & 3 \end{vmatrix} = \begin{pmatrix} 30 \\ -30 \\ 0 \end{pmatrix} \stackrel{\triangle}{=} \begin{pmatrix} 3 \\ -3 \\ 0 \end{pmatrix}$$

Normalenvektor $\vec{n}$ ist senkrecht zur Ebene ε_{ABC}.

$$\vec{BE} = \begin{pmatrix} -4 \\ 4 \\ 0 \end{pmatrix}; \vec{CF} = \begin{pmatrix} -4 \\ 4 \\ 0 \end{pmatrix}; \vec{AD} = \begin{pmatrix} -4 \\ 4 \\ 0 \end{pmatrix}$$

$$\vec{BE} = \vec{CF} = \vec{AD} = \left(-\frac{4}{3}\right)\vec{n}$$

$\Rightarrow \vec{BE} \parallel \vec{CF} \parallel \vec{AD} \parallel \vec{n}$
$\Rightarrow BE \parallel CF \parallel AD$ und $\quad BE \perp \varepsilon_{ABC}$
$\qquad\qquad\qquad\qquad\qquad\qquad CF \perp \varepsilon_{ABC}$
$\qquad\qquad\qquad\qquad\qquad\qquad AD \perp \varepsilon_{ABC}$

$\Rightarrow$ Seitenkanten senkrecht zur Grundfläche $\Rightarrow$ Prisma ist gerade

2.3 Volumen des Prismas
Grundfläche – Dreieck ABC

Lösungsweg 1

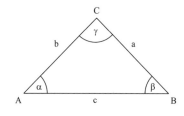

$\vec{AB} = \begin{pmatrix} 6 \\ 6 \\ 0 \end{pmatrix} \Rightarrow |\vec{AB}| = \sqrt{36+36+0} = \sqrt{72}$ LE = c

$\vec{AC} = \begin{pmatrix} 3 \\ 3 \\ 5 \end{pmatrix} \Rightarrow |\vec{AC}| = \sqrt{9+9+25} = \sqrt{43}$ LE = b

$\vec{BC} = \begin{pmatrix} -3 \\ -3 \\ 5 \end{pmatrix} \Rightarrow |\vec{BC}| = \sqrt{9+9+25} = \sqrt{43}$ LE = a

Umfang des Dreiecks: $u = \sqrt{72} + \sqrt{43} + \sqrt{43} \approx 21{,}6$ LE

Heronische Formel: $A_G = \sqrt{s \cdot (s-a) \cdot (s-b) \cdot (s-c)}; s = \frac{u}{2}$

$s = \frac{21{,}6}{2} = 10{,}8$ LE

$A_G = \sqrt{10{,}8 \cdot (10{,}8 - \sqrt{43}) \cdot (10{,}8 - \sqrt{43}) \cdot (10{,}8 - \sqrt{72})}$

$A_G = \sqrt{450}$ FE $\approx 21{,}21$ FE

Lösungsweg 2

$a = \sqrt{43}$ LE; $b = \sqrt{43}$ LE; $c = \sqrt{72}$ LE

$\cos\alpha = \frac{\vec{b} \circ \vec{c}}{|\vec{b}| \cdot |\vec{c}|} = \frac{\begin{pmatrix} 3 \\ 3 \\ 5 \end{pmatrix} \circ \begin{pmatrix} 6 \\ 6 \\ 0 \end{pmatrix}}{\sqrt{43} \cdot \sqrt{72}} = \frac{18+18+0}{\sqrt{43} \cdot \sqrt{72}}$

$\cos\alpha = \frac{36}{\sqrt{43} \cdot \sqrt{72}} \Rightarrow \alpha \approx 49{,}68°$

Dreieck ABC ist gleichschenklig $a = b \Rightarrow \alpha = \beta \Rightarrow \beta \approx 49{,}68°$

Innenwinkelsumme eines Dreiecks: $\alpha + \beta + \gamma = 180°$

$\gamma = 180° - \alpha - \beta$
$\gamma = 180° - 49,68° - 49,68°$
$\gamma \approx 80,64°$

$A_G = \frac{1}{2} \cdot b \cdot c \cdot \sin\alpha = \frac{1}{2} \cdot \sqrt{43} \cdot \sqrt{72} \cdot \sin 49,68° \approx 21,21 \text{ FE}$

Oder:
$A_G = \frac{1}{2} \cdot a \cdot c \cdot \sin\beta = \frac{1}{2} \cdot \sqrt{43} \cdot \sqrt{72} \cdot \sin 49,68° \approx 21,21 \text{ FE}$

Oder:
$A_G = \frac{1}{2} \cdot a \cdot b \cdot \sin\gamma = \frac{1}{2} \cdot \sqrt{43} \cdot \sqrt{43} \cdot \sin 80,64° \approx 21,21 \text{ FE}$

Lösungsweg 3
Durch die Vektoren $\overrightarrow{AB}$ und $\overrightarrow{AC}$ wird die Fläche eines Parallelogramms aufgespannt. Der Betrag des zu dieser Ebene gehörenden Normalenvektors ist ein Maß für den Flächeninhalt dieses Parallelogramms.
$\Rightarrow$ Die Fläche des Dreiecks ABC ist genau halb so groß wie die Fläche des Parallelogramms.

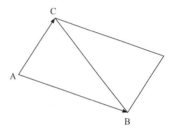

$\overrightarrow{AB} = \begin{pmatrix} 6 \\ 6 \\ 0 \end{pmatrix}; \overrightarrow{AC} = \begin{pmatrix} 3 \\ 3 \\ 5 \end{pmatrix}$

$\overrightarrow{AB} \times \overrightarrow{AC} = \begin{pmatrix} 6 \\ 6 \\ 0 \end{pmatrix} \times \begin{pmatrix} 3 \\ 3 \\ 5 \end{pmatrix} = \begin{vmatrix} 6 & 6 & 0 \\ 3 & 3 & 5 \end{vmatrix} \begin{vmatrix} 6 & 6 \\ 3 & 3 \end{vmatrix} = \begin{pmatrix} 30 \\ -30 \\ 0 \end{pmatrix} = \vec{n}$

$|\vec{n}| = \sqrt{30^2 + (-30)^2 + 0^2} = \sqrt{900 + 900} = \sqrt{1800}$

$A_G = \frac{1}{2}\sqrt{1800} \approx 21,21 \text{ FE}$

Höhe des Prismas

$\overrightarrow{BE} = \begin{pmatrix} -4 \\ 4 \\ 0 \end{pmatrix} \Rightarrow |\overrightarrow{BE}| = \sqrt{16 + 16} = \sqrt{32} \text{ LE} = h$

Volumen des Prismas

$V = A_G \cdot h \Rightarrow V = \frac{1}{2} \cdot \sqrt{1800} \cdot \sqrt{32} = \frac{1}{2} \cdot \sqrt{57600} = \frac{1}{2} \cdot 240$
$V = 120 \text{ VE}$

A 3 Stochastik

4 % der Fahrgäste sind Schwarzfahrer.
8 % aller Fahrgäste werden kontrolliert.

3.1 Verzweigungsregel Die Summe der Wahrscheinlichkeiten an den von ein und demselben Verzweigungspunkt ausgehenden Ästen beträgt immer 1.

Produktregel Die Wahrscheinlichkeit eines atomaren Ereignisses (Elementarereignis – Ereignis mit nur einem Ergebnis) ist gleich dem Produkt der Wahrscheinlichkeiten entlang des zu dem Ergebnis gehörenden Pfades (Pfadwahrscheinlichkeit).

Summenregel Die Wahrscheinlichkeit eines Ereignisses ist gleich der Summe der Wahrscheinlichkeiten aller der Pfade, die zu den zum Ereignis gehörenden Ergebnissen führen.

Gegenereignis Ereignis $\overline{E}$, das genau dann eintritt, wenn das Ereignis E nicht eintritt.
$$P(\overline{E}) = 1 - P(E)$$

Baumdiagramm-Legende: K – kontrollierter Fahrgast
$\overline{K}$ – nicht kontrollierter Fahrgast

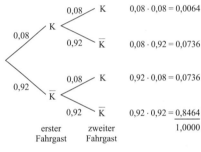

erster   zweiter
Fahrgast Fahrgast

$P(E) = 0,0064 + 0,0736 + 0,0736 = 0,1536 \,\hat{=}\, 15,36\,\%$
oder $P(E) = 1 - P(\overline{E}) = 1 - 0,8464 = 0,1536 \,\hat{=}\, 15,36\,\%$

3.2 Baumdiagramm-Legende: K – kontrollierter Fahrgast
$\overline{K}$ – nicht kontrollierter Fahrgast
S – Fahrgast ist Schwarzfahrer
$\overline{S}$ – Fahrgast ist kein Schwarzfahrer

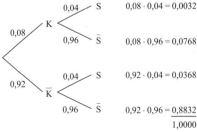

$P(E) = 0,0032 \,\hat{=}\, 0,32\,\%$

3.3 $B_{n;p}(\{k\}) = \binom{n}{k} \cdot p^k \cdot (1-p)^{n-k}$

Legende: n – Anzahl der Versuche
k – Anzahl der Treffer
p – Wahrscheinlichkeit der Treffer
1 – p – Wahrscheinlichkeit der Nieten

Ereignis A: $B_{50;0,04}(\{k=0\}) = \binom{50}{0} \cdot 0,04^0 \cdot 0,96^{50} \approx 1 \cdot 1 \cdot 0,1299 = 0,1299$
$\triangleq 12,99\% = P(A)$

Ereignis B: $1 - B_{50;0,04}(\{k=0\}) \approx 1 - 0,1299 = 0,8701$
$\triangleq 87,01\% = P(B)$

Ereignis C: $B_{50;0,04}(\{k=1\}) = \binom{50}{1} \cdot 0,04^1 \cdot 0,96^{49} \approx 50 \cdot 0,04 \cdot 0,1353 = 0,2706$
$\triangleq 27,06\% = P(C)$

3.4 **Erwartungswert**

Anzahl der Schwarzfahrer, die auf lange Sicht, d. h. bei häufiger Wiederholung der Kontrolle von 50 Fahrgästen, zu erwarten ist.

$E(X) = 50 \cdot 0,04 = 2 \Rightarrow$ 2 Schwarzfahrer sind zu erwarten.

Wahrscheinlichkeit:

$B_{50;0,04}(\{k=2\}) = \binom{50}{2} \cdot 0,04^2 \cdot 0,96^{48} \approx 1\,225 \cdot 0,0016 \cdot 0,1409 \approx 0,2762 \triangleq 27,62\%$

Übungsaufgaben zum Prüfungsteil B
Wahlaufgaben ohne CAS

B1 Analysis

Gegeben ist eine Funktion f durch die Gleichung
$f(x) = 2x\sqrt{3-x}$.
Ihr Graph ist G (siehe Abbildung).

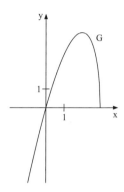

1.1 Geben Sie den Definitionsbereich von f an.
Berechnen Sie die Koordinaten der Schnittpunkte von G mit den Koordinatenachsen und die des lokalen Extrempunktes.
Zeigen Sie, dass G keinen Wendepunkt besitzt.

1.2 Der Graph G, die x-Achse mit $x \leq 2$ und die Gerade mit der Gleichung $x = 2$ schließen eine Fläche vollständig ein.
Bei der Rotation dieser Fläche um die x-Achse entsteht ein Körper K_R.

1.2.1 Berechnen Sie das Volumen V_R von K_R.

1.2.2 Der Rotationskörper K_R wird so abgeschliffen, dass ein Zylinder entsteht.
Die Achse des Zylinders liegt auf der Achse von K_R.
Berechnen Sie Höhe und Radius des Zylinders mit maximalem Volumen.
Geben Sie die Größe dieses Volumens an.

1.2.3 An G wird im Punkt O(0|0) die Tangente t gelegt.
Durch Rotation der Fläche, die von der Tangente t, der x-Achse und der Geraden $x = 2$ vollständig eingeschlossen wird, entsteht ein Körper mit dem Volumen V_K.
Ermitteln Sie das Verhältnis $V_K : V_R$.

B2 Analytische Geometrie

Zur Gestaltung einer Spiellandschaft in einem Freizeitpark wird der in der Abbildung gezeigte Turm benötigt.
Der Körper besitzt die Form eines Prismas, dem eine Pyramide aufgesetzt ist.
Folgende Eckpunkte des Körpers sind in einem kartesischen Koordinatensystem gegeben:
A(2|–2|0), C(2|2|0), D(0|0|0), F(4|0|6), G(2|2|6), H(0|0|6) und S(2|0|9) (Maße in Metern).

2.1 Geben Sie die Koordinaten der Punkte B und E an.
Begründen Sie, dass EFGHS eine gerade Pyramide mit quadratischer Grundfläche ist.
Berechnen Sie die Größe des Winkels zwischen den Dachflächenebenen ε_{FGS} und ε_{GHS}.

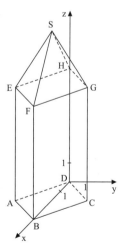

Abbildung nicht maßstäblich

2.2 In den pyramidenförmigen Dachraum des Turmes sollen Stützbalken eingebaut werden. Diese Balken sollen im Mittelpunkt des Dachbodens EFGH verankert sein und die einzelnen Dachflächen so abstützen, dass sie senkrecht zu diesen Flächen stehen. Ein solcher Stützbalken trifft im Punkt L auf die Dachfläche GHS.
Berechnen Sie die Koordinaten des Punktes L.
Hinweis: Bei den Betrachtungen wird von der Dicke der Stützbalken abgesehen.

2.3 Ein Spannseil einer benachbarten Kletterwand soll durch die Punkte $P(-7\,|\,19{,}5\,|\,0)$ und $Q(8\,|-10{,}5\,|\,15)$ verlaufen.
Untersuchen Sie, ob die Spitze S des Turmdaches einen Sicherheitsabstand von mindestens 80 cm zum geplanten Spannseil einhält.

2.4 Aus ökonomischen Gründen wird eine andere Bauart vorgeschlagen. Danach soll nur die Lage der Spitze S des Daches so verändert werden, dass vier gleichseitige Dreiecke die Dachfläche begrenzen.
Ermitteln Sie rechnerisch die Koordinaten der neuen Dachspitze.

B3 Analytische Geometrie und Stochastik

Um Bewegungen im Umfeld eines Flugplatzes zu beschreiben, wird ein kartesisches Koordinatensystem benutzt.
Hierbei befindet sich der Tower des Flughafens im Koordinatenursprung, die Start- und Landebahnen in der x-y-Koordinatenebene.
Eine Längeneinheit entspricht einem Kilometer.

3.1 Ein Flugzeug F_1 bewegt sich nach dem Abheben von der Startbahn bis zum Erreichen der vorgeschriebenen Flughöhe in Richtung des Vektors $\vec{u} = \begin{pmatrix} 1 \\ 3 \\ 2 \end{pmatrix}$ durch den Punkt $M(3\,|\,4\,|\,2)$. Ermitteln Sie die Koordinaten des Punktes, in dem das Flugzeug von der Startbahn abgehoben hat, und die Größe des Startwinkels.

3.2 Die Bahn eines Flugzeuges F_2 kann nach dem Abheben in diesem Koordinatensystem durch die Gleichung
$$\vec{x} = \begin{pmatrix} 1 \\ -1 \\ 0 \end{pmatrix} + t \cdot \begin{pmatrix} 1 \\ 3 \\ 1 \end{pmatrix} \text{ mit } t \in \mathbb{R},\, t \geq 0$$
beschrieben werden. Der Tower ortet ein Flugzeug F_3 im Punkt $R(1\,|\,9\,|\,5)$. Die Maschine fliegt geradlinig mit einer konstanten Geschwindigkeit in Richtung $\vec{b} = \begin{pmatrix} 1 \\ 3 \\ 0 \end{pmatrix}$.

Ermitteln Sie die Koordinaten derjenigen Punkte auf den Bahnen von F_2 und F_3, die den geringsten Abstand voneinander haben.
Überprüfen Sie, ob jederzeit ein Sicherheitsabstand der Bahnen von mindestens 1 km eingehalten wird.

3.3 Die Front eines Gewitters befindet sich zu jedem Zeitpunkt t (t in Minuten gemessen) in einer Ebene ε_t mit der Gleichung
$$\varepsilon_t:\ \vec{x} = \begin{pmatrix} 2t-5 \\ 13-t \\ 3 \end{pmatrix} + p \cdot \begin{pmatrix} 5 \\ -1 \\ 1 \end{pmatrix} + q \cdot \begin{pmatrix} -10 \\ 2 \\ 0 \end{pmatrix} \text{ mit } p, q \in \mathbb{R} \text{ und } t \in \mathbb{R},\, t \geq 0.$$
Die Beobachtung im Tower beginnt mit $t = 0$ um 12:30 Uhr.
Wann erreicht die Gewitterfront den Tower?

3.4 Wegen des Gewitters konnten eine Stunde lang keine Flugzeuge starten und landen.
3.4.1 Auf den Start warten fünf verschiedene Flugzeuge.
Berechnen Sie die Anzahl der möglichen Startreihenfolgen, wenn diese Flugzeuge nacheinander abfliegen.
Nur zwei der fünf Flugzeuge gehören zu derselben Fluggesellschaft.
Berechnen Sie die Wahrscheinlichkeit dafür, dass diese beiden Maschinen direkt nacheinander starten.
3.4.2 Es werden jetzt 100 Flüge betrachtet.
Die Wahrscheinlichkeit für eine Verspätung wegen des Wetters beträgt 2 %.
Berechnen Sie die Wahrscheinlichkeit dafür, dass sich die Anzahl der wegen Wetterunbilden verspäteten Flugzeuge höchstens um die Standardabweichung vom Erwartungswert unterscheidet.

Quelle: Abiturprüfung 2007 Leistungskurs Mathematik (Mecklenburg-Vorpommern) Wahlteil

Hinweise und Tipps

Teilaufgabe 1.1
Definitionsbereich von f
- Der Radikand darf nicht negativ sein.

Schnittpunkte mit den Koordinatenachsen
- Für die Schnittpunkte mit der x-Achse berechnen Sie die Nullstellen der Funktion f.
- Für die Schnittpunkte mit der y-Achse setzen Sie die Stelle 0 in die Funktion f ein.

Lokale Extrempunkte
- Berechnen Sie die ersten beiden Ableitungsfunktionen der Funktion f.
- Untersuchen Sie die notwendige und die hinreichende Bedingung für Extremstellen.
- Vergessen Sie nicht, auch die y-Koordinate des Extrempunktes auszurechnen.

Nachweis, dass kein Wendepunkt existiert
- Berechnen Sie die Nullstellen der zweiten Ableitungsfunktion von f.
- Beachten Sie den Definitionsbereich von f.

Teilaufgabe 1.2.1
- Das zu berechnende Integral können Sie elementar auflösen.

Teilaufgabe 1.2.2
- Fertigen Sie eine Skizze an.
- Der Zylinder wird durch einen einzigen Punkt P auf G eindeutig bestimmt.
- Drücken Sie Höhe und Radius in Abhängigkeit der Abszisse von P aus.
- Berechnen Sie das Volumen des Zylinders und maximieren es.

Teilaufgabe 1.2.3
- Der entstehende Körper ist ein gerader Kreiskegel.
- Stellen Sie die Tangentengleichung von t auf, um den Radius des Kegels zu bestimmen.
- Die Höhe des Kegels ist aus der Aufgabenstellung ersichtlich.

Teilaufgabe 2.1
Koordinaten der Punkte B und E
- Der Punkt B liegt in derselben Ebene wie die Punkte A, C und D.
- Der Punkt E liegt in derselben Ebene wie die Punkte F, G und H.

Gerade Pyramide mit quadratischer Grundfläche
- Zeigen Sie, dass der Punkt S senkrecht über dem Schnittpunkt der Diagonalen der Grundfläche liegt.
- In einem Quadrat stehen die Diagonalen senkrecht aufeinander, sind gleich lang und halbieren einander.

Winkel zwischen den Dachflächenebenen
- Bestimmen Sie die Normalenvektoren der beiden Ebenen.
- Normalenvektoren erhalten Sie über das Kreuz- bzw. Vektorprodukt der die jeweiligen Ebenen aufspannenden Vektoren.

Teilaufgabe 2.2
- Beschreiben Sie den Verlauf des Stützbalkens durch eine Gerade.
- Den Ortsvektor erhalten Sie aus den Koordinaten des Punktes M, der Richtungsvektor ist der Normalenvektor der Ebene ε_{GHS}.
- Der gesuchte Punkt L ist dann der Durchstoßpunkt dieser Geraden durch die Ebene ε_{GHS}.
- Eine Gleichung der Ebene ε_{GHS} können Sie sowohl in Koordinaten- als auch in Parameterform bestimmen.

Teilaufgabe 2.3
- Bestimmen Sie die Gleichung der Geraden, die durch die Punkte P und Q verläuft.
- Es ist der Abstand des Punktes S von dieser Geraden zu berechnen.
- Sie müssen den Fußpunkt des Lotes von S auf die Gerade bestimmen.

Teilaufgabe 2.4
- Sie können die Geradengleichung aus Teilaufgabe 2.2 benutzen.
- Berechnen Sie die Kantenlängen der quadratischen Grundfläche der Pyramide und wählen Sie die Koordinaten der neuen Spitze so, dass die Dachkanten dieselbe Länge haben.
- Durch Ausnutzen der Symmetrie sparen Sie Rechnungen.

Teilaufgabe 3.1
Bestimmung des Startpunktes
- Stellen Sie die Geradengleichung auf, auf der sich das Flugzeug bewegt.
- Der Startpunkt liegt in der xy-Ebene.
- Dies führt zu einem Gleichungssystem.

Bestimmung des Startwinkels
- Verwenden Sie das Skalarprodukt.

Teilaufgabe 3.2
Abstand zweier Geraden
- Die Verbindungsgerade derjenige Punkte auf den Flugbahnen, für die die Entfernung minimal ist, steht senkrecht auf den Flugbahnen.

Sicherheitsabstand
- Berechnen Sie den Betrag des Richtungsvektors der beiden errechneten Punkte.

Teilaufgabe 3.3
- Setzen Sie den Ortsvektor des Towers als Ergebnis der Ebenengleichung ein.
- Von der Lösung des Gleichungssystems brauchen Sie nur den Wert für t.
- Berücksichtigen Sie den Zeitpunkt des Beginns der Beobachtung.

Teilaufgabe 3.4.1
Anzahl der möglichen Startreihenfolgen
- Die gesuchte Anzahl ist eine Permutation.

Wahrscheinlichkeit, dass zwei Flugzeuge derselben Fluggesellschaft direkt hintereinander starten
- Überlegen Sie sich, welche Startpositionen die beiden Flugzeuge haben können.
- Addieren Sie die jeweiligen Wahrscheinlichkeiten.

Teilaufgabe 3.4.2
- Es handelt sich um eine Binomialverteilung.
- Berechnen Sie Erwartungswert und Standardabweichung.

Lösung

B 1 Analysis

1.1 **Definitionsbereich**
Der Definitionsbereich einer Wurzelfunktion umfasst alle reellen Zahlen, sofern der Radikand nicht negativ ist.

$f(x) = 2 \cdot x \cdot \sqrt{3-x}$

$3 - x \geq 0 \qquad |+x$

$x \leq 3$

$\underline{\underline{D_f : x \in \mathbb{R}, x \leq 3}}$

Schnittpunkte von G mit den Koordinatenachsen
Die Berechnung der Schnittpunkte mit der x-Achse führt über die Bestimmung der Nullstellen:

$f(x) = 0 = 2 \cdot x \cdot \sqrt{3-x}$

$\qquad 0 = 2 \cdot x \qquad |:2 \qquad\qquad 0 = \sqrt{3-x} \quad |()^2$

$\qquad x_{01} = 0 \qquad\qquad\qquad\qquad 0 = 3 - x \quad |+x$

$\qquad\qquad\qquad\qquad\qquad\qquad\qquad\quad x_{02} = 3$

$\underline{\underline{S_1(0|0)}} \qquad\qquad\qquad\qquad \underline{\underline{S_2(3|0)}}$

Der Punkt S_1 ist zugleich Schnittpunkt mit der y-Achse.

Lokaler Extrempunkt

$f(x) = 2 \cdot x \cdot \sqrt{3-x}$

$f'(x) = 2 \cdot \sqrt{3-x} + 2 \cdot x \cdot \dfrac{-1}{2 \cdot \sqrt{3-x}} = 2 \cdot \sqrt{3-x} - \dfrac{x}{\sqrt{3-x}}$

$f''(x) = 2 \cdot \dfrac{1}{2} \cdot \dfrac{-1}{\sqrt{3-x}} - \dfrac{\sqrt{3-x} - x \cdot \frac{-1}{2\cdot\sqrt{3-x}}}{3-x} = \dfrac{-1}{\sqrt{3-x}} - \dfrac{\frac{2\cdot(3-x)}{2\cdot\sqrt{3-x}} + \frac{x}{2\cdot\sqrt{3-x}}}{3-x}$

$= \dfrac{-1}{\sqrt{3-x}} - \dfrac{\frac{6-x}{2\cdot\sqrt{3-x}}}{3-x} = \dfrac{-1}{\sqrt{3-x}} - \dfrac{6-x}{2\cdot\sqrt{3-x}\cdot(3-x)}$

Notwendige Bedingung

$f'(x) = 0 = 2 \cdot \sqrt{3-x} - \dfrac{x}{\sqrt{3-x}} \qquad |\cdot \sqrt{3-x}$

$0 = 2 \cdot (3-x) - x$

$0 = 6 - 3x \qquad\qquad \Big|\begin{array}{l}+3x\\ :3\end{array}$

$x = 2$

Hinreichende Bedingung

$f''(2) = \dfrac{-1}{\sqrt{3-2}} - \dfrac{6-2}{2\cdot\sqrt{3-2}\cdot(3-2)} = -1 - \dfrac{4}{2} = -3 < 0 \quad \Rightarrow \quad \text{Maximum}$

y-Koordinate

$f(2) = 2 \cdot 2 \cdot \sqrt{3-2} = 4 \quad \Rightarrow \quad \underline{\underline{P_{Max}(2 \mid 4)}}$

Nachweis, dass kein Wendepunkt existiert

Notwendige Bedingung:

$f''(x) = 0 = \dfrac{-1}{\sqrt{3-x}} - \dfrac{6-x}{2\cdot\sqrt{3-x}\cdot(3-x)} \qquad |\cdot \sqrt{3-x}$

$0 = -1 - \dfrac{6-x}{6-2\cdot x} \qquad\qquad \Big|\begin{array}{l}+1\\ \cdot(6-2\cdot x)\end{array}$

$6 - 2\cdot x = x - 6 \qquad\qquad |-x-6$

$-3 \cdot x = -12 \qquad\qquad |:(-3)$

$x = 4 \quad$ (liegt außerhalb des Definitionsbereichs)

Die notwendige Bedingung für die Existenz eines Wendepunktes ist für kein Argument des Definitionsbereiches erfüllt.

1.2.1 Berechnung des Volumens des Körpers K_R

Die Gerade $x = 2$, der Graph G und die x-Achse erzeugen zwei Teilflächen. Für die Berechnung des Volumens V_R des Rotationskörpers K_R wird die linke Teilfläche ausgewählt.

$f(x) = 2 \cdot x \cdot \sqrt{3-x}, \quad \text{Intervall } [0; 2]$

$$V_R = \pi \cdot \int_0^2 (f(x))^2 \, dx = \pi \cdot \int_0^2 (2 \cdot x \cdot \sqrt{3-x})^2 \, dx = \pi \cdot \int_0^2 (4 \cdot x^2 \cdot (3-x)) \, dx$$

$$= \pi \cdot \int_0^2 (12 \cdot x^2 - 4 \cdot x^3) \, dx = \pi \cdot (4 \cdot x^3 - x^4)\Big|_0^2 = \pi \cdot (32 - 16 - 0)$$

$$V_R = 16 \cdot \pi \text{ VE} \approx 50{,}27 \text{ VE}$$

1.2.2 Maximales Volumen des Zylinders

Entsprechend den Angaben der Aufgabenstellung wird die Lage des Zylinders skizziert und ein Punkt P auf G markiert. Die Koordinaten des Punktes P(x; y) benutzt man zur Beschreibung der Höhe und des Radius des Zylinders. In Abhängigkeit von der Lage des auf G verschiebbaren Punktes P ergeben sich unterschiedliche Volumina V(x) für den Zylinder.

Gesucht ist die Lage des Punktes P so, dass das Volumen des Zylinders maximal wird.

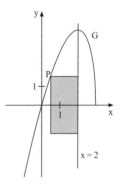

Zielfunktion: $\quad V(r; h) = \pi \cdot r^2 \cdot h$

Nebenbedingungen: $h = 2 - x$
$\qquad\qquad\qquad r = f(x) = 2 \cdot x \cdot \sqrt{3-x}$

Einsetzen der Nebenbedingungen in die Zielfunktion

$$V(x) = \pi \cdot (2 \cdot x \cdot \sqrt{3-x})^2 \cdot (2-x) = \pi \cdot (4 \cdot x^2 \cdot (3-x)) \cdot (2-x)$$
$$= 4 \cdot \pi \cdot x^4 - 20 \cdot \pi \cdot x^3 + 24 \cdot \pi \cdot x^2$$

Berechnung des maximalen Volumens

$V'(x) = 16 \cdot \pi \cdot x^3 - 60 \cdot \pi \cdot x^2 + 48 \cdot \pi \cdot x$
$V''(x) = 48 \cdot \pi \cdot x^2 - 120 \cdot \pi \cdot x + 48 \cdot \pi$

Notwendige Bedingung

$$V'(x) = 0 = 16 \cdot \pi \cdot x^3 - 60 \cdot \pi \cdot x^2 + 48 \cdot \pi \cdot x$$
$$0 = x \cdot (16 \cdot \pi \cdot x^2 - 60 \cdot \pi \cdot x + 48 \cdot \pi)$$

$x_{01} = 0$ (entfällt) $\qquad 0 = 16 \cdot \pi \cdot x^2 - 60 \cdot \pi \cdot x + 48 \cdot \pi \qquad |:16\pi$

$$0 = x^2 - \frac{15}{4} \cdot x + 3$$

$$x_{1;2} = \frac{15}{8} \pm \sqrt{\frac{225}{64} - \frac{192}{64}} = \frac{15}{8} \pm \sqrt{\frac{33}{64}} = \frac{15}{8} \pm \frac{1}{8}\sqrt{33}$$

$x_{02} \approx 2{,}59$ (entfällt) $\qquad x_{03} \approx 1{,}16$

Hinreichende Bedingung

$V''(1{,}16) = 48 \cdot \pi \cdot 1{,}16^2 - 120 \cdot \pi \cdot 1{,}16 + 48 \cdot \pi = -83{,}6 < 0 \quad \Rightarrow \quad$ Maximum

$h = 2 - x \approx 2 - 1{,}16 = 0{,}84$ LE, $\qquad r = f(1{,}16) = 2 \cdot 1{,}16 \cdot \sqrt{3 - 1{,}16} \approx 3{,}15$ LE

$V(1{,}16) = 4 \cdot \pi \cdot 1{,}16^4 - 20 \cdot \pi \cdot 1{,}16^3 + 24 \cdot \pi \cdot 1{,}16^2 \approx 26{,}1$ VE

Ergebnis

Der Zylinder hat mit einer Höhe von h = 0,84 LE und einem Radius von 3,15 LE ein maximales Volumen von 26,1 VE.

1.2.3 Verhältnis $V_K : V_R$

Das Volumen des Rotationskörpers K_R ist aus der Teilaufgabe 1.2.1 mit $V_R = 16 \cdot \pi$ VE bekannt.
Rotiert die Fläche, die von der Tangente t, der x-Achse und der Geraden x = 2 vollständig begrenzt wird, um die x-Achse, entsteht ein gerader Kreiskegel mit der Höhe h = 2. Dessen Radius ist zugleich die y-Koordinate des Schnittpunktes der Tangente t und der Geraden x = 2.

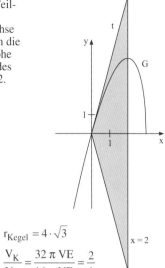

Tangentengleichung:

$f(x) = 2 \cdot x \cdot \sqrt{3-x}$

$f'(x) = 2 \cdot \sqrt{3-x} - \dfrac{x}{\sqrt{3-x}}$

$f'(0) = 2 \cdot \sqrt{3-0} - \dfrac{0}{\sqrt{3-0}} = 2 \cdot \sqrt{3} \approx 3{,}46$

$y = m \cdot x + n \qquad O(0|0) \Rightarrow n = 0$

$y_T(x) = 2 \cdot \sqrt{3} \cdot x$

$y_T(2) = 2 \cdot \sqrt{3} \cdot 2 = 4 \cdot \sqrt{3} \qquad\qquad r_{Kegel} = 4 \cdot \sqrt{3}$

$V_K = \dfrac{1}{3} \cdot \pi \cdot r^2 \cdot h = \dfrac{1}{3} \cdot \pi \cdot (4 \cdot \sqrt{3})^2 \cdot 2 = 32\,\pi \text{ VE} \qquad \dfrac{V_K}{V_R} = \dfrac{32\,\pi \text{ VE}}{16\,\pi \text{ VE}} = \dfrac{2}{1}$

Ergebnis
Das Verhältnis der Volumina der beiden Rotationskörper beträgt 2 : 1.

B 2 Analytische Geometrie

2.1 Koordinaten der Punkte B und E

Der Punkt B liegt, wie die Punkte A, C und D auch, in der x-y-Ebene. Der Punkt E liegt, wie die Punkte F, G und H auch, in einer Ebene, die im Abstand von 6 m parallel oberhalb zur x-y-Ebene verläuft. Entsprechend lassen sich die gesuchten Koordinaten wie folgt angeben:
$\underline{\underline{B(4|0|0)}} \qquad \underline{\underline{E(2|-2|6)}}$

Nachweis einer geraden Pyramide mit quadratischer Grundfläche
Es gibt verschiedene Möglichkeiten zum Nachweis, dass ein Viereck ein Quadrat ist. Im Hinblick auf den anschließend geforderten Nachweis, dass es sich um eine gerade Pyramide handelt – wobei gezeigt werden muss, dass der Punkt S genau senkrecht über dem Diagonalenschnittpunkt liegt – ist folgender Satz naheliegend:
In einem Quadrat stehen die Diagonalen senkrecht aufeinander, sind gleich lang und halbieren einander.

$E(2|-2|6) \qquad F(4|0|6) \qquad G(2|2|6) \qquad H(0|0|6) \qquad S(2|0|9)$

Vektoren der Diagonalen: $\overrightarrow{EG} = \begin{pmatrix} 0 \\ 4 \\ 0 \end{pmatrix} \qquad \overrightarrow{FH} = \begin{pmatrix} -4 \\ 0 \\ 0 \end{pmatrix}$

Vektoren der Kanten: $\overrightarrow{EF} = \begin{pmatrix} 2 \\ 2 \\ 0 \end{pmatrix} \qquad \overrightarrow{EH} = \begin{pmatrix} -2 \\ 2 \\ 0 \end{pmatrix}$

Schnittpunkt der Diagonalen:
$$\overrightarrow{OM} = \overrightarrow{OE} + \frac{1}{2} \cdot \overrightarrow{EF} + \frac{1}{2} \cdot \overrightarrow{EH} = \begin{pmatrix} 2 \\ -2 \\ 6 \end{pmatrix} + \frac{1}{2} \cdot \begin{pmatrix} 2 \\ 2 \\ 0 \end{pmatrix} + \frac{1}{2} \cdot \begin{pmatrix} -2 \\ 2 \\ 0 \end{pmatrix} = \begin{pmatrix} 2 \\ 0 \\ 6 \end{pmatrix}$$

$$\overrightarrow{EG} \circ \overrightarrow{FH} = \begin{pmatrix} 0 \\ 4 \\ 0 \end{pmatrix} \circ \begin{pmatrix} -4 \\ 0 \\ 0 \end{pmatrix} = 0 \quad \Rightarrow \quad \text{Die Diagonalen stehen senkrecht aufeinander.}$$

$$|\overrightarrow{EG}| = \left|\begin{pmatrix} 0 \\ 4 \\ 0 \end{pmatrix}\right| = 4 \qquad |\overrightarrow{FH}| = \left|\begin{pmatrix} -4 \\ 0 \\ 0 \end{pmatrix}\right| = 4 \quad \Rightarrow \quad \text{Die Diagonalen sind gleich lang.}$$

$$|\overrightarrow{EM}| = \left|\begin{pmatrix} 0 \\ 2 \\ 0 \end{pmatrix}\right| = 2 \qquad |\overrightarrow{FM}| = \left|\begin{pmatrix} -2 \\ 0 \\ 0 \end{pmatrix}\right| = 2 \quad \Rightarrow \quad \text{Die Diagonalen halbieren sich.}$$

Der Punkt S(2|0|9) liegt genau 3 Meter senkrecht über dem Schnittpunkt M(2|0|6) der Diagonalen der quadratischen Grundfläche.

Somit ist der Nachweis erbracht, dass es sich um eine gerade Pyramide mit quadratischer Grundfläche handelt.

Winkel zwischen den Dachflächenebenen
Der gesuchte Winkel ist zugleich der Schnittwinkel von Normalenvektoren der Ebenen ε_{FGS} und ε_{GHS}. Normalenvektoren erhält man über das Kreuz- bzw. Vektorprodukt der die jeweiligen Ebenen aufspannenden Vektoren.

ε_{FGS}:
$$\overrightarrow{FG} = \begin{pmatrix} -2 \\ 2 \\ 0 \end{pmatrix} \qquad \overrightarrow{FS} = \begin{pmatrix} -2 \\ 0 \\ 3 \end{pmatrix}$$

$$\overrightarrow{FG} \times \overrightarrow{FS} = \begin{pmatrix} -2 \\ 2 \\ 0 \end{pmatrix} \times \begin{pmatrix} -2 \\ 0 \\ 3 \end{pmatrix} = \begin{pmatrix} 2 \cdot 3 - 0 \cdot 0 \\ 0 \cdot (-2) - (-2) \cdot 3 \\ (-2) \cdot 0 - 2 \cdot (-2) \end{pmatrix} = \begin{pmatrix} 6 \\ 6 \\ 4 \end{pmatrix} = \vec{n}_{FGS}$$

ε_{GHS}:
$$\overrightarrow{HG} = \begin{pmatrix} 2 \\ 2 \\ 0 \end{pmatrix} \qquad \overrightarrow{HS} = \begin{pmatrix} 2 \\ 0 \\ 3 \end{pmatrix}$$

$$\overrightarrow{HG} \times \overrightarrow{HS} = \begin{pmatrix} 2 \\ 2 \\ 0 \end{pmatrix} \times \begin{pmatrix} 2 \\ 0 \\ 3 \end{pmatrix} = \begin{pmatrix} 2 \cdot 3 - 0 \cdot 0 \\ 0 \cdot 2 - 2 \cdot 3 \\ 2 \cdot 0 - 2 \cdot 2 \end{pmatrix} = \begin{pmatrix} 6 \\ -6 \\ -4 \end{pmatrix} = \vec{n}_{GHS}$$

$$\cos\alpha = \frac{\vec{n}_{FGS} \circ \vec{n}_{GHS}}{|\vec{n}_{FGS}| \cdot |\vec{n}_{GHS}|} = \frac{\begin{pmatrix} 6 \\ 6 \\ 4 \end{pmatrix} \circ \begin{pmatrix} 6 \\ -6 \\ -4 \end{pmatrix}}{\left|\begin{pmatrix} 6 \\ 6 \\ 4 \end{pmatrix}\right| \cdot \left|\begin{pmatrix} 6 \\ -6 \\ -4 \end{pmatrix}\right|} = \frac{36 - 36 - 16}{\sqrt{88} \cdot \sqrt{88}} = -\frac{16}{88} = -\frac{2}{11} \approx -0{,}182$$

$\Rightarrow \quad \alpha \approx 100{,}5°$ bzw. $\alpha \approx 79{,}5°$

Ergebnis
Es handelt sich hierbei um den Winkel zwischen zwei Dachflächen einer geraden quadratischen Pyramide, somit ist der Winkel größer als 90°, also $\alpha = 100{,}5°$.

2.2 **Koordinaten des Punktes L**
Der Verlauf des Stützbalkens kann durch die Gleichung einer Geraden g_{ML} beschrieben werden. Der Balken beginnt im Mittelpunkt M des Dachbodens EFGH. Die Koordinaten dieses Punktes wurden bereits in der Teilaufgabe 2.1 mit M(2|0|6) berechnet.

Der Vektor $\overrightarrow{OM}$ ist zugleich Ortsvektor der Geraden g_{ML}. Als Richtungsvektor bietet sich mit $\vec{n}_{GHS}$ ein Normalenvektor der Ebene ε_{GHS} an. Der gesuchte Punkt L ergibt sich als Durchstoßpunkt der Geraden g_{ML} durch die Ebene ε_{GHS}. Zuvor muss noch eine Gleichung der Ebene ε_{GHS} aufgestellt werden. Die Koordinatengleichung ist immer empfehlenswert, die Gleichung in Parameterform und das sich anschließende Gleichungssystem ist aufgrund der sehr einfachen Zahlen in diesem Fall auch leicht zu handhaben.

Koordinatengleichung der Ebene ε_{GHS}:

$$\vec{n}_{GHS} = \begin{pmatrix} 6 \\ -6 \\ -4 \end{pmatrix} \qquad 0 = a \cdot x + b \cdot y + c \cdot z + d = 6 \cdot x - 6 \cdot y - 4 \cdot z + d$$

Einsetzen der Koordinaten von H(0|0|6):
$0 = 6 \cdot 0 - 6 \cdot 0 - 4 \cdot 6 + d = -24 + d \;\;\Rightarrow\;\; d = 24$

Eine Koordinatengleichung der Ebene ε_{GHS} lautet:
$0 = 6 \cdot x - 6 \cdot y - 4 \cdot z + 24$

Gleichung der Geraden g_{ML}:

$$\vec{x} = \begin{pmatrix} x \\ y \\ z \end{pmatrix} = \overrightarrow{OM} + r \cdot \vec{n}_{GHS} = \begin{pmatrix} 2 \\ 0 \\ 6 \end{pmatrix} + r \cdot \begin{pmatrix} 6 \\ -6 \\ -4 \end{pmatrix}$$

Koordinatenvergleich:
$x = 2 + 6 \cdot r$
$y = 0 - 6 \cdot r$
$z = 6 - 4 \cdot r$

Einsetzen in die Gleichung der Ebene:
$0 = 6 \cdot (2 + 6 \cdot r) - 6 \cdot (-6 \cdot r) - 4 \cdot (6 - 4 \cdot r) + 24$
$0 = 12 + 36 \cdot r + 36 \cdot r - 24 + 16 \cdot r + 24$
$0 = 88 \cdot r + 12 \qquad\qquad\qquad\quad |-12$
$\qquad\qquad\qquad\qquad\qquad\qquad\;\; |:88$

$r = -\dfrac{12}{88} = -\dfrac{3}{22} \approx -0{,}134$

Einsetzen des Parameters:

$$\vec{x} = \begin{pmatrix} 2 \\ 0 \\ 6 \end{pmatrix} - \dfrac{3}{22} \cdot \begin{pmatrix} 6 \\ -6 \\ -4 \end{pmatrix} = \begin{pmatrix} \frac{13}{11} \\ \frac{9}{11} \\ \frac{72}{11} \end{pmatrix} \approx \begin{pmatrix} 1{,}2 \\ 0{,}8 \\ 6{,}5 \end{pmatrix}$$

Alternativ kann man auch die Gleichung in Parameterform für die Ebene ε_{GHS} nutzen.

$$H(0|0|6) \qquad \overrightarrow{HG} = \begin{pmatrix} 2 \\ 2 \\ 0 \end{pmatrix} \qquad \overrightarrow{HS} = \begin{pmatrix} 2 \\ 0 \\ 3 \end{pmatrix}$$

Gleichung der Ebene ε_{GHS}:

$$\vec{x} = \begin{pmatrix} x \\ y \\ z \end{pmatrix} = \overrightarrow{OH} + s \cdot \overrightarrow{HG} + t \cdot \overrightarrow{HS} = \begin{pmatrix} 0 \\ 0 \\ 6 \end{pmatrix} + s \cdot \begin{pmatrix} 2 \\ 2 \\ 0 \end{pmatrix} + t \cdot \begin{pmatrix} 2 \\ 0 \\ 3 \end{pmatrix}$$

Gleichung der Geraden g_{ML}:

$$\vec{x} = \begin{pmatrix} x \\ y \\ z \end{pmatrix} = \overrightarrow{OM} + r \cdot \vec{\eta}_{GHS} = \begin{pmatrix} 2 \\ 0 \\ 6 \end{pmatrix} + r \cdot \begin{pmatrix} 6 \\ -6 \\ -4 \end{pmatrix}$$

Gleichsetzen und Lösen des Gleichungssystems:

$$\begin{pmatrix} 2 \\ 0 \\ 6 \end{pmatrix} + r \cdot \begin{pmatrix} 6 \\ -6 \\ -4 \end{pmatrix} = \begin{pmatrix} 0 \\ 0 \\ 6 \end{pmatrix} + s \cdot \begin{pmatrix} 2 \\ 2 \\ 0 \end{pmatrix} + t \cdot \begin{pmatrix} 2 \\ 0 \\ 3 \end{pmatrix}$$

$$\begin{pmatrix} 2 + 6 \cdot r \\ -6 \cdot r \\ 6 - 4 \cdot r \end{pmatrix} = \begin{pmatrix} 0 + 2 \cdot s + 2 \cdot t \\ 0 + 2 \cdot s \\ 6 + 3 \cdot t \end{pmatrix}$$

I $2 + 6 \cdot r = 0 + 2 \cdot s + 2 \cdot t$

II $-6 \cdot r = 0 + 2 \cdot s \quad \Rightarrow \quad s = -3 \cdot r$

III $6 - 4 \cdot r = 6 + 3 \cdot t \quad \Rightarrow \quad t = -\frac{4}{3} \cdot r$

I $2 + 6 \cdot r = -6 \cdot r - \frac{8}{3} \cdot r \qquad | -6 \cdot r$

$\qquad\qquad 2 = -\frac{44}{3} \cdot r \qquad\qquad | : -\frac{44}{3}$

$\qquad\qquad r = -\frac{3}{22} \approx -0{,}134$

Einsetzen des Parameters:

$$\vec{x} = \begin{pmatrix} 2 \\ 0 \\ 6 \end{pmatrix} - \frac{3}{22} \cdot \begin{pmatrix} 6 \\ -6 \\ -4 \end{pmatrix} = \begin{pmatrix} \frac{13}{11} \\ \frac{9}{11} \\ \frac{72}{11} \end{pmatrix} \approx \begin{pmatrix} 1{,}2 \\ 0{,}8 \\ 6{,}5 \end{pmatrix}$$

Ergebnis
Die Koordinaten des Punktes L auf der Deckfläche sind L(1,2 | 0,8 | 6,5).

2.3 **Sicherheitsabstand zwischen dem Punkt S und dem Spannseil**
In dieser Aufgabe wird nach dem Abstand des Punktes S von der Geraden g_{PQ}, die durch die Punkte P und Q verläuft, gesucht. Der Fußpunkt des Lotes von S auf g_{PQ} wird mit N bezeichnet. Der Punkt N ist genau dann der gesuchte Punkt, wenn das Skalarprodukt des Vektors $\overrightarrow{SN}$ und des Richtungsvektors $\overrightarrow{PQ}$ der Geraden g_{PQ} gleich 0 ist. Der Punkt N liegt auf der Geraden g_{PQ} und kann somit mit der Gleichung dieser Geraden beschrieben werden.

$S(2|0|9) \qquad P(-7|19{,}5|0) \qquad Q(8|-10{,}5|15) \qquad \overrightarrow{PQ} = \begin{pmatrix} 15 \\ -30 \\ 15 \end{pmatrix}$

Gleichung der Geraden g_{PQ}:

$$\vec{x} = \overrightarrow{OP} + r \cdot \overrightarrow{PQ} = \begin{pmatrix} -7 \\ 19{,}5 \\ 0 \end{pmatrix} + r \cdot \begin{pmatrix} 15 \\ -30 \\ 15 \end{pmatrix}$$

Der Richtungsvektor lässt sich stark vereinfachen:

$$\vec{x} = \overrightarrow{OP} + r \cdot \overrightarrow{PQ} = \begin{pmatrix} -7 \\ 19,5 \\ 0 \end{pmatrix} + r \cdot \begin{pmatrix} 1 \\ -2 \\ 1 \end{pmatrix}$$

Vektor $\overrightarrow{SN}$:

$$\overrightarrow{SN} = \overrightarrow{ON} - \overrightarrow{OS} = \begin{pmatrix} -7 \\ 19,5 \\ 0 \end{pmatrix} + r \cdot \begin{pmatrix} 1 \\ -2 \\ 1 \end{pmatrix} - \begin{pmatrix} 2 \\ 0 \\ 9 \end{pmatrix} = \begin{pmatrix} r-9 \\ 19,5 - 2 \cdot r \\ r-9 \end{pmatrix}$$

Skalarprodukt der Vektoren $\overrightarrow{SN}$ und $\overrightarrow{PQ}$ gleich null setzen und Lösen der Gleichung:

$$\overrightarrow{SN} \circ \overrightarrow{PQ} = \begin{pmatrix} r-9 \\ 19,5 - 2 \cdot r \\ r-9 \end{pmatrix} \circ \begin{pmatrix} 1 \\ -2 \\ 1 \end{pmatrix} = r - 9 - 39 + 4 \cdot r + r - 9 = 6 \cdot r - 57$$

$$0 = 6 \cdot r - 57 \quad \Big| \begin{array}{l} +57 \\ :6 \end{array}$$

$$r = 9,5$$

Einsetzen des Parameters:

$$\overrightarrow{ON} = \begin{pmatrix} -7 \\ 19,5 \\ 0 \end{pmatrix} + 9,5 \cdot \begin{pmatrix} 1 \\ -2 \\ 1 \end{pmatrix} = \begin{pmatrix} 2,5 \\ 0,5 \\ 9,5 \end{pmatrix} \Rightarrow N(2,5 \mid 0,5 \mid 9,5)$$

Abstand:

$$|\overrightarrow{SN}| = \left| \begin{pmatrix} 0,5 \\ 0,5 \\ 0,5 \end{pmatrix} \right| = \sqrt{3 \cdot 0,5^2} = \sqrt{0,75} \approx 0,866$$

Ergebnis
Der Abstand des Punktes S zum geplanten Spannseil ist 87 cm groß, somit wird der geforderte Mindestabstand von 80 cm eingehalten.

2.4 **Koordinaten der neuen Dachspitze**
Der Punkt S' liegt auf der Geraden g_{MS} und kann somit mit der Gleichung der Geraden, die durch die Punkte M uns S verläuft, beschrieben werden. Die Koordinaten der Punkte M und S sind bekannt. Die Koordinaten des Punktes S' sollen nun so gewählt werden, dass die Längen der Dachkanten genau so groß werden, wie die Kantenlängen der quadratischen Grundfläche der Pyramide EFGHS. Aus Symmetriegründen genügt der Nachweis der Längengleichheit für eine Dachkante $\overrightarrow{FS'}$ und eine Kante $\overrightarrow{FG}$.

$$M(2 \mid 0 \mid 6) \quad S(2 \mid 0 \mid 9) \quad \overrightarrow{FG} = \begin{pmatrix} -2 \\ 2 \\ 0 \end{pmatrix}$$

Koordinaten des Punktes S' bzw. der Geraden g_{MS}:

$$\overrightarrow{OS'} = \overrightarrow{OM} + r \cdot \overrightarrow{MS} = \begin{pmatrix} 2 \\ 0 \\ 6 \end{pmatrix} + r \cdot \begin{pmatrix} 0 \\ 0 \\ 3 \end{pmatrix}$$

Vektor $\overrightarrow{FS'}$:

$$\overrightarrow{FS'} = \overrightarrow{OS'} - \overrightarrow{OF} = \begin{pmatrix} 2 \\ 0 \\ 6 \end{pmatrix} + r \cdot \begin{pmatrix} 0 \\ 0 \\ 3 \end{pmatrix} - \begin{pmatrix} 4 \\ 0 \\ 6 \end{pmatrix} = \begin{pmatrix} -2 \\ 0 \\ 3 \cdot r \end{pmatrix}$$

Gleichsetzen der Beträge und Lösen der Gleichung:

$|\vec{FS'}| = |\vec{FG}|$

$\left|\begin{pmatrix} -2 \\ 0 \\ 3 \cdot r \end{pmatrix}\right| = \left|\begin{pmatrix} -2 \\ 2 \\ 0 \end{pmatrix}\right|$

$\sqrt{4 + 9 \cdot r^2} = \sqrt{4 + 4} \quad \big|\, ()^2 \atop -4$

$9 \cdot r^2 = 4 \quad \big|\, :9 \atop \sqrt{}$

$r_1 = -\dfrac{2}{3}$ (entfällt) $\quad r_2 = \dfrac{2}{3}$

Einsetzen des Parameters:

$\vec{OS'} = \begin{pmatrix} 2 \\ 0 \\ 6 \end{pmatrix} + \dfrac{2}{3} \cdot \begin{pmatrix} 0 \\ 0 \\ 3 \end{pmatrix} = \begin{pmatrix} 2 \\ 0 \\ 8 \end{pmatrix} \quad \Rightarrow \quad S'(2\,|\,0\,|\,8)$

Ergebnis
Die Koordinaten der neuen Dachspitze lauten S'(2|0|8).

B 3 Analytische Geometrie und Stochastik

3.1 Zuerst wird die Geradengleichung aufgestellt, auf der sich das Flugzeug F_1 bewegt. Dazu wird der Ortsvektor zum Punkt M erstellt

$\vec{OM} = \begin{pmatrix} 3 \\ 4 \\ 2 \end{pmatrix}$

und der Richtungsvektor $\vec{u}$ verwendet:

$F_1: \vec{x} = \begin{pmatrix} 3 \\ 4 \\ 2 \end{pmatrix} + \lambda \cdot \begin{pmatrix} 1 \\ 3 \\ 2 \end{pmatrix}$

Die Start- und Landebahn ist die x-y-Ebene.

Bestimmung des Startpunktes
Die z-Komponente eines Vektors, der in der x-y-Ebene liegt, ist null. Damit muss folgende Gleichung gelöst werden:

$\begin{pmatrix} x \\ y \\ 0 \end{pmatrix} = \begin{pmatrix} 3 \\ 4 \\ 2 \end{pmatrix} + \lambda \cdot \begin{pmatrix} 1 \\ 3 \\ 2 \end{pmatrix}$

Aus der letzten Zeile des Gleichungssystems erhält man $\lambda = -1$. Dieser Wert kann in die obersten beiden Gleichungen eingesetzt werden und man erhält die Werte x = 2 und y = 1.

Ergebnis
Die Koordinaten des Punktes, in dem das Flugzeug F_1 abgehoben hat, lauten P(2|1|0).

Bestimmung des Startwinkels
Der Normalenvektor der x-y-Ebene lautet:

$\vec{z} = \begin{pmatrix} 0 \\ 0 \\ 1 \end{pmatrix}$

Um den Winkel zwischen dem Normalenvektor der x-y-Ebene und dem Richtungsvektor $\vec{u}$ der Geradengleichung F_1 zu bestimmen, wird das Skalarprodukt verwendet.
Das Skalarprodukt der Vektoren $\vec{u}$ und $\vec{z}$ lautet:
$$\vec{u} \circ \vec{z} = |\vec{u}| \cdot |\vec{z}| \cdot \cos \sphericalangle(\vec{u}, \vec{z})$$
Durch Umstellung der Gleichung erhält man die Gleichung:
$$\cos \sphericalangle(\vec{u}, \vec{z}) = \frac{\vec{u} \circ \vec{z}}{|\vec{u}| \cdot |\vec{z}|}$$

Das Skalarprodukt kann auch so berechnet werden:
$$\vec{u} \circ \vec{z} = u_x \cdot z_x + u_y \cdot z_y + u_z \cdot z_z$$
Damit erhält man:
$$\vec{u} \circ \vec{z} = 2$$
Die Beträge der Vektoren sind:
$|\vec{u}| = \sqrt{14}$ und $|\vec{z}| = 1$
Somit erhält man:
$$\cos \sphericalangle(\vec{u}, \vec{z}) = \frac{2}{\sqrt{14} \cdot 1}$$

Nach Bildung des Arcuskosinus hat der Winkel $\sphericalangle(\vec{u}, \vec{z})$ eine Größe von 57,69°. Dies ist der Winkel zwischen den Vektoren. Da der Normalenvektor im rechten Winkel auf der Ebene steht, muss der erhaltene Winkel von 90° abgezogen werden, um den Winkel zwischen der x-y-Ebene und der Flugbahn des Flugzeugs F_1 zu erhalten.

Ergebnis
Der Startwinkel beträgt 32,31°.

3.2 **Abstand zweier Geraden**
Die Geradengleichungen der beiden Flugzeuge lauten:
$$F_2: \vec{x} = \begin{pmatrix} 1 \\ -1 \\ 0 \end{pmatrix} + t \cdot \begin{pmatrix} 1 \\ 3 \\ 1 \end{pmatrix} \quad \text{und} \quad F_3: \vec{x} = \begin{pmatrix} 1 \\ 9 \\ 5 \end{pmatrix} + s \cdot \begin{pmatrix} 1 \\ 3 \\ 0 \end{pmatrix}$$

Wird für die Punkte P auf der Geraden F_2 und Q auf der Geraden F_3 die kleinste Entfernung angenommen, so schneidet die Verbindungsgerade PQ die Geraden F_2 und F_3 orthogonal.

Für die Ortsvektoren $\overrightarrow{OP}$ und $\overrightarrow{OQ}$ gilt:
$$\overrightarrow{OP} = \begin{pmatrix} 1 \\ -1 \\ 0 \end{pmatrix} + t \cdot \begin{pmatrix} 1 \\ 3 \\ 1 \end{pmatrix} \quad \text{und} \quad \overrightarrow{OQ} = \begin{pmatrix} 1 \\ 9 \\ 5 \end{pmatrix} + s \cdot \begin{pmatrix} 1 \\ 3 \\ 0 \end{pmatrix}$$

Damit gilt für den Richtungsvektor $\overrightarrow{PQ}$:
$$\overrightarrow{PQ} = \overrightarrow{OQ} - \overrightarrow{OP} = \begin{pmatrix} 1 \\ 9 \\ 5 \end{pmatrix} + s \cdot \begin{pmatrix} 1 \\ 3 \\ 0 \end{pmatrix} - \left(\begin{pmatrix} 1 \\ -1 \\ 0 \end{pmatrix} + t \cdot \begin{pmatrix} 1 \\ 3 \\ 1 \end{pmatrix} \right)$$

Durch Umformungen erhält man:
$$\overrightarrow{PQ} = \begin{pmatrix} s - t \\ 10 + 3 \cdot s - 3 \cdot t \\ 5 - t \end{pmatrix}$$

Da $\overrightarrow{PQ}$ orthogonal auf den Geraden F_2 und F_3 stehen soll, muss das Skalarprodukt von PQ und den Richtungsvektoren der Geraden F_2 und F_3 jeweils null ergeben:

$$\overrightarrow{PQ} \circ \vec{r}_2 = \begin{pmatrix} s-t \\ 10+3 \cdot s - 3 \cdot t \\ 5-t \end{pmatrix} \circ \begin{pmatrix} 1 \\ 3 \\ 1 \end{pmatrix} = 0 \quad \Rightarrow \quad 10s - 11t + 35 = 0$$

$$\overrightarrow{PQ} \circ \vec{r}_3 = \begin{pmatrix} s-t \\ 10+3 \cdot s - 3 \cdot t \\ 5-t \end{pmatrix} \circ \begin{pmatrix} 1 \\ 3 \\ 0 \end{pmatrix} = 0 \quad \Rightarrow \quad 10s - 10t + 30 = 0$$

Wird dieses Gleichungssystem
I $\quad 10 \cdot s - 11 \cdot t + 35 = 0$
II $\quad 10 \cdot s - 10 \cdot t + 30 = 0$
gelöst, so ergeben sich als Lösung $t = 5$ und $s = 2$.
Werden die Lösungen für die Parameter in die Geradengleichungen von F_2 bzw. F_3 eingesetzt, so ergeben sich

$$\overrightarrow{OP} = \begin{pmatrix} 1 \\ -1 \\ 0 \end{pmatrix} + 5 \cdot \begin{pmatrix} 1 \\ 3 \\ 1 \end{pmatrix} = \begin{pmatrix} 6 \\ 14 \\ 5 \end{pmatrix} \text{ bzw. } \overrightarrow{OQ} = \begin{pmatrix} 1 \\ 9 \\ 5 \end{pmatrix} + 2 \cdot \begin{pmatrix} 1 \\ 3 \\ 0 \end{pmatrix} = \begin{pmatrix} 3 \\ 15 \\ 5 \end{pmatrix}$$

und somit die Punkte P(6 | 14 | 5) und Q(3 | 15 | 5).

Sicherheitsabstand
Der Richtungsvektor $\overrightarrow{PQ}$ ist:

$$\overrightarrow{PQ} = \begin{pmatrix} -3 \\ 1 \\ 0 \end{pmatrix}$$

Der Betrag des Vektors $\overrightarrow{PQ}$ ist gleichzeitig der kürzeste Abstand der beiden Geraden voneinander:

$$|\overrightarrow{PQ}| = \sqrt{(-3)^2 + 1^2 + 0^2} = \sqrt{10} \approx 3{,}16$$

Da eine Längeneinheit ein Kilometer ist, haben die beiden Flugzeuge einen Abstand von 3,16 km. Damit haben die Flugzeuge den Sicherheitsabstand von mindestens einem Kilometer eingehalten.

3.3 Der Tower hat die Koordinaten T(0 | 0 | 0). Die Gewitterfront hat die Gleichung:

$$\varepsilon_t: \vec{x} = \begin{pmatrix} 2t-5 \\ 13-t \\ 3 \end{pmatrix} + p \cdot \begin{pmatrix} 5 \\ -1 \\ 1 \end{pmatrix} + q \cdot \begin{pmatrix} -10 \\ 2 \\ 0 \end{pmatrix}$$

Wird der Ortsvektor des Towers als Ergebnis der Ebenengleichung eingesetzt, so erhält man folgende Gleichung:

$$\begin{pmatrix} 0 \\ 0 \\ 0 \end{pmatrix} = \begin{pmatrix} 2t-5 \\ 13-t \\ 3 \end{pmatrix} + p \cdot \begin{pmatrix} 5 \\ -1 \\ 1 \end{pmatrix} + q \cdot \begin{pmatrix} -10 \\ 2 \\ 0 \end{pmatrix}$$

Damit ergibt sich das Gleichungssystem:
I $\quad 0 = -5 + 2t + 5p - 10q$
II $\quad 0 = 13 - t - p + 2q$
III $\quad 0 = 3 + p$

Aus der Gleichung III erhält man als Lösung $p = -3$.

Dieses Ergebnis wird in die Gleichungen I und II eingesetzt, damit ergibt sich das Gleichungssystem:
I $0 = -20 + 2t - 10q$
II $0 = 16 - t + 2q$
III $p = -3$

Wird die Gleichung II mit 2 multipliziert und zur Gleichung I addiert, ergibt sich:
I $0 = -20 + 2t - 10q$
II $0 = 12 - 6q$
III $p = -3$

Aus der Gleichung II erhält man als Lösung $q = 2$.

Dieses Ergebnis wird in die Gleichung I eingesetzt, damit ergibt sich das Gleichungssystem:
I $0 = -40 + 2t$
II $q = 2$
III $p = -3$

Aus der Gleichung I erhält man als Lösung $t = 20$.

Ergebnis
Die Gewitterfront erreicht 20 Minuten nach Beginn der Beobachtung, also um 12:50 Uhr, den Tower.

3.4.1 Anzahl der möglichen Startreihenfolgen
Die Anzahl der möglichen Startreihenfolgen der fünf verschiedenen Flugzeuge ist eine Permutation: $5! = 120$

Ergebnis
Es gibt 120 verschiedene Startreihenfolgen der fünf verschiedenen Flugzeuge.

Wahrscheinlichkeit, dass zwei Flugzeuge derselben Fluggesellschaft direkt hintereinander starten
X = Flugzeug 1 startet an Position X
Y = Flugzeug 2 startet an Position Y

Aus
$P(X = 1) = \frac{1}{5}$ und $P(Y = 2) = \frac{1}{4}$
erhält man:
$P(X = 1, Y = 2) = \frac{1}{5} \cdot \frac{1}{4} = \frac{1}{20}$

Das heißt, die Wahrscheinlichkeit, dass das Flugzeug 1 an Position 1 und Flugzeug 2 an Position 2 startet, beträgt $\frac{1}{20}$.

Für die weiteren Startpositionen der Flugzeuge 1 und 2 folgt:

$P(X = 2) = \frac{1}{5}$ und $P(Y = 1 \text{ oder } 3) = \frac{2}{4}$ $\Rightarrow$ $P(X = 2, Y = 1 \text{ oder } 3) = \frac{1}{5} \cdot \frac{2}{4} = \frac{1}{10}$,

$P(X = 3) = \frac{1}{5}$ und $P(Y = 2 \text{ oder } 4) = \frac{2}{4}$ $\Rightarrow$ $P(X = 3, Y = 2 \text{ oder } 4) = \frac{1}{5} \cdot \frac{2}{4} = \frac{1}{10}$,

$P(X = 4) = \frac{1}{5}$ und $P(Y = 3 \text{ oder } 5) = \frac{2}{4}$ $\Rightarrow$ $P(X = 4, Y = 3 \text{ oder } 5) = \frac{1}{5} \cdot \frac{2}{4} = \frac{1}{10}$,

$P(X = 5) = \frac{1}{5}$ und $P(Y = 4) = \frac{1}{4}$ $\Rightarrow$ $P(X = 5, Y = 4) = \frac{1}{5} \cdot \frac{1}{4} = \frac{1}{20}$

Wenn man alle Wahrscheinlichkeiten addiert, ergibt sich:

$$P(X, Y) = \frac{4}{10}$$

Ergebnis
Die Wahrscheinlichkeit, dass die zwei Maschinen derselben Fluggesellschaft direkt hintereinander starten, beträgt 0,4.

3.4.2 Binomialverteilung

Es werden 100 Flüge betrachtet, damit ist n = 100.
Die Wahrscheinlichkeit, dass sich ein Flugzeug verspätet, beträgt 2 %, damit ist p = 0,02.

Es soll die Wahrscheinlichkeit berechnet werden, dass sich die Anzahl der wegen Wetterunbilden verspäteten Flugzeuge höchstens um die Standardabweichung vom Erwartungswert unterscheidet. Damit müssen der Erwartungswert und die Standardabweichung bestimmt werden.

Der Erwartungswert berechnet sich aus $\mu = n \cdot p$, damit erhält man $\mu = 2$.
Unter 100 Flügen sind 2 Flüge zu erwarten, die sich wegen des Wetters verspäten.

Die Standardabweichung berechnet sich aus $\sigma = \sqrt{n \cdot p \cdot (1-p)}$, damit erhält man $\sigma \approx 1,4$.

Auf die Fragestellung bezogen, bedeutet dies, es ist die Wahrscheinlichkeit zu berechnen, dass sich wegen des Wetters 1, 2 oder 3 Flugzeuge verspäten.
Es muss die summierte Binomialverteilung berechnet werden für n = 100, p = 0,02 und k = 1; 2; 3:

$$P(1 \leq X \leq 3) = \sum_{k=1}^{3} \binom{100}{k} \cdot 0,02^k \cdot 0,98^{100-k} \approx 0,2706 + 0,2734 + 0,1823 = 0,7263$$

Ergebnis
Die Wahrscheinlichkeit, dass sich die Anzahl der wegen Wetterunbilden verspäteten Flugzeuge höchstens um die Standardabweichung vom Erwartungswert unterscheidet, beträgt 0,7263.

Übungsaufgaben zum Prüfungsteil A
Pflichtaufgaben mit und ohne CAS

A 1 Analysis

Eine Schar von Funktionen f_a ist durch die Gleichung
$$f_a(x) = -\frac{2}{3} \cdot x^3 + 2 \cdot a^2 \cdot x, \ x \in \mathbb{R}, \ a \in \mathbb{R}$$
gegeben. Die Graphen von f_a sind K_a.

1.1 Weisen Sie nach, dass jeder Graph K_a punktsymmetrisch zum Koordinatenursprung ist.

1.2 Der Graph K_a und die x-Achse schließen für jeden Wert von a (a > 0) im ersten Quadranten eine Fläche vollständig ein.
Ermitteln Sie denjenigen Wert von a, für den der Inhalt dieser Fläche genau 24 Flächeneinheiten beträgt.

1.3 Es gibt eine ganzrationale Funktion g dritten Grades mit den folgenden Eigenschaften:
I $g(0) = f_2(0)$
II Die Wendestelle von g stimmt mit der Wendestelle von f_2 überein.
III Die Tangente im Wendepunkt des Graphen von g steht senkrecht auf der Tangente im Wendepunkt von K_2.
IV Die positive Extremstelle von f_2 ist eine Extremstelle von g.
Geben Sie für die Funktion g eine Gleichung an.

A 2 Analytische Geometrie und Vektorrechnung

In einem kartesischen Koordinatensystem sind die Punkte A(2 | 1 | 0), B(–2 | 4 | 2), C(1 | 3 | –2) und D(–1 | 2 | 5) gegeben.

2.1 Untersuchen Sie die Lagebeziehung der Geraden g_{AB} und h_{CD}.

2.2 Durch die Punkte A, B und C ist eine Ebene ε eindeutig bestimmt.
Ermitteln Sie eine Koordinatengleichung für ε.

2.3 Die Punkte A, B, C und D sind Eckpunkte einer Pyramide.

2.3.1 Zeichnen Sie diese Pyramide.

2.3.2 Prüfen Sie, ob der Punkt P(–6 | 7 | 4) auf der Kante $\overline{AB}$ liegt.

A 3 Stochastik

In Autos eines Herstellers werden auf Kundenwunsch komplette Freisprechanlagen mit Mobiltelefon eingebaut. Dabei funktionieren diese Komplettanlagen nur, wenn sowohl Freisprechanlage als auch Mobiltelefon funktionstüchtig sind und der Einbau der Freisprechanlage ordnungsgemäß erfolgte.
Zurzeit bezieht der Hersteller die Komplettanlagen von der Firma A. Erfahrungsgemäß sind von den Freisprechanlagen 2 % und von den Mobiltelefonen 0,5 % fehlerhaft. Der Einbau erfolgt mit einer Wahrscheinlichkeit von 95 % ordnungsgemäß. Die Fehler treten unabhängig voneinander auf.

3.1 Berechnen Sie die Wahrscheinlichkeit dafür, dass die Komplettanlage in einem zufällig ausgewählten Auto funktioniert.

3.2 Der Autohersteller liefert 800 Autos mit Komplettanlagen aus.
Berechnen Sie die zu erwartende Anzahl der Reklamationen wegen defekter Komplettanlagen.
(Annahme: Jede fehlerhafte Komplettanlage wird auch reklamiert.)

3.3 Jede reklamierte Komplettanlage verursacht für den Autohersteller zusätzliche Kosten von durchschnittlich 400 €.
Von der Firma B werden Freisprechanlagen mit nur 0,1 % und Mobiltelefone mit 0,2 % Fehleranteilen zugesichert. Der Einbau erfolgt zu 5 % fehlerhaft.
Dieses Angebot hat für den Autohersteller einen um 15 % höheren Preis für jede Komplettanlage im Vergleich zu Firma A.
Bis zu welchem Preis lohnt es sich für den Autohersteller, die Komplettanlage von Firma B zu beziehen?
Begründen Sie Ihre Antwort rechnerisch.

Quelle: Abiturprüfung 2007 Leistungskurs Mathematik (Mecklenburg-Vorpommern) Pflichtteil

Hinweise und Tipps

Teilaufgabe 1.1
/ Der Graph einer Funktion f ist punktsymmetrisch zum Koordinatenursprung, wenn für alle x aus dem Definitionsbereich gilt: $f(-x) = -f(x)$

Teilaufgabe 1.2
/ Die Flächeninhaltsberechnung dieser nicht allseitig geradlinig begrenzten Fläche erfolgt mithilfe der Integralrechnung.
/ Die Integrationsgrenzen sind die Nullstellen der Funktion $f_a(x)$.

Teilaufgabe 1.3
/ Eine ganzrationale Funktion 3. Grades hat die Form $g(x) = a \cdot x^3 + b \cdot x^2 + c \cdot x + d$.
/ Aus den gegebenen Eigenschaften kann ein Gleichungssystem aufgestellt werden.
/ Aus den ersten drei Eigenschaften lassen sich die Koeffizienten b, c und d bestimmen.

Teilaufgabe 2.1
/ Stellen Sie die Geradengleichungen auf.
/ Die Richtungsvektoren erhält man, indem man die Ortsvektoren voneinander subtrahiert.
/ Überprüfen Sie, ob die Geraden parallel zueinander sind oder einen Schnittpunkt haben.

Teilaufgabe 2.2
/ Stellen Sie zunächst die Parameterform der Ebene auf.
/ Mithilfe des Kreuzproduktes erhalten Sie einen Vektor, der senkrecht auf den beiden Richtungsvektoren der Ebene steht.
/ Die Elemente dieses Vektors sind die Koeffizienten der Koordinatengleichung der Ebene.
/ Den letzten noch fehlenden Wert erhalten Sie durch Einsetzen eines Punktes der Ebene.

Teilaufgabe 2.3.2
/ Benutzen Sie die in Teilaufgabe 2.1 berechnete Gleichung der Geraden g_{AB}.

Teilaufgabe 3.1
- Es handelt sich um ein dreistufiges Zufallsexperiment.
- Beachten Sie, dass die Fehler unabhängig voneinander auftreten.

Teilaufgabe 3.2
- Was ist das Gegenereignis zu dem Ereignis „Defekte Komplettanlage"?

Teilaufgabe 3.3
- Berechnen Sie die Ausfallwahrscheinlichkeit der Firma B.
- Vergleichen Sie die Kosten, die dem Hersteller bei jeder Komplettanlage entstehen.
- Die Kosten setzen sich aus den Einkaufspreisen und den Reklamationskosten zusammen.

Lösung

A 1 Analysis ohne CAS

1.1 Um den Nachweis der Punktsymmetrie zu erbringen, muss bewiesen werden, dass für alle x aus dem Definitionsbereich folgende Beziehung gilt: $f(-x) = -f(x)$.
Um den obigen Nachweis zu erbringen, ist der Term $f_a(-x) = -f_a(x)$ zu überprüfen. Es entstehen die Terme:

$$f_a(-x) = \frac{2}{3}x^3 - 2a^2 x \quad \text{und} \quad -f_a(x) = \frac{2}{3}x^3 - 2a^2 x$$

Durch einen Vergleich der Terme erkennt man deren Gleichheit.
Der Graph der Funktion ist punktsymmetrisch zum Koordinatenursprung.

1.2 Es soll der Flächeninhalt bestimmt werden, den der Graph K_a und die x-Achse im ersten Quadraten für $a > 0$ einschließen. Dazu muss das Integral

$$A = \int_b^c f_a(x)\, dx$$

berechnet werden. Die Grenzen b und c sind die Nullstellen der Funktion $f_a(x)$.

Als erstes werden die Nullstellen der Funktion $f_a(x)$ in Abhängigkeit von a bestimmt. Um die Nullstellen zu berechnen, wird der Funktionsterm gleich null gesetzt und nach x aufgelöst. Das bedeutet $f_a(x) = 0$:

$$0 = -\frac{2}{3}x^3 + 2a^2 x$$

Es wird einmal x ausgeklammert:

$$0 = x \cdot \left(-\frac{2}{3}x^2 + 2a^2\right)$$

Die erste Nullstelle lautet: $x_1 = 0$
Die weiteren Nullstellen erhält man, wenn man die Gleichung $0 = -\frac{2}{3}x^2 + 2a^2$ löst.
Die Nullstellen sind:

$$x_2 = -a \cdot \sqrt{3} \;\wedge\; x_3 = a \cdot \sqrt{3}$$

Der Wert für x_2 ist zwar eine Nullstelle, liefert hier aber keinen Beitrag zur Lösung, da für $a > 0$ diese Nullstelle nicht im ersten Quadranten liegt.
Demzufolge sind also die Grenzen für die Integration $x_1 = 0$ und $x_3 = a \cdot \sqrt{3}$.

Jetzt wird das bestimmte Integral gebildet und ausgerechnet:

$$\int_0^{a\sqrt{3}} f_a(x)dx = \int_0^{a\sqrt{3}} -\frac{2}{3}x^3 + 2a^2x \, dx = \left[-\frac{1}{6}x^4 + a^2x^2\right]_0^{a\sqrt{3}} = -\frac{3}{2}a^4 + 3a^4 = \frac{3 \cdot a^4}{2}$$

Dieser Flächeninhalt soll 24 Flächeneinheiten betragen:

$$\frac{3 \cdot a^4}{2} = 24$$

Diese Gleichung ist nach a aufzulösen. Als Ergebnisse erhält man: $a_1 = -2 \wedge a_2 = 2$
Der Wert für a_1 ist keine Lösung der Aufgabe, da $a > 0$ gefordert war.
Somit ist die einzige Lösung $a_2 = 2$.

1.3 Gesucht ist eine ganzrationale Funktion 3. Grades vom Typ:
$g(x) = a \cdot x^3 + b \cdot x^2 + c \cdot x + d$

Im weiteren Verlauf ist von der Funktion $f_2(x)$ und dem Graphen K_2 die Rede, d. h. in diesem Fall ist $a = 2$ und die Funktion hat folgendes Aussehen:

$$f_2(x) = -\frac{2}{3}x^3 + 8x$$

Um die Koeffizienten der Funktion g zu bestimmen, muss ein Gleichungssystem aufgestellt werden. Dazu müssen die gegebenen Eigenschaften der Funktion g näher untersucht werden.

Von der Funktion g sind folgende Eigenschaften bekannt:
I $g(0) = f_2(0)$
    f_2 hat an der Stelle $x = 0$ den Wert null, d. h. auch die Funktion g hat an der Stelle $x = 0$ den Wert null:
    $g(0) = 0$
    Damit lautet die erste Gleichung des Gleichungssystems:
    $0 = a \cdot 0^3 + b \cdot 0^2 + c \cdot 0 + d$
    Die erste Unbekannte hat den Wert:
    $d = 0$
II Die Wendestelle von g stimmt mit der Wendestelle von f_2 überein. Das bedeutet, es muss als erstes die Wendestelle der Funktion f_2 bestimmt werden.
    Laut notwendiger Bedingung für die Existenz von Wendestellen muss dazu die zweite Ableitung der Funktion f_2 an dieser Stelle null sein:
    $f_2''(x) = -4x$
    $f_2''(x_w) = 0$
    $x_w = 0$
    Da auch die Funktion g die gleiche Wendestelle haben soll, gilt:
    $g''(0) = 0$
    Die zweite Ableitung der Funktion g sieht so aus:
    $g''(x) = 6 \cdot a \cdot x + 2 \cdot b$
    Damit lautet die zweite Gleichung des Gleichungssystems:
    $0 = 6 \cdot a \cdot 0 + 2 \cdot b$
    Die zweite Unbekannte hat den Wert:
    $b = 0$
III Die Tangente im Wendepunkt des Graphen von g steht senkrecht auf der Tangente im Wendepunkt von K_2.

Es wird der Anstieg der Funktion $f_2(x)$ an der Stelle $x=0$ benötigt. Dazu wird die erste Ableitung der Funktion $f_2(x)$ bestimmt:

$f_2'(x) = -2x^2 + 8$

Für x ist der Wert null in die erste Ableitung einzusetzen und man erhält den Anstieg der Funktion f_2 mit $m = 8$.

Zwei Geraden h: $y = m_1 \cdot x + n_1$ und k: $y = m_2 \cdot x + n_2$ stehen senkrecht aufeinander, wenn gilt: $m_1 = -\frac{1}{m_2}$

Deshalb muss die Tangente an die Funktion g an der Stelle $x=0$ den Anstieg $m = -\frac{1}{8}$ haben.

Die erste Ableitung der Funktion g lautet:
$g'(x) = 3 \cdot a \cdot x^2 + 2 \cdot b \cdot x + c$
Damit lautet die dritte Gleichung des Gleichungssystems:

$-\frac{1}{8} = 3 \cdot a \cdot 0^2 + 2 \cdot b \cdot 0 + c$

Die dritte Unbekannte hat den Wert:

$c = -\frac{1}{8}$

IV Die positive Extremstelle von f_2 ist eine Extremstelle von g.
Als erstes muss die Extremstelle der Funktion f_2 bestimmt werden.
Laut notwendiger Bedingung für die Existenz von Extremstellen muss dazu die erste Ableitung der Funktion f_2 an dieser Stelle null sein. Die erste Ableitung der Funktion f_2 lautet:

$f_2'(x) = -2x^2 + 8$

$f_2'(x_e) = 0$

Wird die Gleichung $0 = -2x_e^2 + 8$ gelöst, ergeben sich für die Extremstellen von f_2 zwei Ergebnisse:
$x_{e1} = -2$ und $x_{e2} = 2$
Da nur die positive Extremstelle von f_2 benötigt wird, ist die gesuchte Extremstelle $x_{e2} = 2$. An der Stelle $x=2$ soll auch eine Extremstelle von g liegen. Das bedeutet laut notwendiger Bedingung für die Existenz von Extremstellen $g'(2) = 0$.
Mit $g'(2) = 12 \cdot a + 4 \cdot b + c$ lautet die vierte Gleichung des Gleichungssystems:
$0 = 12 \cdot a + 4 \cdot b + c$
Da die Werte für b und c bereits bekannt sind, ist der Wert für die letzte Unbekannte:

$a = \frac{1}{96}$

Die Gleichung der Funktion g lautet somit:

$g(x) = \frac{1}{96}x^3 - \frac{1}{8}x$

A 1 Analysis mit CAS

1.1 Um den Nachweis der Punktsymmetrie zu erbringen, muss bewiesen werden, dass für alle x aus dem Definitionsbereich folgende Beziehung gilt: $f(-x) = -f(x)$

Dazu erfolgt als erstes die Speicherung der Funktion als $f_a(x)$.
Um den obigen Nachweis zu erbringen, ist der Term $f_a(-x) = -f_a(x)$ zu überprüfen. Der Voyage 200 liefert hier als Ergebnis „true".
Dieses Ergebnis kann man nur so interpretieren, dass die beiden Seiten des Terms $f_a(-x) = -f_a(x)$ identisch sind. Somit ist der Nachweis erbracht.
Es gilt demzufolge:
$$f_a(-x) = \frac{2}{3}x^3 - 2a^2 x = -f_a(x) = \frac{2}{3}x^3 - 2a^2 x$$
Der Graph der Funktion ist punktsymmetrisch zum Koordinatenursprung.

1.2 Es soll der Flächeninhalt bestimmt werden, den der Graph K_a und die x-Achse im ersten Quadraten für $a > 0$ einschließen. Dazu muss das Integral
$$A = \int_b^c f_a(x)\,dx$$
berechnet werden. Die Grenzen b und c sind die Nullstellen der Funktion $f_a(x)$.

Hierzu werden als erstes die Nullstellen der Funktion $f_a(x)$ in Abhängigkeit von a bestimmt.
Um die Nullstellen zu berechnen, wird der Funktionsterm gleich null gesetzt und nach x aufgelöst. Das bedeutet: $f_a(x) = 0$
Als Nullstellen erhält man:
$x_1 = -a \cdot \sqrt{3} \;\wedge\; x_2 = a \cdot \sqrt{3} \;\wedge\; x_3 = 0$

Der Wert für x_1 ist zwar eine Nullstelle, liefert hier aber keinen Beitrag zur Lösung, da für $a > 0$ diese Nullstelle nicht im ersten Quadranten liegt.
Demzufolge sind also die Grenzen für die Integration $x_3 = 0$ und $x_2 = a \cdot \sqrt{3}$.
Jetzt wird das Integral
$$\int_0^{a\sqrt{3}} f_a(x)\,dx$$
gebildet. Man erhält als Flächeninhalt in Abhängigkeit von a:
$$\frac{3 \cdot a^4}{2}$$

Dieser Flächeninhalt soll 24 Flächeneinheiten betragen, d. h.:
$$\frac{3 \cdot a^4}{2} = 24$$
Diese Gleichung ist nach a aufzulösen. Als Ergebnisse erhält man:
$a_1 = -2 \;\wedge\; a_2 = 2$

Der Wert für a_1 ist keine Lösung der Aufgabe, da $a > 0$ gefordert war. Somit ist die einzige Lösung $a_2 = 2$.

1.3 Gesucht ist eine ganzrationale Funktion 3. Grades vom Typ:
$g(x) = a \cdot x^3 + b \cdot x^2 + c \cdot x + d$

Im weiteren Verlauf ist von der Funktion f_2 und dem Graphen K_2 die Rede, d. h. in diesem Fall ist $a = 2$ und die Funktion hat folgendes Aussehen:

$f_2(x) = -\dfrac{2}{3} x^3 + 8x$

Um die Koeffizienten der Funktion g zu bestimmen, muss ein Gleichungssystem aufgestellt werden. Dazu müssen die gegebenen Eigenschaften der Funktion g näher untersucht werden.

Von der Funktion g sind folgende Eigenschaften bekannt:
I $g(0) = f_2(0)$
   f_2 hat an der Stelle $x = 0$ den Wert null, d. h. auch die Funktion g hat an der Stelle $x = 0$ den Wert null:
   $g(0) = 0$
   Damit lautet die erste Gleichung des Gleichungssystems:
   $0 = a \cdot 0^3 + b \cdot 0^2 + c \cdot 0 + d$
   Die erste Unbekannte hat den Wert:
   $d = 0$

II Die Wendestelle von g stimmt mit der Wendestelle von f_2 überein. Das bedeutet, es muss als erstes die Wendestelle der Funktion f_2 bestimmt werden.
   Laut notwendiger Bedingung für die Existenz von Wendestellen muss dazu die zweite Ableitung der Funktion $f_2(x)$ an dieser Stelle null sein:
   $f_2''(x) = -4x$
   $f_2''(x_w) = 0$
   $x_w = 0$
   Da auch die Funktion g die gleiche Wendestelle haben soll, gilt $g''(0) = 0$.
   Die zweite Ableitung der Funktion g sieht so aus:
   $g''(x) = 6 \cdot a \cdot x + 2 \cdot b$

   Damit lautet die zweite Gleichung des Gleichungssystems:
   $0 = 6 \cdot a \cdot 0 + 2 \cdot b$
   Die zweite Unbekannte hat den Wert:
   $b = 0$

III Die Tangente im Wendepunkt des Graphen von g steht senkrecht auf der Tangente im Wendepunkt von K_2.
   Es wird der Anstieg der Funktion f_2 an der Stelle $x = 0$ benötigt. Dazu wird die erste Ableitung der Funktion f_2 bestimmt:
   $f_2'(x) = -2x^2 + 8$
   Für x ist der Wert null in die erste Ableitung einzusetzen und man erhält den Anstieg der Funktion f_2 mit $m = 8$.

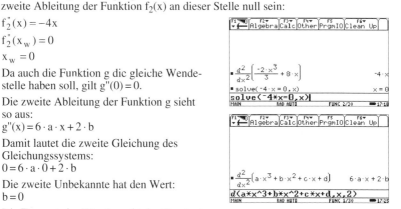

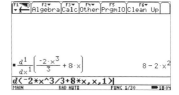

Zwei Geraden h: $y = m_1 \cdot x + n_1$ und k: $y = m_2 \cdot x + n_2$ stehen senkrecht aufeinander, wenn gilt: $m_1 = -\dfrac{1}{m_2}$

Deshalb muss die Tangente an die Funktion g an der Stelle $x = 0$ den Anstieg $m = -\dfrac{1}{8}$ haben.

Die erste Ableitung der Funktion g lautet:
$g'(x) = 3 \cdot a \cdot x^2 + 2 \cdot b \cdot x + c$
Damit lautet die dritte Gleichung des Gleichungssystems:

$-\dfrac{1}{8} = 3 \cdot a \cdot 0^2 + 2 \cdot b \cdot 0 + c$

Die dritte Unbekannte hat den Wert:

$c = -\dfrac{1}{8}$

IV Die positive Extremstelle von f_2 ist eine Extremstelle von g. Als erstes muss die Extremstelle der Funktion f_2 bestimmt werden.
Laut notwendiger Bedingung für die Existenz von Extremstellen muss dazu die erste Ableitung der Funktion f_2 an dieser Stelle null sein.
Die erste Ableitung der Funktion f_2 lautet:

$f'_2(x) = -2x^2 + 8$

$f'_2(x_e) = 0$

Wird die Gleichung gelöst, ergeben sich für die Extremstellen von f_2 zwei Ergebnisse:
$x_{e1} = -2$ und $x_{e2} = 2$
Da nur die positive Extremstelle von f_2 benötigt wird, ist die gesuchte Extremstelle $x_{e2} = 2$. An der Stelle $x = 2$ soll auch eine Extremstelle von g liegen. Das bedeutet laut notwendiger Bedingung für die Existenz von Extremstellen $g'(2) = 0$.

Mit $g'(2) = 12 \cdot a + 4 \cdot b + c$ lautet die vierte Gleichung des Gleichungssystems:
$0 = 12 \cdot a + 4 \cdot b + c$
Da die Werte für b und c bereits bekannt sind, ist der Wert für die letzte Unbekannte:

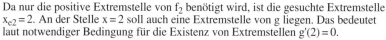

$a = \dfrac{1}{96}$

Die Gleichung der Funktion g lautet somit:

$g(x) = \dfrac{1}{96} x^3 - \dfrac{1}{8} x$

A 2 Analytische Geometrie und Vektorrechnung ohne CAS

2.1 Zuerst müssen die Geradengleichungen aufgestellt werden:
$g_{AB}: \vec{x} = \overrightarrow{OA} + \lambda \cdot \overrightarrow{AB}, \quad h_{CD}: \vec{x} = \overrightarrow{OC} + \mu \cdot \overrightarrow{CD}$

Dazu werden die Ortsvektoren $\overrightarrow{OA}$ bzw. $\overrightarrow{OC}$ und die Richtungsvektoren $\overrightarrow{AB}$ bzw. $\overrightarrow{CD}$ benötigt. Die Richtungsvektoren erhält man, indem man die Ortsvektoren voneinander subtrahiert, z. B. $\overrightarrow{AB} = \overrightarrow{OB} - \overrightarrow{OA}$.

Die Ortsvektoren lauten:
$$\vec{OA} = \begin{pmatrix} 2 \\ 1 \\ 0 \end{pmatrix} \text{ und } \vec{OC} = \begin{pmatrix} 1 \\ 3 \\ -2 \end{pmatrix}$$

Die Richtungsvektoren sind:
$$\vec{AB} = \vec{OB} - \vec{OA} = \begin{pmatrix} -2 \\ 4 \\ 2 \end{pmatrix} - \begin{pmatrix} 2 \\ 1 \\ 0 \end{pmatrix} = \begin{pmatrix} -4 \\ 3 \\ 2 \end{pmatrix} \text{ und } \vec{CD} = \vec{OD} - \vec{OC} = \begin{pmatrix} -1 \\ 2 \\ 5 \end{pmatrix} - \begin{pmatrix} 1 \\ 3 \\ -2 \end{pmatrix} = \begin{pmatrix} -2 \\ -1 \\ 7 \end{pmatrix}$$

Damit ist man in der Lage, die Geradengleichungen aufzustellen:
$$g_{AB}: \vec{x} = \begin{pmatrix} 2 \\ 1 \\ 0 \end{pmatrix} + \lambda \cdot \begin{pmatrix} -4 \\ 3 \\ 2 \end{pmatrix} \qquad h_{CD}: \vec{x} = \begin{pmatrix} 1 \\ 3 \\ -2 \end{pmatrix} + \mu \cdot \begin{pmatrix} -2 \\ -1 \\ 7 \end{pmatrix}$$

Um die Lagebeziehungen der Geraden g_{AB} und h_{CD} zu untersuchen, wird zuerst geprüft, ob die Geraden parallel zueinander sind. Dazu werden die Richtungsvektoren benötigt.
Es wird überprüft, ob der Richtungsvektor $\vec{AB}$ ein Vielfaches des Richtungsvektors $\vec{CD}$ ist:
$$\begin{pmatrix} -4 \\ 3 \\ 2 \end{pmatrix} = \lambda \cdot \begin{pmatrix} -2 \\ -1 \\ 7 \end{pmatrix} \Rightarrow \begin{matrix} \lambda = 2 \\ \lambda = -3 \\ \lambda = \frac{2}{7} \end{matrix} \Rightarrow g \nparallel h$$

Somit ist nachgewiesen, dass die Geraden nicht parallel sind.
Die Geraden können nur noch einen Schnittpunkt haben oder windschief zueinander sein.

Es wird jetzt überprüft, ob die Geraden einen Schnittpunkt haben. Dazu werden die Terme der beiden Geraden gleichgesetzt:
$$\begin{pmatrix} 2 \\ 1 \\ 0 \end{pmatrix} + \lambda \cdot \begin{pmatrix} -4 \\ 3 \\ 2 \end{pmatrix} = \begin{pmatrix} 1 \\ 3 \\ -2 \end{pmatrix} + \mu \cdot \begin{pmatrix} -2 \\ -1 \\ 7 \end{pmatrix} \Rightarrow \begin{matrix} \lambda = \frac{1}{2} \\ \mu = \frac{1}{2} \\ 1 = 1{,}5 \end{matrix}$$

Die Werte für λ und μ konnten aus den ersten beiden Zeilen des Gleichungssystems bestimmt werden. Beim Einsetzen der Werte von λ und μ in die dritte Zeile des Gleichungssystems wurde festgestellt, dass beide Seiten der Gleichung kein identisches Ergebnis liefern.

Ergebnis
Die Geraden g_{AB} und h_{CD} sind windschief zueinander.

2.2 Um die Koordinatengleichung der Ebene aufzustellen, wird als erstes die Parameterform der Ebene aufgestellt:
$$\varepsilon: \vec{x} = \vec{OA} + \lambda \cdot \vec{AB} + \mu \cdot \vec{AC}$$

Aufstellen der Parametergleichung der Ebene ε:
$$\varepsilon: \begin{pmatrix} x \\ y \\ z \end{pmatrix} = \begin{pmatrix} 2 \\ 1 \\ 0 \end{pmatrix} + \lambda \cdot \begin{pmatrix} -4 \\ 3 \\ 2 \end{pmatrix} + \lambda \cdot \begin{pmatrix} -1 \\ 2 \\ -2 \end{pmatrix}$$

Hiervon werden die beiden Richtungsvektoren $\begin{pmatrix} -4 \\ 3 \\ 2 \end{pmatrix}$ und $\begin{pmatrix} -1 \\ 2 \\ -2 \end{pmatrix}$ benötigt.

Mithilfe des Kreuzproduktes wird ein Vektor erzeugt, der senkrecht auf den beiden Richtungsvektoren der Ebene steht und damit auch senkrecht auf der Ebene selbst:

$$\begin{pmatrix} -4 \\ 3 \\ 2 \end{pmatrix} \times \begin{pmatrix} -1 \\ 2 \\ -2 \end{pmatrix} = \begin{pmatrix} -10 \\ -10 \\ -5 \end{pmatrix}$$

Die Elemente des Vektors sind die Koeffizienten der Koordinatengleichung der Ebene $A \cdot x + B \cdot y + C \cdot z = D$.

Die Koordinatengleichung lautet:
$-10 \cdot x - 10 \cdot y - 5 \cdot z = D$

Durch Einsetzen der Koordinaten des Punktes A erhält man den Wert für D. Damit lautet die Koordinatengleichung:
$-10 \cdot x - 10 \cdot y - 5 \cdot z = -30$

Diese Gleichung wird mit -5 dividiert. Es entsteht die gesuchte Gleichung:
$2 \cdot x + 2 \cdot y + z = 6$

2.3.1 Grafische Darstellung der Pyramide

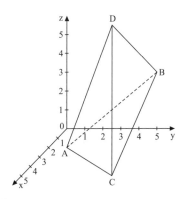

2.3.2 Liegt der Punkt $P(-6\,|\,7\,|\,4)$ auf der Kante $\overrightarrow{AB}$?

Dazu verwendet man die Gerade g_{AB} und setzt für den Vektor $\vec{x}$ den Ortsvektor zum Punkt P ein. Es entsteht dabei folgende Gleichung:

$$\begin{pmatrix} -6 \\ 7 \\ 4 \end{pmatrix} = \begin{pmatrix} 2 \\ 1 \\ 0 \end{pmatrix} + \lambda \cdot \begin{pmatrix} -4 \\ 3 \\ 2 \end{pmatrix} \quad \Rightarrow \quad \begin{matrix} \lambda = 2 \\ \lambda = 2 \\ \lambda = 2 \end{matrix}$$

Als Lösung dieser Gleichung erhält man $\lambda = 2$.

Damit liegt P auf der Geraden g_{AB}; da aber $\lambda > 1$ ist, liegt der Punkt P nicht auf der Kante $\overrightarrow{AB}$.

A 2 Analytische Geometrie und Vektorrechnung mit CAS

2.1 Zuerst müssen die Geradengleichungen aufgestellt werden.

$g_{AB}: \vec{x} = \overrightarrow{OA} + \lambda \cdot \overrightarrow{AB}, \quad h_{CD}: \vec{x} = \overrightarrow{OC} + \mu \cdot \overrightarrow{CD}$

Dazu werden die Ortsvektoren $\overrightarrow{OA}$ bzw. $\overrightarrow{OC}$ und die Richtungsvektoren $\overrightarrow{AB}$ bzw. $\overrightarrow{CD}$ benötigt. Die Richtungsvektoren erhält man, indem man die Ortsvektoren voneinander subtrahiert, z. B. $\overrightarrow{AB} = \overrightarrow{OB} - \overrightarrow{OA}$.

Die Ortsvektoren lauten:

$\vec{OA} = \begin{pmatrix} 2 \\ 1 \\ 0 \end{pmatrix}$ und $\vec{OC} = \begin{pmatrix} 1 \\ 3 \\ -2 \end{pmatrix}$

Die Richtungsvektoren sind:

$\vec{AB} = \vec{OB} - \vec{OA} = \begin{pmatrix} -2 \\ 4 \\ 2 \end{pmatrix} - \begin{pmatrix} 2 \\ 1 \\ 0 \end{pmatrix} = \begin{pmatrix} -4 \\ 3 \\ 2 \end{pmatrix}$ und $\vec{CD} = \vec{OD} - \vec{OC} = \begin{pmatrix} -1 \\ 2 \\ 5 \end{pmatrix} - \begin{pmatrix} 1 \\ 3 \\ -2 \end{pmatrix} = \begin{pmatrix} -2 \\ -1 \\ 7 \end{pmatrix}$

Damit ist man in der Lage die Geradengleichungen aufzustellen.

$g_{AB}: \vec{x} = \begin{pmatrix} 2 \\ 1 \\ 0 \end{pmatrix} + \lambda \cdot \begin{pmatrix} -4 \\ 3 \\ 2 \end{pmatrix}$ $\qquad h_{CD}: \vec{x} = \begin{pmatrix} 1 \\ 3 \\ -2 \end{pmatrix} + \mu \cdot \begin{pmatrix} -2 \\ -1 \\ 7 \end{pmatrix}$

Um die Lagebeziehungen der Geraden g_{AB} und h_{CD} zu untersuchen, wird zuerst geprüft, ob die Geraden parallel zueinander sind.
Dazu werden die Richtungsvektoren benötigt. Es wird überprüft, ob der Richtungsvektor $\vec{AB}$ ein Vielfaches des Richtungsvektors $\vec{CD}$ ist.

$\begin{pmatrix} -4 \\ 3 \\ 2 \end{pmatrix} = \lambda \cdot \begin{pmatrix} -2 \\ -1 \\ 7 \end{pmatrix} \Rightarrow \begin{matrix} \lambda = 2 \\ \lambda = -3 \\ \lambda = \frac{2}{7} \end{matrix} \Rightarrow g \not\parallel h$

Der Voyage200 liefert als Ergebnis nur „false".
Eine Interpretation des Ergebnisses in der Form „die Geraden sind nicht parallel zueinander" ist hier notwendig.

Somit ist nachgewiesen, dass die Geraden nicht parallel sind.

Die Geraden können nur noch einen Schnittpunkt haben oder windschief zueinander sein.

Es wird jetzt überprüft, ob die Geraden einen Schnittpunkt haben.
Dazu werden die Terme der beiden Geraden gleichgesetzt.

$\begin{pmatrix} 2 \\ 1 \\ 0 \end{pmatrix} + \lambda \cdot \begin{pmatrix} -4 \\ 3 \\ 2 \end{pmatrix} = \begin{pmatrix} 1 \\ 3 \\ -2 \end{pmatrix} + \mu \cdot \begin{pmatrix} -2 \\ -1 \\ 7 \end{pmatrix} \Rightarrow \begin{matrix} \lambda = \frac{1}{2} \\ \mu = \frac{1}{2} \\ 1 = 1,5 \end{matrix}$

Die Werte für λ und μ konnten aus den ersten beiden Zeilen des Gleichungssystems bestimmt werden. Beim Einsetzen der Werte von λ und μ in die dritte Zeile des Gleichungssystems wurde festgestellt, dass beide Seiten der Gleichung kein identisches Ergebnis liefern.

Somit sind die Geraden g_{AB} und h_{CD} windschief zueinander.

Der Voyage200 liefert das nebenstehende Ergebnis. Dieses führt zu der Schlussfolgerung, dass es keinen Schnittpunkt gibt und die Geraden windschief zueinander sind.

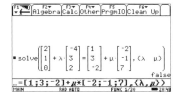

2.2 Um die Koordinatengleichung der Ebene aufzustellen, wird als erstes die Parameterform der Ebene aufgestellt.

$\varepsilon: \vec{x} = \vec{OA} + \lambda \cdot \vec{AB} + \mu \cdot \vec{AC}$

Aufstellen der Parametergleichung der Ebene ε

$$\varepsilon: \begin{pmatrix} x \\ y \\ z \end{pmatrix} = \begin{pmatrix} 2 \\ 1 \\ 0 \end{pmatrix} + \lambda \cdot \begin{pmatrix} -4 \\ 3 \\ 2 \end{pmatrix} + \lambda \cdot \begin{pmatrix} -1 \\ 2 \\ -2 \end{pmatrix}$$

Erste Variante der Lösung
Diese Parametergleichung der Ebene wird in den Voyage200 eingegeben. Wenn man sie nach den Parametern λ und μ auflöst, erhält man an erster Stelle die Koordinatenform der Ebene. Durch kleine Umformungen der dargestellten Lösung $z = -2 \cdot (x + y - 3)$ gelangt man zur gesuchten Koordinatengleichung:
$2 \cdot x + 2 \cdot y + z = 6$

Zweite Variante der Lösung

Die beiden Richtungsvektoren $\begin{pmatrix} -4 \\ 3 \\ 2 \end{pmatrix}$ und $\begin{pmatrix} -1 \\ 2 \\ -2 \end{pmatrix}$ werden benötigt.

Mithilfe des Kreuzproduktes wird ein Vektor erzeugt, der senkrecht auf den beiden Richtungsvektoren der Ebene steht und damit auch senkrecht auf der Ebene selbst.

$$\begin{pmatrix} -4 \\ 3 \\ 2 \end{pmatrix} \times \begin{pmatrix} -1 \\ 2 \\ -2 \end{pmatrix} = \begin{pmatrix} -10 \\ -10 \\ -5 \end{pmatrix}$$

Die Elemente des Vektors sind die Koeffizienten der Koordinatengleichung der Ebene
$A \cdot x + B \cdot y + C \cdot z = D$.
Die Koordinatengleichung lautet:
$-10 \cdot x - 10 \cdot y - 5 \cdot z = D$
Durch Einsetzen der Koordinaten des Punktes A erhält man den Wert für D.
Damit lautet die Koordinatengleichung:
$-10 \cdot x - 10 \cdot y - 5 \cdot z = -30$
Diese Gleichung wird mit -5 dividiert. Es entsteht die gesuchte Gleichung:
$2 \cdot x + 2 \cdot y + z = 6$

2.3.1 Grafische Darstellung der Pyramide

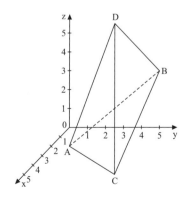

2.3.2 Liegt der Punkt P(−6|7|4) auf der Kante $\overline{AB}$?
Dazu verwendet man die Gerade g_{AB} und setzt für den Vektor $\vec{x}$ den Ortsvektor zum Punkt P ein. Es entsteht dabei folgende Gleichung:

$\begin{pmatrix} -6 \\ 7 \\ 4 \end{pmatrix} = \begin{pmatrix} 2 \\ 1 \\ 0 \end{pmatrix} + \lambda \cdot \begin{pmatrix} -4 \\ 3 \\ 2 \end{pmatrix} \Rightarrow \begin{matrix} \lambda = 2 \\ \lambda = 2 \\ \lambda = 2 \end{matrix}$

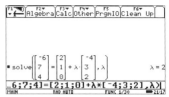

Als Lösung dieser Gleichung erhält man $\lambda = 2$.
Damit liegt P auf der Geraden g_{AB}; da aber $\lambda > 1$ ist, liegt der Punkt P nicht auf der Kante $\overline{AB}$.

A 3 Stochastik ohne CAS

3.1 Wahrscheinlichkeit, dass die Komplettanlage funktioniert
Der gesamte Vorgang ist als 3-stufiges Zufallsexperiment interpretierbar. Mögliche Fehler können bei den Freisprechanlagen, den Mobiltelefonen und beim Einbau auftreten:
P(Freisprechanlage A funktioniert) = 100 % − 2 % = 98 % = 0,98
P(Mobiltelefone A funktionieren) = 100 % − 0,5 % = 99,5 % = 0,995
P(Einbau ordnungsgemäß) = 95 % = 0,95

Die Fehler treten unabhängig voneinander auf. Die Wahrscheinlichkeit für das Ereignis „Komplettanlage funktioniert" ist gleich dem Produkt der Wahrscheinlichkeiten längs des zugehörigen Pfades im Baumdiagramm:
P(Komplettanlage A funktioniert) = 0,98 · 0,995 · 0,95 ≈ 0,9263 ≈ 92,6 %

Beachten Sie, dass sich die verwendete Genauigkeit auf die Ergebnisse der nachfolgenden Teilaufgaben auswirkt.

3.2 Erwartete Anzahl der Reklamationen
Das Ereignis „Defekte Komplettanlage" stellt das Gegenereignis zu dem in der ersten Teilaufgabe betrachteten Ereignis „Komplettanlage funktioniert" dar:
P(Komplettanlage A defekt) ≈ 1 − 0,9263 = 0,0737
E(Defekte Komplettanlage A) = n · p = 800 · 0,0737 = 58,96 ≈ 59
Ergebnis
59 Reklamationen sind zu erwarten.

3.3 Maximaler Preis für den Bezug der Anlage von der Firma B
Die Kosten, die dem Hersteller bei jeder Komplettanlage entstehen, setzen sich zusammen aus den Einkaufspreisen und den Reklamationskosten. Der Preis für eine Komplettanlage der Firma B ist um 15 % höher als bei der Firma A, dafür treten die Reklamationskosten in Höhe von 400 € bei Verwendung der Komplettanlagen der Firma B seltener auf.

Die Ausfallwahrscheinlichkeit für Komplettanlagen der Firma A wurde in der letzten Teilaufgabe berechnet:
Ausfallwahrscheinlichkeit bei der Firma A: P = 1 − (0,98 · 0,995 · 0,95) ≈ 0,0737

Die entsprechenden Berechnungen für die Ausfallwahrscheinlichkeit von Komplettanlagen der Firma B:
P_B(Freisprechanlage funktioniert) = 100 % − 0,1 % = 99,9 % = 0,999
P_B(Mobiltelefone funktionieren) = 100 % − 0,2 % = 99,8 % = 0,998
P(Einbau ordnungsgemäß) = 100 % − 5 % = 95 % = 0,95
Ausfallwahrscheinlichkeit bei der Firma B: P = 1 − (0,999 · 0,998 · 0,95) ≈ 0,0528

Kosten, die dem Hersteller bei jeder Komplettanlage entstehen:
Firma A: $K_A = \text{Preis}_A + 0{,}0737 \cdot 400\ € = \text{Preis}_A + 29{,}48\ €$
Firma B: $K_B = \text{Preis}_A \cdot 1{,}15 + 0{,}0528 \cdot 400\ € = \text{Preis}_A \cdot 1{,}15 + 21{,}12\ €$
Die Kosten für den Hersteller lassen sich als lineare Funktionen mit den Anstiegen $m_A = 1$ und $m_B = 1{,}15$ sowie $n_A = 29{,}48$ und $n_B = 21{,}12$ interpretieren.
Die Lösung erhält man durch die Berechnung der Schnittstelle.

$$K_B = K_A$$

$\text{Preis}_A \cdot 1{,}15 + 21{,}12\ € = \text{Preis}_A + 29{,}48\ € \quad |-\text{Preis}_A$

$\text{Preis}_A \cdot 0{,}15 + 21{,}12\ € = 29{,}48\ € \quad |-21{,}12\ €$

$\text{Preis}_A \cdot 0{,}15 = 8{,}36\ € \quad |:0{,}15$

$\text{Preis}_A \approx 55{,}73\ €$

Gleiche Kosten ergeben sich bei einem Preis von 55,73 € für die Anlagen der Firma A.
Kosten für die Anlagen der Firma B: $1{,}15 \cdot 55{,}73\ € \approx 64{,}09\ €$

Ergebnis
Die Anlagen von der Firma B lohnen sich bis zu einem Preis von ca. 55,70 € für die Komplettanlagen der Firma A bzw. bis zu einem Preis von ca. 64,10 € für die der Firma B.

A 3 Stochastik mit CAS

3.1 Der gesamte Vorgang ist als 3-stufiges Zufallsexperiment interpretierbar. Mögliche Fehler können bei den Freisprechanlagen, den Mobiltelefonen und beim Einbau auftreten:
P(Freisprechanlage A funktioniert) $= 100\ \% - 2\ \% = 98\ \% = 0{,}98$
P(Mobiltelefone A funktionieren) $= 100\ \% - 0{,}5\ \% = 99{,}5\ \% = 0{,}995$
P(Einbau ordnungsgemäß) $= 95\ \% = 0{,}95$

Die Fehler treten unabhängig voneinander auf.
Die Wahrscheinlichkeit für das Ereignis „Komplettanlage funktioniert" ist gleich dem Produkt der Wahrscheinlichkeiten längs des zugehörigen Pfades im Baumdiagramm:
P(Komplettanlage A funktioniert)
$= 0{,}98 \cdot 0{,}995 \cdot 0{,}95 \approx 0{,}9263 \approx 92{,}6\ \%$

Beachten Sie, dass sich die verwendete Genauigkeit auf die Ergebnisse der nachfolgenden Teilaufgaben auswirkt.

3.2 Das Ereignis „Defekte Komplettanlage" stellt das Gegenereignis zu dem in der ersten Teilaufgabe betrachteten Ereignis „Komplettanlage funktioniert" dar:
P(Komplettanlage A defekt) $\approx 1 - 0{,}9263 = 0{,}0737$
E(Defekte Komplettanlage A) $= n \cdot p$
$\approx 800 \cdot 0{,}0737$
$= 58{,}96 \approx 59$

Ergebnis
59 Reklamationen sind zu erwarten.

3.3 Die Kosten, die dem Hersteller bei jeder Komplettanlage entstehen, setzen sich zusammen aus den Einkaufspreisen und den Reklamationskosten. Der Preis für eine Komplettanlage der Firma B ist um 15 % höher als bei der Firma A, dafür treten die Reklamationskosten in Höhe von 400 € bei Verwendung der Komplettanlagen der Firma B seltener auf.

Die Ausfallwahrscheinlichkeit für Komplettanlagen der Firma A wurde in der letzten Teilaufgabe berechnet:
$P = 1 - (0{,}98 \cdot 0{,}995 \cdot 0{,}95) \approx 0{,}0737$

Die entsprechenden Berechnungen für die Ausfallwahrscheinlichkeit von Komplettanlagen der Firma B:
P_B(Freisprechanlage funktioniert) $= 100\,\% - 0{,}1\,\% = 99{,}9\,\% = 0{,}999$
P_B(Mobiltelefone funktionieren) $= 100\,\% - 0{,}2\,\% = 99{,}8\,\% = 0{,}998$
P(Einbau ordnungsgemäß) $= 100\,\% - 5\,\% = 95\,\% = 0{,}95$

Ausfallwahrscheinlichkeit bei der Firma B:
$P = 1 - (0{,}999 \cdot 0{,}998 \cdot 0{,}95) \approx 0{,}0528$

Kosten, die dem Hersteller bei jeder Komplettanlage entstehen:
Firma A: $K_A = \text{Preis}_A + 0{,}0737 \cdot 400\,\text{€} \quad = \text{Preis}_A + 29{,}48\,\text{€}$
Firma B: $K_B = \text{Preis}_A \cdot 1{,}15 + 0{,}0528 \cdot 400\,\text{€} = \text{Preis}_A \cdot 1{,}15 + 21{,}12\,\text{€}$

Die Kosten für den Hersteller lassen sich als lineare Funktionen mit den Anstiegen $m_A = 1$ und $m_B = 1{,}15$ sowie $n_A = 29{,}48$ und $n_B = 21{,}12$ interpretieren.

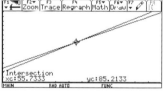

Die Lösung erhält man durch die Berechnung der Schnittpunktkoordinaten. Gleiche Kosten ergeben sich bei einem Preis von 55,73 € für die Anlagen der Firma A.
Kosten für die Anlagen der Firma B:
$1{,}15 \cdot 55{,}73\,\text{€} \approx 64{,}09\,\text{€}$

Ergebnis
Die Anlagen von der Firma B lohnen sich bis zu einem Preis von ca. 55,70 € für die Komplettanlagen der Firma A bzw. bis zu einem Preis von ca. 64,10 € für die der Firma B.

Übungsaufgaben zum Prüfungsteil B
Wahlaufgaben mit CAS

B 1 Analysis

Ein mineralisches Substrat wird mit Pflanzenerde gemischt, um den Ertrag in Gewächshäusern zu maximieren. Substratzahl 2 bedeutet 20 % Substrat und 80 % Erde. Erprobungen sind kostenintensiv. Die Gewächshausbesitzer möchten mit wenigen Daten den Zusammenhang zwischen Substratzahl und Ertrag möglichst gut modellieren.

1.1 Eine Erprobung in drei Gewächshäusern liefert folgende Tabelle 1 (ME = Mengeneinheiten):

Substratzahl x	2	5	8
Ertrag y in ME	1	4	1

1.1.1 Für Modellierungen eignen sich Exponentialfunktionen h der Form
$$y = h(x) = a \cdot e^{b \cdot x + c \cdot x^2} \quad \text{mit } x, a, b, c \in \mathbb{R}, a > 0, c < 0.$$
Rekonstruieren Sie anhand der gegebenen Daten die zugehörige Exponentialfunktion.

1.1.2 Geeignet sind auch Funktionen g der Form
$$y = g(x) = \frac{r}{x^2 + p \cdot x + q} \quad \text{mit } x, r, p, q \in \mathbb{R}, r > 0, p^2 < 4 \cdot q.$$
Ihre mathematischen Eigenschaften werden genauer untersucht.
Berechnen Sie die Koordinaten der Extrempunkte der Graphen von g.
Ermitteln Sie eine Gleichung für den geometrischen Ort der Extrempunkte der Schar in Abhängigkeit von den Parametern r und q.
Rekonstruieren Sie diejenige Funktion g, die durch Tabelle 1 eindeutig bestimmt ist.

1.2 Eine Erprobung in 10 Gewächshäusern ergibt Tabelle 2:

Substratzahl x	0	1	2	4	5	6	7	7,5	8	10
Ertrag y in ME	0,4	0,6	1	3	4	3	1,7	1,3	1	0,4

Gegeben ist die Funktion f mit der Gleichung
$$y = f(x) = \frac{12}{x^2 - 10 \cdot x + 28} \quad \text{mit } x \in \mathbb{R}.$$
Es wird vermutet, dass die Funktion f die Daten aus Tabelle 2 mit hinreichender Genauigkeit erzeugt.
Stellen Sie die Daten von Tabelle 2 sowie den Graphen G von f im gleichen Koordinatensystem dar.
Beurteilen Sie die Brauchbarkeit von f zur Modellierung des Ernteertrages in Abhängigkeit von der Substratzahl.
Untersuchen Sie das Krümmungsverhalten von G.
Berechnen Sie den maximalen Ernteertrag.
Zeigen Sie, dass der Graph von f axialsymmetrisch zur Geraden $x = 5$ ist.

B 2   Analytische Geometrie

In einem kartesischen Koordinatensystem sind die Punkte B und C sowie die Gerade g gegeben

B(1 | 6 | –1), C(10 | 1 | 0), g: $\vec{x} = \begin{pmatrix} 3 \\ 19 \\ -12 \end{pmatrix} + r \cdot \begin{pmatrix} 3 \\ -6 \\ 5 \end{pmatrix}$ mit $r \in \mathbb{R}$.

2.1   Ermitteln Sie die Koordinaten aller Punkte A_r auf der Geraden g so, dass das Dreieck A_rBC bei A_r rechtwinklig wird.

2.2   Für r = 2 bestimmt der Punkt A_2 mit B und C ein Dreieck.

2.2.1 Prüfen Sie, ob dieses Dreieck gleichschenklig ist.
Ermitteln Sie eine Koordinatengleichung der Ebene, in der das Dreieck liegt.

2.2.2 Das Dreieck A_2BC ist Grundfläche eines dreiseitigen Prismas A_2BCDEF.
Der Punkt D der Deckfläche hat die Koordinaten (2 | 4 | 4).

Die Strecke $\overline{A_2D}$ ist eine Kante des Körpers.

Geben Sie die Koordinaten der Punkte E und F an.
Zeichnen Sie das Prisma in ein geeignetes Koordinatensystem.
Untersuchen Sie, ob es sich um ein gerades Prisma handelt.

2.2.3 Im Punkt L(16 | –4,5 | 8) befindet sich eine Laserlichtquelle. Durch den von dort ausgehenden Strahl hoher Intensität wird der Körper längs der Seitendiagonalen CD zerschnitten. Dabei entstehen zwei Teilkörper.
Bestimmen Sie das Verhältnis der Volumina der beiden Teilkörper.

B 3   Analysis und Stochastik

Gegeben ist eine Schar von Funktionen f_k durch die Gleichung

$f_k(x) = \ln \dfrac{k-1}{k-x}$; $x \in D_{f_k}$, $k \in \mathbb{R}$, $k > 1$.

Ihre Graphen sind G_k.

3.1   Bestimmen Sie den Definitionsbereich von f_k.
Untersuchen Sie das Verhalten der Funktionen im Unendlichen und an den Grenzen des Definitionsbereichs.
Geben Sie die Koordinaten der Schnittpunkte der Graphen mit den Koordinatenachsen an.

3.2   Begründen Sie, dass jede Funktion f_k der Schar umkehrbar ist.
Ermitteln Sie eine Gleichung der Umkehrfunktionen.

3.3   In einer Glasfabrik stellt ein Produktionsroboter Schalen in verschiedenen Größen und Farben her.
Die Form der Schalen kann durch die Rotation des Teilstücks von B bis R des Graphen G_3 um die y-Achse beschrieben werden (Wandstärke wird vernachlässigt, siehe Skizze).
Der Punkt R liegt auf dem oberen Rand der Schale. B liegt auf dem Rand der ebenen Standfläche und im Koordinatensystem auf der x-Achse. (1 LE entspricht 5 cm.)

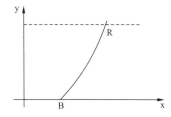

3.3.1 Berechnen Sie das Fassungsvermögen einer Schale, deren oberer Durchmesser 20 cm beträgt.

3.3.2 Die Schalen werden in acht verschiedenen Farben hergestellt. Schalen gleicher Größe werden im Sechserpack verkauft. Jede Schale in einer Packung besitzt eine andere Farbe.
Bestimmen Sie die Anzahl der verschiedenen Sechserpacks.

3.3.3 Der Anteil der fehlerhaften Schalen beträgt 10 %.
Mit welcher Wahrscheinlichkeit sind von 200 Schalen mindestens 21 fehlerhaft?

3.3.4 Zur Qualitätsverbesserung wurde der Produktionsroboter mit neuer Software ausgerüstet. Das Ziel bestand darin, den Ausschussanteil auf höchstens 6 % zu senken.
Bei einer Stichprobe des Umfangs 200 erwiesen sich 15 Schalen als defekt.
Kann man mit einer Irrtumswahrscheinlichkeit von höchstens 5 % davon ausgehen, dass die angestrebte Qualitätsverbesserung erreicht worden ist?

Quelle: Abiturprüfung 2007 Leistungskurs Mathematik (Mecklenburg-Vorpommern) Wahlteil

---

Hinweise und Tipps

Teilaufgabe 1.1.1
- Mit den Daten aus Tabelle 1 können Sie ein Gleichungssystem aufstellen.
- Lösen Sie dieses Gleichungssystem.

Teilaufgabe 1.1.2
Koordinaten der Extrempunkte
- Berechnen Sie die ersten beiden Ableitungsfunktionen der Funktion f.
- Untersuchen Sie die notwendige und die hinreichende Bedingung für Extremstellen.
- Vergessen Sie nicht, auch die y-Koordinate des Extrempunktes auszurechnen.

Ortskurve
- Stellen Sie die Gleichung der Extremstelle nach p um und setzen dies in g(x) ein.

Rekonstruktion der Funktion g
- Mit den Daten aus Tabelle 1 können Sie ein Gleichungssystem aufstellen.
- Lösen Sie dieses Gleichungssystem.

Teilaufgabe 1.2
Grafische Darstellung
- Verschaffen Sie sich mithilfe des Taschencomputers eine Vorstellung über das Aussehen des Graphen.

Beurteilung der Brauchbarkeit
- Wie gut werden die Daten durch die Funktion f modelliert?

Krümmungsverhalten
- Untersuchen Sie die Funktion auf Wendestellen.
- Benutzen Sie die grafische Darstellung.

Maximaler Ernteertrag
- Bestimmen Sie die Extrempunkte von G.

Axialsymmetrie
Für den Nachweis der Axialsymmetrie einer Funktion f zu einer Geraden x = a muss gezeigt werden, dass die Beziehung f(x + a) = f(–x + a) für alle x ∈ D_f gilt.

Teilaufgabe 2.1
Bestimmen Sie die Vektoren $\overrightarrow{BA_r}$ und $\overrightarrow{CA_r}$.

Zwei Vektoren stehen genau dann senkrecht aufeinander, wenn das Skalarprodukt der beiden Vektoren null ist.

Teilaufgabe 2.2.1
Gleichschenkligkeit des Dreiecks
Sie haben mehrere Möglichkeiten:
- Berechnen Sie die Längen der drei Kanten.
- Da das Dreieck rechtwinklig ist, reicht es, einen weiteren Winkel auszurechnen.

Koordinatengleichung der Ebene, in der das Dreieck liegt
Bestimmen Sie einen Normalenvektor der gesuchten Ebene.

Die Koordinaten des Normalenvektors sind drei der Koeffizienten der allgemeinen Form der Koordinatengleichung einer Ebene.

Den letzten Koeffizienten finden Sie durch Einsetzen eines Punktes der Ebene.

Sie können auch die Parametergleichung der Ebene aufstellen und die sich daraus ergebende Koeffizientenmatrix mithilfe des Taschencomputers umformen.

Teilaufgabe 2.2.2
Koordinaten der Punkte E und F
Benutzen Sie die Vektoraddition.

Gerades Prisma
Berechnen Sie das Skalarprodukt geeigneter Vektoren, um das Prisma auf rechte Winkel zu überprüfen.

Teilaufgabe 2.2.3
Fertigen Sie eine Skizze an.

Besitzt die Ebene, die der Laserstrahl beschreibt, einen Schnittpunkt mit der Kante $\overline{BE}$?

Teilaufgabe 3.1
Definitionsbereich von f_k
Der Logarithmus kann nur von positiven Werten bestimmt werden.

Untersuchung des Verhaltens der Funktion im Unendlichen
Aufgrund des Definitionsbereiches kann nur ein Grenzwert berechnet werden.

Untersuchung des Verhaltens der Funktion am Rand des Definitionsbereiches
Arbeiten Sie mit Zahlenfolgen, die sich immer weiter dem Rand annähern.

Schnittpunkte mit den Koordinatenachsen
Berechnen Sie die Nullstellen der Funktion.

Teilaufgabe 3.2
Umkehrbarkeit der Funktion f_k
Zeigen Sie, dass die Funktion monoton ist.

Bestimmung der Umkehrfunktion
Stellen Sie die Funktionsgleichung y = f(x) nach x um und vertauschen Sie anschließend y und x.

Teilaufgabe 3.3.1
Die Integrationsgrenzen erhalten Sie aus den Koordinaten der Punkte B und R.

Teilaufgabe 3.3.2
Gesucht ist die Kombination von n Elementen zur k-ten Klasse.

Teilaufgabe 3.3.3
Sie benötigen die summierte Binomialverteilung.

Teilaufgabe 3.3.4
Benutzen Sie den einseitigen Hypothesentest.

Lösung

B 1 Analysis mit CAS

1.1.1 Rekonstruktion der Exponentialfunktion
Die allgemeine Form der gesuchten Exponentialfunktion ist gegeben, sie beinhaltet die Parameter a, b und c. Durch Einsetzen der Koordinaten der drei gegebenen Punkte in die vorgegebene Funktionsgleichung erhält man ein Gleichungssystem.

$h(x) = a \cdot e^{b \cdot x + c \cdot x^2}$ mit x, a, b, c ∈ ℝ, a > 0, c < 0

Substratzahl x	2	5	8
Ertrag y in ME	1	4	1

Einsetzen der 3 gegebenen Wertepaare in h(x):
I: $1 = a \cdot e^{b \cdot 2 + c \cdot 2^2}$
II: $4 = a \cdot e^{b \cdot 5 + c \cdot 5^2}$
III: $1 = a \cdot e^{b \cdot 8 + c \cdot 8^2}$

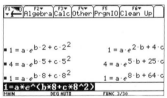

Lösen des Gleichungssystems:

$a = \dfrac{\sqrt[9]{2^4}}{16} \approx 0{,}085$ $b = \dfrac{20 \cdot \ln(2)}{9} \approx 1{,}54$ $c = \dfrac{-2 \cdot \ln(2)}{9} \approx -0{,}154$

$h(x) = 0{,}085 \cdot e^{(1{,}54 \cdot x - 0{,}154 \cdot x^2)}$

1.1.2 Berechnung der Koordinaten der Extrempunkte

Funktionsgleichung

$$g(x) = \frac{r}{x^2 + p \cdot x + q}$$

mit $x, r, p, q \in \mathbb{R}$, $r > 0$, $p^2 < 4 \cdot q$

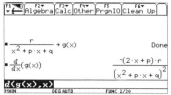

Notwendige Bedingung

$g'(x) = 0$

$$x_E = \frac{-p}{2}$$

Eine lokale Extremstelle kann nur bei $x_E = \frac{-p}{2}$ sein.

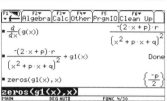

Hinreichende Bedingung

Berechnung der 2. Ableitung.

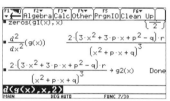

$$g''\left(\frac{-p}{2}\right) = \frac{-32 \cdot r}{(p^2 - 4 \cdot q)^2} < 0 \quad (\text{wegen } r > 0)$$

Es liegt ein Maximum vor.

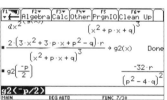

Koordinaten der Maxima

$$g\left(\frac{-p}{2}\right) = \frac{-4 \cdot r}{p^2 - 4 \cdot q}$$

$$P_{\text{Max}}\left(-\frac{p}{2} \,\bigg|\, \frac{-4 \cdot r}{p^2 - 4 \cdot q}\right)$$

Ortskurve

Die Beziehung $x_E = \frac{-p}{2}$ wird umgestellt nach p und in $g(x)$ eingesetzt.
Die Gleichung für den geometrischen Ort der Extrempunkte der Schar lautet:

$$y = \frac{-r}{x^2 - q}$$

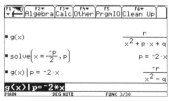

Rekonstruktion der Funktion g
Die allgemeine Form der gesuchten Funktion ist gegeben, sie beinhaltet die Parameter p, q und r. Durch Einsetzen der Koordinaten der 3 gegebenen Punkte in die vorgegebene Funktionsgleichung

$$g(x) = \frac{r}{x^2 + p \cdot x + q}$$

erhält man ein Gleichungssystem.

Substratzahl x	2	5	8
Ertrag y in ME	1	4	1

Einsetzen der 3 gegebenen Wertepaare in g(x):

I: $1 = \dfrac{r}{2^2 + p \cdot 2 + q}$

II: $4 = \dfrac{r}{5^2 + p \cdot 5 + q}$

III: $1 = \dfrac{r}{8^2 + p \cdot 8 + q}$

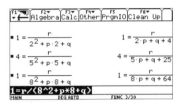

Lösen des Gleichungssystems:
r = 12   p = −10   q = 28

$$g(x) = \frac{12}{x^2 - 10 \cdot x + 28}$$

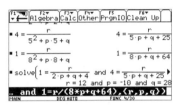

1.2 **Grafische Darstellung**
Die grafische Darstellung muss auf Millimeterpapier erstellt werden. Hilfreich ist es aber, zunächst mithilfe des Rechners eine Vorstellung über das Aussehen zu erlangen.

Substratzahl x	0	1	2	4	5	6	7	7,5	8	10
Ertrag y in ME	0,4	0,6	1	3	4	3	1,7	1,3	1	0,4

Eingabe der Funktionsgleichung und der Daten der Tabelle 2:

Grafische Darstellung:

 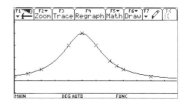

Beurteilung der Brauchbarkeit
In der Darstellung ist erkennbar, dass die Daten der Tabelle 2 mit der Funktion f gut modellierbar sind. Bei einer exakten Überprüfung treten allenfalls geringe Abweichungen auf. Für die praktische Anwendung spielen diese Abweichungen nur eine untergeordnete Rolle.

Krümmungsverhalten
Die grafische Darstellung ermöglicht schon eine ungefähre Aussage zum Krümmungsverhalten. Zur exakten Angabe wird die Funktion f auf Wendestellen untersucht.

Notwendige Bedingung
$f''(x) = 0$

$x_W \in \{4; 6\}$

Die Wendestellen können nur bei $x_W \in \{4; 6\}$ sein.

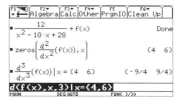

Hinreichende Bedingung
$f''(4) = -\dfrac{9}{4} \neq 0$ und $f''(6) = \dfrac{9}{4} \neq 0$

Das Krümmungsverhalten kann nun bereits unter Einbeziehung der grafischen Darstellung und den berechneten Wendestellen beschrieben werden. Insofern kann auf das Einsetzen von exemplarisch aus den 3 Intervallen ausgewählten Stellen in die zweite Ableitungsfunktion verzichtet werden.

Ergebnis
Der Graph G ist bis zur ersten Wendestelle $x_{W1} = 4$ linksgekrümmt, zwischen der ersten und der zweiten Wendestelle $x_{W2} = 6$ rechtsgekrümmt und nach der zweiten Wendestelle wieder linksgekrümmt.

Maximaler Ernteertrag
Die Funktion f wird auf Extrempunkte untersucht.

Notwendige Bedingung
$f'(x) = 0$

$x_E = 5$

Eine lokale Extremstelle kann nur bei $x_E = 5$ sein.

Hinreichende Bedingung
$f''(5) = \dfrac{-8}{3} < 0 \Rightarrow$ Maximum

Koordinaten des Maximums:

$f(5) = 4$

$\underline{P_{Max}(5|4)}$

Ergebnis
Der maximale Ernteertrag beträgt 4 ME.

Axialsymmetrie

$f(x+5) = f(-x+5)$

$\dfrac{12}{x^2+3} = \dfrac{12}{x^2+3}$

Dies ist eine wahre Aussage, damit ist die Axialsymmetrie zur Geraden x = 5 nachgewiesen.

B 2 Analytische Geometrie mit CAS

2.1 Koordinaten aller Punkte A_r

Diese Aufgabe kann wegen der geforderten Rechtwinkligkeit mithilfe des Skalarproduktes der Vektoren $\overrightarrow{BA_r}$ und $\overrightarrow{CA_r}$ gelöst werden. Zum Aufstellen der Vektoren $\overrightarrow{BA_r}$ und $\overrightarrow{CA_r}$ benötigt man die gegebenen Koordinaten der Punkte B und C und die Koordinaten der Punkte A_r. Deren Ortsvektoren wiederum werden durch die Geradengleichung g beschrieben.

$\overrightarrow{OA_r} = \begin{pmatrix} x \\ y \\ z \end{pmatrix} = \begin{pmatrix} 3 \\ 19 \\ -12 \end{pmatrix} + r \cdot \begin{pmatrix} 3 \\ -6 \\ 5 \end{pmatrix}$,

B(1|6|−1), C(10|1|0)

$\overrightarrow{BA_r} = \begin{pmatrix} 3 \\ 19 \\ -12 \end{pmatrix} + r \cdot \begin{pmatrix} 3 \\ -6 \\ 5 \end{pmatrix} - \begin{pmatrix} 1 \\ 6 \\ -1 \end{pmatrix} = \begin{pmatrix} 3 \cdot r + 2 \\ 13 - 6 \cdot r \\ 5 \cdot r - 11 \end{pmatrix}$

$\overrightarrow{CA_r} = \begin{pmatrix} 3 \\ 19 \\ -12 \end{pmatrix} + r \cdot \begin{pmatrix} 3 \\ -6 \\ 5 \end{pmatrix} - \begin{pmatrix} 10 \\ 1 \\ 0 \end{pmatrix} = \begin{pmatrix} 3 \cdot r - 7 \\ 18 - 6 \cdot r \\ 5 \cdot r - 12 \end{pmatrix}$

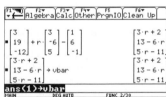

$\overrightarrow{BA_r} \circ \overrightarrow{CA_r} = 0$

$\begin{pmatrix} 3 \cdot r + 2 \\ 13 - 6 \cdot r \\ 5 \cdot r - 11 \end{pmatrix} \circ \begin{pmatrix} 3 \cdot r - 7 \\ 18 - 6 \cdot r \\ 5 \cdot r - 12 \end{pmatrix} = 0$

$70 \cdot r^2 - 316 \cdot r + 352 = 0$

Lösen der Gleichung:
$70 \cdot r^2 - 316 \cdot r + 352 = 0$

$r \in \left\{ 2; \dfrac{88}{35} \right\}$ bzw. $r \in \{2; 2{,}514\}$

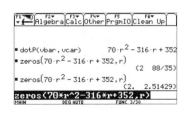

Einsetzen von r in die Geradengleichung:

$$A_r = \begin{pmatrix} x \\ y \\ z \end{pmatrix} = \begin{pmatrix} 3 \\ 19 \\ -12 \end{pmatrix} + r \cdot \begin{pmatrix} 3 \\ -6 \\ 5 \end{pmatrix} \text{ mit } r \in \left\{2; \frac{88}{35}\right\}$$

bzw. $r \in \{2; 2{,}514\}$

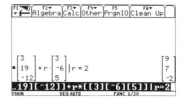

$A_2 = (9\,|\,7\,|\,-2)$

und

$$A_{\frac{88}{35}} = \left(\frac{369}{35}\,\bigg|\,\frac{137}{35}\,\bigg|\,\frac{4}{7}\right)$$

bzw.

$A_{2,514} \approx (10{,}54\,|\,3{,}91\,|\,0{,}57)$

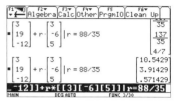

2.2.1 Gleichschenkligkeit des Dreiecks A_2BC

$A_2(9\,|\,7\,|\,-2)$

Eine Möglichkeit zur Überprüfung der Gleichschenkligkeit dieses Dreiecks führt über die Berechnung der Beträge der Vektoren $\overrightarrow{A_2B}$, $\overrightarrow{A_2C}$ und $\overrightarrow{BC}$.

$$\left|\overrightarrow{A_2B}\right| = \left|\begin{pmatrix} -8 \\ -1 \\ 1 \end{pmatrix}\right| = \sqrt{64+1+1} = \sqrt{66} \qquad \left|\overrightarrow{A_2C}\right| = \left|\begin{pmatrix} 1 \\ -6 \\ 2 \end{pmatrix}\right| = \sqrt{1+36+4} = \sqrt{41}$$

$$\left|\overrightarrow{BC}\right| = \left|\begin{pmatrix} 9 \\ -5 \\ 1 \end{pmatrix}\right| = \sqrt{81+25+1} = \sqrt{107}$$

Ergebnis

Das Dreieck ist nicht gleichschenklig.

Eine weitere Möglichkeit zur Überprüfung der Gleichschenkligkeit dieses Dreiecks eröffnet sich durch die Berechnung des Winkels zwischen den Vektoren $\overrightarrow{BA_2}$ und $\overrightarrow{BC}$.

Eingabe der Vektoren:

$$\overrightarrow{BA_2} = \begin{pmatrix} 8 \\ 1 \\ -1 \end{pmatrix}$$

$$\overrightarrow{BC} = \begin{pmatrix} 9 \\ -5 \\ 1 \end{pmatrix}$$

$$\cos\beta = \frac{\overrightarrow{BA_2} \cdot \overrightarrow{BC}}{\left|\overrightarrow{BA_2}\right| \cdot \left|\overrightarrow{BC}\right|} \approx 0{,}785$$

$\Rightarrow \quad \beta \approx 38{,}2°$

In diesem Dreieck sind mit α = 90° und β = 38,2° zwei Winkel bekannt. Nach dem Innenwinkelsatz für Dreiecke beträgt die Größe des dritten Winkels γ = 51,8°.

Ergebnis
Das Dreieck ist nicht gleichschenklig.

Koordinatengleichung
Eine Möglichkeit zur Ermittlung einer Koordinatengleichung führt über die Berechnung des Kreuzproduktes der Vektoren $\overrightarrow{A_2B}$ und $\overrightarrow{A_2C}$. Dieser Vektor ist zugleich ein Normalenvektor der durch die drei Punkte A_2, B und C aufgespannten Ebene.

Eingabe der Vektoren:

$\overrightarrow{A_2B} = \begin{pmatrix} -8 \\ -1 \\ 1 \end{pmatrix}$

$\overrightarrow{A_2C} = \begin{pmatrix} 1 \\ -6 \\ 2 \end{pmatrix}$

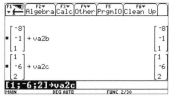

Berechnung des Kreuzproduktes:

$\overrightarrow{A_2B} \times \overrightarrow{A_2C} = \vec{n} = \begin{pmatrix} 4 \\ 17 \\ 49 \end{pmatrix}$

Die Koordinaten des Normalenvektors werden als Koeffizienten a, b und c in die allgemeine Form der Koordinatengleichung einer Ebene eingesetzt.

Koordinatengleichung einer Ebene in allgemeiner Form: $a \cdot x + b \cdot y + c \cdot z + d = 0$

$4 \cdot x + 17 \cdot y + 49 \cdot z + d = 0$

Durch Einsetzen der Koordinaten eines Punktes der Ebene, z. B. C(10|1|0) und anschließendem Lösen der Gleichung wird der Koeffizient d bestimmt.

$4 \cdot 10 + 17 \cdot 1 + 49 \cdot 0 + d = 0$

$57 + d = 0$

$d = -57$

Eine Koordinatengleichung der Ebene ist: $\underline{\underline{4 \cdot x + 17 \cdot y + 49 \cdot z - 57 = 0}}$

Eine weitere Möglichkeit zur Ermittlung einer Koordinatengleichung ist die Umformung der Koeffizientenmatrix des Gleichungssystems, das man durch Koordinatenvergleich aus der Parametergleichung der durch die drei Punkte A_2, B und C aufgespannten Ebene erhält.

$A_2(9|7|-2)$ $\overrightarrow{A_2B} = \begin{pmatrix} -8 \\ -1 \\ 1 \end{pmatrix}$ $\overrightarrow{A_2C} = \begin{pmatrix} 1 \\ -6 \\ 2 \end{pmatrix}$

Parametergleichung der Ebene:

$\vec{x} = \begin{pmatrix} 9 \\ 7 \\ -2 \end{pmatrix} + r \cdot \begin{pmatrix} -8 \\ -1 \\ 1 \end{pmatrix} + s \cdot \begin{pmatrix} 1 \\ -6 \\ 2 \end{pmatrix}$

Daraus ergibt sich folgendes Gleichungssystem:
(I) $x = 9 - 8 \cdot r + 1 \cdot s$
(II) $y = 7 - 1 \cdot r - 6 \cdot s$
(III) $z = -2 + 1 \cdot r + 2 \cdot s$

$$\begin{bmatrix} 9 & -8 & 1 & x \\ 7 & -1 & -6 & y \\ -2 & 1 & 2 & z \end{bmatrix}$$

$$\Rightarrow \begin{bmatrix} 1 & 0 & 0 & \frac{4 \cdot x}{57} + \frac{17 \cdot y}{57} + \frac{49 \cdot z}{57} \\ 0 & 1 & 0 & \ldots \\ 0 & 0 & 1 & \ldots \end{bmatrix}$$

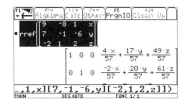

Die erste Zeile der umgeformten Koeffizientenmatrix enthält die gesuchte Gleichung:

$1 + 0 \cdot r + 0 \cdot s = \frac{4 \cdot x}{57} + \frac{17 \cdot y}{57} + \frac{49 \cdot z}{57} \quad | \cdot 57$

$57 = 4 \cdot x + 17 \cdot y + 49 \cdot z$

Eine Koordinatengleichung der Ebene ist: $\underline{\underline{4 \cdot x + 17 \cdot y + 49 \cdot z - 57 = 0}}$

2.2.2 Koordinaten der Punkte E und F
Vektoraddition führt zu den Ortsvektoren der gesuchten Punkte.

$D(2|4|4) \quad \overrightarrow{A_2B} = \begin{pmatrix} -8 \\ -1 \\ 1 \end{pmatrix} \quad \overrightarrow{A_2C} = \begin{pmatrix} 1 \\ -6 \\ 2 \end{pmatrix}$

$\overrightarrow{OE} = \overrightarrow{OD} + \overrightarrow{A_2B} = \begin{pmatrix} 2 \\ 4 \\ 4 \end{pmatrix} + \begin{pmatrix} -8 \\ -1 \\ 1 \end{pmatrix} = \begin{pmatrix} -6 \\ 3 \\ 5 \end{pmatrix} \quad \overrightarrow{OF} = \overrightarrow{OD} + \overrightarrow{A_2C} = \begin{pmatrix} 2 \\ 4 \\ 4 \end{pmatrix} + \begin{pmatrix} 1 \\ -6 \\ 2 \end{pmatrix} = \begin{pmatrix} 3 \\ -2 \\ 6 \end{pmatrix}$

$\underline{\underline{E(-6|3|5)}} \quad \underline{\underline{F(3|-2|6)}}$

Untersuchung, ob es sich um ein gerades Prisma handelt
Diese Aufgabe kann wegen der geforderten Rechtwinkligkeit mithilfe des Skalarproduktes der Vektoren $\overrightarrow{A_2B}$ und $\overrightarrow{A_2D}$ gelöst werden.

Das Skalarprodukt zweier Vektoren ist genau dann null, wenn die beiden Vektoren senkrecht aufeinander stehen.

$\overrightarrow{A_2B} = \begin{pmatrix} -8 \\ -1 \\ 1 \end{pmatrix} \quad\quad \overrightarrow{A_2D} = \begin{pmatrix} -7 \\ -3 \\ 6 \end{pmatrix}$

Skalarprodukt der Vektoren $\overrightarrow{A_2B}$ und $\overrightarrow{A_2D}$:

$\overrightarrow{A_2B} \circ \overrightarrow{A_2D} = \begin{pmatrix} -8 \\ -1 \\ 1 \end{pmatrix} \circ \begin{pmatrix} -7 \\ -3 \\ 6 \end{pmatrix} = 65 \neq 0$

Ergebnis
Das Prisma ist nicht gerade.

Zeichnung
$A_2(9|7|-2)$,
$B(1|6|-1)$,
$C(10|1|0)$,
$D(2|4|4)$,
$E(-6|3|5)$,
$F(3|-2|6)$

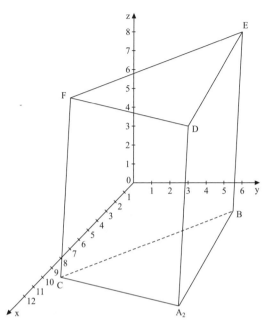

2.2.3 Verhältnis der Volumina der beiden Teilkörper

Der Laserstrahl schneidet längs der Seitendiagonalen $\overline{CD}$ einen Teilkörper ab. Zur genaueren Bestimmung sind weitere Eckpunkte dieses abgeschnittenen Teilkörpers zu ermitteln. Dazu erfolgt zunächst die Untersuchung, ob die Ebene, die der Laserstrahl beschreibt, einen gemeinsamen Schnittpunkt mit der Kante $\overline{BE}$ besitzt.

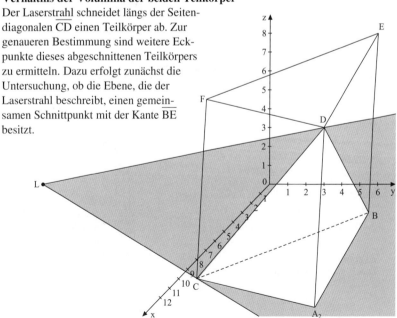

L(16|−4,5|8), C(10|1|0), D(2|4|4), B(1|6|−1), E(−6|3|5).

$$\vec{LC} = \begin{pmatrix} -6 \\ 5,5 \\ -8 \end{pmatrix} \quad \vec{LD} = \begin{pmatrix} -14 \\ 8,5 \\ -4 \end{pmatrix} \quad \vec{BE} = \begin{pmatrix} -7 \\ -3 \\ 6 \end{pmatrix}$$

Ebene ε_{LCE}

$$\vec{x} = \begin{pmatrix} 16 \\ -4,5 \\ 8 \end{pmatrix} + r \cdot \begin{pmatrix} -6 \\ 5,5 \\ -8 \end{pmatrix} + s \cdot \begin{pmatrix} -14 \\ 8,5 \\ -4 \end{pmatrix}$$

Gerade g_{BE}

$$\vec{x} = \begin{pmatrix} 1 \\ 6 \\ -1 \end{pmatrix} + t \cdot \begin{pmatrix} -7 \\ -3 \\ -6 \end{pmatrix}$$

Gleichsetzen:

$$\begin{pmatrix} 16 \\ -4,5 \\ 8 \end{pmatrix} + r \cdot \begin{pmatrix} -6 \\ 5,5 \\ -8 \end{pmatrix} + s \cdot \begin{pmatrix} -14 \\ 8,5 \\ -4 \end{pmatrix} = \begin{pmatrix} 1 \\ 6 \\ -1 \end{pmatrix} + t \cdot \begin{pmatrix} -7 \\ -3 \\ -6 \end{pmatrix}$$

$$r \cdot \begin{pmatrix} -6 \\ 5,5 \\ -8 \end{pmatrix} + s \cdot \begin{pmatrix} -14 \\ 8,5 \\ -4 \end{pmatrix} + t \cdot \begin{pmatrix} 7 \\ 3 \\ 6 \end{pmatrix} = \begin{pmatrix} 1 \\ 6 \\ -1 \end{pmatrix} - \begin{pmatrix} 16 \\ -4,5 \\ 8 \end{pmatrix} = \begin{pmatrix} -15 \\ 10,5 \\ -9 \end{pmatrix}$$

Koeffizientenmatrix

$$\begin{bmatrix} -6 & -14 & 7 & -15 \\ 5,5 & 8,5 & 3 & 10,5 \\ -8 & -4 & 6 & -9 \end{bmatrix} \Rightarrow \begin{bmatrix} 1 & 0 & 0 & 0,75 \\ 0 & 1 & 0 & 0,75 \\ 0 & 0 & 1 & 0 \end{bmatrix}$$

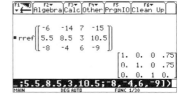

Lösung

$r = 0,75 \quad s = 0,75 \quad t = 0$

Hervorzuheben ist die Lösung $t = 0$.
Gerade g_{BE}:

$$\vec{x} = \begin{pmatrix} 1 \\ 6 \\ -1 \end{pmatrix} + 0 \cdot \begin{pmatrix} -7 \\ -3 \\ -6 \end{pmatrix} = \begin{pmatrix} 1 \\ 6 \\ -1 \end{pmatrix}$$

Der Schnittpunkt der Ebene, die durch den Laserstrahl beschrieben wird, mit der Kante $\overline{BE}$ ist der Punkt B selbst. Entsprechend ist der Teilkörper A_2BCD eine Pyramide, die mit dem Prisma A_2BCDEF die gemeinsame Grundfläche A_2BC besitzt und deren Spitze in der Deckfläche DEF liegt. Das Volumen der Pyramide beträgt somit $\frac{1}{3}$ des Volumens des Prismas.

Ergebnis

Das Verhältnis der Volumina der beiden Teilkörper beträgt 2 : 1.

B3 Analysis und Stochastik mit CAS

3.1 Definitionsbereich
Die Funktion
$$f_k(x) = \ln\frac{k-1}{k-x}$$
wird als fk(x) gespeichert.

Laut Definition des Logarithmus muss der Wert, für den der Logarithmus bestimmt wird, größer als null sein.
Da laut Aufgabenstellung $k > 1$ ist, ist der Zähler immer größer als null. Damit der gesamte Bruch $\frac{k-1}{k-x}$ größer als null wird, muss auch der Nenner größer als null sein:
$k - x > 0$
Damit ist der Definitionsbereich für die Funktion festgelegt: $D_{f_k} : x < k$

Untersuchung des Verhaltens der Funktion im Unendlichen
Da laut Definitionsbereich $x < k$ ist und $k > 1$ sein soll, kann für die Funktion der Grenzwert für $x \to +\infty$ nicht bestimmt werden.
Der Grenzwert der Funktion für $x \to -\infty$ lautet:
$$\lim_{x \to -\infty} f_k(x) = -\infty$$
Bei der Bestimmung des Grenzwertes muss beachtet werden, dass $k > 1$ ist.

Untersuchung des Verhaltens der Funktion am Rand des Definitionsbereiches
So einfach kann man den Grenzwert am Rand des Definitionsbereiches nicht bestimmen.
Dazu muss x durch eine Zahlenfolge ersetzt werden, die sich immer weiter an k annähert:
$$x = k - \frac{1}{n}$$
Wenn n gegen Unendlich geht, so konvergiert die Folge von links gegen k.
Die Funktion f_k lautet dann folgendermaßen:
$$f_k\left(k - \frac{1}{n}\right) = \ln((k-1) \cdot n)$$
Wenn jetzt hiervon der Grenzwert für n gegen Unendlich bestimmt wird, so erhält man:
$$\lim_{n \to \infty} \ln((k-1) \cdot n) = \infty$$
Bei der Bestimmung des Grenzwertes muss beachtet werden, dass $k > 1$ ist.

Schnittpunkt mit der x-Achse
Es müssen die Nullstellen der Funktion f_k bestimmt werden. Dazu wird der Funktionsterm gleich null gesetzt:
$f_k(x) = 0$
Das Lösen der Gleichung
$$0 = \ln\frac{k-1}{k-x}$$
liefert den Wert $x = 1$.
Demzufolge ist der Schnittpunkt mit der x-Achse:
$P_x(1\,|\,0)$

Schnittpunkt mit der y-Achse
Für den x-Wert wird null in den Funktionsterm eingesetzt und man erhält den y-Wert:
$$y = \ln\frac{k-1}{k}$$
Demzufolge ist der Schnittpunkt mit der y-Achse:
$P_y\left(0\,\Big|\,\ln\frac{k-1}{k}\right)$

3.2 Umkehrbarkeit der Funktion f_k

1. Variante: Eine Funktion ist umkehrbar, wenn sie im gesamten Definitionsbereich monoton ist.

Die Funktion f_k ist monoton fallend, wenn für alle x_1, x_2 aus dem Definitionsbereich gilt: Wenn $x_1 < x_2$, dann ist $f_k(x_1) - f_k(x_2) > 0$.
Analog dazu ist die Funktion f_k monoton wachsend, wenn für alle x_1, x_2 aus dem Definitionsbereich gilt: Wenn $x_1 < x_2$, dann ist $f_k(x_1) - f_k(x_2) < 0$.
Jetzt wird überprüft, ob die Differenz $f_k(x_1) - f_k(x_2)$ größer oder kleiner null ist:

$$f_k(x_1) - f_k(x_2) = \left(\frac{k-1}{k-x_1}\right) - \ln\left(\frac{k-1}{k-x_2}\right) = \ln\left(\frac{\frac{k-1}{k-x_1}}{\frac{k-1}{k-x_2}}\right) = \ln\left(\frac{k-x_2}{k-x_1}\right)$$

Da zur Überprüfung der Monotonie $x_1 < x_2$ angenommen wird, ist $k - x_2 < k - x_1$.
Deshalb ist der Bruch $\frac{k-x_2}{k-x_1}$ kleiner als eins, aber größer als null und darum der Term $\ln\left(\frac{k-x_2}{k-x_1}\right)$ kleiner als null.
Die Differenz $f_k(x_1) - f_k(x_2)$ ist kleiner als null, deshalb muss die Funktion monoton wachsend sein.

2. Variante: Die Untersuchung der Monotonie wird zurückgeführt auf die Untersuchung der 1. Ableitung der Funktion. Wenn die Ableitungsfunktion im gesamten Definitionsbereich keinen Vorzeichenwechsel hat, so ist die Funktion monoton.

Es wird die erste Ableitung gebildet:

$$f_k'(x) = \frac{-1}{x-k}$$

Die Ableitungsfunktion besitzt keine Nullstellen, also hat die Ableitungsfunktion keinen Vorzeichenwechsel im gesamten Definitionsbereich. Die Funktion ist monoton.

Bestimmung der Umkehrfunktion
Dazu wird die Funktion

$$y = \ln\left(\frac{k-1}{k-x}\right)$$

nach x umgestellt und anschließend werden die Variablen x und y vertauscht. Somit lautet die Umkehrfunktion:

$$f_k^{-1}(x) = k - (k-1) \cdot e^{-x}$$

3.3.1 Berechnung des Rotationsvolumens um die y-Achse

Der obere Durchmesser des Rotationskörpers soll 20 cm betragen. Der Radius ist also 10 cm groß. Da eine Längeneinheit 5 cm beträgt, hat die x-Koordinate des Punktes R den Wert 2.
Es rotiert der Graph G_3 der Funktion f_3, das heißt k hat den Wert 3. Die Funktion sieht dann so aus:

$$f_3(x) = \ln\frac{-2}{x-3}$$

Diese Funktion wird als f3(x) gespeichert.

Bei der Rotation um die y-Achse sind die Funktionswerte der Punkte B und R die Integrationsgrenzen.
Der Funktionswert des Punktes B hat den Wert null und der Wert von R lautet $f_3(2) = \ln 2$.
Das Rotationsvolumen wird berechnet:

$$V = \pi \cdot \int_0^{\ln 2} (f_3^{-1}(x))^2 \, dx \approx 5{,}461 \text{ VE}$$

Das Volumen beträgt 5,461 VE.

Da eine Längeneinheit 5 cm beträgt, hat eine Volumeneinheit einen Wert von 125 cm³. Damit beträgt das Fassungsvermögen der Schale 682,64 cm³.

3.3.2 Farben je Sechserpack

Es sind 8 Farben und 6 verschiedenfarbige Schalen in einer Packung. Um die Anzahl der verschiedenen Sechserpacks zu bestimmen, muss die Kombination von 8 Elementen zur 6-ten Klasse ermittelt werden. Das heißt, es muss der Binomialkoeffizient $\binom{8}{6}$ berechnet werden:

$$C_8^6 = \binom{8}{6} = 28$$

Es gibt 28 verschiedene Sechserpacks.

3.3.3 Summierte Binomialverteilung

Die Bestimmung der Wahrscheinlichkeit erfolgt mithilfe der summierten Binomialverteilung.

Die Werte sind $n = 200$, $p = 0{,}1$ und $k \geq 21$:

$$P(X \geq 21) = \sum_{k=21}^{200} \binom{200}{k} \cdot 0{,}1^k \cdot 0{,}9^{200-k}$$
$$= 0{,}440825$$

Die Wahrscheinlichkeit, dass von 200 Schalen 21 fehlerhaft sind, beträgt rund 0,441.

3.3.4 Qualitätsverbesserung – Einseitiger Hypothesentest

Zur Lösung wird der einseitige Hypothesentest benutzt.

Folgende Werte sind bekannt:
Stichprobenumfang $n = 200$, Ausschussanteil $p = 0{,}06$ und die Irrtumswahrscheinlichkeit α von höchstens 5 %.

Gesucht ist der Ablehnungsbereich.

Dazu werden verschiedene Wahrscheinlichkeiten bestimmt:

$\alpha = 1 - P(X \leq 17) \approx 0{,}057 \quad > 0{,}05$
$\alpha = 1 - P(X \leq 18) = 0{,}0328 \quad < 0{,}05$

Der kritische Wert für den Ablehnungsbereich liegt zwischen 17 und 18 defekten Schalen. Der Ablehnungsbereich für die Hypothese $p = 0{,}06$ ist:

$\overline{A} = \{18; 19; 20; \ldots; 200\}$

Da aber nur 15 Schalen defekt sind, kann man davon ausgehen, dass die angestrebte Qualitätsverbesserung erreicht wurde.

Mathematik (Mecklenburg-Vorpommern): Abiturprüfung 2008
Prüfungsteil A0 – Pflichtaufgaben ohne Rechenhilfsmittel

1 Analysis

1.1 Gegeben ist die Funktion f mit der Gleichung
$$f(x) = \frac{1}{2}x^3 - 3x^2 + 5 \quad \text{mit } x \in \mathbb{R}.$$
Berechnen Sie die Koordinaten des Wendepunktes des Graphen von f.

1.2 Gegeben ist die Funktion h mit der Gleichung
$$h(x) = \frac{x^2 - 49}{x - 7} \quad \text{mit } x \in D_h.$$
Geben Sie die Nullstelle von h an.

1.3 Gegeben ist die Funktion f durch
$$f(x) = (x-2)(x+2) \quad \text{mit } x \in \mathbb{R}.$$
– Ermitteln Sie die Ableitungsfunktion f' von f.
– Berechnen Sie $\int_0^1 f(x)\,dx$.

1.4 In den Abbildungen sind die Graphen einer ganzrationalen Funktion f, der zugehörigen Ableitungsfunktion f' und einer weiteren Funktion g dargestellt.

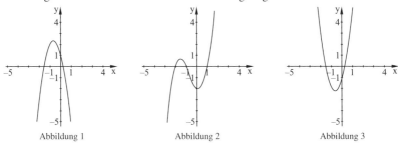

Abbildung 1   Abbildung 2   Abbildung 3

Ordnen Sie den Abbildungen die Funktionen f und f' zu und begründen Sie Ihre Entscheidung.

1.5 Gegeben ist eine Funktion f mit folgenden Eigenschaften:
- Eine Polstelle von f ist 2.
- $\lim_{x \to \infty} f(x) = 3$
- Eine Nullstelle von f ist -1.

Skizzieren Sie den Graphen einer Funktion f mit diesen Eigenschaften.

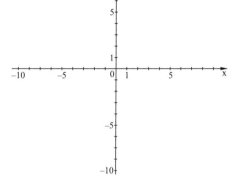

2 Analytische Geometrie

In einem kartesischen Koordinatensystem sind die Eckpunkte eines ebenen Vierecks ABCD gegeben: A(4|1|2), B(2|3|2), C(2|1|4), D(4|-1|4).

2.1 - Begründen Sie, dass es sich bei dem Viereck um ein Parallelogramm handelt.
- Prüfen Sie, ob dieses Viereck sogar ein Rechteck ist.
- Ermitteln Sie die Koordinaten des Diagonalenschnittpunktes.

2.2 Gegeben ist ein weiterer Punkt E(3|2|1).
Untersuchen Sie, ob E auf der Viereckseite $\overline{AB}$ liegt.

3 Stochastik

Eine Firma stellt an jedem Arbeitstag (Montag bis Freitag) gleich viele Handys her. Die regelmäßig durchgeführte Gütekontrolle ergibt, dass jeweils die am Montag hergestellten Handys mit einer Wahrscheinlichkeit von 10 % fehlerhaft sind.
An den anderen Arbeitstagen (Dienstag bis Freitag) liegt die Fehlerquote in der Produktion jeweils bei 5 %.
Der Produktion einer Woche wird zufällig ein Handy entnommen.

Berechnen Sie die Wahrscheinlichkeiten folgender Ereignisse:

A: Das entnommene Handy ist fehlerfrei und wurde am Montag produziert.
B: Das entnommene Handy ist fehlerfrei.

Hinweise und Tipps

Teilaufgabe 1.1
- Bestimmen Sie die ersten drei Ableitungsfunktionen.
- Verwenden Sie die notwendige und die hinreichende Bedingung für Wendepunkte.

Teilaufgabe 1.2
- Ein Bruch ist null, wenn der Zähler null und der Nenner ungleich null ist.

Teilaufgabe 1.3
- Multiplizieren Sie das Produkt aus.

Teilaufgabe 1.4
- Nur eine Abbildung zeigt den Graphen einer ganzrationalen Funktion 3. Grades.
- Die Ableitungsfunktion hat den Grad 2.

Teilaufgabe 1.5
- Der Graph muss die x-Achse bei $x = -1$ schneiden, bei $x = 2$ eine Unendlichkeitsstelle haben und sich für große x dem y-Wert 3 annähern.

Teilaufgabe 2.1
- Zeigen Sie, dass gegenüberliegende Seiten jeweils gleich lang und parallel sind sowie benachbarte Vektoren nicht senkrecht zueinander stehen.
- In einem Parallelogramm halbieren sich die Diagonalen.

Teilaufgabe 2.2
- Vergleichen Sie die z-Koordinaten der Punkte A und B.

Teilaufgabe 3
- Zeichnen Sie ein Baumdiagramm und verwenden Sie die Pfadregeln.

Lösung

1 Analysis

1.1 Gegeben ist die Funktion $f(x) = \frac{1}{2}x^3 - 3x^2 + 5$ mit $x \in \mathbb{R}$.

Berechnung der Koordinaten des Wendepunktes

$f'(x) = \frac{3}{2}x^2 - 6x, \quad f''(x) = 3x - 6, \quad f'''(x) = 3$

Notwendige Bedingung

$f''(x) = 0 = 3x - 6 \quad |+6 \quad |:3$
$x = 2$

Hinreichende Bedingung
$f'''(2) = 3 \neq 0 \quad \Rightarrow \quad x_W = 2$

Funktionswert
$f(2) = 4 - 12 + 5 = -3 \quad \Rightarrow \quad \underline{\underline{P_W(2|-3)}}$

1.2 Gegeben ist die Funktion $h(x) = \dfrac{x^2-49}{x-7}$ mit $x \in D_h$.

Angabe der Nullstelle
Eine Nullstelle liegt vor, wenn die Zählerfunktion an einer Stelle gleich null ist und zugleich die Nennerfunktion an dieser Stelle ungleich null ist.
$0 = x^2 - 49 \quad |+49 \quad |\sqrt{}$
$\underline{\underline{x_0 = -7}}$ \quad ($x_0 = 7$ entfällt wegen der Definitionslücke an dieser Stelle.)

1.3 Gegeben ist die Funktion $f(x) = (x-2) \cdot (x+2)$ mit $x \in \mathbb{R}$.

Ermitteln der Ableitungsfunktion
$f(x) = (x-2) \cdot (x+2) = x^2 - 4$
$\underline{\underline{f'(x) = 2x}}$

Berechnung des bestimmten Integrals
$$\int_0^1 f(x)\,dx = \int_0^1 (x^2 - 4)\,dx = \left[\frac{1}{3}x^3 - 4x\right]_0^1 = \frac{1}{3} - 4 - 0 = \underline{\underline{-\frac{11}{3}}}$$

1.4 **Zuordnung**
Abbildung 2 zeigt den Graphen von f, Abbildung 3 den von f'.

Begründung
Bei einer ganzrationalen Funktion nimmt der Grad bei der Ableitungsfunktion um eins ab, deshalb ist die Funktion 3. Grades in der Abbildung 2 die Funktion f.
Das Monotonieverhalten von f erfordert bei der Ableitungsfunktion erst positive, dann negative und anschließend wieder positive Werte, dies ist nur in der Abbildung 3 der Fall.

1.5 **Skizze**

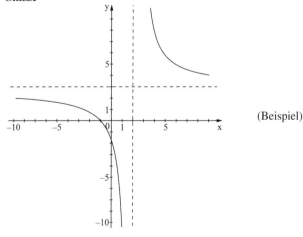

(Beispiel)

2 Analytische Geometrie

2.1 In einem kartesischen Koordinatensystem sind die Eckpunkte eines ebenen Vierecks ABCD gegeben: A(4|1|2), B(2|3|2), C(2|1|4), D(4|−1|4).

Viereck ist ein Parallelogramm

$$\vec{AB} = \begin{pmatrix} -2 \\ 2 \\ 0 \end{pmatrix}, \quad \vec{DC} = \begin{pmatrix} -2 \\ 2 \\ 0 \end{pmatrix}, \quad \vec{BC} = \begin{pmatrix} 0 \\ -2 \\ 2 \end{pmatrix}, \quad \vec{AD} = \begin{pmatrix} 0 \\ -2 \\ 2 \end{pmatrix}$$

Aufgrund der Gleichheit der Vektoren $\vec{AB}$ und $\vec{DC}$ sowie $\vec{BC}$ und $\vec{AD}$ sind die gegenüberliegenden Seiten jeweils gleich lang und parallel. $\Rightarrow$ Es ist ein Parallelogramm.

Viereck ist kein Rechteck

Benachbarte Vektoren müssten senkrecht zueinander stehen, d. h., ihr Skalarprodukt wäre stets gleich null.

$$\vec{AB} \circ \vec{AD} = \begin{pmatrix} -2 \\ 2 \\ 0 \end{pmatrix} \circ \begin{pmatrix} 0 \\ -2 \\ 0 \end{pmatrix} = 0 - 4 + 0 = -4 \neq 0 \quad \Rightarrow \quad \text{Es ist kein Rechteck.}$$

Koordinaten des Diagonalenschnittpunktes

1. Variante:
In einem Parallelogramm halbieren sich die Diagonalen.

$$M_{AC}\left(\frac{4+2}{2} \;\bigg|\; \frac{1+1}{2} \;\bigg|\; \frac{2+4}{2}\right) = \underline{\underline{M_{AC}(3|1|3)}}$$

2. Variante:
Schnittpunkt der Geraden, die diagonal durch die Eckpunkte gehen.

$$\vec{AC} = \begin{pmatrix} -2 \\ 0 \\ 2 \end{pmatrix}, \quad \vec{BD} = \begin{pmatrix} 2 \\ -4 \\ 2 \end{pmatrix}, \quad g_{AC}: \begin{pmatrix} x \\ y \\ z \end{pmatrix} = \begin{pmatrix} 4 \\ 1 \\ 2 \end{pmatrix} + r \cdot \begin{pmatrix} -2 \\ 0 \\ 2 \end{pmatrix}, \quad g_{BD}: \begin{pmatrix} x \\ y \\ z \end{pmatrix} = \begin{pmatrix} 2 \\ 3 \\ 2 \end{pmatrix} + s \cdot \begin{pmatrix} 2 \\ -4 \\ 2 \end{pmatrix}$$

Aus $g_{AC} = g_{BD}$ kann folgendes Gleichungssystem entwickelt werden:

I $\quad 4 - 2r = 2 + 2s$
II $\quad 1 = 3 - 4s \qquad |-3 \quad |:(-4) \quad \Rightarrow \quad s = \frac{1}{2}$
III $\quad 2 + 2r = 2 + 2s$

s in I $\quad 4 - 2r = 3 \qquad |-4 \quad |:(-2) \quad \Rightarrow \quad r = \frac{1}{2}$

II $\quad 1 = 1$

s in III $\quad 2 + 2r = 3 \qquad |-2 \quad |:2 \quad \Rightarrow \quad r = \frac{1}{2}$

Einsetzen z. B. in g_{AC}: $\begin{pmatrix} x \\ y \\ z \end{pmatrix} = \begin{pmatrix} 4 \\ 1 \\ 2 \end{pmatrix} + \frac{1}{2} \cdot \begin{pmatrix} -2 \\ 0 \\ 2 \end{pmatrix} = \begin{pmatrix} 3 \\ 1 \\ 3 \end{pmatrix} \quad \Rightarrow \quad \underline{\underline{M_{AC}(3|1|3)}}$

2.2 Gegeben ist ein weiterer Punkt E(3|2|1).

Untersuchung Punkt auf Kante

1. Variante:
Der Punkt E liegt nicht auf der Viereckseite $\overline{AB}$. Die z-Koordinate kann nicht $z=1$ sein, denn bei A und B, und somit bei allen Punkten auf dieser Viereckseite, gilt $z=2$.

2. Variante:
Einsetzen der Koordinaten von E in die Gleichung der Geraden g_{AB}:

$$\begin{pmatrix} 3 \\ 2 \\ 1 \end{pmatrix} = \begin{pmatrix} 4 \\ 1 \\ 2 \end{pmatrix} + t \cdot \begin{pmatrix} -2 \\ 2 \\ 0 \end{pmatrix}$$

Daraus kann folgendes Gleichungssystem entwickelt werden:
I $\quad 3 = 4 - 2t$
II $\quad 2 = 1 + 2t$
III $\quad 1 = 2 \quad \Rightarrow \text{ f. A.} \Rightarrow E \notin g_{AB}$

Ergebnis: Der Punkt E liegt nicht auf der Viereckseite $\overline{AB}$.

3 Stochastik

Der Vorgang als Baumdiagramm:

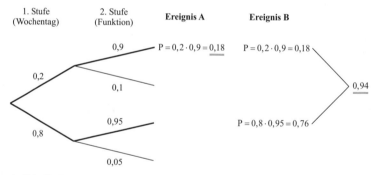

A: Die Wahrscheinlichkeit, dass das entnommene Handy fehlerfrei ist und am Montag produziert wurde, beträgt 18 %.

B: Die Wahrscheinlichkeit, dass das entnommene Handy fehlerfrei ist, beträgt 94 %.

Mathematik (Mecklenburg-Vorpommern): Abiturprüfung 2008
Prüfungsteil A – Pflichtaufgaben ohne CAS

A 1   Analysis (25 BE)

1.1 Gegeben sind zwei Funktionen durch die Gleichungen

$f_1(x) = \dfrac{1}{18}x^3 - 2x$ mit $x \in \mathbb{R}$,

$f_2(x) = -\dfrac{2}{9}x^3 + 0{,}5x$ mit $x \in \mathbb{R}$.

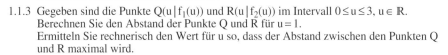

Der Graph von f_1 ist K_1. Der Graph von f_2 ist K_2.

1.1.1 Untersuchen Sie den Graphen K_2 auf Symmetrie.

1.1.2 Die beiden Graphen K_1 und K_2 schließen für $x \geq 0$ eine Fläche vollständig ein.
Berechnen Sie den Inhalt dieser Fläche.

1.1.3 Gegeben sind die Punkte $Q(u\,|\,f_1(u))$ und $R(u\,|\,f_2(u))$ im Intervall $0 \leq u \leq 3$, $u \in \mathbb{R}$.
Berechnen Sie den Abstand der Punkte Q und R für $u = 1$.
Ermitteln Sie rechnerisch den Wert für u so, dass der Abstand zwischen den Punkten Q und R maximal wird.

1.2 Gegeben ist eine Funktionenschar durch die Gleichung

$f_a(x) = \dfrac{1}{12a}x^3 - ax$ mit $x \in \mathbb{R}$, $a \in \mathbb{R}$.

Die zugehörige Kurvenschar sei G_a.

1.2.1 Weisen Sie nach, dass die Graphen G_2 und $G_{-\frac{1}{2}}$ im Koordinatenursprung senkrecht aufeinander stehen.

1.2.2 Für die folgenden Betrachtungen gilt $a > 0$.
Berechnen Sie die Koordinaten der lokalen Extrempunkte von G_a in Abhängigkeit von a und geben Sie die Art der Extrema an.

A 2   Analytische Geometrie (25 BE)

In einem kartesischen Koordinatensystem sind die Punkte $A(4\,|\,1{,}5\,|\,-3{,}5)$, $B(-1\,|\,1{,}5\,|\,-3{,}5)$, $C(-1\,|\,-1{,}5\,|\,0{,}5)$ und $D(4\,|\,-1{,}5\,|\,0{,}5)$ gegeben.

2.1 Weisen Sie nach, dass alle vier Punkte in einer Ebene liegen.

2.2 Stellen Sie das Viereck ABCD in einem kartesischen Koordinatensystem dar.
Zeigen Sie, dass dieses Viereck ein Quadrat ist.

2.3 ABCD sei die gemeinsame Grundfläche zweier gerader quadratischer Pyramiden mit den Spitzen S_1 und S_2 und der Höhe von je 5 LE.

2.3.1 Berechnen Sie die Koordinaten von S_1 und S_2.

2.3.2 Eine der beiden Spitzen hat nur positive Koordinaten.
Ergänzen Sie die grafische Darstellung der Grundfläche zu der Pyramide mit dieser Spitze.

2.4 Gegeben ist eine gerade Pyramide P mit der Spitze S(1,5|4|1,5) und der quadratischen Grundfläche ABCD.
Berechnen Sie das Volumen der Pyramide P.

2.5 Die Punkte $P_t(4-5t|1,5|-3,5)$ liegen auf der Geraden durch A und B.

2.5.1 Berechnen Sie die Größe des Winkels DP_2C.

2.5.2 Zeigen Sie, dass für keinen Wert von t gilt: $\sphericalangle DP_tC = 90°$.

A3 Analytische Geometrie und Stochastik (25 BE)

3.1 Die geradlinigen Kurse zweier Flugzeuge werden in einem kartesischen Koordinatensystem durch die Geraden k_1 und k_2 beschrieben.
k_1 verläuft durch den Punkt P(−290|320|140) in Richtung des Vektors $\vec{a} = \begin{pmatrix} 100 \\ -100 \\ -50 \end{pmatrix}$.
k_2 verläuft durch die Punkte $Q_1(-800|500|-70)$ und $Q_2(200|0|-70)$.
(1 LE $\hat{=}$ 1 km)

3.1.1 Zeichnen Sie die Geraden k_1 und k_2 in ein geeignetes Koordinatensystem.
Berechnen Sie die Entfernung von P nach Q_1.

3.1.2 Geben Sie für k_1 und k_2 je eine Geradengleichung an.
Ermitteln Sie die Lage der beiden Geraden zueinander.

3.1.3 Zeigen Sie, dass die Gerade mit der Gleichung
$$\vec{x} = \begin{pmatrix} 310 \\ 620 \\ -610 \end{pmatrix} + t \begin{pmatrix} 15 \\ 30 \\ -30 \end{pmatrix} \text{ mit } t \in \mathbb{R}$$
die Geraden k_1 und k_2 senkrecht schneidet.
Ermitteln Sie den Abstand der Geraden k_1 von der Geraden k_2.

3.2 Eine Fluggesellschaft verwendet für eine bestimmte Strecke Flugzeuge mit 50 Plätzen. Die Flüge auf dieser Strecke sind vorab stets ausgebucht. Im Durchschnitt werden 10 % der gebuchten Plätze jedoch storniert und damit nicht belegt.
Die Zufallsvariable X gibt die Anzahl der nicht belegten Plätze je Flug an.
X ist annähernd binomialverteilt.

3.2.1 Berechnen Sie die Wahrscheinlichkeit folgender Ereignisse für je einen Flug.
A: Genau 5 Plätze sind nicht belegt.
B: Höchstens 2 Plätze sind nicht belegt.

3.2.2 Um Flugzeuge auf dieser Strecke besser auszulasten, bietet eine Fluggesellschaft stets 4 % mehr Plätze als verfügbar zum Verkauf an. Damit geht das Unternehmen das Risiko der Überbuchung ein. Für ein Flugticket nimmt die Fluggesellschaft 120 €. Bei Stornierung zahlt der Fluggast 60 €. Bei Abweisung eines Fluggastes wegen Überbuchung entstehen der Fluggesellschaft Kosten von 500 €.
Berechen Sie die Wahrscheinlichkeit dafür, dass Fluggäste wegen Überbuchung nicht mitfliegen können.
Wie groß sind die Einnahmen der Fluggesellschaft für einen Flug, wenn 51 Fluggäste den Flug antreten möchten?

Hinweise und Tipps

Teilaufgabe 1.1.1
- Der Graph liefert eine Vermutung, welche Symmetrie zu beweisen ist.

Teilaufgabe 1.1.2
- Für die Intervallgrenzen der Integration brauchen Sie die Schnittstellen der Funktionen.

Teilaufgabe 1.1.3
- Beachten Sie, dass die x-Koordinaten der Punkte Q und R übereinstimmen.
- Sie erhalten den Abstand als eine nur von einer Variablen abhängigen Funktion.

Teilaufgabe 1.2.1
- Bestimmen Sie die Ableitungen der Funktionen im Koordinatenursprung.

Teilaufgabe 1.2.2
- Zur Bestimmung und Charakterisierung der Extrempunkte benötigen Sie die ersten beiden Ableitungen.

Teilaufgabe 2.1
- Legen Sie durch drei der vier Punkte eine Ebene und prüfen Sie, ob der vierte Punkt auch in dieser Ebene liegt.

Teilaufgabe 2.2
- Sie müssen zeigen, dass alle Seiten gleich lang und parallel zueinander sind und dass alle Innenwinkel rechte Winkel sind.

Teilaufgabe 2.3
- Bestimmen Sie den Mittelpunkt M der Grundfläche als Schnittpunkt der Diagonalen.
- Finden Sie dann einen Vektor $\vec{n}$, der senkrecht auf der Ebene steht, in der das Quadrat liegt.
- Die gesuchten Spitzen müssen auf der Geraden liegen, die durch M geht und $\vec{n}$ als Richtungsvektor hat.
- Wählen Sie S_1 und S_2 so, dass der Abstand zu M jeweils der geforderten Höhe entspricht.

Teilaufgabe 2.4
- Benutzen Sie die Volumenformel $V = \frac{1}{3} \cdot A_G \cdot h$.

Teilaufgabe 2.5.1
- Den Winkel berechnen Sie mithilfe des Skalarproduktes.

Teilaufgabe 2.5.2
- Zeigen Sie, dass das Skalarprodukt für kein t null werden kann, oder verwenden Sie den Satz des Thales.

Teilaufgabe 3.1
- Untersuchen Sie die Geraden auf Parallelität und Schnittpunkte.
- Für den Abstand können Sie die Schnittpunkte mit der dritten Geraden verwenden.

Teilaufgabe 3.2
- Die Wahrscheinlichkeiten berechnen Sie mit der Binomialverteilung.
- Bei der Berechnung der Einnahmen geht aus der Aufgabenstellung nicht hervor, ob der an den Kunden zurückzuzahlende Ticketpreis in den Kosten von 500 € enthalten ist oder nicht.

Lösung

A1 Analysis

1.1 Gegeben sind zwei Funktionen durch die Gleichungen
$f_1(x) = \frac{1}{18}x^3 - 2x$ mit $x \in \mathbb{R}$ und $f_2(x) = -\frac{2}{9}x^3 + 0{,}5x$ mit $x \in \mathbb{R}$.
Der Graph von f_1 ist K_1, der Graph von f_2 ist K_2.

1.1.1 Symmetrie
Sowohl der Graph K_2 als auch die Tatsache, dass es sich bei $f_2(x)$ um eine ganzrationale Funktion 3. Grades ohne ein quadratisches und ohne ein absolutes Glied handelt, legen die Vermutung nahe, dass der Graph K_2 punktsymmetrisch zum Koordinatenursprung verläuft.

Beweis

$$f_2(x) = -f_2(-x)$$
$$-\frac{2}{9}x^3 + 0{,}5x = -\left(-\frac{2}{9}(-x)^3 + 0{,}5(-x)\right)$$
$$-\frac{2}{9}x^3 + 0{,}5x = -\left(\frac{2}{9}x^3 - 0{,}5x\right)$$
$$-\frac{2}{9}x^3 + 0{,}5x = -\frac{2}{9}x^3 + 0{,}5x \qquad \text{w. A.} \quad \Rightarrow \quad \underline{\underline{K_2 \text{ ist punktsymmetrisch.}}}$$

1.1.2 Flächeninhalt
Der graphischen Darstellung von K_1 und K_2 kann man entnehmen, dass die Graphen drei Schnittpunkte haben. Für die Berechnung der Intervallgrenzen werden die Schnittstellen gesucht und dazu die Funktionsterme gleichgesetzt.

Berechnung der Intervallgrenzen

$$f_1(x) = f_2(x)$$

$\frac{1}{18}x^3 - 2x = -\frac{2}{9}x^3 + 0{,}5x$	$\left\vert -\frac{1}{18}x^3 + 2x \right.$
$0 = -\frac{5}{18}x^3 + 2{,}5x$	$\vert$ ausklammern
$0 = x \cdot \left(-\frac{5}{18}x^2 + 2{,}5\right)$	
$x_1 = 0 \quad \Rightarrow$	Intervallgrenze $a = 0$
$0 = -\frac{5}{18}x^2 + \frac{5}{2}$	$\left\vert :\left(-\frac{5}{18}\right) \right.$
$0 = x^2 - 9$	$\vert +9 \quad \vert \sqrt{}$
$x_2 = 3 \quad \Rightarrow$	Intervallgrenze $b = 3$
$x_3 = -3 \quad \Rightarrow$	entfällt wegen $x \geq 0$

Berechnung des Flächeninhaltes

$$A = \int_0^3 (f_2(x) - f_1(x)) \, dx = \int_0^3 \left(-\frac{2}{9}x^3 + 0{,}5x - \left(\frac{1}{18}x^3 - 2x\right)\right) dx = \int_0^3 \left(-\frac{5}{18}x^3 + 2{,}5x\right) dx$$

$$= \left[-\frac{5}{72}x^4 + \frac{5}{4}x^2\right]_0^3 = -\frac{5 \cdot 81}{72} + \frac{5 \cdot 9}{4} - 0 = \frac{-5 \cdot 9}{8} + \frac{90}{8} = \frac{45}{8} \approx \underline{\underline{5{,}63 \text{ FE}}}$$

Ergebnis: Der Inhalt der Fläche, den die beiden Graphen für $x \geq 0$ einschließen, beträgt 5,63 FE.

1.1.3 Abstand der Punkte Q und R

Gegeben sind die Punkte $Q(u \mid f_1(u))$ und $R(u \mid f_2(u))$ im Intervall $0 \leq u \leq 3$ mit $u \in \mathbb{R}$. Die x-Koordinaten der Punkte Q und R sind identisch, demnach liegen die Punkte senkrecht übereinander, sodass ihr Abstand L gleich der Differenz der Funktionswerte an der Stelle u ist.

Abstand

$$L(u) = f_2(u) - f_1(u) = -\frac{5}{18}u^3 + 2{,}5u$$

Abstand für $u = 1$

$$L(1) = -\frac{5}{18} + \frac{5}{2} = \frac{20}{9} \text{ LE} \approx \underline{\underline{2{,}22 \text{ LE}}}$$

Ergebnis: Für $u = 1$ beträgt der Abstand der Punkte P und Q 2,22 LE.

Maximaler Abstand

Diese Teilaufgabe kann als eine Extremwertaufgabe interpretiert werden, wobei die Zielfunktion $L(u)$, die nur von u abhängig ist, bereits bekannt ist. Eine weitere Nebenbedingung wird daher nicht mehr benötigt.

Zielfunktion und Ableitungen

$$L(u) = -\frac{5}{18}u^3 + 2{,}5u, \quad L'(u) = -\frac{5}{6}u^2 + \frac{5}{2}, \quad L''(u) = -\frac{5}{3}u$$

Notwendige Bedingung

$$L'(u) = 0 = -\frac{5}{6}u^2 + \frac{5}{2} \quad \Big| : \left(-\frac{5}{6}\right)$$
$$0 = u^2 - 3 \quad | +3 \quad |\sqrt{}$$
$$u_1 = \sqrt{3}$$
$$u_2 = -\sqrt{3} \quad \Rightarrow \text{ entfällt wegen } 0 \leq u \leq 3$$

Hinreichende Bedingung

$$L''(\sqrt{3}) = -\frac{5}{3} \cdot \sqrt{3} < 0 \quad \Rightarrow \quad \text{Maximum}$$

Ergebnis: Für $u = \sqrt{3}$ wird der Abstand der Punkte P und Q maximal.

1.2 Gegeben ist eine Funktionenschar durch die Gleichung

$$f_a(x) = \frac{1}{12a}x^3 - ax \quad \text{mit } a, x \in \mathbb{R}.$$

Die zugehörige Kurvenschar sei G_a.

1.2.1 G_2 und $G_{-\frac{1}{2}}$ stehen im Koordinatenursprung senkrecht aufeinander

Der Schnitt von zwei Graphen wird stets zurückgeführt auf den Schnitt der Tangenten, die an der gesuchten Stelle jeweils an den Graphen der beiden Funktionen anliegen. Den Anstieg der Tangenten berechnet man mit den Ableitungen der Funktionen an dieser Stelle.

$$f_a(x) = \frac{1}{12a}x^3 - ax$$

$$f_a'(x) = \frac{1}{4a}x^2 - a$$

$$f_2'(x) = \frac{1}{8}x^2 - 2 \qquad f_{-\frac{1}{2}}'(x) = -\frac{1}{2}x^2 + \frac{1}{2}$$

$$f_2'(0) = -2 \qquad f_{-\frac{1}{2}}'(0) = \frac{1}{2}$$

Die Graphen zweier linearer Funktionen stehen senkrecht aufeinander, wenn gilt:

$$m_1 = -\frac{1}{m_2}$$

Es gilt: $f_2'(0) = -\dfrac{1}{f_{-\frac{1}{2}}'(0)} \quad \Rightarrow \quad G_2$ und $G_{-\frac{1}{2}}$ stehen senkrecht aufeinander.

1.2.2 Extrempunkte von G_a

Für die folgenden Betrachtungen gilt $a > 0$.

$$f_a(x) = \frac{1}{12a}x^3 - ax, \quad f_a'(x) = \frac{1}{4a}x^2 - a, \quad f_a''(x) = \frac{1}{2a}x$$

Notwendige Bedingung

$$f_a'(x) = 0 = \frac{1}{4a}x^2 - a \qquad |+a \quad |\cdot 4a$$

$$x^2 = 4a^2 \qquad |\sqrt{}$$

$$x_1 = 2a$$

$$x_2 = -2a$$

Hinreichende Bedingung

$$f_a''(2a) = \frac{1}{2a} \cdot 2a = 1 > 0 \qquad \Rightarrow \quad \text{Minimum}$$

$$f_a''(-2a) = \frac{1}{2a} \cdot (-2a) = -1 < 0 \qquad \Rightarrow \quad \text{Maximum}$$

Funktionswerte

$$f_a(2a) = \frac{1}{12a} \cdot (2a)^3 - a \cdot (2a) = \frac{2}{3}a^2 - 2a^2 = -\frac{4}{3}a^2$$

$$f_a(-2a) = \frac{1}{12a} \cdot (-2a)^3 - a \cdot (-2a) = -\frac{2}{3}a^2 + 2a^2 = \frac{4}{3}a^2$$

Ergebnis: Die Koordinaten der Extrempunkte von G_a sind $\underline{\underline{E_{min}\left(2a \; \Big| \; -\frac{4}{3}a^2\right)}}$ und $\underline{\underline{E_{max}\left(-2a \; \Big| \; \frac{4}{3}a^2\right)}}$.

A2 Analytische Geometrie

2.1 Punkte liegen in einer Ebene
Gegeben sind die Punkte A(4|1,5|−3,5), B(−1|1,5|−3,5), C(−1|−1,5|0,5) und D(4|−1,5|0,5).
Um zu zeigen, dass die Punkte in einer Ebene liegen, wird zunächst eine Ebene durch die Punkte A, B und C gelegt und anschließend überprüft, ob der Punkt D ebenfalls in dieser Ebene liegt.
Zuerst wird eine Ebenengleichung in Parameterform aufgestellt, z. B.
$\varepsilon: \vec{x} = \overrightarrow{OA} + \lambda \cdot \overrightarrow{AB} + \mu \cdot \overrightarrow{AC}$.

Dazu werden der Ortsvektor $\overrightarrow{OA}$ und die Richtungsvektoren $\overrightarrow{AB}$ bzw. $\overrightarrow{AC}$ benötigt.
Die Richtungsvektoren erhält man, in dem man die Ortsvektoren voneinander subtrahiert, z. B.
$\overrightarrow{AB} = \overrightarrow{OB} - \overrightarrow{OA}$.

Der Ortsvektor lautet: $\overrightarrow{OA} = \begin{pmatrix} 4 \\ 1,5 \\ -3,5 \end{pmatrix}$.

Die Richtungsvektoren sind

$\overrightarrow{AB} = \overrightarrow{OB} - \overrightarrow{OA} = \begin{pmatrix} -1 \\ 1,5 \\ -3,5 \end{pmatrix} - \begin{pmatrix} 4 \\ 1,5 \\ -3,5 \end{pmatrix} = \begin{pmatrix} -5 \\ 0 \\ 0 \end{pmatrix}$ und

$\overrightarrow{AC} = \overrightarrow{OC} - \overrightarrow{OA} = \begin{pmatrix} -1 \\ -1,5 \\ 0,5 \end{pmatrix} - \begin{pmatrix} 4 \\ 1,5 \\ -3,5 \end{pmatrix} = \begin{pmatrix} -5 \\ -3 \\ 4 \end{pmatrix}$.

Damit ist man in der Lage, die Ebenengleichung aufzustellen:
$\varepsilon: \vec{x} = \begin{pmatrix} 4 \\ 1,5 \\ -3,5 \end{pmatrix} + \lambda \cdot \begin{pmatrix} -5 \\ 0 \\ 0 \end{pmatrix} + \mu \cdot \begin{pmatrix} -5 \\ -3 \\ 4 \end{pmatrix}$

Jetzt muss noch überprüft werden, ob der Punkt D ebenfalls in dieser Ebene liegt. Dazu wird der Ortsvektor zum Punkt D in die Ebenengleichung eingesetzt:
$\begin{pmatrix} 4 \\ -1,5 \\ 0,5 \end{pmatrix} = \begin{pmatrix} 4 \\ 1,5 \\ -3,5 \end{pmatrix} + \lambda \cdot \begin{pmatrix} -5 \\ 0 \\ 0 \end{pmatrix} + \mu \cdot \begin{pmatrix} -5 \\ -3 \\ 4 \end{pmatrix}$

Es ergibt sich somit folgendes Gleichungssystem:
I $4 = 4 - 5\lambda - 5\mu$
II $-1,5 = 1,5 \quad - 3\mu \quad |-1,5 \quad |:(-3) \Rightarrow \mu = 1$
III $0,5 = -3,5 + 4\mu \quad |+3,5 \quad |:4 \Rightarrow \mu = 1$

μ in I $4 = 4 - 5\lambda - 5 \quad |+1 \quad |:(-5) \qquad \Rightarrow \lambda = -1$
II $-1,5 = 1,5 \quad - 3\mu$
III $0,5 = -3,5 + 4\mu$

Man erhält als eindeutige Lösung $\lambda = -1$ und $\mu = 1$.
Damit liegen die Punkte A, B, C und auch der Punkt D in einer Ebene.

2.2 Grafische Darstellung

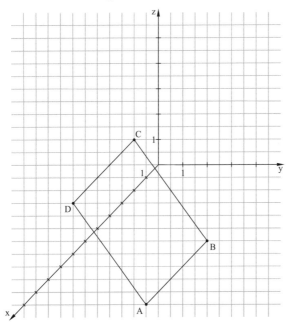

Viereck ist ein Quadrat
In einem Quadrat sind alle Seiten gleich lang und parallel zueinander und alle Innenwinkel sind rechte Winkel.
Zuerst werden die Vektoren der entsprechenden Seiten aufgestellt:

$$\vec{AB} = \begin{pmatrix} -5 \\ 0 \\ 0 \end{pmatrix}, \quad \vec{BC} = \begin{pmatrix} 0 \\ -3 \\ 4 \end{pmatrix}, \quad \vec{CD} = \begin{pmatrix} 5 \\ 0 \\ 0 \end{pmatrix}, \quad \vec{DA} = \begin{pmatrix} 0 \\ 3 \\ -4 \end{pmatrix}$$

Die Vektoren $\vec{AB}$ und $\vec{CD}$ sind parallel und gleich lang, ebenso verhält es sich mit den Vektoren $\vec{BC}$ und $\vec{DA}$.

$$|\vec{AB}| = \left|\begin{pmatrix} -5 \\ 0 \\ 0 \end{pmatrix}\right| = \sqrt{(-5)^2 + 0^2 + 0^2} = 5 \text{ LE}, \quad |\vec{BC}| = \left|\begin{pmatrix} 0 \\ -3 \\ 4 \end{pmatrix}\right| = \sqrt{0^2 + (-3)^2 + 4^2} = 5 \text{ LE}$$

Da die Vektoren $\vec{AB}$ und $\vec{BC}$ gleich lang sind, sind somit alle Vektoren gleich lang.
Da gegenüberliegende Seiten parallel sind, muss nur noch nachgewiesen werden, dass ein Innenwinkel 90° groß ist.
Wenn zwei Vektoren einen Winkel von 90° bilden, dann muss das Skalarprodukt null ergeben.

$$\vec{AB} \circ \vec{BC} = \begin{pmatrix} -5 \\ 0 \\ 0 \end{pmatrix} \circ \begin{pmatrix} 0 \\ -3 \\ 4 \end{pmatrix} = -5 \cdot 0 + 0 \cdot (-3) + 0 \cdot 4 = 0$$

Alle Innenwinkel sind rechte Winkel, alle Seiten sind gleich lang, gegenüberliegende Seiten sind parallel, also ist das Viereck ABCD ein Quadrat.

2.3.1 **Koordinaten S_1 und S_2**

Das Quadrat ABCD und die Punkte S_1 bzw. S_2 sollen jeweils eine gerade quadratische Pyramide bilden.
Eine Pyramide ist eine gerade quadratische Pyramide, wenn der Vektor $\overrightarrow{MS_{1;2}}$ senkrecht auf der Grundflächenebene steht.
Dabei hat die Grundfläche den Mittelpunkt M als Schnittpunkt der Diagonalen.
Zunächst wird der Mittelpunkt der Grundfläche ermittelt.
In einem Quadrat halbieren sich die Diagonalen:

$$M_{AC}\left(\frac{x_A+x_C}{2} \,\middle|\, \frac{y_A+y_C}{2} \,\middle|\, \frac{z_A+z_C}{2}\right)$$

Damit ist der Mittelpunkt der Grundfläche $M(1,5\,|\,0\,|\,-1,5)$.

Jetzt braucht man nur noch einen Vektor, der senkrecht auf der Ebene steht, in der das Quadrat ABCD liegt.
Diesen Normalenvektor $\vec{\eta}$ kann man auf verschiedene Arten ermitteln.

1. Variante:

Der Normalenvektor $\vec{\eta}$ der Ebene wird mithilfe des Kreuzproduktes zweier Vektoren der Ebene, z. B. $\overrightarrow{AB}$ und $\overrightarrow{BC}$, bestimmt:

$$\vec{\eta} = \overrightarrow{AB} \times \overrightarrow{BC} = \begin{pmatrix}-5\\0\\0\end{pmatrix} \times \begin{pmatrix}0\\-3\\4\end{pmatrix} = \begin{pmatrix}0\cdot 4 - 0\cdot(-3)\\0\cdot 0 - (-5)\cdot 4\\-5\cdot(-3) - 0\cdot 0\end{pmatrix} = \begin{pmatrix}0\\20\\15\end{pmatrix} = 5\cdot\begin{pmatrix}0\\4\\3\end{pmatrix}$$

2. Variante:

Alternativ kann der Normalenvektor $\vec{\eta} = \begin{pmatrix}x_\eta\\y_\eta\\z_\eta\end{pmatrix}$ der Ebene mithilfe des Skalarproduktes des Normalenvektors mit jeweils einem Vektor der Ebene, z. B. $\overrightarrow{AB}$ und $\overrightarrow{BC}$, bestimmt werden.

Da der Normalenvektor senkrecht auf der Ebene steht, muss das Skalarprodukt der Vektoren null ergeben:

$$\vec{\eta}\circ\overrightarrow{AB} = \begin{pmatrix}x_\eta\\y_\eta\\z_\eta\end{pmatrix}\circ\begin{pmatrix}-5\\0\\0\end{pmatrix} = -5x_\eta = 0 \;\Rightarrow\; x_\eta = 0$$

$$\vec{\eta}\circ\overrightarrow{BC} = \begin{pmatrix}x_\eta\\y_\eta\\z_\eta\end{pmatrix}\circ\begin{pmatrix}0\\-3\\4\end{pmatrix} = -3y_\eta + 4z_\eta = 0 \;\Rightarrow\; 3y_\eta = 4z_\eta \;\Rightarrow\; \text{z. B. } y_\eta = 4,\, z_\eta = 3$$

Damit ergibt sich als Normalenvektor $\vec{\eta} = \begin{pmatrix}0\\4\\3\end{pmatrix}$.

Die Spitzen S_1 bzw. S_2 der Pyramiden müssen auf der Geraden g liegen, die durch den Mittelpunkt M geht und den Normalenvektor der Ebene als Richtungsvektor hat:

$$g: \vec{x} = \begin{pmatrix}1,5\\0\\-1,5\end{pmatrix} + \lambda\cdot\begin{pmatrix}0\\4\\3\end{pmatrix}$$

Damit ergibt sich der Ortsvektor zum Punkt $S_{1;2}$:

$$\overrightarrow{OS_{1;2}} = \begin{pmatrix}1,5\\4\lambda\\-1,5+3\lambda\end{pmatrix}$$

Der Abstand vom Höhenfußpunkt M zur Spitze $S_{1;2}$ soll fünf LE betragen:

$$\overrightarrow{MS_{1;2}} = \begin{pmatrix} 1,5 \\ 4\lambda \\ -1,5+3\lambda \end{pmatrix} - \begin{pmatrix} 1,5 \\ 0 \\ -1,5 \end{pmatrix} = \begin{pmatrix} 0 \\ 4\lambda \\ 3\lambda \end{pmatrix}$$

$$|\overrightarrow{MS_{1;2}}| = \left\| \begin{pmatrix} 0 \\ 4\lambda \\ 3\lambda \end{pmatrix} \right\| = \sqrt{0^2 + (4\lambda)^2 + (3\lambda)^2} = \sqrt{16\lambda^2 + 9\lambda^2} = \sqrt{25\lambda^2}$$

$5 = \pm 5\lambda$

$\lambda = \pm 1$

Wird λ in den Ortsvektor $\overrightarrow{OS_{1;2}}$ eingesetzt, ergeben sich die Punkte $S_1(1,5|4|1,5)$ und $S_2(1,5|-4|-4,5)$.

2.3.2 Grafische Darstellung

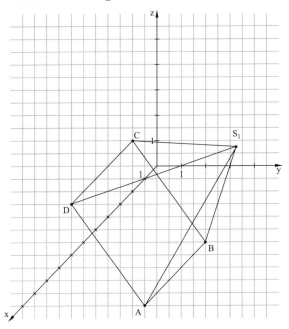

2.4 Volumen der Pyramide

Da das Quadrat ABCD eine Seitenlänge von 5 LE hat (siehe Aufgabe 2.2), beträgt der Flächeninhalt des Quadrates 25 FE.
Die Pyramide ist laut Aufgabenstellung eine gerade quadratische Pyramide, deshalb ist die Höhe der Abstand des Punktes S vom Mittelpunktes M des Quadrates ABCD (Schnittpunkt der Diagonalen).
Der Mittelpunkt $M(1,5|0|-1,5)$ wurde bereits in der Aufgabe 2.3.1 bestimmt.

$$h = |\overrightarrow{MS}| = \left\| \begin{pmatrix} 0 \\ 4 \\ 3 \end{pmatrix} \right\| = \sqrt{0^2 + 4^2 + 3^2} \text{ LE} = 5 \text{ LE}$$

Damit erhält man für das Volumen der Pyramide:
$$V = \frac{1}{3} \cdot A_G \cdot h = \frac{1}{3} \cdot 25 \text{ FE} \cdot 5 \text{ LE} = \underline{\underline{\frac{125}{3} \text{ VE}}}$$

Ergebnis: Das Volumen beträgt $\frac{125}{3}$ VE.

2.5.1 **Winkel DP_2C**

Dazu wird zunächst der Punkt P_2 bestimmt:
$P_2(-6 \mid 1{,}5 \mid -3{,}5)$
Jetzt werden die Richtungsvektoren $\overrightarrow{P_2D}$ und $\overrightarrow{P_2C}$ ermittelt:

$$\overrightarrow{P_2D} = \begin{pmatrix} 10 \\ -3 \\ 4 \end{pmatrix} \text{ und } \overrightarrow{P_2C} = \begin{pmatrix} 5 \\ -3 \\ 4 \end{pmatrix}$$

Der Winkel DP_2C wird mithilfe des Skalarproduktes berechnet:

$$\overrightarrow{P_2D} \circ \overrightarrow{P_2C} = |\overrightarrow{P_2D}| \cdot |\overrightarrow{P_2C}| \cdot \cos \sphericalangle(\overrightarrow{P_2D}, \overrightarrow{P_2C})$$

$$\cos \sphericalangle(\overrightarrow{P_2D}, \overrightarrow{P_2C}) = \frac{\overrightarrow{P_2D} \circ \overrightarrow{P_2C}}{|\overrightarrow{P_2D}| \cdot |\overrightarrow{P_2C}|}$$

$$\cos \sphericalangle(\overrightarrow{P_2D}, \overrightarrow{P_2C}) = \frac{10 \cdot 5 + (-3) \cdot (-3) + 4 \cdot 4}{\sqrt{10^2 + (-3)^2 + 4^2} \cdot \sqrt{5^2 + (-3)^2 + 4^2}} = \frac{75}{(5 \cdot \sqrt{5}) \cdot (5 \cdot \sqrt{2})} = \frac{3}{\sqrt{10}}$$

$$\cos \sphericalangle(\overrightarrow{P_2D}, \overrightarrow{P_2C}) \approx 0{,}9487$$

$$\sphericalangle(\overrightarrow{P_2D}, \overrightarrow{P_2C}) \approx \underline{\underline{18{,}43°}}$$

Ergebnis: Der Winkel beträgt rund $18{,}43°$.

2.5.2 **Winkel $DP_tC \neq 90°$**

1. Variante: Das Skalarprodukt der Vektoren $\overrightarrow{P_tD}$ und $\overrightarrow{P_tC}$ kann niemals null werden.

Zunächst werden die Vektoren $\overrightarrow{P_tD}$ und $\overrightarrow{P_tC}$ aufgestellt:

$$\overrightarrow{P_tD} = \begin{pmatrix} 5t \\ -3 \\ 4 \end{pmatrix} \text{ und } \overrightarrow{P_tC} = \begin{pmatrix} -5 + 5t \\ -3 \\ 4 \end{pmatrix}$$

Das Skalarprodukt der Vektoren ergibt:
$$\overrightarrow{P_tD} \circ \overrightarrow{P_tC} = 25t^2 - 25t + 25$$

Gibt es ein t, sodass das Skalarprodukt null wird?

$$0 = 25t^2 - 25t + 25 \quad | :25$$
$$0 = t^2 - t + 1 \quad | \text{Lösungsformel für quadratische Gleichungen}$$
$$t_{1;2} = \frac{1}{2} \pm \sqrt{\frac{1}{4} - 1}$$
$$t_{1;2} = \frac{1}{2} \pm \sqrt{-\frac{3}{4}}$$

Da der Radikand negativ ist, kann keine Wurzel gezogen werden. Es gibt somit kein t, sodass der Winkel DP_tC $90°$ groß wäre.

2. Variante: Satz des Thales

Wenn der Winkel DP_tC 90° groß wäre, dann müsste der Punkt P_t auf dem Thales-Kreis mit der Strecke $\overline{CD}$ als Durchmesser liegen.

Die Strecke $\overline{CD}$ ist 5 LE lang, also muss der Thales-Kreis einen Radius von 2,5 LE haben. Der Punkt P_t soll auf einer Geraden, die durch die Punkte A und B verläuft, liegen. Die Punkte A, B, C und D bilden ein Quadrat mit einer Seitenlänge von 5 LE.

Somit liegen die Seiten $\overline{AB}$ und $\overline{CD}$ parallel zueinander und haben einen Abstand von 5 LE. Damit hat der Punkt P_t einen kürzesten Abstand von 5 LE von der Seite $\overline{CD}$. Deshalb kann der Punkt P_t nicht auf dem Thales-Kreis mit dem Durchmesser $\overline{CD}$ und dem Radius von 2,5 LE liegen.

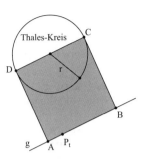

Der Winkel DP_tC kann somit niemals 90° groß werden.

A 3 Analytische Geometrie und Stochastik

3.1 Gegeben sind die geradlinigen Kurse zweier Flugzeuge durch folgende Geraden:
- k_1 verläuft durch den Punkt P(–290|320|140) in Richtung des Vektors $\vec{a} = \begin{pmatrix} 100 \\ -100 \\ -50 \end{pmatrix}$.
- k_2 verläuft durch die Punkte Q_1(–800|500|–70) und Q_2(200|0|–70).

3.1.1 Zeichnung

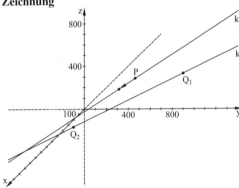

Entfernung von P nach Q_1

$\overrightarrow{PQ_1} = \begin{pmatrix} -510 \\ 180 \\ -210 \end{pmatrix}$, $|\overrightarrow{PQ_1}| = \sqrt{(-510)^2 + 180^2 + (-210)^2} \approx \underline{\underline{580{,}17}}$

Ergebnis: Der Abstand der Punkte P und Q_1 beträgt 580,17 km.

3.1.2 Geradengleichungen

$k_1: \vec{x} = \overrightarrow{OP} + r \cdot \vec{a} = \begin{pmatrix} -290 \\ 320 \\ 140 \end{pmatrix} + r \cdot \begin{pmatrix} 100 \\ -100 \\ -50 \end{pmatrix}$, $k_2: \vec{x} = \overrightarrow{OQ_1} + s \cdot \overrightarrow{Q_1Q_2} = \begin{pmatrix} -800 \\ 500 \\ -70 \end{pmatrix} + s \cdot \begin{pmatrix} 1000 \\ -500 \\ 0 \end{pmatrix}$

Lagebeziehung der Geraden
Eine Parallelität der Richtungsvektoren würde dann gegeben sein, wenn diese Vektoren linear abhängig wären:

$$\vec{a} = u \cdot \overrightarrow{Q_1Q_2}$$

$$\begin{pmatrix} 100 \\ -100 \\ -50 \end{pmatrix} = u \cdot \begin{pmatrix} 1\,000 \\ -500 \\ 0 \end{pmatrix}$$

Auf die ausführliche Lösung dieses Gleichungssystems kann verzichtet werden, denn bei genauer Betrachtung der dritten Zeile ergibt sich, dass keine eindeutige Lösung existieren kann:
III $-50 = u \cdot 0$

Die Richtungsvektoren sind daher linear unabhängig und die Geraden sind nicht parallel zueinander.

Schnittpunkt der Geraden
Aus $k_1 = k_2$ kann folgendes Gleichungssystem entwickelt werden:

I	$-290 + 100r =$	$-800 + 1\,000s$	$\|+800$	$\|-100r$
II	$320 - 100r =$	$500 - 500s$	$\|-500$	$\|+100r$
III	$140 - 50r =$	-70	$\|+70$	$\|+50r$

I	$510 =$	$-100r + 1\,000s$
II	$-180 =$	$100r - 500s$
III	$210 =$	$50r$ $\|:50 \Rightarrow r = 4{,}2 \Rightarrow$ Einsetzen in I und II

I	$510 =$	$-420 + 1\,000s$	$\|+420$ $\|:1\,000$	$\Rightarrow s = 0{,}93$
II	$-180 =$	$420 - 500s$	$\|-420$ $\|:(-500)$	$\Rightarrow s = 1{,}2$
III	$210 =$	210		

Dieses Gleichungssystem hat keine Lösung. $\Rightarrow$ Es gibt keinen Schnittpunkt.

Ergebnis: Die Geraden k_1 und k_2 sind windschief zueinander.

3.1.3 Orthogonalität und Schnittpunkte der Geraden

Gegeben ist eine weitere Gerade k_3 mit der Gleichung $\vec{x} = \begin{pmatrix} 310 \\ 620 \\ -610 \end{pmatrix} + t \cdot \begin{pmatrix} 15 \\ 30 \\ -30 \end{pmatrix}$.

Für den Nachweis, dass die Gerade k_3 die beiden Geraden k_1 und k_2 senkrecht schneidet, wird zunächst die Orthogonalität der Richtungsvektoren nachgewiesen. Anschließend werden die Geraden k_1 und k_3 sowie k_2 und k_3 auf die Existenz von Schnittpunkten hin untersucht. Streng genommen wäre die Angabe der Koordinaten der Schnittpunkte nicht erforderlich, deren Berechnung wird hier aber trotzdem gezeigt.

Orthogonalität
Zum Nachweis, dass die Gerade k_3 senkrecht zu den beiden anderen Geraden verläuft, muss gezeigt werden, dass die Skalarprodukte der Richtungsvektoren jeweils gleich null sind:

$$\vec{r}_{k_1} \circ \vec{r}_{k_3} = \begin{pmatrix} 100 \\ -100 \\ -50 \end{pmatrix} \circ \begin{pmatrix} 15 \\ 30 \\ -30 \end{pmatrix} = 1\,500 - 3\,000 + 1\,500 = 0 \quad \Rightarrow \quad \underline{\underline{k_1 \perp k_3}}$$

$$\vec{r}_{k_2} \circ \vec{r}_{k_3} = \begin{pmatrix} 1\,000 \\ -500 \\ 0 \end{pmatrix} \circ \begin{pmatrix} 15 \\ 30 \\ -30 \end{pmatrix} = 15\,000 - 15\,000 + 0 = 0 \quad \Rightarrow \quad \underline{\underline{k_2 \perp k_3}}$$

Schnittpunkte
Aus $k_1 = k_3$ kann folgendes Gleichungssystem entwickelt werden:

I	$-290 + 100r =$	$310 + 15t$	$\vert -310$	$\vert -100r$	
II	$320 - 100r =$	$620 + 30t$	$\vert -620$	$\vert +100r$	
III	$140 - 50r =$	$-610 - 30t$	$\vert +610$	$\vert +50r$	

I	$-600 =$	$-100r + 15t$	$\vert$ I + II	$\to$ I
II	$-300 =$	$100r + 30t$		
III	$750 =$	$50r - 30t$	$\vert$ II + III	$\to$ III

I	$-900 =$	$45t$	$\vert : 45$	$\Rightarrow t = -20$	
II	$-300 =$	$100r + 30t$			$\Rightarrow$ Einsetzen in II
III	$450 =$	$150r$	$\vert : 150$	$\Rightarrow r = 3$	

I	$-900 =$	$45t$	
II	$-300 =$	$300 - 600$	$\Rightarrow$ w. A.
III	$450 =$	$150r$	

Dieses Gleichungssystem hat eine Lösung. $\Rightarrow$ Es gibt einen Schnittpunkt.

Zur Berechnung der Koordinaten des Schnittpunktes R wird z. B. der Parameter r in die Gleichung der Geraden k_1 eingesetzt:

$$\begin{pmatrix} x \\ y \\ z \end{pmatrix} = \begin{pmatrix} -290 \\ 320 \\ 140 \end{pmatrix} + 3 \cdot \begin{pmatrix} 100 \\ -100 \\ -50 \end{pmatrix} = \begin{pmatrix} 10 \\ 20 \\ -10 \end{pmatrix} \Rightarrow \underline{\underline{R(10\vert 20\vert -10)}}$$

Zur Kontrolle könnte man auch den Parameter t in die Gleichung der Geraden k_3 einsetzen.

Aus $k_2 = k_3$ kann folgendes Gleichungssystem entwickelt werden:

I	$-800 + 1000s =$	$310 + 15t$	$\vert -310$	$\vert -1000s$	
II	$500 - 500s =$	$620 + 30t$	$\vert -620$	$\vert +500s$	
III	$-70 \quad\quad\; =$	$-610 - 30t$	$\vert +610$		

I	$-1110 =$	$-1000s + 15t$			
II	$-120 =$	$500s + 30t$			
III	$540 =$	$-30t$	$\vert : (-30)$	$\Rightarrow t = -18$	$\Rightarrow$ Einsetzen in I und II

I	$-1110 =$	$-1000s - 270$	$\vert +270$	$\vert : (-1000)$	$\Rightarrow s = 0{,}84$
II	$-120 =$	$500s - 540$	$\vert +540$	$\vert : 500$	$\Rightarrow s = 0{,}84$
III	$540 =$	$-30t$			

Dieses Gleichungssystem hat eine Lösung. $\Rightarrow$ Es gibt einen Schnittpunkt.

Zur Berechnung der Koordinaten des Schnittpunktes S wird z. B. der Parameter s in die Gleichung der Geraden k_2 eingesetzt:

$$\begin{pmatrix} x \\ y \\ z \end{pmatrix} = \begin{pmatrix} -800 \\ 500 \\ -70 \end{pmatrix} + 0{,}84 \cdot \begin{pmatrix} 1000 \\ -500 \\ 0 \end{pmatrix} = \begin{pmatrix} 40 \\ 80 \\ -70 \end{pmatrix} \Rightarrow \underline{\underline{S(40\vert 80\vert -70)}}$$

Zur Kontrolle könnte man auch den Parameter t in die Gleichung der Geraden k_3 einsetzen.

Ergebnis: Die Gerade k_3 verläuft senkrecht zu den Geraden k_1 und k_2 und schneidet diese in den Punkten R und S.

Abstand der Geraden

1. Variante:

Die Punkte auf den Geraden k_1 und k_2, deren Abstand gerade die kürzeste Entfernung dieser beiden Geraden bestimmt, liegen stets auf einer Geraden, die genau senkrecht zu den beiden Geraden verläuft. Diese Lösungsvariante nutzt die Tatsache aus, dass genau diese Gerade mit k_3 bereits gegeben ist und ebenso die Koordinaten dieser Punkte R und S bereits berechnet worden sind. Gesucht ist daher nur noch der Betrag des Vektors $\overrightarrow{RS}$.

$$R(10\,|\,20\,|-10), \quad S(40\,|\,80\,|-70) \quad \Rightarrow \quad \overrightarrow{RS} = \begin{pmatrix} 30 \\ 60 \\ -60 \end{pmatrix}$$

$$|\overrightarrow{RS}| = \sqrt{30^2 + 60^2 + (-60)^2} = \underline{\underline{90}}$$

Ergebnis: Der Abstand der Geraden beträgt 90 km.

2. Variante:

Der Ansatz ist hierbei, dass die Strecke, deren Länge die kürzeste Entfernung der beiden Geraden bestimmt, auf einer Geraden liegt, die genau senkrecht zu den Geraden k_1 und k_2 verläuft. Die Koordinaten der Endpunkte müssen nicht gegeben sein. Der Abstand der Endpunkte – und somit der Abstand der Geraden – kann mit dem Skalarprodukt aus zwei Vektoren berechnet werden. Der erste Vektor reicht von einem beliebigen Punkt der ersten Gerade, z. B. dem Punkt P, zu einem beliebigen Punkt der zweiten Gerade, z. B. dem Punkt Q_1. Der zweite Vektor muss senkrecht zu den beiden Richtungsvektoren der Geraden verlaufen, wie z. B. der Richtungsvektor der Geraden k_3. Wichtig ist weiterhin, dass der Richtungsvektor der Geraden k_3 zuvor auf eine Längeneinheit normiert wird. Diese Variante wird oft bei der Berechnung der Höhe einer Pyramide verwendet.

$$\overrightarrow{PQ_1} = \begin{pmatrix} -510 \\ 180 \\ -210 \end{pmatrix}, \quad \vec{r}_{k_3} = \begin{pmatrix} 15 \\ 30 \\ -30 \end{pmatrix}$$

$$\text{Abstand} = \overrightarrow{PQ_1} \circ \left(\frac{1}{|\vec{r}_{k_3}|} \cdot \vec{r}_{k_3} \right) = \begin{pmatrix} -510 \\ 180 \\ -210 \end{pmatrix} \circ \left(\frac{1}{\sqrt{15^2 + 30^2 + (-30)^2}} \cdot \begin{pmatrix} 15 \\ 30 \\ -30 \end{pmatrix} \right)$$

$$= \begin{pmatrix} -510 \\ 180 \\ -210 \end{pmatrix} \circ \left(\frac{1}{45} \cdot \begin{pmatrix} 15 \\ 30 \\ -30 \end{pmatrix} \right) = \begin{pmatrix} -510 \\ 180 \\ -210 \end{pmatrix} \circ \begin{pmatrix} \frac{1}{3} \\ \frac{2}{3} \\ -\frac{2}{3} \end{pmatrix} = -170 + 120 + 140 = \underline{\underline{90}}$$

Ergebnis: Der Abstand der Geraden beträgt 90 km.

3.2. Es handelt sich hierbei um eine 50-malige ($\rightarrow$ n = 50) Wiederholung eines Zufallsexperimentes mit genau zwei möglichen Ausgängen ($\rightarrow$ Bernoulli-Experiment; $\Omega = \{$Platz ist belegt; Platz ist nicht belegt$\}$). Dabei wird die Anzahl gezählt, wie oft das Ergebnis „Ein Platz wird nicht belegt." ($\rightarrow$ k) auftritt. Weiterhin ist die Wahrscheinlichkeit dieses Ergebnisses ($\rightarrow$ p = 0,1) bei jeder Versuchsdurchführung konstant.

3.2.1 Berechnung der Wahrscheinlichkeiten
A: Genau 5 Plätze sind nicht belegt. $\rightarrow$ k = 5

$$P(A) = B_{50;\,0,1}(5) = \binom{50}{5} \cdot 0,1^5 \cdot 0,9^{45} \approx 2\,118\,760 \cdot 10^{-5} \cdot 0,008728 \approx 0,1849 \approx \underline{\underline{18,5\,\%}}$$

Ergebnis: Die Wahrscheinlichkeit für das Ereignis A beträgt 18,5 %.

B: *Höchstens zwei Plätze sind nicht belegt.* → $k \in \{0; 1; 2\}$

$P(B) = F_{50;\,0,1}(2) = B_{50;\,0,1}(0) + B_{50;\,0,1}(1) + B_{50;\,0,1}(2)$

$= \binom{50}{0} \cdot 0{,}1^0 \cdot 0{,}9^{50} + \binom{50}{1} \cdot 0{,}1^1 \cdot 0{,}9^{49} + \binom{50}{2} \cdot 0{,}1^2 \cdot 0{,}9^{48}$

$\approx 1 \cdot 1 \cdot 0{,}005154 + 50 \cdot 0{,}1 \cdot 0{,}005726 + 1\,225 \cdot 0{,}01 \cdot 0{,}006363 \approx 0{,}1117 \approx \underline{\underline{11{,}2\,\%}}$

Ergebnis: Die Wahrscheinlichkeit für das Ereignis B beträgt 11,2 %.

3.2.2 Um Flugzeuge auf dieser Strecke besser auszulasten, bietet eine Fluggesellschaft stets 4 % mehr Plätze als verfügbar zum Verkauf an. Zunächst wird die Anzahl der verkauften Plätze berechnet:

$1{,}04 \cdot 50 = 52 \;\Rightarrow\; 52$ Plätze werden verkauft.

Berechnung der Wahrscheinlichkeit einer Überbuchung
Es handelt sich nun um eine 52-malige (→ n = 52) Wiederholung des Zufallsexperimentes mit genau zwei möglichen Ausgängen. Jetzt wird aber die Anzahl gezählt, wie oft das Ergebnis „Ein Platz wird belegt." (→ k) auftritt. Die Wahrscheinlichkeit dieses Ergebnisses (→ p = 0,9) ist wiederum bei jeder Versuchsdurchführung konstant.

C: *Mindestens 51 Plätze sind belegt.* → $k \in \{51; 52\}$

$P(C) = B_{52;\,0,9}(51) + B_{52;\,0,9}(52) = \binom{52}{51} \cdot 0{,}9^{51} \cdot 0{,}1^1 + \binom{52}{52} \cdot 0{,}9^{52} \cdot 0{,}1^0$

$\approx 52 \cdot 0{,}004638 \cdot 0{,}1 + 1 \cdot 0{,}004175 \cdot 1 \approx 0{,}02829 \approx \underline{\underline{2{,}8\,\%}}$

Ergebnis: Die Wahrscheinlichkeit für das Ereignis C beträgt 2,8 %.

Einnahmen der Fluggesellschaft
Für ein Flugticket nimmt die Fluggesellschaft 120 €. Bei Stornierung zahlt der Fluggast 60 €. Bei Abweisung eines Fluggastes wegen Überbuchung entstehen der Fluggesellschaft Kosten von 500 €.

Der Text der Aufgabenstellung lässt zwei mögliche Interpretationen bei den Kosten zu, die durch den abgewiesenen Fluggast entstehen:

1. Variante:

Die 120 € für das bezahlte Flugticket erhält der Kunde natürlich zurück. Diese entgangene Einnahme ist bei den angegebenen 500 € Stornierungskosten bereits enthalten:

Die Einnahmen durch 52 Buchungen betragen: $52 \cdot 120\,€ = 6\,240\,€$
Die Rückzahlung durch die Stornierung eines Fluges beträgt: $1 \cdot 60\,€ = 60\,€$
Die Kosten durch die Abweisung eines Fluggastes betragen: $1 \cdot 500\,€ = 500\,€$
Gesamtrechnung: $6\,240\,€ - 60\,€ - 500\,€ = \underline{5\,680\,€}$

Ergebnis: Die Einnahmen der Fluggesellschaft für diesen Flug betragen 5 680 €.

2. Variante:

Die 120 € für das bezahlte Flugticket erhält der Kunde natürlich zurück. Diese entgangene Einnahme ist bei den angegebenen 500 € Stornierungskosten nicht enthalten und muss zusätzlich auf der Einnahmeseite berücksichtigt werden:

Die Einnahmen durch die 51 Buchungen betragen: $51 \cdot 120\,€ = 6\,120\,€$
Die Rückzahlung durch die Stornierung eines Fluges beträgt: $1 \cdot 60\,€ = 60\,€$
Die Kosten durch die Abweisung eines Fluggastes betragen: $1 \cdot 500\,€ = 500\,€$
Gesamtrechnung: $6\,120\,€ - 60\,€ - 500\,€ = \underline{5\,560\,€}$

Ergebnis: Die Einnahmen der Fluggesellschaft für diesen Flug betragen 5 560 €.

Mathematik (Mecklenburg-Vorpommern): Abiturprüfung 2008
Prüfungsteil B – Wahlaufgaben ohne CAS

B 1 **Analysis (20 BE)**

Gegeben ist eine Funktionenschar durch die Gleichung

$$f_k(x) = \frac{x}{2} + \frac{2}{k \cdot x} - 1 \quad \text{mit } x \in \mathbb{R}, x \neq 0, k \in \mathbb{R}, k > 0.$$

G_k sind die zu f_k gehörenden Graphen (siehe Abbildung).

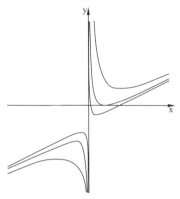

1.1 Berechnen Sie in Abhängigkeit von k:
  – die Anzahl der Nullstellen von f_k,
  – die Koordinaten und die Art der lokalen Extrempunkte von G_k.

1.2 Geben Sie je eine Gleichung für die beiden Asymptoten von G_k an.

1.3 Errechnen Sie den Inhalt der von $G_{\frac{16}{3}}$ und der x-Achse vollständig begrenzten Fläche.

1.4 Berechnen Sie, für welche x-Werte die Differenz der Funktionswerte von $f_{\frac{16}{3}}$ und der Funktion $y = \frac{x}{2} - 1$ kleiner als $\frac{1}{1000}$ ist.

1.5 An der Stelle x_k wird die Tangente an den Graphen G_k gelegt.
Ermitteln Sie x_k in Abhängigkeit von k so, dass die Tangente durch den Koordinatenursprung verläuft.

B 2 **Analytische Geometrie (20 BE)**

In einem kartesischen Koordinatensystem sind die Punkte $A_u(-2|-4u|1)$, $B_u(2u|-4|4)$ mit $u \in \mathbb{R}$ und $C(4|0|4)$ und eine Gerade g mit der Gleichung

$$\vec{x} = \begin{pmatrix} 8 \\ 0 \\ 5 \end{pmatrix} + r \begin{pmatrix} 4 \\ 0 \\ 1 \end{pmatrix} \quad \text{mit } r \in \mathbb{R}$$

gegeben. Die Ebene ε_u enthält die Punkte A_u, B_u und C.

2.1 Zeigen Sie, dass die Gerade g in den Ebenen ε_3 und ε_{-1} liegt.

2.2 Gegeben sind die Punkte $D_t(t|t^2|4)$ mit $t \in \mathbb{R}$.
Genau zwei dieser Punkte liegen in der Ebene ε_3.
Berechnen Sie die Koordinaten dieser Punkte.

Im Intervall $[-4; 2]$ gibt es einen Wert von t, für den der Abstand des Punktes D_t zur Ebene ε_3 maximal wird.
Berechnen Sie diesen Wert von t.

2.3 Die Punkte $P_1(4|0|-6)$ und $P_2(4|-6|-3)$ sind benachbarte Eckpunkte eines Rechtecks. Die beiden anderen Punkte liegen auf einer Geraden durch den Koordinatenursprung.
Berechnen Sie den Umfang des Rechtecks.

2.4 Überprüfen Sie folgende Aussage:
Die Vektoren $\overrightarrow{CA_u}$ und $\overrightarrow{CB_u}$ sind linear abhängig.

B 3 Stochastik (20 BE)

Eine Firma produziert Staubsauger eines bestimmten Typs. Die Qualitätskontrolle eines Gerätes besteht aus der Prüfung seiner mechanischen Belastbarkeit und seiner Saugleistung. Die Resultate beider Prüfungen sind unabhängig voneinander.

3.1 Die Wahrscheinlichkeit, dass ein Staubsauger dieses Typs
– den mechanischen Belastungstest nicht besteht, beträgt 5,5 %,
– den Saugleistungstest besteht, beträgt 90 %.

Veranschaulichen Sie den Vorgang „Qualitätskontrolle" in einem Baumdiagramm.
Berechnen Sie die Wahrscheinlichkeiten der folgenden Ereignisse.
A: Ein Staubsauger besteht beide Tests.
B: Ein Staubsauger besteht genau einen Test.

3.2 Staubsauger, die beide Tests bestehen, besitzen die Qualität I.
Ihre Anzahl ist annähernd binomialverteilt. Die Wahrscheinlichkeit, dass ein Staubsauger die Qualität I besitzt, wird im Folgenden als Erfolgsquote bezeichnet.

3.2.1 Die Erfolgsquote beträgt $p = 85\,\%$. Es werden 50 Staubsauger getestet.
Bestimmen Sie den Erwartungswert für die Anzahl der Staubsauger, die die Qualität I besitzen.

Berechnen Sie die Wahrscheinlichkeit, dass mindestens 40 aber weniger als 45 Staubsauger die Qualität I haben.

Ermitteln Sie die minimale Zahl $k \in \{0, 1, 2, ..., 50\}$, sodass die Wahrscheinlichkeit, mindestens k Staubsauger von der Qualität I zu erhalten, größer als 97 % ist.

3.2.2 Die Wahrscheinlichkeit, dass nicht alle 50 Staubsauger die Qualität I besitzen, sei 99 %.
Ermitteln Sie für diesen Fall die Erfolgsquote p.

3.2.3 Bestimmen Sie rechnerisch die Anzahl n der zu kontrollierenden Staubsauger, damit bei einer Erfolgsquote von $p = 99\,\%$ die Wahrscheinlichkeit, dass alle Qualität I haben, rund 80 % beträgt.

3.3 Ein Großhändler für Staubsauger hat den Verdacht, dass mehr als 10 % der mit Qualität I ausgewiesenen Staubsauger dieser nicht genügen.
In einem Test wird dieser Verdacht an 50 Staubsaugern überprüft.

3.3.1 Beschreiben Sie an diesem Beispiel den Begriff Fehler 1. Art.

3.3.2 Wie wird aufgrund der Stichprobe entschieden, wenn 10 der überprüften Staubsauger der Qualität I nicht genügen?
Die Irrtumswahrscheinlichkeit beträgt 2 %.

Tabellen

Binomialverteilung und summierte Binomialverteilung:

n	k	B(n; p; k)	$\sum_{i=0}^{k} B(n; p; i)$
		p = 0,85	
50	28		
	29		
	30	0,00001	0,00002
	31	0,00004	0,00006
	32	0,00015	0,00021
	33	0,00045	0,00066
	34	0,00129	0,00195
	35	0,00334	0,00529
	36	0,00788	0,01317
	37	0,01689	0,03006
	38	0,03275	0,06281
	39	0,05711	0,11992
	40	0,08899	0,20891
	41	0,12299	0,33190
	42	0,14935	0,48125
	43	0,15745	0,63870
	44	0,14195	0,78065
	45	0,10725	0,88789
	46	0,06606	0,95395
	47	0,03186	0,98581
	48	0,01128	0,99709
	49	0,00261	0,99970
	50	0,00030	1,00000

Summierte Binomialverteilung:
n = 50, p = 0,1

k	0	1	2	3	4	5	6	7	8
$F_{n;p}(k)$	0,00515	0,03379	0,11173	0,25029	0,43120	0,61612	0,77023	0,87785	0,94213

k	9	10	11	12	13	14	15	16
$F_{n;p}(k)$	0,97546	0,99065	0,99678	0,99900	0,99971	0,99993	0,99998	1

Hinweise und Tipps

Teilaufgabe 1.1
- Die Nullstellen finden Sie mit der Lösungsformel für quadratische Gleichungen.
- Zur Berechnung bzw. Charakterisierung der Extrempunkte brauchen Sie die notwendige bzw. die hinreichende Bedingung.

Teilaufgabe 1.2
- Sie erkennen schon an der Abbildung eine senkrechte und eine schräge Asymptote.

Teilaufgabe 1.3
- Die Nullstellen der Funktion $f_{\frac{16}{3}}(x)$ sind die Intervallgrenzen der Integration.

Teilaufgabe 1.4
- Damit es auf die Reihenfolge der Funktionen bei der Differenzbildung nicht ankommt, müssen Sie mit dem Betrag der Differenz der Funktionswerte rechnen.

Teilaufgabe 1.5
- Eine Ursprungsgerade hat die Form $y = mx$.
- Die Steigung m entspricht der Ableitung der Funktion $f_k(x)$ an der Stelle x_k.

Teilaufgabe 2.1
- Wählen Sie zwei Punkte auf der Geraden g und zeigen Sie, dass sie in beiden Ebenen liegen.

Teilaufgabe 2.2
- Finden Sie die Koordinatenform der Ebenengleichung von ε_3 und setzen Sie den Punkt D_t ein.
- Den Abstand des Punktes D_t von der Ebene ε_3 können Sie mit der Formel als Funktion von t aufstellen. Die Maximierung gelingt mittels Differenzialrechnung.

Teilaufgabe 2.3
- Sie brauchen die Längen der beiden Seiten des Rechtecks. Die eine ist der Abstand der beiden Punkte, die andere der Abstand zweier Geraden.

Teilaufgabe 2.4
- Zwei Vektoren sind linear abhängig, wenn der eine ein Vielfaches des anderen ist.

Teilaufgabe 3.1
- Benutzen Sie die Pfadregeln.

Teilaufgabe 3.2.1
- Verwenden Sie die Binomialverteilung mit $n = 50$ und $p = 0{,}85$.

Teilaufgabe 3.2.2
- Arbeiten Sie mit dem Gegenereignis.

Teilaufgabe 3.2.3
- Es liegt dieselbe Situation wie in 3.2.2 vor, nur ist jetzt n gesucht und p gegeben.

Teilaufgabe 3.3.1
- Ein Fehler 1. Art liegt vor, wenn die Nullhypothese fälschlicherweise abgelehnt wird.

Teilaufgabe 3.3.2
- Bestimmen Sie den Annahmebereich.

Lösung

B 1 Analysis

1.1 Gegeben ist die Funktionenschar $f_k(x) = \dfrac{x}{2} + \dfrac{2}{k \cdot x} - 1$ mit $x \in \mathbb{R}$, $x \neq 0$, $k \in \mathbb{R}$, $k > 0$.

Nullstellen in Abhängigkeit von k
Der Funktionsterm wird null gesetzt:
$$0 = \frac{x}{2} + \frac{2}{k \cdot x} - 1 \quad | \cdot 2x$$
$$0 = x^2 - 2x + \frac{4}{k}$$

Lösungsformel für quadratische Gleichungen anwenden:
$$x_{1;2} = 1 \pm \sqrt{1 - \frac{4}{k}}$$

Die Funktionenschar $f_k(x)$ hat zwei Nullstellen, falls der Radikand größer als null ist.
$$1 - \frac{4}{k} > 0 \quad \Rightarrow \quad k > 4$$

Die Funktionenschar $f_k(x)$ hat eine Nullstelle, falls der Radikand gleich null ist.
$$1 - \frac{4}{k} = 0 \quad \Rightarrow \quad k = 4$$

Die Funktionenschar $f_k(x)$ hat keine Nullstellen, falls der Radikand kleiner als null ist.
$$1 - \frac{4}{k} < 0 \quad \Rightarrow \quad 0 < k < 4$$

Lokale Extrempunkte
Ableitungen
$$f_k'(x) = \frac{1}{2} - \frac{2}{k \cdot x^2}$$
$$f_k''(x) = \frac{4}{k \cdot x^3}$$

Notwendige Bedingung: $f'(x_E) = 0$
$$f_k'(x) = \frac{1}{2} - \frac{2}{k \cdot x^2}$$
$$0 = \frac{1}{2} - \frac{2}{k \cdot x_E^2} \quad | \cdot 2x_E^2$$
$$0 = x_E^2 - \frac{4}{k} \quad \left| + \frac{4}{k} \quad \right| \sqrt{}$$
$$x_{E_{1;2}} = \pm \frac{2}{\sqrt{k}} \quad \Rightarrow \quad x_{E_1} = -\frac{2}{\sqrt{k}} \text{ und } x_{E_2} = \frac{2}{\sqrt{k}}$$

Art des Extremums
Hinreichende Bedingung: $f'(x_E) = 0$ und $f''(x_E) \neq 0$

$$f_k''(x) = \frac{4}{k \cdot x^3}$$

$$f_k''(x_{E_1}) = f_k''\left(-\frac{2}{\sqrt{k}}\right) = \frac{4}{k \cdot \left(-\frac{2}{\sqrt{k}}\right)^3} = \frac{4}{k \cdot \frac{-8}{k \cdot \sqrt{k}}} = -\frac{\sqrt{k}}{2} < 0 \;\Rightarrow\; \text{Maximum}$$

$$f_k''(x_{E_2}) = f_k''\left(\frac{2}{\sqrt{k}}\right) = \frac{4}{k \cdot \left(\frac{2}{\sqrt{k}}\right)^3} = \frac{4}{k \cdot \frac{8}{k \cdot \sqrt{k}}} = \frac{\sqrt{k}}{2} > 0 \;\Rightarrow\; \text{Minimum}$$

Zur Bestimmung der Koordinaten der Extrempunkte werden die Extremstellen in die Ausgangsfunktion $f_k(x)$ eingesetzt:

$$f_k(x_{E_1}) = f_k\left(-\frac{2}{\sqrt{k}}\right) = \frac{-\frac{2}{\sqrt{k}}}{2} + \frac{2}{k \cdot \left(-\frac{2}{\sqrt{k}}\right)} - 1 = \frac{-1}{\sqrt{k}} + \frac{-1}{\sqrt{k}} - 1 = -\frac{2}{\sqrt{k}} - 1$$

und

$$f_k(x_{E_2}) = f_k\left(\frac{2}{\sqrt{k}}\right) = \frac{\frac{2}{\sqrt{k}}}{2} + \frac{2}{k \cdot \left(\frac{2}{\sqrt{k}}\right)} - 1 = \frac{1}{\sqrt{k}} + \frac{1}{\sqrt{k}} - 1 = \frac{2}{\sqrt{k}} - 1$$

Damit ergeben sich die Extrempunkte $\underline{\underline{HP\left(-\frac{2}{\sqrt{k}} \;\bigg|\; -\frac{2}{\sqrt{k}} - 1\right)}}$ und $\underline{\underline{TP\left(\frac{2}{\sqrt{k}} \;\bigg|\; \frac{2}{\sqrt{k}} - 1\right)}}$.

1.2 Gleichung der Asymptoten
Die senkrechte Polgerade (vertikale Asymptote) befindet sich an der Polstelle der Funktionenschar $f_k(x)$.

Polgerade: $\underline{\underline{x = 0}}$

Die Asymptote ist diejenige Funktion, der sich die gegebene Funktion für immer größer bzw. kleiner werdende x-Werte immer weiter annähert.
Wird eine Grenzwertbetrachtung für x gegen unendlich durchgeführt, so fällt auf, dass nur der Term $\frac{2}{k \cdot x}$ aus der Funktionsgleichung $f_k(x) = \frac{x}{2} + \frac{2}{k \cdot x} - 1$ gegen null konvergiert. Für immer größer bzw. kleiner werdende x-Werte verliert dieser Term immer mehr an Bedeutung für die Funktionenschar.
Somit lautet die Gleichung der Asymptote

$$\underline{\underline{y = \frac{x}{2} - 1.}}$$

1.3 Flächeninhalt berechnen
Die x-Achse und der Graph von

$$f_{\frac{16}{3}}(x) = \frac{x}{2} + \frac{3}{8 \cdot x} - 1$$

schließen eine Fläche vollständig ein.
Um die Fläche berechnen zu können, werden die Nullstellen von $f_{\frac{16}{3}}(x)$ benötigt.

Zur Bestimmung der Nullstellen werden die Erkenntnisse aus der Teilaufgabe 1.1 verwendet.

$$x_{1;2} = 1 \pm \sqrt{1 - \frac{4}{k}} \qquad \Big| \ k = \frac{16}{3}$$

$$x_{1;2} = 1 \pm \sqrt{1 - \frac{4}{\frac{16}{3}}}$$

$$x_{1;2} = 1 \pm \frac{1}{2}$$

$$x_1 = \frac{1}{2} \ \text{und} \ x_2 = \frac{3}{2}$$

Die Fläche wird mithilfe des bestimmten Integrals ermittelt, wobei die Grenzen die obigen Nullstellen sind:

$$\int_{\frac{1}{2}}^{\frac{3}{2}} \left(\frac{x}{2} + \frac{3}{8x} - 1\right) dx = \left[\frac{x^2}{4} + \frac{3 \cdot \ln(x)}{8} - x\right]_{\frac{1}{2}}^{\frac{3}{2}}$$

$$A = \left|\left(\frac{\left(\frac{3}{2}\right)^2}{4} + \frac{3 \cdot \ln\left(\frac{3}{2}\right)}{8} - \frac{3}{2}\right) - \left(\frac{\left(\frac{1}{2}\right)^2}{4} + \frac{3 \cdot \ln\left(\frac{1}{2}\right)}{8} - \frac{1}{2}\right)\right|$$

$$= \left|\left(\frac{9}{16} + \frac{3 \cdot (\ln(3) - \ln(2))}{8} - \frac{3}{2}\right) - \left(\frac{1}{16} + \frac{3 \cdot (\ln(1) - \ln(2))}{8} - \frac{1}{2}\right)\right|$$

$$= \left|\frac{3 \cdot \ln(3)}{8} - \frac{1}{2}\right| \approx \underline{\underline{0{,}088 \text{ FE}}}$$

Ergebnis: Der Flächeninhalt beträgt rund 0,09 FE.

1.4 **Differenz der Funktionswerte**
Die Differenz der Funktionswerte

$$f_{\frac{16}{3}}(x) = \frac{x}{2} + \frac{3}{8x} - 1 \ \text{und} \ y = \frac{x}{2} - 1$$

soll kleiner sein als $\frac{1}{1000}$:

$$\left|f_{\frac{16}{3}}(x) - y\right| < \frac{1}{1000}$$

$$\left|\left(\frac{x}{2} + \frac{3}{8x} - 1\right) - \left(\frac{x}{2} - 1\right)\right| < \frac{1}{1000}$$

$$\left|\frac{3}{8x}\right| < \frac{1}{1000} \qquad |\cdot |x|$$

$$\frac{3}{8} < \frac{1}{1000} \cdot |x| \qquad |\cdot 1000$$

$$|x| > 375$$

Ist x größer als 375 oder kleiner als -375, dann beträgt die Differenz weniger als $\frac{1}{1000}$.

1.5 **Tangente an G_k**
Die Tangente t soll eine Ursprungsgerade vom Typ $y = m \cdot x$ sein.
Der Anstieg m der Tangente t entspricht der ersten Ableitung der Funktion $f_k(x)$:

$$f_k'(x_k) = \frac{1}{2} - \frac{2}{k \cdot x_k^2} = m$$

Damit ergibt sich die Tangente t: $t(x) = \left(\frac{1}{2} - \frac{2}{k \cdot x_k^2}\right) \cdot x$.

Um zu bestimmen, an welcher Stelle x_k die Tangente t an den Graphen G_k angelegt werden soll, werden die Tangentengleichung und die Funktionsgleichung $f_k(x)$ an der Stelle x_k gleichgesetzt:

$$f_k(x_k) = m \cdot x_k$$

$$\frac{x_k}{2} + \frac{2}{k \cdot x_k} - 1 = \left(\frac{1}{2} - \frac{2}{k \cdot x_k^2}\right) \cdot x_k$$

$$\frac{x_k}{2} + \frac{2}{k \cdot x_k} - 1 = \frac{x_k}{2} - \frac{2}{k \cdot x_k} \qquad \left|-\frac{x_k}{2}\right. \quad \left|+\frac{2}{k \cdot x_k}\right. \quad |+1$$

$$\frac{4}{k \cdot x_k} = 1$$

$$\underline{\underline{x_k = \frac{4}{k}}}$$

Ergebnis: An der Stelle $x_k = \frac{4}{k}$ verläuft die Tangente an den Graphen G_k durch den Koordinatenursprung.

B 2 Analytische Geometrie

2.1 Gerade g in den Ebenen ε_{-1} und ε_3

Zuerst werden Ebenengleichungen für ε_{-1} und ε_3 aufgestellt. Diese können beispielsweise so aussehen:

$$\varepsilon_{-1}: \vec{x} = \overrightarrow{OA_{-1}} + s \cdot \overrightarrow{A_{-1}B_{-1}} + t \cdot \overrightarrow{A_{-1}C}$$

$$\varepsilon_{-1}: \vec{x} = \begin{pmatrix} -2 \\ 4 \\ 1 \end{pmatrix} + s \cdot \begin{pmatrix} 0 \\ -8 \\ 3 \end{pmatrix} + t \cdot \begin{pmatrix} 6 \\ -4 \\ 3 \end{pmatrix}$$

und

$$\varepsilon_3: \vec{x} = \overrightarrow{OA_3} + u \cdot \overrightarrow{A_3B_3} + v \cdot \overrightarrow{A_3C}$$

$$\varepsilon_3: \vec{x} = \begin{pmatrix} -2 \\ -12 \\ 1 \end{pmatrix} + u \cdot \begin{pmatrix} 8 \\ 8 \\ 3 \end{pmatrix} + v \cdot \begin{pmatrix} 6 \\ 12 \\ 3 \end{pmatrix}$$

Wenn zwei Punkte der Geraden auch in der Ebene liegen, so liegt die Gerade ebenfalls in der Ebene.

Zunächst werden zwei Punkte der Geraden g ausgewählt.
Für $r = 0$ und $r = -1$ erhält man die Punkte $P(8|0|5)$ und $Q(4|0|4)$.

Jetzt wird überprüft, ob die beiden Punkte auch in den Ebenen ε_{-1} und ε_3 liegen.
Der Punkt Q ist identisch mit dem Punkt C. Da der Punkt C zu beiden Ebenen ε_{-1} und ε_3 gehört, liegt auch der Punkt Q der Geraden g in den beiden Ebenen.

Jetzt wird nur noch der Punkt P in die Ebenengleichungen eingesetzt.
Zuerst in die Ebenengleichung von ε_{-1}:

$$P \text{ in } \varepsilon_{-1}: \begin{pmatrix} 8 \\ 0 \\ 5 \end{pmatrix} = \begin{pmatrix} -2 \\ 4 \\ 1 \end{pmatrix} + s \cdot \begin{pmatrix} 0 \\ -8 \\ 3 \end{pmatrix} + t \cdot \begin{pmatrix} 6 \\ -4 \\ 3 \end{pmatrix}$$

Dies führt zu folgendem Gleichungssystem:

I	$8 = -2$			$+\ 6t$	$\vert +2$	$\vert :6$	$\Rightarrow t = \dfrac{5}{3}$
II	$0 = 4\ -$	$8s$	$-$	$4t$			
III	$5 = 1\ +$	$3s$	$+$	$3t$			

I	$8 = -2$			$+\ 6t$			
II	$0 = 4\ -$	$8s$	$-$	$4t$			
t in III	$5 = 1\ +$	$3s$	$+$	5	$\vert -6$	$\vert :3$	$\Rightarrow s = -\dfrac{1}{3}$

I	$8 = -2\ \ \ +\ 6t$	
s,t in II	$0 = 4 - 8 \cdot \left(-\dfrac{1}{3}\right) - 4 \cdot \dfrac{5}{3}$	$\Rightarrow 0 = 0$ w. A.
III	$5 = 1 + 3s + 3t$	

Damit gehört der Punkt P zur Ebene ε_{-1}.

Jetzt wird noch überprüft, ob der Punkt P auch zur Ebene ε_3 gehört.

$$P \text{ in } \varepsilon_3: \begin{pmatrix} 8 \\ 0 \\ 5 \end{pmatrix} = \begin{pmatrix} -2 \\ -12 \\ 1 \end{pmatrix} + u \cdot \begin{pmatrix} 8 \\ 8 \\ 3 \end{pmatrix} + v \cdot \begin{pmatrix} 6 \\ 12 \\ 3 \end{pmatrix}$$

Dies führt zu folgendem Gleichungssystem:

I	$8 = -2 + 8u + 6v$	$\vert :(-2)$	
II	$0 = -12 + 8u + 12v$	$\vert :(-4)$	
III	$5 = 1 + 3u + 3v$		

I	$-4 = 1 - 4u - 3v$	
II	$0 = 3 - 2u - 3v$	
III	$5 = 1 + 3u + 3v$	

I + III	$1 = 2 - u$	$\Rightarrow u = 1$
II	$0 = 3 - 2u - 3v$	
III	$5 = 1 + 3u + 3v$	

I	$-4 = 1 - 4u - 3v$		
u in II	$0 = 3 - 2\ -\ 3v$	$\vert -1\ \vert :(-3)$	$\Rightarrow v = \dfrac{1}{3}$
III	$5 = 1 + 3u + 3v$		

I	$-4 = 1 - 4u - 3v$	
II	$0 = 3 - 2u - 3v$	
u,v in III	$5 = 1 + 3 \cdot 1 + 3 \cdot \dfrac{1}{3}$	$\Rightarrow 5 = 5$ w. A.

Damit gehört der Punkt P ebenfalls zur Ebene ε_3.

Da die Punkte P und Q in den Ebenen ε_{-1} und ε_3 liegen, bedeutet dies, die Gerade g liegt in den Ebenen ε_{-1} und ε_3.

2.2 Koordinaten von D_t

Um die nachfolgenden Berechnungen einfacher durchführen zu können, wird zunächst die Ebenengleichung in die Koordinatenform überführt.
Dazu wird der Normalenvektor $\vec{n}$ der Ebene ε_3 benötigt. Diesen erhält man aus dem Kreuzprodukt der beiden Richtungsvektoren der Ebene:

$$\vec{n} = \vec{r}_1 \times \vec{r}_2 = \begin{pmatrix} 8 \\ 8 \\ 3 \end{pmatrix} \times \begin{pmatrix} 6 \\ 12 \\ 3 \end{pmatrix} = \begin{pmatrix} 8 \cdot 3 - 3 \cdot 12 \\ 3 \cdot 6 - 8 \cdot 3 \\ 8 \cdot 12 - 8 \cdot 6 \end{pmatrix} = \begin{pmatrix} -12 \\ -6 \\ 48 \end{pmatrix} = 6 \cdot \begin{pmatrix} -2 \\ -1 \\ 8 \end{pmatrix}$$

Damit ergibt sich für die Ebenengleichung: $-2x - y + 8z = D$
Um D zu bestimmen, wird ein Punkt der Ebene, z. B. $C(4|0|4)$, in die Ebenengleichung eingesetzt:
$-2 \cdot 4 - 0 + 8 \cdot 4 = D$
$\qquad\qquad\quad 24 = D$
Damit erhält man die Ebenengleichung ε_3: $-2x - y + 8z = 24$.
Der Punkt $D_t(t|t^2|4)$ wird in die Ebenengleichung ε_3 eingesetzt.

D_t in ε_3: $-2 \cdot t - t^2 + 8 \cdot 4 = 24 \qquad |-24 \quad |:(-1)$
$\qquad\qquad t^2 + 2t - 8 = 0 \qquad$ | Lösungsformel für quadratische Gleichungen
$\qquad\qquad\quad t_1 = -4$
$\qquad\qquad\quad t_2 = 2$

Damit ergeben sich die Punkte $D_{-4}(-4|16|4)$ und $D_2(2|4|4)$.

Maximaler Abstand des Punktes D_t von der Ebene ε_3
Für die Bestimmung des Abstandes wird die folgende Formel verwendet:

$$\text{Abstand}(t) = \left| \frac{A \cdot x_{D_t} + B \cdot y_{D_t} + C \cdot z_{D_t} - D}{\sqrt{A^2 + B^2 + C^2}} \right|$$

$$= \left| \frac{-2 \cdot t - 1 \cdot t^2 + 8 \cdot 4 - 24}{\sqrt{(-2)^2 + (-1)^2 + 8^2}} \right| = \left| \frac{-t^2 - 2t + 8}{\sqrt{69}} \right|$$

Der Abstand wird maximal, wenn der Zähler maximal wird.
Um den maximalen Abstand zu ermitteln, wird vom Zähler die erste Ableitung gebildet und diese null gesetzt (notwendige Bedingung für die Existenz von Extremstellen):
$(-t^2 - 2t + 8)' = 0$
$\quad -2t_E - 2 = 0 \qquad |+2 \quad |:(-2)$
$\qquad\quad t_E = -1$

Dass es sich um den maximalen Abstand handelt, wird mithilfe der zweiten Ableitung überprüft (hinreichende Bedingung für die Existenz von Extremstellen):
$(-t^2 - 2t + 8)'' = -2 < 0 \;\Rightarrow\;$ Maximum
Damit hat mit $t = -1$ aus dem Intervall $[-4; 2]$ der Punkt $D_{-1}(-1|1|4)$ den größten Abstand aller Punkte D_t von der Ebene ε_3.

2.3 Umfang des Rechtecks

In einem Rechteck sind die gegenüberliegenden Seiten gleich lang und parallel. Alle Innenwinkel sind rechte Winkel.
Der Umfang eines Rechteckes wird mit $u = 2 \cdot (a + b)$ berechnet.

Die eine Seite des Rechtecks wird von den Punkten P_1 und P_2 gebildet.
Der Abstand der Punkte P_1 und P_2 entspricht dem „a" in der Umfangsformel:

$$a = |\overrightarrow{P_1P_2}| = \left|\begin{pmatrix} 0 \\ -6 \\ 3 \end{pmatrix}\right| = \sqrt{0^2 + (-6)^2 + 3^2} \text{ LE} = \sqrt{45} \text{ LE} \approx 6,71 \text{ LE}$$

Die Berechnung des Abstandes zweier Geraden zueinander wird mithilfe der folgenden Idee ermittelt.

Durch die Punkte A und B verläuft eine Gerade. Der Punkt D liegt auf der zweiten Geraden. Gesucht ist der Abstand des Punktes D von der ersten Geraden.

Die Vektoren $\overrightarrow{AB}$ und $\overrightarrow{AD}$ spannen ein Parallelogramm auf (siehe Abbildung).

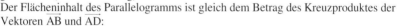

Der Flächeninhalt des Parallelogramms ist gleich dem Betrag des Kreuzproduktes der Vektoren $\overrightarrow{AB}$ und $\overrightarrow{AD}$:

$A = |\overrightarrow{AB} \times \overrightarrow{AD}|$

Andererseits kann der Flächeninhalt des Parallelogramms auch berechnet werden mit dem Produkt aus der Länge der Grundseite und der Höhe:

$A = g \cdot h_g$

Die Länge der Grundseite ist gleich dem Betrag des Vektors $\overrightarrow{AB}$. Die Höhe h_g ist der gesuchte Abstand des Punktes D von der ersten Geraden.

Damit ist man in der Lage, den Abstand des Punktes D von der ersten Geraden zu bestimmen:

$$h_g = \frac{|\overrightarrow{AB} \times \overrightarrow{AD}|}{|\overrightarrow{AB}|}$$

Diese Idee wird auf die Aufgabenstellung übertragen.

Um den Abstand zur gegenüberliegenden parallelen Seite zu ermitteln, wird durch die Punkte P_1 und P_2 eine Gerade g gelegt.
Eine Geradengleichung für g könnte z. B. lauten:

$g: \vec{x} = \overrightarrow{OP_1} + \lambda \cdot \overrightarrow{P_1P_2}$

$g: \vec{x} = \begin{pmatrix} 4 \\ 0 \\ -6 \end{pmatrix} + \lambda \cdot \begin{pmatrix} 0 \\ -6 \\ 3 \end{pmatrix}$

Auf der zur Geraden g parallelen Geraden h liegen die Punkte P_3 und P_4. Die Gerade h soll durch den Koordinatenursprung verlaufen.

Gesucht ist der Abstand „b" der Geraden h von der Geraden g. Ein Punkt auf der Geraden h ist der Koordinatenursprung.

Das Parallelogramm wird somit durch den Vektor $\overrightarrow{OP_1}$ und den Richtungsvektor $\vec{r}_g$ der Geraden g gebildet. Die Grundseite des Parallelogramms ist gleichzeitig der Richtungsvektor der Geraden $\vec{r}_g$.

Damit ergibt sich folgende Formel:

$$b = \frac{|\overrightarrow{OP_1} \times \vec{r}_g|}{|\vec{r}_g|}$$

Für den Abstand „b" erhält man somit:

$$b = \frac{\left|\begin{pmatrix}4\\0\\-6\end{pmatrix} \times \begin{pmatrix}0\\-6\\3\end{pmatrix}\right|}{\sqrt{0^2+(-6)^2+3^2}} \text{ LE} = \frac{\left|\begin{pmatrix}-36\\-12\\-24\end{pmatrix}\right|}{\sqrt{45}} \text{ LE} = \frac{12 \cdot \sqrt{14}}{3 \cdot \sqrt{5}} \text{ LE} \approx 6,69 \text{ LE}$$

Damit ist der Umfang des Rechtecks:
$u \approx 2 \cdot (6{,}71 + 6{,}69)$ LE $\approx \underline{\underline{26{,}8 \text{ LE}}}$

Ergebnis: Das Rechteck hat einen Umfang von rund 26,8 LE.

2.4 Lineare Abhängigkeit der Vektoren $\vec{CA_u}$ und $\vec{CB_u}$

Die Vektoren $\vec{CA_u}$ und $\vec{CB_u}$ sind linear abhängig, wenn der Vektor $\vec{CA_u}$ ein Vielfaches des Vektors $\vec{CB_u}$ ist.

$$\vec{CA_u} = \begin{pmatrix}-6\\-4u\\-3\end{pmatrix}, \quad \vec{CB_u} = \begin{pmatrix}2u-4\\-4\\0\end{pmatrix}$$

$$\begin{pmatrix}-6\\-4u\\-3\end{pmatrix} = k \cdot \begin{pmatrix}2u-4\\-4\\0\end{pmatrix} \Rightarrow \begin{matrix}-6 = k \cdot (2u-4)\\-4u = -4k\\-3 = 0\end{matrix}$$

Da die letzte Zeile des Gleichungssystems keine wahre Aussage ist, gibt es also kein k.
Die Vektoren $\vec{CA_u}$ und $\vec{CB_u}$ sind **nicht** linear abhängig.

B 3 Stochastik

3.1
Die Qualitätskontrolle kann als ein 2-stufiges Zufallsexperiment interpretiert werden.
Dabei sind die Resultate beider Prüfungen stochastisch unabhängig voneinander.

Qualitätskontrolle
Der Vorgang als Baumdiagramm:

1. Stufe	2. Stufe		
(mech. Belastung)	(Saugleistung)	Ereignis A	Ereignis B

```
                    0,9 ──── P = 0,945 · 0,9 = 0,8505
           0,945 ◁
                    0,1        P = 0,945 · 0,1 = 0,0945
                                                         ╲ 0,144
                    0,9        P = 0,055 · 0,9 = 0,0495 ╱
           0,055 ◁
                    0,1
```

Die Wahrscheinlichkeit dafür, dass ein Staubsauger beide Tests besteht, beträgt 85,1 %.
Die Wahrscheinlichkeit dafür, dass ein Staubsauger genau einen Test besteht, beträgt 14,4 %.

3.2 Es handelt sich hierbei um eine 50-malige ($\to n = 50$) Wiederholung eines Zufallsexperimentes mit genau zwei möglichen Ausgängen ($\to$ Bernoulli-Experiment; $\Omega = \{$Staubsauger besteht beide Tests; Staubsauger besteht nicht beide Tests$\}$). Dabei wird die Anzahl gezählt, wie oft ein Gerät beide Tests besteht ($\to k$). Weiterhin ist die Wahrscheinlichkeit des Auftretens dieses Ergebnisses bei jeder Versuchsdurchführung – die Erfolgsquote – konstant ($\to p = 0{,}85$). Der Vorgang kann als Bernoulli-Kette interpretiert werden.

3.2.1 Erwartungswert
$E = n \cdot p = 50 \cdot 0{,}85 = 42{,}5$

Berechnung der Wahrscheinlichkeit
A: Mindestens 40, aber weniger als 45 Staubsauger haben die Qualität I.
$\to k \in \{40; \ldots; 44\}$

$P(A) = F_{50;\, 0{,}85}(44) - F_{50;\, 0{,}85}(39) \approx 0{,}78065 - 0{,}11992 = 0{,}66073 \approx 66{,}1\,\%$

Ergebnis: Die Wahrscheinlichkeit dafür, dass mindestens 40 aber weniger als 45 Staubsauger beide Tests bestehen, beträgt 66,1 %.

Berechnung der minimalen Zahl k
Die Formulierung *minimale Zahl k* in dieser Teilaufgabe erfordert, den Annahmebereich $\{k; \ldots; 48; 49; 50\}$ so zu gestalten, dass die Wahrscheinlichkeit für dessen Eintreten möglichst knapp größer als 97 % ist. Umgekehrt bedeutet dies, dass der Ablehnungsbereich $\{0; 1; 2; \ldots; k-1\}$ so groß gefasst werden muss, dass die Wahrscheinlichkeit für dessen Eintreten möglichst groß, aber dennoch kleiner als 3 % bleibt.

Wahrscheinlichkeit, dass mindestens k Staubsauger die Qualität I haben, ist $> 0{,}97$
$1 - F_{50;\, 0{,}85}(37) \approx 1 - 0{,}03006 = 0{,}96994$
Die Wahrscheinlichkeit für das Eintreten des Annahmebereiches liegt knapp unter 97 %.

$1 - F_{50;\, 0{,}85}(36) \approx 1 - 0{,}01317 = 0{,}98683$
Die Wahrscheinlichkeit für das Eintreten des Annahmebereiches liegt nun deutlich über 97 %.

$\Rightarrow k - 1 = 36 \Rightarrow k = 37 \Rightarrow$ Annahmebereich $\{37; \ldots; 50\}$
Ergebnis: Für $k = 37$ ist die Wahrscheinlichkeit größer als 97 %, dass mindestens 37 von 50 getesteten Staubsaugern beide Tests bestehen.

Rechnet man mit gerundeten Werten, ergibt sich:
$1 - F_{50;\, 0{,}85}(37) \approx 1 - 0{,}03006 \approx 1 - 0{,}030 = 0{,}970$
$\Rightarrow k - 1 = 37 \Rightarrow k = 38 \Rightarrow$ Annahmebereich $\{38; \ldots; 50\}$
Diese Lösung erfüllt die geforderte Bedingung „größer als 97 %" nicht, sie liegt aber mit 97,0 % viel dichter an dieser Grenze als die Lösung $k = 37$ (hier lag die Wahrscheinlichkeit bei 98,6 %). Insofern kann man durchaus über die praktische Bedeutung dieser zweiten Lösung nachdenken.

3.2.2 Berechnung der Erfolgsquote p
Betrachtet wird das Gegenereignis zu „Nicht alle 50 Staubsauger besitzen die Qualität I". Die Wahrscheinlichkeit für das Ereignis „Alle 50 Staubsauger besitzen die Qualität I" beträgt dann:
$P = 1 - 0{,}99 = 0{,}01$

Berechnet werden soll die Wahrscheinlichkeit p, also die Erfolgsquote beim Test eines Staubsaugers, sodass bei einer 50-maligen Wiederholung dieses Versuches, also dem Test von 50 Staubsaugern, mit nur 1 % Wahrscheinlichkeit alle 50 Staubsauger diesen Test bestehen:

$p^n = P$

$p^{50} = 0,01 \quad |\sqrt[50]{}$

$\underline{p \approx 0,912}$

Ergebnis: Die Erfolgsquote für diesen Fall beträgt 91,2 %.

3.2.3 Berechnung der Anzahl n

Betrachtet wird das Ereignis „Alle n Staubsauger besitzen die Qualität I". Die Wahrscheinlichkeit p, also die Erfolgsquote beim Test eines Staubsaugers, ist mit 99 % ($\rightarrow$ p = 0,99) gegeben. Ebenso ist vorgegeben, dass bei einer n-maligen Wiederholung dieses Versuches, also dem Test von n Staubsaugern, mit einer Wahrscheinlichkeit von 80 % ($\rightarrow$ P = 0,80) alle n Staubsauger diesen Test bestehen. Gesucht ist die Anzahl n der zu kontrollierenden Staubsauger:

$p^n = P$

$0,99^n = 0,8 \quad |\ln$

$n \cdot \ln(0,99) = \ln(0,8) \quad |:\ln(0,99)$

$\underline{n \approx 22,2} \quad \Rightarrow \quad \underline{\underline{n = 22}}$

Der Wert für n kann auch durch geschicktes Probieren berechnet werden.

$0,99^{21} \approx 0,8097, \quad 0,99^{22} \approx 0,8016, \quad 0,99^{23} \approx 0,7936 \quad \Rightarrow \quad \underline{\underline{n = 22}}$

Ergebnis: Die Anzahl n der zu kontrollierenden Staubsauger beträgt 22.

3.3.1 Beschreibung des Fehlers 1. Art

Auch dieser Vorgang kann als Bernoulli-Kette interpretiert werden, denn wiederum werden 50 Staubsauger ($\rightarrow$ n = 50) getestet. Nun wird aber die Anzahl gezählt, wie oft ein Staubsauger nicht beide Tests besteht ($\rightarrow$ k). Die Wahrscheinlichkeit p, also in diesem Fall die „Misserfolgsquote" beim Test eines Staubsaugers, wird mit 10 % angegeben ($\rightarrow$ p = 0,1). Der Großhändler misstraut jedoch dieser Angabe, er unterstellt eine höhere „Misserfolgsquote" p.

Für eine ungefähre Vorstellung über den zu erwartenden Ausgang des Tests bietet es sich an, den Erwartungswert bei 50 getesteten Gehäusen zu berechnen:
$E = n \cdot p = 50 \cdot 0,1 = 5$

Entsprechend wird man vernünftigerweise eine Anzahl von 4, 5 oder auch 6 fehlerhaften Staubsaugern erwarten. Auch 3 oder 7 defekte Geräte würden wohl als „normale Abweichung" akzeptiert werden. Die Annahme des Großhändlers einer höheren „Misserfolgsquote" würde aber einen höheren Erwartungswert nach sich ziehen. Beispiel:
$E = n \cdot p = 50 \cdot 0,2 = 10$

Fazit: Sehr wenig defekte Geräte deuten auf die Erfüllung der Qualitätsangabe von maximal 10 % defekter Staubsauger hin. Sollten es aber tatsächlich mehr als 10 % sein, so wäre dies zwar recht unwahrscheinlich, aber nicht unmöglich. Die Annahme des Großhändlers wird verworfen, obwohl er Recht hat. Dann spricht man von einem Fehler 1. Art.

3.3.2 Entscheidung
Wiederum gilt: $n=50$ und $p=0{,}1$.

Zur Festlegung eines Entscheidungskriteriums wird die maximale Anzahl k der Staubsauger bestimmt, die den Test nicht bestehen dürfen, und zwar so, dass die Wahrscheinlichkeit für das Eintreten des Annahmebereiches nur knapp größer oder höchstens gleich 98 % wird. Entsprechend muss die Wahrscheinlichkeit für das Eintreten des Ablehnungsbereiches möglichst groß, dabei aber höchstens 2 % betragen.

Der Tabelle kann man folgende Werte entnehmen:
$F_{50;\,0{,}1}(9) \approx 0{,}97546$ (Fehler: 2,454 %) $\Rightarrow$ Annahmebereich ist zu klein
$F_{50;\,0{,}1}(10) \approx 0{,}99065$ (Fehler: 0,935 %) $\Rightarrow$ Annahmebereich ist ausreichend groß

Annahmebereich: $k \in \{0;\,1;\,2;\,\ldots;\,9;\,10\}$

Mit $k=10$ liegt das Ergebnis dieser Stichprobe im Annahmebereich.

Ergebnis: Die ausgewiesene Qualität wird bestätigt, der Verdacht des Großhändlers wird abgewiesen.

Rechnet man mit stark gerundeten Werten, ergibt sich bereits bei einem Annahmebereich von höchstens 9 defekten Geräten eine Irrtumswahrscheinlichkeit von rund 2 %. In diesem Fall müsste der Verdacht des Großhändlers bestätigt werden.

**Mathematik (Mecklenburg-Vorpommern): Abiturprüfung 2008
Prüfungsteil A – Pflichtaufgaben mit CAS**

A 1 Analysis (25 BE)

1.1 Geben Sie die maximale Anzahl der Extremstellen an, die eine ganzrationale Funktion 3. Grades haben kann.
Begründen Sie ihre Entscheidung.

1.2 Die Funktion f ist gegeben durch die Gleichung
$$f(x) = -\frac{1}{60}x^3 - \frac{1}{20}x^2 + \frac{3}{2}x + 2 \quad \text{mit } x \in \mathbb{R}.$$
Ihr Graph ist G.

1.2.1 Geben Sie die Nullstellen dieser Funktion an.
Berechnen Sie den Inhalt der Fläche, die durch G und die x-Achse vollständig begrenzt wird.
Eine weitere Fläche befindet sich vollständig im ersten Quadranten.
Sie wird durch G, die Koordinatenachsen und eine senkrechte Gerade x = k begrenzt.
Ihr Flächeninhalt beträgt 30 FE.
Berechnen Sie k.

1.2.2 Ermitteln Sie die Gleichung der Wendetangente und die Gleichung der Normalen, die durch den Wendepunkt verläuft.

1.2.3 Ein Dreieck OAB entsteht durch den Koordinatenursprung O, den Schnittpunkt A des Graphen mit dem positiven Teil der x-Achse und den Punkt B.
Der Punkt B liegt im ersten Quadranten auf G.
Berechnen Sie den maximalen Flächeninhalt des Dreiecks OAB.

1.3 Gegeben ist eine Funktionenschar g_a durch die Gleichung
$$g_a(x) = \frac{a}{30}x^3 - \frac{1}{20}x^2 + \frac{3}{2}x + 2 \quad \text{mit } x \in \mathbb{R}, a \in \mathbb{R}, a > 0.$$
Beschreiben Sie das Krümmungsverhalten der Graphen dieser Schar.

A 2 Analytische Geometrie (25 BE)

Zur Herstellung von Modeschmuck werden pyramidenförmige Körper benötigt.
Eine solche Pyramide ABCDS besitzt die Grundfläche ABCD mit den Eckpunkten
A(4|−3|2), B(7|1|0), C(4|3|−1), D(1|1|0) und die Spitze S(4|4|11).
Die Koordinatenangaben beziehen sich auf ein kartesisches Koordinatensystem.

2.1 Zeichnen Sie den Körper ABCDS.
Bestätigen Sie die Tatsache, dass die Punkte A, B, C und D in einer gemeinsamen Ebene liegen.
Zeigen Sie, dass das Viereck ABCD die Form eines Drachenvierecks hat.
Berechnen Sie den Flächeninhalt des Vierecks ABCD.

2.2 Berechnen Sie den Flächeninhalt des Dreiecks ABS.
Weisen Sie nach, dass der Punkt L(4|−1|1) der Höhenfußpunkt der Pyramide ABCDS ist.
Berechnen Sie das Volumen des Schmuckstücks, wenn 1 LE $\hat{=}$ 1 mm gilt.

2.3 Ein ebener Schnitt durch die Punkte B, D und R(1,5 | 0,75 | 3,25) schneidet die Kante $\overline{AS}$ in einem Punkt P und zerlegt das Schmuckstück in zwei Teilkörper.
Berechnen Sie die Koordinaten des Punktes P.
Untersuchen Sie, welche besondere Form das Dreieck BDP aufweist.

2.4 Es gibt Ebenen, die den Körper ABCDS in zwei volumengleiche Teile zerlegen.
Beschreiben Sie die Lage einer solchen Ebene und begründen Sie Ihre Entscheidung.

A 3 Stochastik und Analysis (25 BE)

3.1 Zur Herstellung von Taschenlampen werden unter anderem je acht Leuchtdioden (LED) und eine Batterie pro Lampe gebraucht. Erfahrungsgemäß sind von den zu verwendenden LED 1 % defekt. Von den Batterien funktionieren etwa 2 % nicht. Andere Fehler treten beim Bau der Lampen nicht auf.
Berechnen Sie die Wahrscheinlichkeit dafür, dass eine zufällig der laufenden Produktion entnommene Taschenlampe fehlerfrei ist.

3.2 Ein Großmarkt bekommt eine Sendung von 1 000 Taschenlampen, von denen man weiß, dass etwa 7 % davon nicht fehlerfrei sind.

3.2.1 Ermitteln Sie den Erwartungswert und die Standardabweichung für die zufällige Anzahl fehlerhafter Lampen in der gesamten Lieferung.

3.2.2 Der Lieferung werden 10 Lampen zufällig entnommen.
Berechnen Sie für folgende Ereignisse jeweils die Wahrscheinlichkeit.

A: Genau eine geprüfte Lampe ist fehlerhaft.
B: Höchstens zwei geprüfte Lampen sind fehlerhaft.
C: Von den geprüften Lampen sind mehr als zwei aber nicht mehr als 6 fehlerhaft.

3.2.3 Die Zufallsvariable X gibt die Anzahl der fehlerhaften Lampen unter den 10 geprüften an.
Ermitteln Sie die Wahrscheinlichkeitsverteilung von X.
Interpretieren Sie diese.

3.3 Der Großmarkt kann die Lampen auch von anderen Herstellern beziehen. Dabei kann der Anteil p der fehlerhaften Lampen an einer Lieferung je nach Hersteller verschieden sein.

3.3.1 Berechnen Sie für $p_1 = 0,2$ und für $p_2 = 0,4$ die Wahrscheinlichkeit dafür, dass sich unter 10 getesteten Lampen höchstens zwei fehlerhafte befinden.

3.3.2 Bestimmen Sie die Gleichung einer Funktion, die den Zusammenhang beschreibt zwischen dem Anteil fehlerhafter Lampen pro Lieferung und der Wahrscheinlichkeit dafür, bei einer Stichprobe vom Umfang 10 höchstens zwei fehlerhafte Lampen zu finden.
(mögliches Ergebnis: $f(p) = (p-1)^8 \cdot (36p^2 + 8p + 1)$)
Geben Sie Definitions- und Wertebereich dieser Funktion an.
Zeichnen Sie den Graphen dieser Funktion.
Formulieren Sie den dargestellten Zusammenhang.

Hinweise und Tipps

Teilaufgabe 1.1
- Überlegen Sie, wie viele Nullstellen die Ableitungsfunktion höchstens haben kann.

Teilaufgabe 1.2.1
- Die Nullstellen von f sind die Grenzen der ersten Integration.
- Bei der zweiten Integration liefert der CAS vier Lösungen für die obere Grenze, von denen aber nur eine im zulässigen Intervall liegt.

Teilaufgabe 1.2.2
- Der Wendepunkt und die Wendetangente können grafisch, die Normale nur rechnerisch ermittelt werden.

Teilaufgabe 1.2.3
- An der grafischen Darstellung sehen Sie, dass der Hochpunkt von G bestimmt werden muss.
- Alternativ ist die Aufgabe auch als „klassische" Extremwertaufgabe lösbar.

Teilaufgabe 1.3
- Die Krümmung wird durch das Vorzeichen der zweiten Ableitung bestimmt.

Teilaufgabe 2.1
- Überprüfen Sie, dass D in der durch A, B, C festgelegten Ebene liegt.
- Bei einem Drachenviereck sind je zwei benachbarte Seiten gleich lang.
- Den Flächeninhalt bestimmen Sie mithilfe der Längen der Diagonalen. Alternativ können Sie das Viereck in zwei kongruente Dreiecke zerlegen und deren Flächeninhalte berechnen.

Teilaufgabe 2.2
- Den Flächeninhalt eines Dreiecks bestimmt man mit dem Kreuzprodukt.
- Zeigen Sie, dass der Vektor $\overrightarrow{LS}$ senkrecht auf der Ebene, in der das Drachenviereck ABCD liegt, steht und diese Ebene den Punkt L enthält.
- Für das Volumen benutzen Sie die Formel $V = \frac{1}{3} \cdot A_G \cdot h$ oder das Spatprodukt.

Teilaufgabe 2.3
- P ist der Schnittpunkt der Ebene durch B, D und R mit der Geraden durch A und S.
- Für die Form des Dreiecks stellen Sie die Seiten mithilfe von Vektoren dar.

Teilaufgabe 2.4
- Überlegen Sie, wie Sie eine Pyramide durch einen Schnitt halbieren können.

Teilaufgabe 3.1
- Sie können den Vorgang als 9-stufiges Zufallsexperiment auffassen.

Teilaufgabe 3.2
- Es handelt sich jeweils um eine Bernoulli-Kette mit Erfolgswahrscheinlichkeit $p = 0{,}07$.
- Für die Wahrscheinlichkeitsverteilung bietet sich der Data/Matrix-Editor an.

Teilaufgabe 3.3.1
- Es liegt wieder eine Bernoulli-Kette vor.

Teilaufgabe 3.3.2
- Verallgemeinern Sie die Rechnung aus Aufgabe 3.3.1 auf beliebige Wahrscheinlichkeiten p.

Lösung

A 1 Analysis mit CAS

1.1 Maximale Anzahl der Extremstellen
Eine ganzrationale Funktion 3. Grades hat maximal zwei Extremstellen.

Begründung
Entsprechend der Ableitungsregeln ergibt sich für die erste Ableitungsfunktion eine ganzrationale Funktion 2. Grades. Die notwendige Bedingung für die Existenz einer Extremstelle verlangt, dass die erste Ableitungsfunktion an dieser Stelle null ist. Entsprechend können Extremstellen nur bei den Nullstellen der ersten Ableitungsfunktion existieren. Eine ganzrationale Funktion 2. Grades hat aber nur maximal zwei Nullstellen.

1.2 Gegeben ist die Funktion f mit
$$f(x) = -\frac{1}{60}x^3 - \frac{1}{20}x^2 + \frac{3}{2}x + 2 \text{ mit } x \in \mathbb{R}.$$
Zunächst wird die Funktion als f(x) gespeichert.

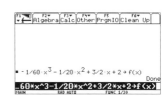

1.2.1 Berechnung der Nullstellen
$0 = f(x) \Rightarrow x_{01} \approx -10{,}49$

$x_{02} \approx -1{,}30$

$x_{03} \approx 8{,}79$

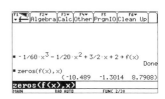

Berechnung des Flächeninhaltes
Berechnung der bestimmten Integrale:
$$\int_{-10{,}49}^{-1{,}30} f(x)\,dx \approx -31{,}64$$

$$\int_{-1{,}30}^{8{,}79} f(x)\,dx \approx 40{,}64$$

Berechnung des Flächeninhaltes:
$A \approx |-31{,}64| \text{ FE} + 40{,}64 \text{ FE} \approx 72{,}3 \text{ FE}$

Ergebnis: Der Flächeninhalt beträgt 72,3 FE.

Die grafische Darstellung dient der Veranschaulichung der Aufgabe.

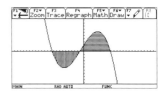

Weitere Fläche

Im zweiten Teil der Aufgabe ergeben sich aus der Aufgabenstellung die linke Integrationsgrenze mit $x=0$ und die rechte Integrationsgrenze mit $x=k$.

Diese Fläche liegt vollständig oberhalb der x-Achse, das bestimmte Integral ist positiv, ein Vorzeichenwechsel ist somit nicht notwendig. Weiterhin ergibt sich für k die Einschränkung: $0 < k \leq 8{,}79$.

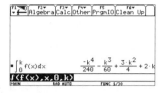

$$A = \int_0^k f(x)\,dx = 30$$

$$-\frac{k^4}{240} - \frac{k^3}{60} + \frac{3 \cdot k^2}{4} + 2k = 30$$

$\Rightarrow k_1 = -2 \cdot \sqrt{30}, \quad k_2 = -10, \quad k_3 = 6, \quad k_4 = 2 \cdot \sqrt{30}$

Von den vier berechneten Lösungen liegt nur k_3 innerhalb des zulässigen Intervalls.

Ergebnis: Für $k=6$ beträgt der Inhalt der beschriebenen Fläche 30 FE.

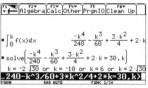

Die grafische Darstellung dient der Veranschaulichung der Aufgabe.

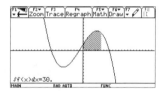

1.2.2 Gleichung der Wendetangente

Bei der Ermittlung der Gleichung der Wendetangente ist sowohl die grafische als auch die rechnerische Lösung zulässig.

1. Variante:
Die grafische Lösung bietet sich an, da nur ein Wendepunkt bei dieser ganzrationalen Funktion 3. Grades existieren kann, in der grafischen Darstellung ist erkennbar, dass dieser offensichtlich in der Nähe des Koordinatenursprungs liegt und leicht auffindbar ist.

Ermittlung der Koordinaten des Wendepunktes:

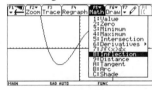

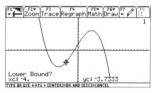

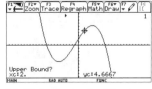

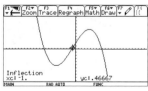

Die Koordinaten des Wendepunktes sind $P_W(-1 \mid 0{,}47)$.

2008-42

Gleichung der Wendetangente:

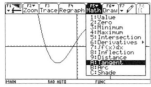 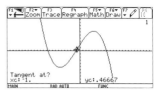

Ergebnis: Die Gleichung der Wendetangente lautet:
$y_T \approx 1{,}55x + 2{,}02$

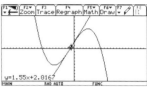

2. Variante:
Zum Vergleich die rechnerische Lösung:

$f'(x) = -\dfrac{x^2}{20} - \dfrac{x}{10} + \dfrac{3}{2}$

$f''(x) = -\dfrac{x}{10} - \dfrac{1}{10}$

$f'''(x) = -\dfrac{1}{10}$

Die Ableitungsfunktionen können als $f_1(x)$, $f_2(x)$ bzw. $f_3(x)$ gespeichert werden. In dieser Lösung wird darauf verzichtet, weil diese Funktionen vom Umfang her sehr klein sind.

Berechnen der Koordinaten des Wendepunktes:
Notwendige Bedingung:
$f''(x) = 0 \implies x = -1$

Hinreichende Bedingung:
$f'''(-1) = -\dfrac{1}{10} \neq 0 \implies x_W$ ist Wendestelle

Funktionswert: $f(-1) = \dfrac{7}{15}$

Die Koordinaten des Wendepunktes sind
$P_W\left(-1 \left| \dfrac{7}{15}\right.\right)$.

Gleichung der Wendetangente:
Anstieg der Tangente:
$m_T = f'(-1) = \dfrac{31}{20}$

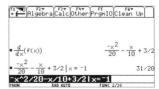

$$y_T = m_T \cdot x + n$$
$$\frac{7}{15} = \frac{31}{20} \cdot (-1) + n$$
$$n = \frac{121}{60}$$
$$\Rightarrow y_T = \frac{31}{20} \cdot x + \frac{121}{60} \quad \text{bzw.} \quad \underline{\underline{y_T \approx 1{,}55x + 2{,}02}}$$

Gleichung der Normalen durch P_W
Die Gleichung der Normalen, die durch den Wendepunkt verläuft, kann mit dem V200 nur berechnet werden, eine direkte grafische Lösung ist nicht möglich.

Anstieg der Normale: $m_N = -\dfrac{1}{m_T} = -\dfrac{20}{31}$

$$y_N = m_N \cdot x + n$$
$$\frac{7}{15} = -\frac{20}{31} \cdot (-1) + n$$
$$n = -\frac{83}{465}$$
$$\Rightarrow y_N - \frac{20}{31} \cdot x - \frac{83}{465} \quad \text{bzw.} \quad \underline{\underline{y_N \approx 0{,}65x - 0{,}18}}$$

1.2.3 Maximaler Flächeninhalt des Dreiecks
1. Variante:
Ein Blick auf die grafische Darstellung verdeutlicht, dass die Länge der Seite $\overline{OA}$ des Dreiecks OAB mit 8,79 LE bereits gegeben ist. Der Betrag entspricht der Nullstelle x_{03}, die bereits in der Teilaufgabe 1.2.1 ermittelt wurde. Der Flächeninhalt dieses Dreiecks hängt somit wegen

$$A_D = \frac{1}{2} \cdot g \cdot h_g$$

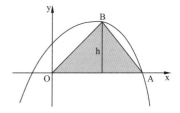

nur noch von der zugehörigen Höhe ab. Die Länge dieser Höhe ist gleich dem Funktionswert des Hochpunktes, den der Graph G im ersten Quadranten besitzt.

Ermittlung der Koordinaten des Hochpunktes:

$$f'(x) = -\frac{x^2}{20} - \frac{x}{10} + \frac{3}{2}$$

$$f''(x) = -\frac{x}{10} - \frac{1}{10}$$

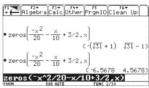

Notwendige Bedingung:
$f'(x) = 0 \Rightarrow x_{E1} = -(\sqrt{31}+1) \approx -6{,}57$ (entfällt)
$ x_{E2} = \sqrt{31}-1 \approx 4{,}57$

Hinreichende Bedingung:

$f''(x_{E2}) = -\frac{\sqrt{31}}{10} < 0 \Rightarrow$ Maximum bei x_{E2}

Funktionswert: $f(x_{E2}) \approx 6{,}22$
Die Koordinaten des Hochpunktes sind
HP(4,57 | 6,22).

$$A_D = \frac{1}{2} \cdot g \cdot h_g = \frac{1}{2} \cdot \overline{OA} \cdot h_{\overline{OA}}$$
$$= \frac{1}{2} \cdot 8{,}79 \text{ LE} \cdot 6{,}22 \text{ LE} \approx \underline{\underline{27{,}3 \text{ FE}}}$$

Ergebnis: Der maximale Flächeninhalt des Dreiecks OAB beträgt 27,3 FE.

2. *Variante:*
Diese Aufgabe ist auch „klassisch" als Extremwertaufgabe mit einer Zielfunktion und dem Einsetzen einer Nebenbedingung lösbar. Ausgangspunkt sind wiederum die Überlegungen, die anhand der Skizze bereits in der 1. Lösungsvariante dargelegt wurden.

Zielfunktion: $\quad A_D = \frac{1}{2} \cdot g \cdot h_g = \frac{1}{2} \cdot 8{,}79 \cdot f(x)$

Nebenbedingung: $f(x) = -\frac{1}{60}x^3 - \frac{1}{20}x^2 + \frac{3}{2}x + 2$

Einsetzen:

$$A_D = \frac{1}{2} \cdot 8{,}79 \cdot \left(-\frac{1}{60}x^3 - \frac{1}{20}x^2 + \frac{3}{2}x + 2\right)$$

Berechnung des Maximums:
Notwendige Bedingung:
$A'_D(x) = 0 \Rightarrow x_{E1} = -(\sqrt{31}+1) \approx -6{,}57$ (entfällt)
$ x_{E2} = \sqrt{31}-1 \approx 4{,}57$

Hinreichende Bedingung:

$A_D''(x_{E2}) \approx -2{,}45 < 0 \Rightarrow$ Maximum

Funktionswert: $f(x_{E2}) \approx 6{,}22$

$A_D = \dfrac{1}{2} \cdot g \cdot h_g = \dfrac{1}{2} \cdot 8{,}79 \cdot f(x_{E2})$

$= \dfrac{1}{2} \cdot 8{,}79 \, LE \cdot 6{,}22 \, LE \approx \underline{\underline{27{,}3 \, FE}}$

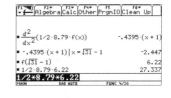

Ergebnis: Der maximale Flächeninhalt des Dreiecks OAB beträgt 27,3 FE.

1.3 Krümmungsverhalten

Beim Krümmungsverhalten der Graphen einer Funktionenschar unterscheidet man Intervalle, in denen die Graphen linksgekrümmt sind, und Intervalle, in denen die Graphen rechtsgekrümmt sind. Die Stellen, an denen das Krümmungsverhalten wechselt, sind die Wendestellen.

Zunächst wird die Funktionenschar $g_a(x)$ als ga(x) gespeichert und anschließend auf die Existenz von Wendestellen hin untersucht.

$g_a(x) = \dfrac{a}{30} x^3 - \dfrac{1}{20} x^2 + \dfrac{3}{2} x + 2$ mit $x, a \in \mathbb{R}$ und $a > 0$

$g_a''(x) = \dfrac{a \cdot x}{5} - \dfrac{1}{10}$

$g_a'''(x) = \dfrac{a}{5}$

Notwendige Bedingung:

$g_a''(x) = 0 \Rightarrow x_W = \dfrac{1}{2a}$

Hinreichende Bedingung:

$g_a'''\left(\dfrac{1}{2a}\right) = \dfrac{a}{5} \neq 0$ (wegen $a > 0$) $\Rightarrow$ Wendestelle

Alle Graphen der Funktionenschar $g_a(x)$ haben eine Wendestelle bei $x_W = \dfrac{1}{2a}$.

Es existieren somit zwei Intervalle mit unterschiedlichem Krümmungsverhalten:

$\left]-\infty; \dfrac{1}{2a}\right]$ und $\left[\dfrac{1}{2a}; \infty\right[$

Für die Untersuchung dieser Intervalle gibt es mehrere Möglichkeiten.

1. Variante:

Laut Definition gilt für linksgekrümmte Graphen:

$g_a''(x) > 0$

$\dfrac{a \cdot x}{5} - \dfrac{1}{10} > 0 \quad \Big| + \dfrac{1}{10}$

$\dfrac{a \cdot x}{5} > \dfrac{1}{10} \quad | \cdot 10$

$2 \cdot a \cdot x > 1 \quad | : (2a)$

$x > \dfrac{1}{2a}$

Ergebnis: Die Graphen der Funktionenschar $g_a(x)$ sind für alle $x > \frac{1}{2a}$ linksgekrümmt und entsprechend für alle $x < \frac{1}{2a}$ rechtsgekrümmt.

2. Variante:
Es genügt der Nachweis des Krümmungsverhaltens an jeweils einer Stelle in jedem Intervall, beispielsweise bei $x = \frac{1}{2a} + 1$ und bei $x = \frac{1}{2a} - 1$, denn der Graph ist an jeder Stelle innerhalb eines Intervalls entweder nur links- oder nur rechtsgekrümmt.

$g_a''\left(\frac{1}{2a} + 1\right) = \frac{a}{5} > 0$ (wegen $a > 0$)

$\Rightarrow$ linksgekrümmt

$g_a''\left(\frac{1}{2a} - 1\right) = -\frac{a}{5} < 0$ (wegen $a > 0$)

$\Rightarrow$ rechtsgekrümmt

Ergebnis: Die Graphen der Funktionenschar $g_a(x)$ sind für alle $x > \frac{1}{2a}$ linksgekrümmt und entsprechend für alle $x < \frac{1}{2a}$ rechtsgekrümmt.

A 2   Analytische Geometrie mit CAS

2.1   Grafische Darstellung
Gegeben sind die Punkte $A(4|-3|2)$, $B(7|1|0)$, $C(4|3|-1)$, $D(1|1|0)$ und $S(4|4|11)$.

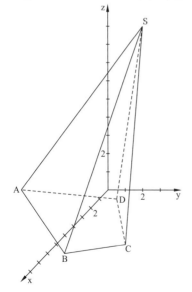

Punkte A, B, C und D liegen in einer Ebene
Um zu zeigen, dass die Punkte in einer Ebene liegen, wird zunächst eine Ebene durch die Punkte A, B und C gelegt und anschließend überprüft, ob der Punkt D ebenfalls in dieser Ebene liegt.
Zuerst wird eine Ebenengleichung in Parameterform aufgestellt:

$\varepsilon: \vec{x} = \vec{OA} + \lambda \cdot \vec{AB} + \mu \cdot \vec{AC}$

Dazu werden der Ortsvektor $\vec{OA}$ und die Richtungsvektoren $\vec{AB}$ bzw. $\vec{AC}$ benötigt.
Die Richtungsvektoren erhält man, indem man die Ortsvektoren voneinander subtrahiert, z. B. $\vec{AB} = \vec{OB} - \vec{OA}$.

Der Ortsvektor lautet: $\vec{OA} = \begin{pmatrix} 4 \\ -3 \\ 2 \end{pmatrix}$.

Die Richtungsvektoren sind:

$\vec{AB} = \vec{OB} - \vec{OA} = \begin{pmatrix} 7 \\ 1 \\ 0 \end{pmatrix} - \begin{pmatrix} 4 \\ -3 \\ 2 \end{pmatrix} = \begin{pmatrix} 3 \\ 4 \\ -2 \end{pmatrix}$ und $\vec{AC} = \vec{OC} - \vec{OA} = \begin{pmatrix} 4 \\ 3 \\ -1 \end{pmatrix} - \begin{pmatrix} 4 \\ -3 \\ 2 \end{pmatrix} = \begin{pmatrix} 0 \\ 6 \\ -3 \end{pmatrix}$

Damit ist man in der Lage die Ebenengleichung aufzustellen:

$\varepsilon: \vec{x} = \begin{pmatrix} 4 \\ -3 \\ 2 \end{pmatrix} + \lambda \cdot \begin{pmatrix} 3 \\ 4 \\ -2 \end{pmatrix} + \mu \cdot \begin{pmatrix} 0 \\ 6 \\ -3 \end{pmatrix}$

Jetzt muss noch überprüft werden, ob der Punkt D ebenfalls in dieser Ebene liegt. Dazu wird der Ortsvektor zum Punkt D in die Ebenengleichung eingesetzt:

$\begin{pmatrix} 1 \\ 1 \\ 0 \end{pmatrix} = \begin{pmatrix} 4 \\ -3 \\ 2 \end{pmatrix} + \lambda \cdot \begin{pmatrix} 3 \\ 4 \\ -2 \end{pmatrix} + \mu \cdot \begin{pmatrix} 0 \\ 6 \\ -3 \end{pmatrix}$

Man erhält als eindeutige Lösung $\lambda = -1$ und $\mu = \dfrac{4}{3}$.

Damit liegen die Punkte A, B, C und auch der Punkt D in einer Ebene.

Viereck ABCD ist ein Drachenviereck
Bei einem Drachenviereck sind je zwei benachbarte Seiten gleich lang.
Es müssen die Vektoren $\vec{AB}, \vec{BC}, \vec{CD}$ und $\vec{DA}$ aufgestellt werden:

$\vec{AB} = \begin{pmatrix} 3 \\ 4 \\ -2 \end{pmatrix}$, $\vec{BC} = \begin{pmatrix} -3 \\ 2 \\ -1 \end{pmatrix}$, $\vec{CD} = \begin{pmatrix} -3 \\ -2 \\ 1 \end{pmatrix}$, $\vec{DA} = \begin{pmatrix} 3 \\ -4 \\ 2 \end{pmatrix}$

Die Beträge der Vektoren sind:
$|\vec{AB}| = \sqrt{29}$ LE, $|\vec{BC}| = \sqrt{14}$ LE, $|\vec{CD}| = \sqrt{14}$ LE, $|\vec{DA}| = \sqrt{29}$ LE

Wie zu erkennen ist, sind die Vektoren $\vec{AB}$ und $\vec{DA}$ sowie $\vec{BC}$ und $\vec{CD}$ gleich lang.
Damit ist das Viereck ein Drachenviereck.

Flächeninhalt des Drachenvierecks

Um den Flächeninhalt des Drachenvierecks zu bestimmen, gibt es zwei Varianten.

1. Variante:
Der Flächeninhalt kann mithilfe der Längen der Diagonalen e und f berechnet werden. Dazu wird die Formel $A = \frac{1}{2} \cdot e \cdot f$ verwendet.

Der Betrag des Vektors $\overrightarrow{AC}$ entspricht der Länge der Diagonalen e und der Betrag des Vektors $\overrightarrow{BD}$ entspricht der Länge der Diagonalen f:

$$\overrightarrow{AC} = \begin{pmatrix} 0 \\ 6 \\ -3 \end{pmatrix}, \quad \overrightarrow{BD} = \begin{pmatrix} -6 \\ 0 \\ 0 \end{pmatrix}$$

$\Rightarrow |\overrightarrow{AC}| = 3 \cdot \sqrt{5}$ LE, $|\overrightarrow{BD}| = 6$ LE

Der Flächeninhalt ist:

$A = \frac{1}{2} \cdot 3\sqrt{5} \cdot 6 \text{ FE} = 9\sqrt{5} \text{ FE} \approx \underline{\underline{20{,}12 \text{ FE}}}$

Ergebnis: Der Flächeninhalt beträgt rund 20,12 FE.

2. Variante:
Der Flächeninhalt eines Drachenvierecks kann auch mithilfe des Kreuzproduktes berechnet werden: Der Betrag des Kreuzproduktes ist gleich dem Flächeninhalt des durch die Vektoren aufgespannten Parallelogramms.

Um den Flächeninhalt zu berechnen, wird das Drachenviereck in zwei Dreiecke zerlegt. Dies kann z. B. längs der Diagonalen $\overrightarrow{AC}$ erfolgen. Es entstehen die Dreiecke ABC und CDA.

Zur Berechnung des Flächeninhaltes des Dreiecks ABC können z. B. die Vektoren $\overrightarrow{AB}$ und $\overrightarrow{BC}$ verwendet werden:

$A_{ABC} = \frac{1}{2} \cdot |\overrightarrow{AB} \times \overrightarrow{BC}|$

Das Kreuzprodukt der Vektoren lautet:

$$\overrightarrow{AB} \times \overrightarrow{BC} = \begin{pmatrix} 3 \\ 4 \\ -2 \end{pmatrix} \times \begin{pmatrix} -3 \\ 2 \\ -1 \end{pmatrix} = \begin{pmatrix} 0 \\ 9 \\ 18 \end{pmatrix}$$

Der Flächeninhalt ist somit:

$A_{ABC} = \frac{1}{2} \cdot \left| \begin{pmatrix} 0 \\ 9 \\ 18 \end{pmatrix} \right| = \frac{1}{2} \cdot 9 \cdot \sqrt{5} \approx 10{,}06 \text{ FE}$

Damit beträgt der Flächeninhalt des Dreiecks ABC rund 10,06 FE.

Da die Dreiecke ABC und CDA kongruent sind, bräuchte man den bereits berechneten Flächeninhalt nur verdoppeln. Aber aus Vollständigkeit wird der Flächeninhalt des Dreiecks CDA ebenfalls ermittelt.

Zur Berechnung des Flächeninhaltes des Dreiecks CDA können z. B. die Vektoren $\vec{CD}$ und $\vec{DA}$ verwendet werden:

$$A_{CDA} = \frac{1}{2} \cdot |\vec{CD} \times \vec{DA}|$$

Das Kreuzprodukt der Vektoren lautet:

$$\vec{CD} \times \vec{DA} = \begin{pmatrix} -3 \\ -2 \\ 1 \end{pmatrix} \times \begin{pmatrix} 3 \\ -4 \\ 2 \end{pmatrix} = \begin{pmatrix} 0 \\ 9 \\ 18 \end{pmatrix}$$

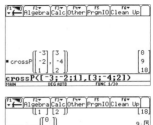

Der Flächeninhalt ist somit

$$A_{CDA} = \frac{1}{2} \cdot \left|\begin{pmatrix} 0 \\ 9 \\ 18 \end{pmatrix}\right| = \frac{1}{2} \cdot 9 \cdot \sqrt{5} \approx 10{,}06 \text{ FE}$$

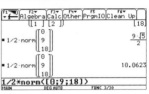

Damit beträgt der Flächeninhalt des Dreiecks CDA rund 10,06 FE.

Der Flächeninhalt des Drachenvierecks ABCD ist:
$A = A_{ABC} + A_{CDA} \approx 10{,}06 \text{ FE} + 10{,}06 \text{ FE} \approx \underline{\underline{20{,}12 \text{ FE}}}$

Ergebnis: Das Drachenviereck hat einen Flächeninhalt von rund 20,12 FE.

2.2 **Flächeninhalt des Dreiecks ABS**
Der Flächeninhalt des Dreiecks ABS kann mithilfe des Kreuzproduktes berechnet werden. Der Betrag des Kreuzproduktes ist gleich dem Flächeninhalt des durch die Vektoren aufgespannten Parallelogramms.
Der Flächeninhalt des Dreiecks entspricht der Hälfte des Flächeninhaltes des Parallelogramms, deshalb muss zur Bestimmung der Dreiecksfläche der Betrag des Kreuzproduktes halbiert werden.

Zur Berechnung des Flächeninhaltes können z. B. die Vektoren $\vec{AB}$ und $\vec{AS}$ verwendet werden:

$$A = \frac{1}{2} \cdot |\vec{AB} \times \vec{AS}|$$

Das Kreuzprodukt der Vektoren lautet:

$$\vec{AB} \times \vec{AS} = \begin{pmatrix} 3 \\ 4 \\ -2 \end{pmatrix} \times \begin{pmatrix} 0 \\ 7 \\ 9 \end{pmatrix} = \begin{pmatrix} 50 \\ -27 \\ 21 \end{pmatrix}$$

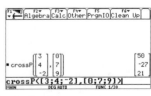

Der Flächeninhalt ist somit:

$$A = \frac{1}{2} \cdot \left|\begin{pmatrix} 50 \\ -27 \\ 21 \end{pmatrix}\right| = \frac{1}{2} \cdot \sqrt{3670} \text{ FE} \approx \underline{\underline{30{,}29 \text{ FE}}}$$

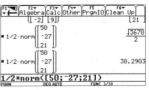

Ergebnis: Der Flächeninhalt des Dreiecks beträgt rund 30,29 FE.

2008-50

Nachweis des Höhenfußpunktes
1. Variante:
Zuerst wird die Gleichung der Geraden g aufgestellt. Diese enthält den Punkt S und den Normalenvektor der Ebene ε, die durch die Punkte A, B und C geht.
Den Normalenvektor erhält man mithilfe des Kreuzproduktes z. B. der Vektoren $\overrightarrow{AB}$ und $\overrightarrow{BC}$.

Das Kreuzprodukt der Vektoren lautet:

$$\overrightarrow{AB} \times \overrightarrow{BC} = \begin{pmatrix} 3 \\ 4 \\ -2 \end{pmatrix} \times \begin{pmatrix} -3 \\ 4 \\ -2 \end{pmatrix} = \begin{pmatrix} 0 \\ 9 \\ 18 \end{pmatrix} = 9 \cdot \begin{pmatrix} 0 \\ 1 \\ 2 \end{pmatrix}$$

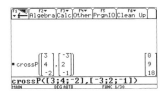

Damit ergibt sich die Geradengleichung:

$$g: \vec{x} = \begin{pmatrix} 4 \\ 4 \\ 11 \end{pmatrix} + \delta \cdot \begin{pmatrix} 0 \\ 1 \\ 2 \end{pmatrix}$$

Weiterhin wird die Ebene ε aus der Aufgabe 2.1 benötigt, in der das Drachenviereck ABCD liegt:

$$\varepsilon: \vec{x} = \begin{pmatrix} 4 \\ -3 \\ 2 \end{pmatrix} + \lambda \cdot \begin{pmatrix} 3 \\ 4 \\ -2 \end{pmatrix} + \mu \cdot \begin{pmatrix} 0 \\ 6 \\ -3 \end{pmatrix}$$

Die Ebene ε und die Gerade g werden zum Schnitt gebracht und die Koordinaten des Schnittpunktes bestimmt. Dazu werden die Terme der Ebenengleichung und der Geradengleichung gleichgesetzt:

$$\begin{pmatrix} 4 \\ 4 \\ 11 \end{pmatrix} + \delta \cdot \begin{pmatrix} 0 \\ 1 \\ 2 \end{pmatrix} = \begin{pmatrix} 4 \\ -3 \\ 2 \end{pmatrix} + \lambda \cdot \begin{pmatrix} 3 \\ 4 \\ -2 \end{pmatrix} + \mu \cdot \begin{pmatrix} 0 \\ 6 \\ -3 \end{pmatrix}$$

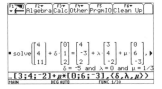

Es werden die Parameter δ, λ und μ bestimmt.
Man erhält:

$\delta = -5$, $\lambda = 0$ und $\mu = \dfrac{1}{3}$

Die Parameter werden in die Ebenen- bzw. Geradengleichung eingesetzt.

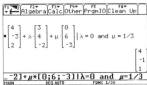 

Der gemeinsame Schnittpunkt lautet L(4|−1|1).

Damit ist gezeigt dass der Punkt L Höhenfußpunkt der Pyramide ist.

2. Variante:

Wenn der Punkt L(4|−1|1) Höhenfußpunkt des Punkts S(4|4|11) sein soll, dann muss der Vektor $\vec{LS}$ senkrecht auf der Ebene ε, in der das Drachenviereck ABCD liegt, stehen und der Punkt L ein Punkt der Ebene ε sein (Ebene ε siehe Aufgabe 2.1).

Um diesen Nachweis zu führen, werden zwei Vektoren der Ebene ε benötigt, die nicht parallel zueinander liegen dürfen. Diese Vektoren könnten z. B. $\vec{AL}$ und $\vec{BL}$ sein.

Zwei Vektoren stehen senkrecht aufeinander, wenn das Skalarprodukt dieser Vektoren null ergibt:

$$\vec{LS} \circ \vec{AL} = \begin{pmatrix} 0 \\ 5 \\ 10 \end{pmatrix} \circ \begin{pmatrix} 0 \\ 2 \\ -1 \end{pmatrix} = 0 \cdot 0 + 5 \cdot 2 + 10 \cdot (-1) = 0$$

$$\vec{LS} \circ \vec{BL} = \begin{pmatrix} 0 \\ 5 \\ 10 \end{pmatrix} \circ \begin{pmatrix} -3 \\ -2 \\ 1 \end{pmatrix} = 0 \cdot (-3) + 5 \cdot (-2) + 10 \cdot 1 = 0$$

Damit ist gezeigt, dass der Vektor $\vec{LS}$ senkrecht auf der Ebene ε steht. Jetzt muss nur noch nachgewiesen werden, dass L ein Punkt der Ebene ε ist. Dazu wird der Punkt L in die Ebenengleichung eingesetzt:

$$\begin{pmatrix} 4 \\ -1 \\ 1 \end{pmatrix} = \begin{pmatrix} 4 \\ -3 \\ 2 \end{pmatrix} + \lambda \cdot \begin{pmatrix} 3 \\ 4 \\ -2 \end{pmatrix} + \mu \cdot \begin{pmatrix} 0 \\ 6 \\ -3 \end{pmatrix}$$

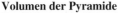

Man erhält als eindeutige Lösung:

$\lambda = 0$ und $\mu = \dfrac{1}{3}$

Damit liegt der Punkt L in der Ebene ε.

Der Punkt L ist somit Höhenfußpunkt der Pyramide.

Volumen der Pyramide

Das Volumen der Pyramide kann auf zwei verschiedenen Wegen berechnet werden.

1. Variante:

Das Volumen der Pyramide wird mithilfe der Formel $V = \frac{1}{3} \cdot A_G \cdot h$ bestimmt.

Der Flächeninhalt des Drachenvierecks wurde in Aufgabe 2.1 mit $9 \cdot \sqrt{5}$ FE berechnet. Die Höhe ist der Abstand des Höhenfußpunktes L(4|−1|1) von der Spitze S(4|4|11). Diesen erhält man, wenn man den Betrag des Richtungsvektors $\vec{LS}$ bestimmt.

$$\vec{LS} = \begin{pmatrix} 0 \\ 5 \\ 10 \end{pmatrix} \Rightarrow |\vec{LS}| = \sqrt{0^2 + 5^2 + 10^2} \text{ LE} = \sqrt{125} \text{ LE}$$

Die Pyramide ist $5 \cdot \sqrt{5}$ LE hoch.

Damit kann man das Volumen der Pyramide wie folgt berechnen:

$$V = \frac{1}{3} \cdot A_G \cdot h = \frac{1}{3} \cdot 9 \cdot \sqrt{5} \cdot 5 \cdot \sqrt{5} = \underline{\underline{75 \text{ VE}}}$$

Da eine LE einem Millimeter entspricht, beträgt das Volumen der Pyramide somit 75 mm³.

2. Variante:
Das Volumen der Pyramide kann mithilfe des Spatproduktes berechnet werden.
Dafür werden z. B. die Vektoren $\vec{AB}$, $\vec{BC}$ und $\vec{AS}$ benötigt.
Das Spatprodukt ist dem Betrage nach gleich dem Volumen des von den Vektoren aufgespannten Parallelepipeds (4-seitiges Prisma). Der Faktor $\frac{1}{3}$ muss berücksichtigt werden, da der Körper kein Prisma, sondern eine Pyramide ist.

$$V = \frac{1}{3} \cdot \vec{AS} \circ (\vec{AB} \times \vec{BC}) = \frac{1}{3} \cdot \begin{pmatrix} 0 \\ 7 \\ 9 \end{pmatrix} \circ \left(\begin{pmatrix} 3 \\ 4 \\ -2 \end{pmatrix} \times \begin{pmatrix} -3 \\ 2 \\ -1 \end{pmatrix} \right)$$

$$V = \underline{\underline{75 \text{ VE}}}$$

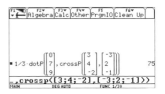

Da eine LE einem Millimeter entspricht, beträgt das Volumen der Pyramide somit 75 mm³.

2.3 **Koordinaten des Punktes P**
Die Ebene ε_2 geht durch die Punkte B, D und R(1,5 | 0,75 | 3,25). Die Gerade h verläuft durch die Punkte A und S.
Die Ebene ε_2 und die Gerade h schneiden sich im Punkt P.

Eine Gleichung der Ebene ε_2 könnte wie folgt lauten:

$\varepsilon_2: \vec{x} = \vec{OB} + \lambda \cdot \vec{BD} + \mu \cdot \vec{BR}$

$$\varepsilon_2: \vec{x} = \begin{pmatrix} 7 \\ 1 \\ 0 \end{pmatrix} + \lambda \cdot \begin{pmatrix} -6 \\ 0 \\ 0 \end{pmatrix} + \mu \cdot \begin{pmatrix} -5,5 \\ -0,25 \\ 3,25 \end{pmatrix}$$

Eine Gleichung der Geraden h könnte wie folgt lauten:

h: $\vec{x} = \vec{OA} + \delta \cdot \vec{AS}$

h: $\vec{x} = \begin{pmatrix} 4 \\ -3 \\ 2 \end{pmatrix} + \delta \cdot \begin{pmatrix} 0 \\ 7 \\ 9 \end{pmatrix}$

Um den Schnittpunkt zu bestimmen, werden die Terme der Ebenengleichung und der Geradengleichung gleichgesetzt.

$$\begin{pmatrix} 4 \\ -3 \\ 2 \end{pmatrix} + \delta \cdot \begin{pmatrix} 0 \\ 7 \\ 9 \end{pmatrix} = \begin{pmatrix} 7 \\ 1 \\ 0 \end{pmatrix} + \lambda \cdot \begin{pmatrix} -6 \\ 0 \\ 0 \end{pmatrix} + \mu \cdot \begin{pmatrix} -5,5 \\ -0,25 \\ 3,25 \end{pmatrix}$$

Es werden die Parameter δ, λ und μ bestimmt.
Man erhält:

$\delta = 0{,}5$, $\lambda = -\frac{4}{3}$ und $\mu = 2$

Die Parameter werden in die Ebenen- bzw. Geradengleichung eingesetzt.

Die Koordinaten des Punktes P lauten P(4 | 0,5 | 6,5).

2008-53

Form des Dreiecks BDP
Um die besondere Form des Dreiecks BDP herauszufinden, werden die Seiten mithilfe von Vektoren dargestellt:

$$\vec{BD} = \begin{pmatrix} -6 \\ 0 \\ 0 \end{pmatrix}, \vec{DP} = \begin{pmatrix} 3 \\ -0{,}5 \\ 6{,}5 \end{pmatrix} \text{ und } \vec{PB} = \begin{pmatrix} 3 \\ 0{,}5 \\ -6{,}5 \end{pmatrix}$$

Wie zu erkennen ist, sind die Vektoren $\vec{DP}$ und $\vec{PB}$ gleich lang und gleichzeitig länger als $\vec{BD}$. Damit ist das Dreieck BDP ein gleichschenkliges Dreieck.

2.4 Die Pyramide soll durch eine Ebene in zwei volumengleiche Teile zerlegt werden. Eine solche Ebene könnte z. B. die Punkte A, C und S enthalten.
Diese Ebene geht durch die Spitze S und enthält die lange Diagonale $\overline{AC}$. Diese Diagonale zerlegt das Drachenviereck in zwei gleich große Dreiecke.
Außerdem besitzen beide Teilkörper die Spitze S. Damit haben sie dieselbe Höhe.
Beide Körper haben die gleiche Grundfläche und dieselbe Höhe, und deshalb haben sie das gleiche Volumen.

A 3 Stochastik und Analysis mit CAS

3.1 Wahrscheinlichkeit für eine fehlerfreie Taschenlampe
Dieser Vorgang kann als ein 9-stufiges Zufallsexperiment interpretiert werden. Dabei entsprechen die ersten 8 Stufen der Überprüfung von je einer Leuchtdiode (LED) und die letzte Stufe der Feststellung, ob die Batterie funktioniert.

Der Vorgang als Baumdiagramm:

1. Stufe	2. Stufe	3. Stufe	4. Stufe	5. Stufe	6. Stufe	7. Stufe	8. Stufe	9. Stufe
0,99	0,99	0,99	0,99	0,99	0,99	0,99	0,99	0,98
0,01	0,01	0,01	0,01	0,01	0,01	0,01	0,01	0,02

Berechnung der Wahrscheinlichkeit:
$P = 0{,}99^8 \cdot 0{,}98 \approx 0{,}9043 \approx 90{,}4\,\%$

Ergebnis: Die Wahrscheinlichkeit dafür, dass eine zufällig der laufenden Produktion entnommene Taschenlampe fehlerfrei ist, beträgt 90,4 %.

3.2.1 Erwartungswert und Standardabweichung
Es handelt sich hierbei um eine (gedachte) 1 000-malige ($\to$ n = 1 000) Wiederholung eines Zufallsexperimentes mit genau zwei möglichen Ausgängen ($\to$ Bernoulli-Experiment; $\Omega = \{$Taschenlampe ist fehlerhaft; Taschenlampe ist in Ordnung$\}$). Dabei wird die Anzahl gezählt, wie oft eine Taschenlampe fehlerhaft ist ($\to$ k). Weiterhin muss die Wahrscheinlichkeit des Auftretens dieses Ergebnisses ($\to$ p = 0,07) bei jeder Versuchsdurchführung konstant sein. Die 1 000 Taschenlampen werden dabei einer viel größeren Anzahl produzierter Taschenlampen entnommen, sodass man davon ausgehen kann, dass eine Entnahme von 1 000 Taschenlampen demnach den Ausschussanteil p nicht (entscheidend) verändern kann.
Somit kann dieser Vorgang als Bernoulli-Kette interpretiert werden.

Erwartungswert:
$E = n \cdot p = 1\,000 \cdot 0{,}07 = \underline{\underline{70}}$

Standardabweichung:
$\sigma = \sqrt{n \cdot p \cdot q} = \sqrt{1\,000 \cdot 0{,}07 \cdot 0{,}93} \approx \underline{\underline{8{,}1}}$

3.2.2 Berechnung der Wahrscheinlichkeiten
Die Anzahl der Versuchsdurchführungen beträgt nun 10 ($\to n = 10$). Gezählt wird die Anzahl der fehlerhaften Lampen ($\to k$). Die Wahrscheinlichkeit für eine defekte Lampe ist 0,07 ($\to p = 0{,}07$).

A: Genau eine geprüfte Lampe ist fehlerhaft
$\to k = 1$

$P(A) = B_{10;\,0{,}07}(1) = \binom{10}{1} \cdot 0{,}07^1 \cdot 0{,}93^9 \approx \underline{\underline{36{,}4\ \%}}$

Ergebnis: Die Wahrscheinlichkeit für das Ereignis A beträgt 36,4 %.

B: Höchstens zwei geprüfte Lampen sind fehlerhaft.
$\to k \in \{0;\ 1;\ 2\}$

$P(B) = F_{10;\,0{,}07}(2) = \sum_{k=0}^{2} \left(\binom{10}{k} \cdot 0{,}07^k \cdot 0{,}93^{10-k} \right)$
$\approx \underline{\underline{97{,}2\ \%}}$

Ergebnis: Die Wahrscheinlichkeit für das Ereignis B beträgt 97,2 %.

C: Von den geprüften Lampen sind mehr als zwei, aber nicht mehr als 6 fehlerhaft.
$\to k \in \{3;\ 4;\ 5;\ 6\}$

$P(C) = \sum_{k=3}^{6} \left(\binom{10}{k} \cdot 0{,}07^k \cdot 0{,}93^{10-k} \right) \approx \underline{\underline{2{,}8\ \%}}$

Ergebnis: Die Wahrscheinlichkeit für das Ereignis C beträgt 2,8 %.

3.2.3 Wahrscheinlichkeitsverteilung und deren Interpretation
Für die Berechnung mehrerer Wahrscheinlichkeiten bietet sich die Nutzung des Data/Matrix-Editors an. Dazu wird dieser geöffnet und eine neue Datei beispielsweise mit dem Namen „Lampen" angelegt.

In der Spalte **c1** werden die Werte für k generiert. Die Spalte **c2** dient der Berechnung der Werte von $B_{10;\,0{,}07}(k)$, dazu werden die laufenden Werte für k der Spalte **c1** entnommen. Da der Eintrag im Feld **c2** in der Abbildung nicht vollständig lesbar ist, wird dieser hier noch einmal angegeben:

ncr(10,c1) * (.07) ^ c1 * (.93) ^ (10 – c1)

Über die Tastenfolge [F2] (Plot Setup) und [F1] (Define) gelangt man in das Fenster zur Bearbeitung eines freien Plots. Als Plot-Typ wird das Histogramm ausgewählt, die x-Werte finden sich in der Spalte **c1** und die y-Werte in der Spalte **c2**. Für die grafische Darstellung muss ein geeigneter Ausschnitt aus dem Koordinatensystem gewählt werden. Damit das Histogramm eine Darstellung der Wahrscheinlichkeitsverteilung liefert, bei der die „Balken" genau mittig auf den Werten von k stehen, muss für x_{min} ein Wert eingegeben wird, der genau zwischen zwei ganzen Zahlen liegt. Mit der Trace-Funktion [F3] können die einzelnen Wahrscheinlichkeiten im Histogramm abgelesen werden.

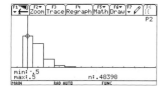 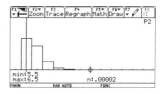

Bei der Zeichnung der Wahrscheinlichkeitsverteilung auf dem Papier muss darauf geachtet werden, dass die Achsen bezeichnet und skaliert werden.

Interpretation der Wahrscheinlichkeitsverteilung

Der Erwartungswert bei 10 getesteten Lampen kann mit $E = 10 \cdot 0{,}07 = 0{,}7$ leicht berechnet werden. Die größte Wahrscheinlichkeit muss demzufolge bei $k = 0$ oder $k = 1$ sein. In der grafischen Darstellung erkennt man das sofort, sie liegt bei $k = 0$, d. h., es wird keine fehlerhafte Lampe gefunden. Die Wahrscheinlichkeit $B_{10;\,0{,}07}(0)$ beträgt 48,3 %. Es ist sicherlich vernünftig, ebenso das Auffinden von einer oder zwei fehlerhaften Lampen als einen normalen Vorgang zu bezeichnen. Das Auftreten von fünf oder noch mehr fehlerhafte Lampen hingegen muss als sehr unwahrscheinlich bezeichnet werden, beispielhaft soll hier die Wahrscheinlichkeit $B_{10;\,0{,}07}(6) = 0{,}002\,\%$ genannt werden.

3.3.1 Berechnung der Wahrscheinlichkeiten

Die Anzahl der Versuche beträgt wiederum 10 ($\to n = 10$). Fehlerhafte Lampen treten bei diesen Herstellern mit einer Wahrscheinlichkeit von $p_1 = 0,2$ ($\to p = 0,2$) bzw. $p_2 = 0,4$ ($\to p = 0,4$) auf. Gezählt wird die Anzahl der fehlerhaften Lampen ($\to k$).

Hersteller 1, $p = 0,2$:
Höchstens zwei geprüfte Lampen sind fehlerhaft.
$\to k \in \{0; 1; 2\}$

$$P(H1) = F_{10;\,0,2}(2)$$

$$= \sum_{k=0}^{2}\left(\binom{10}{k}\cdot 0,2^k \cdot 0,8^{10-k}\right) \approx \underline{67,8\,\%}$$

Ergebnis: Die Wahrscheinlichkeit beim Hersteller 1 für das Ereignis höchstens zwei fehlerhafte Lampen beträgt 67,8 %.

Hersteller 2, $p = 0,4$:
Höchstens zwei geprüfte Lampen sind fehlerhaft.
$\to k \in \{0; 1; 2\}$

$$P(H2) = F_{10;\,0,4}(2) = \sum_{k=0}^{2}\left(\binom{10}{k}\cdot 0,4^k \cdot 0,6^{10-k}\right) \approx \underline{16,7\,\%}$$

Ergebnis: Die Wahrscheinlichkeit beim Hersteller 2 für das Ereignis höchstens zwei fehlerhafte Lampen beträgt 16,7 %.

3.3.2 Zusammenhang zwischen p und P (höchstens 2 fehlerhafte Lampen)

Der Vorgang kann wiederum als binomialverteilt interpretiert werden. Die Anzahl der Versuchsdurchführungen beträgt weiterhin 10 ($\to n = 10$). Die Anzahl der fehlerhaften Lampen beträgt höchstens 2 ($\to k \in \{0; 1; 2\}$). Die Wahrscheinlichkeit des Auftretens fehlerhafter Lampen ist variabel, bei der Berechnung wird p verwendet.

Berechnung der Wahrscheinlichkeit:

$$F_{10;\,p}(2) = \sum_{k=0}^{2}\left(\binom{10}{k}\cdot p^k \cdot (1-p)^{10-k}\right)$$

$$= \underline{(p-1)^8 \cdot (36\cdot p^2 + 8\cdot p + 1)}$$

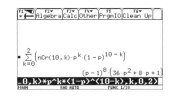

Definitionsbereich D_f: $0 \le p \le 1$ ($p \in \mathbb{R}$)

Wertebereich W_f: $0 \le P \le 1$ ($P \in \mathbb{R}$)

Grafische Darstellung

Zur Eingabe der Funktionsgleichung in den y-Editor ist die Umbenennung der Variablen p in x notwendig:

$y(x) = (x-1)^8 \cdot (36 \cdot x^2 + 8 \cdot x + 1)$

Für die grafische Darstellung muss ein geeigneter Ausschnitt aus dem Koordinatensystem gewählt werden, dabei gilt es, den Definitionsbereich und den Wertebereich zu berücksichtigen.

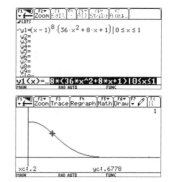

Formulierung des Zusammenhangs

Dargestellt ist die Abhängigkeit der Wahrscheinlichkeit P bzw. $F_{10;\,p}(2)$ des Auffindens von höchstens zwei fehlerhaften Lampen bei 10 getesteten Lampen in Abhängigkeit von der Wahrscheinlichkeit des Ausfalls einer Lampe p. Zu erkennen ist ein Maximum bei p = 0, hier ist P = 1. Dies ist auch verständlich, denn sollten absolut keine Lampen defekt sein, kann man bei 10 getesteten Lampen auch keine fehlerhafte Lampe finden, es gilt: $B_{10;\,p}(0) = 1$, $B_{10;\,p}(1) = 0$, $B_{10;\,p}(2) = 0$ und folglich $F_{10;\,p}(2) = 1$. Mit steigender Wahrscheinlichkeit p erhöht sich zwangsläufig auch die Anzahl der fehlerhaften Lampen, die man bei diesem Test findet. Dann wird die Chance, höchstens 2 defekte Lampen zu finden, natürlich immer kleiner. Bei p = 1 sind definitiv alle Lampen kaputt, die Wahrscheinlichkeit, dass höchstens zwei der 10 Lampen defekt sind, ist dann natürlich gleich null.

Mathematik (Mecklenburg-Vorpommern): Abiturprüfung 2008
Prüfungsteil B – Wahlaufgaben mit CAS

B 1   Analysis (20 BE)

1.1   Über die 8 Planeten unseres Sonnensystems sind die in der Tabelle gegebenen Daten bekannt.
Dabei ist v die Maßzahl der mittleren Bahngeschwindigkeit in km·s^{-1} und r die Maßzahl der mittleren Entfernung von der Sonne in 10^6 km.

	Merkur	Venus	Erde	Mars	Jupiter	Saturn	Uranus	Neptun
r	57,9	108,2	149,6	227,9	778,5	1 427,0	2 869,9	4 496,7
v	47,80	35,03	29,79	24,13	13,06	9,64	6,81	5,43

1.1.1   Der Zusammenhang zwischen v und r kann durch Funktionen näherungsweise beschrieben werden.
Finden Sie die Gleichungen geeigneter Funktionen, indem Sie folgende Regressionen ausführen:

(1) $v = f_1(r)$ ... lineare Regressionsfunktion
(2) $v = f_2(r)$ ... exponentielle Regressionsfunktion
(3) $v = f_3(r)$ ... Potenz- bzw. Powerregression

Beurteilen Sie die ermittelten Funktionen hinsichtlich ihrer Brauchbarkeit, den Sachverhalt zu beschreiben.

1.1.2   Eine mögliche Funktion zur Beschreibung des Sachverhaltes ist f mit der Gleichung
$v = f(r) = 364 \cdot \dfrac{1}{\sqrt{r}}$ mit $r \in \mathbb{R}$, $r > 0$.

Bestimmen Sie die Bahngeschwindigkeit, die ein Planet hätte, der sich zwischen Mars und Jupiter befinden würde (mittlere Entfernung von der Sonne 400 Millionen km).
Pluto zählt heute nicht mehr zu den Planeten. Seine Bahngeschwindigkeit beträgt 4,74 km·s^{-1}.
Berechnen Sie seinen mittleren Abstand von der Sonne.

1.2   Die Funktion f ist gegeben mit der Gleichung $f(x) = 364 \cdot \dfrac{1}{\sqrt{x}}$ mit $x \in \mathbb{R}$, $x > 0$.

Im ersten Quadranten werden Flächen A_k durch den Graphen von f, die Koordinatenachsen und die Gerade $x = 200$ sowie die horizontale Gerade $y = k$ begrenzt.

1.2.1   Berechnen Sie den Inhalt der Fläche A_{500}.
Untersuchen Sie, ob der Inhalt der Fläche A_k größer als 20 000 Flächeneinheiten werden kann, wenn die horizontale Gerade immer weiter nach oben verschoben wird.

1.2.2   Die Fläche A_{500} rotiert um die x-Achse.
Ermitteln Sie rechnerisch das Volumen des entstehenden Rotationskörpers.

B 2 Analytische Geometrie (20 BE)

Betrachtet wird eine Pyramide ABCDS (siehe Skizze).
Diese Pyramide besitzt die Grundfläche ABCD mit A(4|−3|2),
B(7|1|0), C(4|3|−1), D(1|1|0) und die Spitze S(4|4|11).
Die Koordinatenangaben beziehen sich auf ein kartesisches
Koordinatensystem.

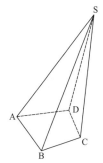

2.1 Die Ebene durch die Punkte B, D und den Mittelpunkt der Kante $\overline{AS}$ zerlegt die Pyramide ABCDS in zwei Teilkörper.
Berechnen Sie das Volumen von einem der beiden Teilkörper.

2.2 Es werden alle ebenen Körperschnitte betrachtet, die durch B, D und einen Punkt der Kante $\overline{AS}$ verlaufen.
Weisen Sie nach, dass alle dabei auftretenden Schnittdreiecke gleichschenklig sind.
Prüfen Sie, ob ein gleichseitiges oder ein rechtwinkliges Dreieck als Schnittfigur auftreten kann.
Untersuchen Sie ferner, ob es Schnittdreiecke gibt, die einen Flächeninhalt von mindestens 36 FE besitzen.

2.3 Das Grundflächenviereck ABCD besitzt die Form eines Drachenvierecks.
Entscheiden Sie, ob dieses Drachenviereck einen Umkreis besitzt.

B 3 Stochastik (20 BE)

Ein Hersteller von Flachbildschirmen hat für eines seiner Produkte folgende Ausfallwahrscheinlichkeiten ermittelt:

Alter in Monaten	0 – 6	7 – 12	13 – 18	19 – 24
Ausfallwahrscheinlichkeit in Prozent	5,0	0,5	0,5	0,8

Die Angabe bedeutet, dass ein Flachbildschirm innerhalb des ersten halben Jahres mit 5 % Wahrscheinlichkeit ausfällt; ein verbleibender fällt mit einer Wahrscheinlichkeit von 0,5 % innerhalb des zweiten halben Jahres aus usf.

3.1 Ermitteln Sie die Wahrscheinlichkeit dafür, dass ein beliebiges Gerät innerhalb der ersten 12 Monate nicht ausfällt.
Bestimmen Sie, wie viele defekte Geräte innerhalb des ersten Jahres zu erwarten sind, wenn insgesamt 1 000 Geräte ausgeliefert wurden.
Berechnen Sie die Wahrscheinlichkeit dafür, dass unter 1 000 Geräten nicht mehr als 55 innerhalb des ersten Jahres ausfallen.

3.2 Innerhalb des ersten Jahres gibt es kostenlose Garantieleistungen.
Das Unternehmen hat beschlossen, interessierten Kunden nach Ablauf des ersten Jahres eine kostenpflichtige Garantieverlängerung für ein weiteres Jahr anzubieten.
Man schätzt, dass von 1 000 Kunden 300 diese Garantieverlängerung kaufen würden.

3.2.1 Weisen Sie nach, dass die Wahrscheinlichkeit für den Ausfall eines Flachbildschirms innerhalb des zweiten Jahres 0,01225 ist.

3.2.2 Jeder im zweiten Jahr auftretende Garantiefall verursacht durchschnittliche Kosten in Höhe von 75,00 €.

Der Hersteller möchte die Gesamtkosten für alle im zweiten Jahr auftretenden Garantiefälle über den Preis für die Garantieverlängerung ausgleichen.

Bestimmen Sie den Preis, den ein Kunde für die Garantieverlängerung zahlen muss.

3.3 Die Gehäuse für die Flachbildschirme werden von einem Zulieferer bezogen.
Die Gehäuse können Material- oder Farbfehler aufweisen. Beide Fehler treten unabhängig voneinander auf. Andere Fehler gibt es nicht.

3.3.1 Berechnen Sie die Wahrscheinlichkeit für ein fehlerfreies Gehäuse, wenn Materialfehler mit einer Wahrscheinlichkeit von 4 % und Farbfehler mit 2 %-iger Wahrscheinlichkeit auftreten.

3.3.2 Ein anderer Zulieferer behauptet, seine Gehäuse seien mindestens zu 97 % fehlerfrei. Um dies zu prüfen, werden aus einer großen Anzahl von Gehäusen 50 zufällig ausgewählt und überprüft.
Ermitteln Sie den Erwartungswert für die Anzahl der fehlerhaften Gehäuse.

Eine Entscheidungsregel lautet: Wenn sich unter den 50 getesteten Gehäusen mehr als drei fehlerhafte Gehäuse befinden, wird die Lieferung abgelehnt.

Bestimmen Sie die Wahrscheinlichkeit P_{Fehler} dafür, eine Lieferung fälschlicherweise als mangelhaft abzulehnen.

Erstellen Sie eine neue Entscheidungsregel, sodass gilt: $P_{Fehler} < 0,05$.

Hinweise und Tipps

Teilaufgabe 1.1.1
- Geben Sie die Werte aus der Tabelle in den Data/Matrix-Editor ein, um die Regressionsfunktionen vom CAS ausrechnen zu lassen.
- Die Brauchbarkeit können Sie durch einen grafischen oder einen rechnerischen Vergleich beurteilen.

Teilaufgabe 1.1.2
- Setzen Sie in die gegebene Funktionsgleichung für r bzw. v den jeweiligen Wert ein und berechnen Sie die gesuchte Größe.

Teilaufgabe 1.2.1
- Die zu bestimmende Fläche besteht aus einem Rechteck und einer Fläche unter dem Graphen von f. Für die untere Integrationsgrenze benötigen Sie die x-Koordinate zu einem Funktionswert von f.
- Wenn die horizontale Gerade immer weiter nach oben verschoben wird, bedeutet dies, dass k gegen unendlich geht. Überlegen Sie, wie sich der zugehörige x-Wert von f verändert.

Teilaufgabe 1.2.2
- Zerlegen Sie den Rotationskörper in zwei Teilkörper.
- Der eine Teilkörper entsteht durch Rotation eines Rechtecks um die x-Achse, ist also ein Kreiszylinder. Verwenden Sie die entsprechende Volumenformel.
- Das Volumen des zweiten Teilkörpers muss durch Integration bestimmt werden.

Teilaufgabe 2.1
- Bestimmen Sie den Mittelpunkt M der Kante $\overline{AS}$.
- Ein Teilkörper ist die Pyramide ABDM, die das Dreieck ABD als Grundfläche hat.
- Das Volumen dieser Pyramide können Sie mit der Volumenformel $V = \frac{1}{3} \cdot A_G \cdot h$ oder mithilfe des Spatproduktes berechnen.

Teilaufgabe 2.2
- Bestimmen Sie die Koordinaten eines beliebigen Punktes P auf der Kante $\overline{AS}$.
- Zeigen Sie dann, dass bei allen Schnittdreiecken die beiden Seiten, die den Punkt P enthalten, gleich lang sind.
- Prüfen Sie, ob auch die dritte Seite dieselbe Länge besitzt.
- Damit ein rechtwinkliges Dreieck entstehen kann, muss mindestens ein Skalarprodukt der Vektoren entsprechender Seiten null ergeben.
- Den Flächeninhalt des Dreiecks können Sie mithilfe des Kreuzproduktes berechnen.

Teilaufgabe 2.3
- Wenn das Drachenviereck einen Umkreis besitzt, ist die längste Diagonale der Durchmesser dieses Umkreises und enthält den Mittelpunkt.
- Alternativ können Sie den Satz des Thales oder den Satz des Ptolemäus benutzen.

Teilaufgabe 3.1
- Der Geräteausfall im ersten Jahr kann als zweistufiges Zufallsexperiment interpretiert werden. Stellen Sie es als Baumdiagramm dar.
- Die Anzahl defekter Geräte ist der Erwartungswert einer Bernoulli-Kette.
- Die gesuchte Wahrscheinlichkeit bestimmen Sie mit der zugehörigen Verteilung.

Teilaufgabe 3.2.1
- Das zugehörige Zufallsexperiment hat vier Stufen.

Teilaufgabe 3.2.2
- Berechnen Sie den Erwartungswert für die Kosten je Gerät, die im zweiten Jahr durch Garantiefälle entstehen.

Teilaufgabe 3.3.1
- Der Vorgang kann als zweistufiges Zufallsexperiment interpretiert werden.

Teilaufgabe 3.3.2
- Begründen Sie, warum der Vorgang als Bernoulli-Kette interpretiert werden kann.

Lösung

B 1 Analysis

1.1.1 Regressionsfunktionen

Die Regression erfolgt mithilfe des Data/Matrix-Editors.

Dazu wird im Data/Matrix Editor eine neue Tabelle angelegt.

In der Spalte **c1** wird die mittlere Entfernung r von der Sonne in 10^6 km eingetragen und in der Spalte **c2** die mittlere Bahngeschwindigkeit v in km·s^{-1}.

Der V200 arbeitet nur mit den Variablen x und y, deshalb entspricht die mittlere Entfernung r von der Sonne dem x-Wert und die mittlere Bahngeschwindigkeit v dem y-Wert.

Um die geeignete Funktion herauszufinden, wird eine Regression durchgeführt. Diese startet man über die Taste F5.

Im daraufhin erscheinenden Fenster wählt man unter „Calculation Type …" für die erste Regression „LinReg", für die zweite Regression „ExpReg" und für die dritte Regression „PowerReg".

Die r-Werte befinden sich in der Spalte **c1** und die dazugehörigen v-Werte in der Spalte **c2**.

Um im weiteren Verlauf der Aufgabe die Brauchbarkeit zu beurteilen, werden die Funktionen unter „Store RegEQ to …" als **y1(x)**, **y2(x)** bzw. **y3(x)** gespeichert.

Für die lineare Regression erhält man die Funktion $f_1(r) = -0{,}0072 \cdot r + 30{,}58$.
Diese Funktion wird unter **y1(x)** gespeichert.

Die exponentielle Regression liefert als Ergebnis $f_2(r) = 29{,}05 \cdot 0{,}9996^r$.
Diese Funktion wird unter **y2(x)** gespeichert.

Mithilfe der Potenz- bzw. Powerregression gewinnt man die Funktion $f_3(r) = 363{,}78 \cdot r^{-0{,}4998}$.
Diese Funktion wird unter **y3(x)** gespeichert.

Um die gewonnenen Funktionen auf ihre Brauchbarkeit zu untersuchen, werden die Punkte und die Funktionen in einem Koordinatensystem dargestellt. Um die Wertepaare im Data/Matrix Editor als Punkte darzustellen, wird das „Plot Setup" über die Taste [F2] aufgerufen. Über die Taste [F1] wird der „Plot" definiert.

Als „Plot Type ..." ist Scatter zu wählen und mit „Mark ..." wählt man das Aussehen der Punkte in der grafischen Darstellung.
Die x-Werte befinden sich in der Spalte **c1** und die dazugehörigen y-Werte in der Spalte **c2**. Durch Betätigen der [ENTER]-Taste werden die Angaben übernommen.

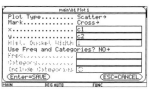

Im „Y=Editor" kann man sich den Plot und die einzelnen Funktion **y1(x)** bis **y3(x)** noch einmal ansehen und zur grafischen Darstellung auswählen.

Für die grafische Darstellung muss ein geeigneter Ausschnitt aus dem Koordinatensystem gewählt werden.

Brauchbarkeit
1. Variante: grafischer Vergleich
Beim grafischen Vergleich werden die einzelnen Punkte und die Regressionsfunktion gemeinsam in einem Grafikfenster dargestellt. Anhand der Darstellung kann eine Interpretation der Brauchbarkeit der Regressionsfunktion vorgenommen werden.

Die lineare Regressionsfunktion $f_1(r)$ spiegelt den Sachverhalt schlecht wider. Die Punkte liegen deutlich neben dem Graphen, der Korrelationskoeffizient $R^2 \approx 0{,}5849$ verdeutlicht das.

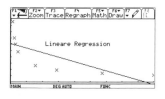

Die Planeten Merkur und Venus hätten eine zu geringe, die Planeten Mars, Jupiter, Saturn und Uranus eine zu hohe Bahngeschwindigkeit. Der Planet Neptun dagegen hätte sogar eine negative Bahngeschwindigkeit.
Die asymptotische Annäherung an die x- und y-Achse ist nicht vorhanden. Bei Annäherung an die Sonne müsste die Bahngeschwindigkeit sehr stark ansteigen und bei einer sehr großen Entfernung von der Sonne müsste die Bahngeschwindigkeit immer noch größer als null sein. Beide Sachverhalte werden von der linearen Regressionsfunktion $f_1(r)$ nicht erbracht.

Die exponentielle Regressionsfunktion $f_2(r)$ spiegelt den Sachverhalt nur genähert wider. Die Planeten Merkur, Venus, Erde hätten eine zu geringe, die Planeten Mars, Jupiter und Saturn eine zu hohe Bahngeschwindigkeit. Die Bahngeschwindigkeit von Neptun wäre jetzt nicht mehr negativ, wie es bei der linearen Regression der Fall war.

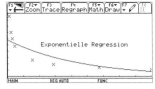

Die asymptotische Annäherung an die y-Achse ist nicht vorhanden. Bei Annäherung an die Sonne müsste die Bahngeschwindigkeit sehr stark ansteigen. Dieser Sachverhalt wird durch die exponentielle Regressionsfunktion $f_2(r)$ nicht beschrieben. Dagegen nähert sich die exponentielle Regressionsfunktion $f_2(r)$ der x-Achse immer weiter an und erfüllt somit die Forderung, dass auch bei einer sehr großen Entfernung von der Sonne die Bahngeschwindigkeit immer noch größer als null ist.

Die Potenz- bzw. Powerregressionsfunktion $f_3(r)$ spiegelt den Sachverhalt am besten wider. Die Punkte liegen ausnahmslos dicht am Graphen. Die asymptotische Annäherung an die x- und y-Achse ist bei dieser Regression vorhanden. Bei Annäherung an die Sonne steigt die Bahngeschwindigkeit sehr stark an und auch bei einer sehr großen Entfernung von der Sonne ist die Bahngeschwindigkeit immer noch größer als null.

2. *Variante*: rechnerischer Vergleich
Beim rechnerischen Vergleich werden die Bahngeschwindigkeiten mit den rechnerischen Werten der Regressionsfunktionen verglichen.

Lineare Regressionsfunktion $f_1(r)$

r	57,9	108,2	149,6	227,9	778,3	1 427,0	2 869,9	4 496,7
v	47,8	35,03	29,79	24,13	13,06	9,64	6,81	5,43
$f_1(r)$	30,16	29,80	29,50	28,94	24,97	20,29	9,88	−1,85
$\dfrac{f_1(r)-v}{v}\cdot 100\%$	−36,9	−14,93	−0,97	19,92	91,18	110,46	45,10	−134,1

Der Mittelwert der Beträge der prozentualen Abweichung beträgt 56,7 %.

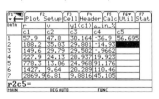

Exponentielle Regressionsfunktion $f_2(r)$

r	57,9	108,2	149,6	227,9	778,3	1 427,0	2 869,9	4 496,7
v	47,8	35,03	29,79	24,13	13,06	9,64	6,81	5,43
$f_2(r)$	28,31	27,68	27,18	26,24	20,54	15,39	8,09	3,92
$\dfrac{f_2(r)-v}{v}\cdot 100\%$	−40,78	−20,98	−8,78	8,76	57,27	59,60	18,82	−27,79

Der Mittelwert der Beträge der prozentualen
Abweichung beträgt 30,3 %.

Potenz- bzw. Powerregressionsfunktion $f_3(r)$

r	57,9	108,2	149,6	227,9	778,3	1 427,0	2 869,9	4 496,7
v	47,8	35,03	29,79	24,13	13,06	9,64	6,81	5,43
$f_3(r)$	47,85	35,01	29,78	24,13	13,06	9,65	6,80	5,43
$\frac{f_3(r)-v}{v} \cdot 100\%$	0,11	$-0,06$	$-0,05$	$-0,02$	$-0,01$	0,06	$-0,11$	0,09

Der Mittelwert der Beträge der prozentualen
Abweichung beträgt 0,1 %.

Beim Vergleich der mittleren prozentualen Abweichungen fällt auf, dass die lineare
Regressionsfunktion eine hohe prozentuale Abweichung hat. Die Potenz- bzw. Powerregressionsfunktion hat eine prozentuale Abweichung von unter 1 %. Diese Funktion
beschreibt am besten den Zusammenhang zwischen Radius und Bahngeschwindigkeit.

Der TI-nspire CAS liefert für alle Regressionsfunktionen einen Korrelationskoeffizienten.
Die Koeffizienten sind für die lineare Regressionsfunktion $R^2 \approx 0,5849$, für die exponentielle Regressionsfunktion $R^2 \approx 0,8013$ und für die Potenzregres-
sionsfunktion $R^2 \approx 0,9999$.

1.1.2 Bahngeschwindigkeit eines Planeten
Die mittlere Entfernung von der Sonne beträgt
400 Millionen km. Damit ist $r = 400$.

$$v = f(400) = 364 \cdot \frac{1}{\sqrt{400}} \Rightarrow \underline{\underline{v = 18,2}}$$

Ergebnis: Die Bahngeschwindigkeit eines Planeten,
der sich zwischen Mars und Jupiter befinden würde,
beträgt 18,2 km · s⁻¹.

Mittlerer Abstand des Pluto von der Sonne
Pluto hat die Bahngeschwindigkeit $v = 4,74$ km · s⁻¹.

$$4,74 = 364 \cdot \frac{1}{\sqrt{r}} \Rightarrow \underline{\underline{r = 5\,897,2}}$$

Ergebnis: Der mittlere Abstand des Pluto von der Sonne beträgt 5 897,2 Millionen km.

1.2.1 Inhalt der Fläche A_{500}

Die Fläche unter der Kurve von f(x) wird in zwei Teilflächen A_1 und A_2 zerlegt. Die Fläche A_1 wird mithilfe des Flächeninhaltes eines Rechteckes berechnet. Die Fläche A_2 wird durch Integration bestimmt.

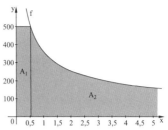

Zuerst muss für y = 500 die x-Koordinate der Funktion f(x) gefunden werden. Dazu wird die Gleichung

$$500 = 364 \cdot \frac{1}{\sqrt{x}}$$

nach x aufgelöst. Man erhält:

$$x = \frac{8\,281}{15\,625} \approx 0{,}53$$

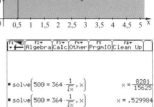

Jetzt kann man die Flächeninhalte A_1 und A_2 berechnen:

$A_1 = a \cdot b = 0{,}53 \cdot 500 = 265$ FE

$$A_2 = \int_{0,53}^{200} f(x)\,dx = \left[728 \cdot \sqrt{x}\right]_{0,53}^{200} \approx 9\,765{,}48 \text{ FE}$$

Die Gesamtfläche ist die Summe der einzelnen Teilflächen:

$A = A_1 + A_2 \approx 265 + 9\,765{,}48 \approx \underline{\underline{10\,030{,}5 \text{ FE}}}$

Ergebnis: Der Flächeninhalt beträgt rund 10 030,5 FE.

Inhalt der Fläche A_∞

Der Flächeninhalt soll untersucht werden, wenn die horizontale Gerade y = k weiter nach oben verschoben wird.
Das heißt, k geht gegen unendlich. Damit geht auch y gegen unendlich, und der dazugehörige x-Wert der Funktion f(x) geht gegen null.

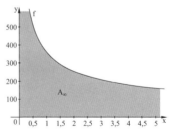

$$A_\infty = \int_0^{200} f(x)\,dx = \left[728 \cdot \sqrt{x}\right]_0^{200} \approx 10\,295{,}5 \text{ FE}$$

Damit ist gezeigt, dass der Flächeninhalt nicht größer als 20 000 Flächeneinheiten werden kann.

1.2.2 Volumen des Rotationskörpers

Der Rotationskörper wird in zwei Teilkörper K_1 und K_2 zerlegt.
Der Körper K_1 entsteht aus der Rotation der Fläche A_1 um die x-Achse und ist ein Kreiszylinder. Der Körper K_2 entsteht aus der Rotation der Fläche A_2 um die x-Achse.
Das Volumen V_1 des Körpers K_1 wird mithilfe der Volumenformel für Kreiszylinder berechnet. Das Volumen V_2 des Körpers K_2 wird durch Integration bestimmt.
Die x-Koordinate der Funktion f(x) für y = 500 wird aus der Aufgabe 1.3.1 entnommen. Sie lautet $x \approx 0{,}53$.

Jetzt werden die Volumina V_1 und V_2 berechnet:

$$V_1 = \pi \cdot r^2 \cdot h = \pi \cdot 500^2 \cdot 0{,}53 \approx 416\,261 \text{ VE}$$

$$V_2 = \pi \cdot \int_{0{,}53}^{200} [f(x)]^2 \, dx \approx 2{,}46968 \cdot 10^6 \text{ VE}$$

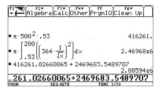

Das Gesamtvolumen setzt sich aus den einzelnen Volumina zusammen:
$$V = V_1 + V_2 \approx 416\,261 + 2{,}46968 \cdot 10^6 \approx \underline{\underline{2{,}886 \cdot 10^6 \text{ VE}}}$$

Ergebnis: Das Gesamtvolumen beträgt rund $2{,}886 \cdot 10^6$ VE.

B 2 Analytische Geometrie

2.1 Volumen eines Teilkörpers

Der Mittelpunkt M der Kante $\overline{AS}$ wird bestimmt durch:

$$M\left(\frac{x_A + x_S}{2} \middle| \frac{y_A + y_S}{2} \middle| \frac{z_A + z_S}{2}\right)$$

Damit ergibt sich für den Mittelpunkt M(4|0,5|6,5).
Die Ebene durch die Punkte B, D und M zerlegt die Pyramide in zwei Teilkörper, einer ist die Pyramide ABDM. Von diesem Teilkörper wird das Volumen berechnet.
Die Pyramide ABDM hat das Dreieck ABD als Grundfläche.
Das Volumen der Pyramide kann auf zwei verschiedenen Wegen berechnet werden.

1. Variante:
Das Volumen der Pyramide wird mithilfe der Formel $V = \frac{1}{3} \cdot A_G \cdot h$ bestimmt.
Der Flächeninhalt des Dreiecks ABD wird mithilfe des Kreuzproduktes bestimmt. Er entspricht der Hälfte des Flächeninhaltes des Parallelogramms, deshalb muss zur Bestimmung der Dreiecksfläche der Betrag des Kreuzproduktes halbiert werden. Zur Berechnung des Flächeninhaltes können z. B. die Vektoren $\overrightarrow{AB}$ und $\overrightarrow{AD}$ verwendet werden.

$$A = \frac{1}{2} \cdot |\overrightarrow{AB} \times \overrightarrow{AD}|$$

Das Kreuzprodukt der Vektoren lautet:

$$\overrightarrow{AB} \times \overrightarrow{AD} = \begin{pmatrix} 3 \\ 4 \\ -2 \end{pmatrix} \times \begin{pmatrix} -3 \\ 4 \\ -2 \end{pmatrix} = \begin{pmatrix} 0 \\ 12 \\ 24 \end{pmatrix}$$

Der Flächeninhalt ist somit:

$$A = \frac{1}{2} \cdot \left| \begin{pmatrix} 0 \\ 12 \\ 24 \end{pmatrix} \right| = \frac{1}{2} \cdot 12 \cdot \sqrt{5} \text{ FE} \approx 13{,}41 \text{ FE}$$

Die Höhe der Pyramide entspricht dem Abstand des Punktes M von der Ebene ε, in der das Dreieck ABD liegt. Dazu muss eine Ebenengleichung aufgestellt werden.
Das obige Kreuzprodukt kann benutzt werden, um die Koordinatenform der Ebenengleichung aufzustellen:

ε: $0x + 12y + 24z = d$

Durch Einsetzen der Koordinaten z. B. des Punktes D erhält man den Wert von d:

$0 \cdot 1 + 12 \cdot 1 + 24 \cdot 0 = 12$

Damit ergibt sich für die Ebenengleichung:

ε: $0x + 12y + 24z = 12 \quad |:12$
ε: $\quad 1y + 2z = 1$

Die Höhe der Pyramide ist der Abstand des Punktes M(4|0,5|6,5) von der Ebene ε.
Der Abstand kann auf verschiedenen Wegen ermittelt werden.

1. Alternative:
Für die Berechnung des Abstandes werden die Koordinaten des Punktes M(4|0,5|6,5) und die Koordinatenform der Ebene ε: $1y + 2z = 1$ benötigt.

Um den Abstand zu ermitteln, wird die folgende
Formel verwendet:

$$\text{Abstand} = \left| \frac{A \cdot x_M + B \cdot y_M + C \cdot z_M - D}{\sqrt{A^2 + B^2 + C^2}} \right|$$

$$= \left| \frac{0 \cdot 4 + 1 \cdot 0{,}5 + 2 \cdot 6{,}5 - 1}{\sqrt{0^2 + 1^2 + 2^2}} \right|$$

$$= \frac{5}{2}\sqrt{5} \text{ LE} \approx 5{,}59 \text{ LE}$$

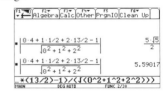

Der Abstand des Punktes M von der Ebene ε beträgt rund 5,59 LE.

2. Alternative:
Für die Berechnung des Abstandes werden der Vektor $\overrightarrow{AM} = \begin{pmatrix} 0 \\ 3{,}5 \\ 4{,}5 \end{pmatrix}$ und der Normalenvektor $\vec{n} = \begin{pmatrix} 0 \\ 1 \\ 2 \end{pmatrix}$ der Ebene ε benötigt.

Um den Abstand zu ermitteln, wird die folgende
Formel verwendet:

$$\text{Abstand} = \left| \frac{\overrightarrow{AM} \circ \vec{n}}{|\vec{n}|} \right| = \left| \frac{0 \cdot 0 + 3{,}5 \cdot 1 + 4{,}5 \cdot 2}{\sqrt{0^2 + 1^2 + 2^2}} \right|$$

$$= \frac{5}{2}\sqrt{5} \text{ LE} \approx 5{,}59 \text{ LE}$$

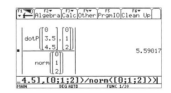

Der Abstand des Punktes M von der Ebene ε beträgt
rund 5,59 LE.

Damit kann man das Volumen der Pyramide wie folgt berechnen:

$$V = \frac{1}{3} \cdot A_G \cdot h = \frac{1}{3} \cdot 6\sqrt{5} \cdot \frac{5}{2}\sqrt{5} = \underline{\underline{25 \text{ VE}}}$$

Ergebnis: Die Pyramide ABDM hat ein Volumen von 25 VE.

2. Variante:
Das Volumen der Pyramide kann mithilfe des Spatproduktes berechnet werden.
Dafür werden z. B. die Vektoren $\vec{AB}$, $\vec{AD}$ und $\vec{AM}$ benötigt.
Das Spatprodukt ist dem Betrage nach gleich dem Volumen des von den Vektoren aufgespannten Parallelepipeds (4-seitiges Prisma). Der Faktor $\frac{1}{3}$ muss berücksichtigt werden, da der Körper kein Prisma, sondern eine Pyramide ist. Da die Grundfläche kein Parallelogramm, sondern ein Dreieck ist, muss das Volumen noch halbiert werden.

$V = \frac{1}{3} \cdot \frac{1}{2} \cdot \vec{AB} \circ (\vec{AD} \times \vec{AM})$

$= \frac{1}{3} \cdot \frac{1}{2} \cdot \begin{pmatrix} 3 \\ 4 \\ -2 \end{pmatrix} \circ \left(\begin{pmatrix} -3 \\ 4 \\ -2 \end{pmatrix} \times \begin{pmatrix} 0 \\ 3,5 \\ 4,5 \end{pmatrix} \right) = \underline{\underline{25 \text{ VE}}}$

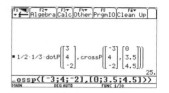

Ergebnis: Die Pyramide ABDM hat ein Volumen von 25 VE.

2.2 Welche Koordinaten hat ein Punkt P auf der Kante $\vec{AS}$?
$\vec{OP} = \vec{OA} + \lambda \cdot \vec{AS}$
Damit der Punkt P auf der Kante $\vec{AS}$ liegt, darf λ nur zwischen null und eins liegen. Der Ortsvektor zum Punkt P sieht dann so aus:

$\vec{OP} = \begin{pmatrix} 4 \\ -3 \\ 2 \end{pmatrix} + \lambda \cdot \begin{pmatrix} 0 \\ 7 \\ 9 \end{pmatrix} = \begin{pmatrix} 4 \\ -3+7\lambda \\ 2+9\lambda \end{pmatrix}$

gleichschenklige Schnittdreiecke
Um zu entscheiden, ob die entstehenden Schnittdreiecke gleichschenklig sind, müssen die Seitenlängen bestimmt werden.
Wie lang ist die Seite $\vec{BP}$?

$\vec{BP} = \vec{OP} - \vec{OB} = \begin{pmatrix} 4 \\ -3+7\lambda \\ 2+9\lambda \end{pmatrix} - \begin{pmatrix} 7 \\ 1 \\ 0 \end{pmatrix} = \begin{pmatrix} -3 \\ -4+7\lambda \\ 2+9\lambda \end{pmatrix}$

$|\vec{BP}| = \left| \begin{pmatrix} -3 \\ -4+7\lambda \\ 2+9\lambda \end{pmatrix} \right| = \sqrt{130\lambda^2 - 20\lambda + 29}$

Die Seite $\vec{BP}$ hat eine Länge von $\sqrt{130\lambda^2 - 20\lambda + 29}$ LE.

Wie lang ist die Seite $\vec{DP}$?

$\vec{DP} = \vec{OP} - \vec{OD} = \begin{pmatrix} 4 \\ -3+7\lambda \\ 2+9\lambda \end{pmatrix} - \begin{pmatrix} 1 \\ 1 \\ 0 \end{pmatrix} = \begin{pmatrix} 3 \\ -4+7\lambda \\ 2+9\lambda \end{pmatrix}$

$|\vec{DP}| = \left| \begin{pmatrix} 3 \\ -4+7\lambda \\ 2+9\lambda \end{pmatrix} \right| = \sqrt{130\lambda^2 - 20\lambda + 29}$

Die Seite $\vec{DP}$ hat eine Länge von $\sqrt{130\lambda^2 - 20\lambda + 29}$ LE.

Wie lang ist die Seite $\overline{BD}$?

$$\overrightarrow{BD} = \overrightarrow{OD} - \overrightarrow{OB} = \begin{pmatrix} 1 \\ 1 \\ 0 \end{pmatrix} - \begin{pmatrix} 7 \\ 1 \\ 0 \end{pmatrix} = \begin{pmatrix} -6 \\ 0 \\ 0 \end{pmatrix}$$

Die Seite $\overline{BD}$ hat eine Länge von 6 LE.
Da bei allen entstehenden Schnittdreiecken die Seiten $\overline{BP}$ und $\overline{DP}$ gleich lang sind, ist das entstehende Schnittdreieck gleichschenklig.

gleichseitiges Schnittdreieck
Bei einem gleichseitigen Dreieck müssen alle drei Seiten gleich lang sein.
Da die Seiten $\overline{BP}$ und $\overline{DP}$ gleich lang sind, müssen diese Seiten nur noch genauso lang sein wie die Seite $\overline{BD}$, nämlich 6 LE:

$$|\overline{BP}| = 6 \text{ LE}$$
$$\sqrt{130\lambda^2 - 20\lambda + 29} = 6$$
$$\lambda_1 \approx -0{,}1675$$
$$\lambda_2 \approx 0{,}3214$$

λ_1 entfällt, da es nicht zwischen null und eins liegt.
Ergebnis: Für $\lambda_2 \approx 0{,}3214$ ist das Dreieck BDP gleichseitig.

rechtwinkliges Schnittdreieck
Ob zwei Seiten rechtwinklig zueinander sind, kann man am einfachsten mit dem Skalarprodukt bestimmen. Wenn das Skalarprodukt der Vektoren entsprechender Seiten null ergibt, so sind die Seiten rechtwinklig zueinander.
Das Skalarprodukt $\overrightarrow{BD} \circ \overrightarrow{BP}$ ist ungleich null für alle $\lambda \in \mathbb{R}$. Ebenso sind die Skalarprodukte $\overrightarrow{BD} \circ \overrightarrow{DP}$ und $\overrightarrow{BP} \circ \overrightarrow{DP}$ ungleich null für alle $\lambda \in \mathbb{R}$.
Es existiert kein rechtwinkliges Dreieck BDP.

Schnittdreieck mit A ≥ 36 FE
Der Flächeninhalt des Dreiecks BDP kann mithilfe des Kreuzproduktes berechnet werden. Der Betrag des Kreuzproduktes ist gleich dem Flächeninhalt des durch die Vektoren aufgespannten Parallelogramms.
Da das Dreieck ein halbes Parallelogramm ist, muss zur Bestimmung der Dreiecksfläche der Betrag des Kreuzproduktes halbiert werden.
Zur Berechnung des Flächeninhaltes können z. B. die Vektoren $\overrightarrow{BD}$ und $\overrightarrow{BP}$ verwendet werden:

$$A = \frac{1}{2} \cdot |\overrightarrow{BD} \times \overrightarrow{BP}| \geq 36 \text{ FE}$$

Als Ergebnis erhält man $\lambda \leq -0{,}903$ oder $\lambda \geq 1{,}057$.
Da λ kleiner als null bzw. größer als eins ist, liegt der Punkt P nicht auf der Kante $\overline{AS}$.

Ergebnis: Es gibt keine Schnittdreiecke mit einem Flächeninhalt größer gleich 36 FE.

2.3 Umkreis des Drachenvierecks

Die Diagonalen stehen im Drachenviereck senkrecht aufeinander. Die längste Diagonale im Drachenviereck wäre gleichzeitig der Durchmesser des Umkreises.

$$|\overrightarrow{AC}| = \left|\begin{pmatrix} 0 \\ 6 \\ -3 \end{pmatrix}\right| = \sqrt{45} \text{ LE}, \quad |\overrightarrow{BP}| = \left|\begin{pmatrix} -6 \\ 0 \\ 0 \end{pmatrix}\right| = 6 \text{ LE}$$

Damit ist $\overrightarrow{AC}$ die längste Diagonale.
Die Aufgabe kann auf verschiedene Arten gelöst werden.

1. Variante:
Der Mittelpunkt des Umkreises müsste auf der längsten Diagonalen $\overrightarrow{AC}$ liegen und alle anderen Punkte müssten den gleichen Abstand vom Mittelpunkt haben.
Der Mittelpunkt M der Diagonalen $\overrightarrow{AC}$ wird bestimmt durch:

$$M\left(\frac{x_A + x_C}{2} \middle| \frac{y_A + y_C}{2} \middle| \frac{z_A + z_C}{2}\right)$$

Damit müsste der Mittelpunkt des Umkreises der Punkt M(4|0|0,5) sein.
Jetzt werden die Abstände der Punkte A, B, C, und D vom Mittelpunkt bestimmt:

$$|\overrightarrow{MA}| = \left|\begin{pmatrix} 0 \\ -3 \\ 1,5 \end{pmatrix}\right| \approx 3,35 \text{ LE}$$

$$|\overrightarrow{MB}| = \left|\begin{pmatrix} 3 \\ 1 \\ -0,5 \end{pmatrix}\right| \approx 3,20 \text{ LE}$$

$$|\overrightarrow{MC}| = \left|\begin{pmatrix} 0 \\ 3 \\ -1,5 \end{pmatrix}\right| \approx 3,35 \text{ LE}$$

$$|\overrightarrow{MD}| = \left|\begin{pmatrix} 3 \\ 1 \\ -0,5 \end{pmatrix}\right| \approx 3,20 \text{ LE}$$

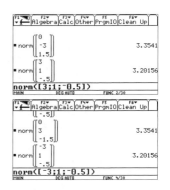

Da die Abstände vom Mittelpunkt nicht alle gleich sind, hat das Drachenviereck ABCD keinen Umkreis.

2. Variante:
Da die längste Diagonale $\overrightarrow{AC}$ im Drachenviereck gleichzeitig der Durchmesser des Umkreises sein müsste, müsste der Satz des Thales gelten, falls das Drachenviereck einen Umkreis haben soll. Der Satz des Thales besagt, dass jeder Peripheriewinkel über dem Halbkreis ein rechter Winkel ist.
Dazu wird überprüft, ob die Seiten $\overrightarrow{AB}$ und $\overrightarrow{BC}$ einen rechten Winkel bilden.
Dies geht am einfachsten mit dem Skalarprodukt.
Wenn das Skalarprodukt der Vektoren entsprechender Seiten null ergibt, so sind die Seiten rechtwinklig zueinander:

$$\overrightarrow{AB} \circ \overrightarrow{BC} = \begin{pmatrix} 3 \\ 4 \\ -2 \end{pmatrix} \circ \begin{pmatrix} -3 \\ 2 \\ -1 \end{pmatrix} = 3 \cdot (-3) + 4 \cdot 2 + (-2) \cdot (-1) = 1$$

Da das Skalarprodukt $\overrightarrow{AB} \circ \overrightarrow{BC}$ ungleich null ist, bilden die Seiten $\overrightarrow{AB}$ und $\overrightarrow{BC}$ keinen rechten Winkel. Das Drachenviereck besitzt somit keinen Umkreis.

3. Variante:
Es gibt noch eine andere Variante der Lösung.
Wenn alle Punkte auf einem Umkreis liegen, dann handelt es sich bei dem Drachenviereck um ein Sehnenviereck. Wenn das so ist, dann muss der Satz des Ptolemäus gelten. Dieser Satz stellt einen Zusammenhang zwischen den Längen der Seiten und den Längen der Diagonalen eines Sehnenvierecks her. Der Satz des Ptolemäus lautet:
Im Sehnenviereck ist die Summe der Produkte der Längen gegenüberliegender Seiten gleich dem Produkt der Längen der Diagonalen.

Auf das Drachenviereck übertragen lautet der Satz:
$$|\overrightarrow{AB}| \cdot |\overrightarrow{CD}| + |\overrightarrow{BC}| \cdot |\overrightarrow{AD}| = |\overrightarrow{AC}| \cdot |\overrightarrow{BD}|$$

$$\left|\begin{pmatrix} 3 \\ 4 \\ -2 \end{pmatrix}\right| \cdot \left|\begin{pmatrix} -3 \\ -2 \\ 1 \end{pmatrix}\right| + \left|\begin{pmatrix} -3 \\ 2 \\ -1 \end{pmatrix}\right| \cdot \left|\begin{pmatrix} -3 \\ 4 \\ -2 \end{pmatrix}\right| = \left|\begin{pmatrix} 0 \\ 6 \\ -3 \end{pmatrix}\right| \cdot \left|\begin{pmatrix} -6 \\ 0 \\ 0 \end{pmatrix}\right|$$

$$\sqrt{29} \cdot \sqrt{14} + \sqrt{14} \cdot \sqrt{29} = 3 \cdot \sqrt{5} \cdot 6$$

$$\sqrt{406} + \sqrt{406} = 18 \cdot \sqrt{5}$$

$$40{,}299 \neq 40{,}249$$

Aus der Ungleichheit kann man nur schlussfolgern, dass der Satz des Ptolemäus nicht gilt und somit das Drachenviereck keinen Umkreis hat.

B 3 Stochastik

3.1 Wahrscheinlichkeit für einen Geräteausfall im ersten Jahr

Dieser Vorgang kann als ein 2-stufiges Zufallsexperiment interpretiert werden. Dabei entspricht die erste Stufe der Feststellung, ob ein Gerät in den ersten 6 Monaten ausfällt, in der 2. Stufe betrifft diese Entscheidung nur die Geräte, die im ersten halben Jahr nicht ausgefallen sind.

Der Vorgang als Baumdiagramm:

```
1. Stufe    2. Stufe
  0,95       0,995
  ────       ────

  0,05       0,005
```

Berechnung der Wahrscheinlichkeit:
$P = 0{,}95 \cdot 0{,}995 = 0{,}94525 \approx \underline{94{,}5\,\%}$

Ergebnis: Die Wahrscheinlichkeit dafür, dass ein beliebiges Gerät innerhalb der ersten 12 Monate nicht ausfällt, beträgt 94,5 %.

Erwartungswert
Es handelt sich hierbei um eine (gedachte) 1 000-malige ($\rightarrow$ n = 1 000) Wiederholung eines Zufallsexperimentes mit genau zwei möglichen Ausgängen ($\rightarrow$ Bernoulli-Experiment; Ω = {Gerät ist defekt; Gerät ist in Ordnung}). Dabei wird die Anzahl gezählt, wie oft ein Gerät ausfällt ($\rightarrow$ k). Weiterhin muss die Wahrscheinlichkeit des Auftretens dieses Ergebnisses bei jeder Versuchsdurchführung konstant sein. Die 1 000 Geräte werden jedoch einer viel größeren Anzahl produzierter Geräte entnommen, sodass man davon ausgehen kann, dass eine Entnahme von 1 000 Geräten demnach den Ausschussanteil p nicht (entscheidend) verändern kann. Somit kann dieser Vorgang als Bernoulli-Kette interpretiert werden.

Zu beachten ist noch, dass das Auftreten eines defekten Gerätes das Gegenereignis zum zuletzt betrachteten Ereignis, dass ein Gerät innerhalb der ersten 12 Monate nicht ausfällt, darstellt. Somit kann man sehr leicht diese Wahrscheinlichkeit ($\rightarrow$ p) für den Ausfall eines Gerätes berechnen:

$p = 1 - 0,9453 = 0,0547$

Erwartungswert:
$E = n \cdot p = 1\,000 \cdot 0,547 = 54,7 \approx \underline{\underline{55}}$

Ergebnis: Innerhalb des ersten Jahres kann man 55 defekte Geräte erwarten.

Berechnung der Wahrscheinlichkeit
A: *Nicht mehr als 55 Geräte fallen aus.*
$\rightarrow k \in \{0; 1; \ldots; 54; 55\}$
$P(A) = F_{1\,000;\,0,0547}(55)$

$= \sum_{k=0}^{55} \left(\binom{1\,000}{k} \cdot 0,0547^k \cdot 0,9453^{1\,000-k} \right)$

$\approx 0,5524 \approx \underline{\underline{55,2\,\%}}$

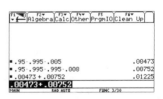

Ergebnis: Die Wahrscheinlichkeit für das Ereignis A beträgt 55,2 %.

3.2.1 Wahrscheinlichkeit für einen Geräteausfall im zweiten Jahr

Dieser Vorgang kann als Fortführung des 2-stufigen Zufallsexperimentes aus der Aufgabe 3.1 interpretiert werden. Die 3. Stufe umfasst nun die Feststellung, ob ein Gerät, das im ersten Jahr nicht ausgefallen ist, in der ersten Hälfte des zweiten Jahres ausfällt, in der 4. Stufe betrifft diese Entscheidung nur noch die Geräte, die innerhalb der ersten $1\frac{1}{2}$ Jahre nicht ausgefallen sind.

Der Vorgang als Baumdiagramm:

1. Stufe	2. Stufe	3. Stufe	4. Stufe
0,95	0,995	0,995	0,992
0,05	0,005	0,005	0,008

Wahrscheinlichkeit für den Ausfall in der 3. Stufe:
$P = 0,95 \cdot 0,995 \cdot 0,005 = 0,00473 \approx 0,47\,\%$

Wahrscheinlichkeit für den Ausfall in der 4. Stufe:
$P = 0,95 \cdot 0,995 \cdot 0,995 \cdot 0,008 = 0,00752 \approx 0,75\,\%$

Summe der Wahrscheinlichkeiten:
$0,00473 + 0,00752 = 0,01225 = \underline{\underline{1,225\,\%}}$

Ergebnis: Die Wahrscheinlichkeit für den Ausfall eines Flachbildschirmes innerhalb des zweiten Jahres beträgt 1,225 %.

3.2.2 Preis für die Garantieverlängerung

Die Gesamtkosten berechnet man, indem die Kosten für einen Garantiefall mit der Wahrscheinlichkeit multipliziert werden, dass ein Gerät im zweiten Jahr ausfällt. Diesen Wert kann man als Erwartungswert für die Kosten je Gerät interpretieren, die im zweiten Jahr durch Garantiefälle entstehen:

E = 75 € · 0,01225 = 0,91875 € ≈ 0,92 €

Ergebnis: Den Preis, den ein Kunde für die beschriebene Garantieverlängerung bezahlen muss, beträgt 92 Cent.

Die Anzahl der Kunden, die diese Garantieverlängerung tatsächlich kaufen, spielt keine Rolle für die Höhe des Preises der Garantieverlängerung.

3.3.1 Berechnung der Wahrscheinlichkeit für ein fehlerfreies Gehäuse

Dieser Vorgang kann als ein 2-stufiges Zufallsexperiment interpretiert werden. Dabei entspricht die erste Stufe der Feststellung, ob ein Gehäuse einen Materialfehler hat. In der 2. Stufe wird die Entscheidung getroffen, ob ein Gehäuse einen Farbfehler aufweist.

Der Vorgang als Baumdiagramm:

Berechnung der Wahrscheinlichkeit:
P = 0,96 · 0,98 = 0,9408 ≈ 94,1 %

Ergebnis: Die Wahrscheinlichkeit für ein fehlerfreies Gehäuse beträgt 94,1 %.

3.3.2 Erwartungswert für die Anzahl fehlerhafter Gehäuse

Auch dieser Vorgang kann als Bernoulli-Kette interpretiert werden, denn die 50 Gehäuse (→ n = 50) werden einer viel größeren Anzahl von produzierten Gehäusen entnommen, sodass eine Entnahme von 50 Stück zu keiner Veränderung der Wahrscheinlichkeit p für das Auftreten eines Fehlers bei einem Gehäuse (→ p = 1 − 0,97 = 0,03) führt. Es wird die Anzahl gezählt, wie oft ein Gehäuse einen Fehler aufweist (→ k).

Erwartungswert:
E = n · p = 50 · 0,03 = 1,5

Ergebnis: Bei 50 überprüften Gehäusen beträgt der Erwartungswert 1,5.

Berechnung der Wahrscheinlichkeit für eine irrtümliche Ablehnung
Der Erwartungswert bei 50 getesteten Gehäusen wurde bereits mit E = 1,5 berechnet. Entsprechend wird man vernünftigerweise eine Anzahl von 0, 1, 2 oder auch 3 fehlerhaften Gehäusen als „normal" akzeptieren. Die gegebene Entscheidungsregel spiegelt diesen Sachverhalt wider. Das Auftreten von 4 oder noch mehr fehlerhaften Gehäusen bei diesem Test ist zwar unwahrscheinlich, aber nicht unmöglich, in einem solchen Fall wird die Lieferung irrtümlich abgelehnt.

Berechnung der Wahrscheinlichkeit:
A: Mehr als 3 Gehäuse sind fehlerhaft.
→ k ∈ {4; 5; …; 49; 50}

$$P(A) = \sum_{k=4}^{50} \left(\binom{50}{k} \cdot 0{,}03^k \cdot 0{,}97^{50-k} \right)$$

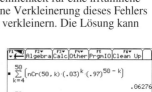

$\approx 0{,}0628 \approx \underline{\underline{6{,}3\,\%}}$

Ergebnis: Die Wahrscheinlichkeit für die irrtümliche Ablehnung einer Lieferung beträgt 6,3 %.

Erstellen einer neuen Entscheidungsregel
Bei der gegebenen Entscheidungsregel ist die Wahrscheinlichkeit für eine irrtümliche Ablehnung der Lieferung größer als 6 %. Strebt man eine Verkleinerung dieses Fehlers auf unter 5 % an, so muss man den Ablehnungsbereich verkleinern. Die Lösung kann durch Probieren gefunden werden.

Berechnung der Wahrscheinlichkeit:
B: Mehr als 4 Gehäuse sind fehlerhaft.
→ k ∈ {5; 6; …; 49; 50}

$$P(B) = \sum_{k=5}^{50} \left(\binom{50}{k} \cdot 0{,}03^k \cdot 0{,}97^{50-k} \right) \approx 0{,}0168 \approx 1{,}7\,\%$$

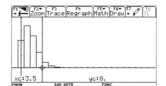

Die Wahrscheinlichkeit für die irrtümliche Ablehnung einer Lieferung liegt nun unter 5 %.

Neue Entscheidungsregel: Wenn sich unter den 50 getesteten Gehäusen mehr als vier fehlerhafte Gehäuse befinden, wird die Lieferung abgelehnt.

Empfehlenswert, aber nicht gefordert, ist eine grafische Darstellung zur Verdeutlichung des Problems. Hinweise zur Erstellung einer solchen Grafik findet man u. a. in der Teilaufgabe 3.2.3 der Aufgabe A3 dieses Abiturjahrgangs (siehe Seite 2008-55). Eingezeichnet wurde eine Vertikale [F7] [6] bei x = 3,5. Links davon befindet sich der Annahmebereich {0; 1; 2; 3}, rechts davon der Ablehnungsbereich. Diese Darstellung entspricht der ursprünglichen Entscheidungsregel.

Sicher durch das Abitur!

Klare Fakten, systematische Methoden, prägnante Beispiele sowie Übungsaufgaben auf Abiturniveau mit erklärenden <u>Lösungen zur Selbstkontrolle</u>.

Mathematik

Analysis – LK	Best.-Nr. 940021
Analysis – GK	Best.-Nr. 94001
Analytische Geometrie und lineare Algebra 1	Best.-Nr. 94005
Analytische Geometrie und lineare Algebra 2	Best.-Nr. 54008
Stochastik – LK	Best.-Nr. 94003
Stochastik – GK	Best.-Nr. 94009
Kompakt-Wissen Abitur Analysis	Best.-Nr. 900151
Kompakt-Wissen Abitur Analytische Geometrie	Best.-Nr. 900251
Kompakt-Wissen Abitur Wahrscheinlichkeitsrechnung und Statistik	Best.-Nr. 900351
Kompakt-Wissen Algebra	Best.-Nr. 90016
Kompakt-Wissen Geometrie	Best.-Nr. 90026

Physik

Elektrisches und magnetisches Feld – LK	Best.-Nr. 94308
Elektromagnetische Schwingungen und Wellen – LK	Best.-Nr. 94309
Atom- und Quantenphysik – LK	Best.-Nr. 943010
Kernphysik – LK	Best.-Nr. 94305
Physik 1 – GK Elektromagnetische Felder, Schwingungen und Wellen · Photonen	Best.-Nr. 94321
Physik 2 – GK Quantenphysik · Atom · Atomkern	Best.-Nr. 94322
Kompakt-Wissen Abitur Physik 1 Mechanik, Wärmelehre, Relativitätstheorie	Best.-Nr. 943012
Kompakt-Wissen Abitur Physik 2 Elektrizität, Magnetismus und Wellenoptik	Best.-Nr. 943013
Kompakt-Wissen Abitur Physik 3 Quanten, Kerne und Atome	Best.-Nr. 943011

Geschichte

Methoden Geschichte	Best.-Nr. 94789
Geschichte 1 – Vom 19. Jahrhundert bis zum Ende des Nationalsozialismus	Best.-Nr. 84763
Geschichte 2 – Deutschland und Europa nach dem Zweiten Weltkrieg	Best.-Nr. 84764
Abitur-Wissen Die Antike	Best.-Nr. 94783
Abitur-Wissen Das Mittelalter	Best.-Nr. 94788
Abitur-Wissen Die Französische Revolution	Best.-Nr. 947810
Abitur-Wissen Die Ära Bismarck: Entstehung und Entwicklung des deutschen Nationalstaats	Best.-Nr. 94784
Abitur-Wissen Imperialismus und Erster Weltkrieg	Best.-Nr. 94785
Abitur-Wissen Die Weimarer Republik	Best.-Nr. 47815
Abitur-Wissen Nationalsozialismus und Zweiter Weltkrieg	Best.-Nr. 94786
Abitur Wissen Deutschland von 1945 bis zur Gegenwart	Best.-Nr. 947811
Kompakt-Wissen Abitur Geschichte Oberstufe	Best.-Nr. 947601
Lexikon Geschichte	Best.-Nr. 94787

Chemie

Methodentraining Chemie	Best.-Nr. 947308
Chemie 1 – LK K 12 Analytik · Kernchemie · Kohlenwasserstoffe	Best.-Nr. 94731
Chemie 2 – LK K 13 Biomoleküle · Stoffwechsel · Organische Chemie des Alltags	Best.-Nr. 94732
Chemie 1 – GK K 12 Natürliche und synthetische Kohlenstoffverbindungen	Best.-Nr. 94741
Chemie 2 – GK K 13 Biokatalyse und Stoffwechsel · Umweltschutz und Alltagschemie	Best.-Nr. 94742
Rechnen in der Chemie	Best.-Nr. 84735
Abitur-Wissen Protonen und Elektronen	Best.-Nr. 947301
Abitur-Wissen Struktur der Materie und Kernchemie	Best.-Nr. 947303
Abitur-Wissen Stoffklassen organischer Verbindungen	Best.-Nr. 947304
Abitur-Wissen Biomoleküle	Best.-Nr. 947305
Abitur-Wissen Biokatalyse und Stoffwechselwege	Best.-Nr. 947306
Abitur-Wissen Chemie am Menschen – Chemie im Menschen	Best.-Nr. 947307
Kompakt-Wissen Abitur Chemie Organische Stoffklassen Natur-, Kunst- und Farbstoffe	Best.-Nr. 947309
Kompakt-Wissen Abitur Chemie Anorganische Chemie, Energetik, Kinetik, Kernchemie	Best.-Nr. 947310

Biologie

Methodentraining Biologie	Best.-Nr. 94710
Biologie 1 – LK K 12 Genetik · Stoffwechsel · Ökologie	Best.-Nr. 94701
Biologie 2 – LK K 13 Verhaltensbiologie · Evolution	Best.-Nr. 94702
Biologie 1 – GK K 12 Genetik · Stoffwechsel · Ökologie	Best.-Nr. 94715
Biologie 2 – GK K 13 Verhaltensbiologie · Evolution	Best.-Nr. 94716
Chemie für den LK Biologie	Best.-Nr. 54705
Abitur-Wissen Genetik	Best.-Nr. 94703
Abitur-Wissen Neurobiologie	Best.-Nr. 94705
Abitur-Wissen Verhaltensbiologie	Best.-Nr. 94706
Abitur-Wissen Evolution	Best.-Nr. 94707
Abitur-Wissen Ökologie	Best.-Nr. 94708
Abitur-Wissen Zell- und Entwicklungsbiologie	Best.-Nr. 94709
Kompakt-Wissen Abitur Biologie Zellen und Stoffwechsel · Nerven, Sinne und Hormone · Ökologie	Best.-Nr. 94712
Kompakt-Wissen Abitur Biologie Genetik und Entwicklung Immunbiologie · Evolution · Verhalten	Best.-Nr. 94713
Lexikon Biologie	Best.-Nr. 94711

(Bitte blättern Sie um)

Politik

Abitur-Wissen Internationale Beziehungen	Best.-Nr. 94802
Abitur-Wissen Demokratie	Best.-Nr. 94803
Abitur-Wissen Sozialpolitik	Best.-Nr. 94804
Abitur-Wissen Die Europäische Einigung	Best.-Nr. 94805
Abitur-Wissen Politische Theorie	Best.-Nr. 94806
Kompakt-Wissen Abitur Politik/Sozialkunde	Best.-Nr. 948001
Lexikon Politik/Sozialkunde	Best.-Nr. 94801

Erdkunde

Methoden Erdkunde	Best.-Nr. 94901
Erdkunde Atmosphäre · Relief- und Hydrosphäre · Wirtschaftsprozesse und -strukturen · Verstädterung	Best.-Nr. 94909
Abitur-Wissen GUS-Staaten/Russland	Best.-Nr. 94908
Abitur-Wissen Entwicklungsländer	Best.-Nr. 94902
Abitur-Wissen Die USA	Best.-Nr. 94903
Abitur-Wissen Europa	Best.-Nr. 94905
Abitur-Wissen Der asiatisch-pazifische Raum	Best.-Nr. 94906
Kompakt-Wissen Abitur Erdkunde	Best.-Nr. 949010
Lexikon Erdkunde	Best.-Nr. 94904

Wirtschaft/Recht

Betriebswirtschaft	Best.-Nr. 94851
Abitur-Wissen Volkswirtschaft	Best.-Nr. 94881
Abitur-Wissen Rechtslehre	Best.-Nr. 94882
Kompakt-Wissen Abitur Volkswirtschaft	Best.-Nr. 948501

Fachübergreifend

Richtig Lernen Tipps und Lernstrategien – Oberstufe	Best.-Nr. 10483
Referate und Facharbeiten – Oberstufe	Best.-Nr. 10484
Training Methoden Meinungen äußern, Ergebnisse präsentieren	Best.-Nr. 10486

Abitur-Prüfungsaufgaben

Von den Kultusministerien zentral gestellte Abitur-Prüfungsaufgaben, einschließlich des **aktuellen Jahrgangs**. Mit **schülergerechten Lösungen**.

Mathematik

Abiturprüfung Mathematik – LK Sachsen	Best.-Nr. 145000
Abiturprüfung Mathematik – GK Sachsen	Best.-Nr. 145100
Abiturprüfung Mathematik – LKN Sachsen-Anhalt	Best.-Nr. 155000
Abiturprüfung Mathematik – GKN Sachsen-Anhalt	Best.-Nr. 155100
Abiturprüfung Mathematik – LK Thüringen	Best.-Nr. 165000
Abiturprüfung Mathematik – GK Thüringen	Best.-Nr. 165100
Abiturprüfung Mathematik Mecklenburg-Vorp.	Best.-Nr. 135000
Abiturprüfung Mathematik – LK Berlin/Brandenburg	Best.-Nr. 125000
Abiturprüfung Mathematik – GK Berlin/Brandenburg	Best.-Nr. 125100

Deutsch

Abiturprüfung Deutsch – LK Sachsen	Best.-Nr. 145400
Abiturprüfung Deutsch – GK Sachsen	Best.-Nr. 145410
Abiturprüfung Deutsch – GKN/LKN Sachsen-Anhalt	Best.-Nr. 155400
Abiturprüfung Deutsch – GK/LK Thüringen	Best.-Nr. 165400
Abiturprüfung Deutsch Mecklenburg-Vorp.	Best.-Nr. 135410
Abiturprüfung Deutsch – GK/LK Berlin/Brandenburg	Best.-Nr. 125400

Englisch

Abiturprüfung Englisch – LK Sachsen	Best.-Nr. 145460
Abiturprüfung Englisch – GKN/LKN Sachsen-Anhalt	Best.-Nr. 155460
Abiturprüfung Englisch – GK/LK Thüringen	Best.-Nr. 165460
Abiturprüfung Englisch Mecklenburg-Vorpommern	Best.-Nr. 135460
Abiturprüfung Englisch – GK/LK Berlin/Brandenburg	Best.-Nr. 125460

Chemie

Abiturprüfung Chemie – GK/LK Sachsen	Best.-Nr. 145730
Abiturprüfung Chemie – GKN/LKN Sachsen-Anhalt	Best.-Nr. 155730
Abiturprüfung Chemie – GK/LK Thüringen	Best.-Nr. 165730

Physik

Abiturprüfung Physik – LK Sachsen	Best.-Nr. 145300
Abiturprüfung Physik – LKN Sachsen-Anhalt	Best.-Nr. 155300
Abiturprüfung Physik – GK/LK Thüringen	Best.-Nr. 165300

Biologie

Abiturprüfung Biologie – GK/LK Sachsen	Best.-Nr. 145700
Abiturprüfung Biologie – GKN/LKN Sachsen-Anhalt	Best.-Nr. 155700
Abiturprüfung Biologie – GK/LK Thüringen	Best.-Nr. 165700
Abiturprüfung Biologie – Mecklenburg-Vorpommern	Best.-Nr. 135700
Abiturprüfung Biologie – GK/LK Berlin/Brandenburg	Best.-Nr. 125700

Geschichte

Abiturprüfung Geschichte – GK/LK Sachsen	Best.-Nr. 145760
Abiturprüfung Geschichte – GKN/LKN Sachsen-Anhalt	Best.-Nr. 155760
Abiturprüfung Geschichte – LK Thüringen	Best.-Nr. 165760

Die echten Hilfen zum Lernen…

Bestellungen bitte direkt an: STARK Verlagsgesellschaft mbH & Co. KG
Postfach 1852 · 85318 Freising · Tel. 0180 3 179000* · Fax 0180 3 179001*
Internet: www.stark-verlag.de · E-Mail: info@stark-verlag.de
* 9 Cent pro Min. aus dem deutschen Festnetz